Bernard Asbell · Karen Wynn

Du bist durchschaut!

Bernard Asbell
Karen Wynn

Du bist durchschaut!

Die wichtigsten, überraschendsten
und witzigsten Ergebnisse der Forschung
über den Menschen und sein Verhalten

Aus dem Amerikanischen
von Anni Pott

Kabel

Titel der amerikanischen Originalausgabe:
WHAT THEY KNOW ABOUT YOU
A Regina Ryan Book

Besonderer Dank für die Genehmigung zum Nachdruck
bereits veröffentlichter Materialien geht an:

AMERICAN PSYCHOLOGICAL ASSOCIATION und MARK SNYDER:
Tabelle aus »Self-Monitoring of Expressive Behavior« von Mark Snyder
in *Journal of Personality and Social Psychology*, 1974, Band 30, Nr. 4,
S. 526. Copyright 1974 by American Psychological Association.
Nachdruck mit Genehmigung der American Psychological Association
und des Autors.

THE NEW YORK TIMES: Auszug aus »Forgetfulness Is Seen Causing
More Worry Than It Should« von Daniel Goleman, 1. Juli 1986;
»Social Chameleon May Pay Emotional Price« von Daniel Goleman,
12. März 1985; »Modifying Type A Behavior Reduces Heart Attacks«
von Jane E. Brody, 7. August 1984. Copyright 1984, 1985, 1986
by The New York Times Company. Nachdruck genehmigt.

Umschlag: Theodor Bayer-Eynck
Satz: Clausen & Bosse, Leck
Druck und Bindung: Mohndruck GmbH, Gütersloh
ISBN 3-8225-0224-3
3 5 7 9 10 8 6 4 2

Für Jean
und
für Jon

Inhalt

Vorwort

Die Idee zu diesem Buch tauchte erstmals vor zwanzig Jahren, als ich an einer Biographie über Franklin D. Roosevelt schrieb, auf. Im Bemühen, den komplexen Charakter dieses Mannes zu verstehen, stieß ich auf eine psychologische Studie, die eine für mich völlig überraschende Verbindung zwischen zwei seiner rätselhaftesten Charakterzüge aufzeigte. Die Studie handelte von Personen, die von neurotischen Ängsten vor dem Tod besessen sind. Personen, bei denen, so der Forschungsbericht, die Wahrscheinlichkeit überdurchschnittlich hoch ist, daß sie in ihrer Kindheit von Trennungsängsten mit Blick auf ihre Mütter geplagt waren.

Es war ein hartes Stück Arbeit, mich durch den Text jener Studie durchzuarbeiten. Aber als ich es schließlich geschafft hatte, mich durch das schwerverständliche Vokabular durchzubeißen, war sie für mich aus zwei Gründen ein Schlüsselerlebnis. Erstens war mir die Tatsache bekannt, daß Roosevelt um seinen Tod denkbar besorgt war. Bereits Jahre vor seinem Tod hatte er seinen Grabstein entworfen und minutiös die Zeremonie seiner Beisetzung festgelegt – die genaue Abfahrtszeit des Trauerzuges mit seinem Sarg, und bis ins Detail, welche Vertreter von Regierung und Presse an seinem Grab stehen sollten. Die Trennung von seiner Mutter – die ihn noch über seinen achten Geburtstag hinaus badete – vollzog sich, ohne Zweifel, allmählich und in einem extrem sicheren Rahmen. Eine, wie ich fand, faszinierende Verbindung zwischen diesen beiden Charakterzügen. Und welches Aha-Erlebnis muß diese Entdeckung erst für den betreffenden Forscher gewesen sein.

Damit wären wir beim zweiten Punkt, warum die Studie mich interessierte. Wenn es einem Wissenschaftler gelungen war, bis zu dieser Erkenntnis vorzudringen, auf wie viele weitere Einsichten über das Geheimnis der menschlichen Seele waren andere dann erst gestoßen? Waren all ihre Studien in Wirklichkeit winzige Teilchen eines großen und faszinierenden Puzzlespiels? Wieviel hatten sie vom ganzen Bild bereits zusammengefügt?

Sie. Wer sind *sie*? Wie kommt es, daß die meisten von uns so wenig darüber wissen, was *sie* – Psychologen, Sozialpsychologen, Soziologen, Psychiater, selbst Meinungsforscher – über *uns* in Erfahrung gebracht haben?

Jahrelang ging mir der Gedanke nicht aus dem Kopf: Warum nicht Dutzende – Hunderte – Studien wie jene, auf die ich zufällig gestoßen war, sammeln und in einem Buch zusammentragen, so daß *wir* – um die es ja in diesen Studien geht – zumindest etwas von dem Gesamtbild erfahren, das *sie* bislang für sich behalten haben?

Natürlich nicht gänzlich für sich. Manchmal fallen einige dieser winzigen Puzzleteilchen irgendwo heraus und werden uns in platt vereinfachter Form in irgendwelchen Zeitschriften präsentiert. Diese bruchstückhaften Meldungen sind Stachel, sie berühren und bewegen uns und greifen sogar ein wenig in unser Leben ein. Sie können die Art und Weise, wie wir unsere Kinder sehen, verändern. Sie mögen bewirken, daß wir uns fragen, ob unser Sexualleben (das soweit immer ganz in Ordnung *schien*) irgendeinem wissenschaftlichen Standard, was unter »gutem Sex« zu verstehen ist, gerecht wird. Oder sie liefern uns eine Erklärung, warum wir bei unseren Mitmenschen nicht beliebt sein können (»Wie könnte ich auch? Als erstgeborenes Kind!«).

Mein erster Versuch, in die umfangreichen Forschungsbestände der Bibliothek einzutauchen, war so entmutigend, daß ich mich noch immer wundere, nicht aufgegeben zu haben. Nicht weil die wissenschaftlichen Arbeiten schwer auffindbar oder schwer zu begreifen gewesen wären. Überhaupt nicht. Im Gegenteil, was mich fast zur Verzweiflung brachte, war, daß simple Erkenntnisse – wie kleine Geschenke in übergroßen, bombastisch ausstaffierten Schachteln versteckt – oft in den Nebelschwaden hochtrabender, überkomplizierter Abstraktionen verlorengingen. Das Vokabular! Die Sätze! Die umständlichen Syntaxkonstruktionen, in denen man Erklärungen und *Gedanken* wiederfinden sollte!

(Auf einer Party unterhielt ich mich einmal mit einem Soziologen über die exotische Sprache der Wissenschaft. »Ja«, pflichtete er mir bei, »sie ist höchst distanzierend. Oder nicht?«

»Sie ist höchst was?« fragte ich. Er schaute mich verwundert, wie einen Sonderling an. »Distanzierend«, wiederholte er, »Sie wissen – Distanz schaffen?« Im Gegenteil, es ist die einfachste Sprache, die ihren Intellekt oft aus dem Gleichgewicht bringt. So erwähnte ich bei einer befreundeten Sozialpsychologin einmal ein Buch aus ihrem Fachgebiet, das mir gefallen hatte. Sie meinte, sie hätte es zweimal lesen müssen. »Beim erstenmal habe ich es nicht ganz verstanden«, sagte sie. »Es war voller guter Ideen, aber sie waren versteckt – wie soll ich sagen: versteckt hinter einem Schwall einfacher Worte.«)

Aber trotz aller anfänglichen Schwierigkeiten, es erwies sich als lohnend, diese Arbeiten zu lesen. Jedesmal, wenn ich erfolgreich den Code einer jener wissenschaftlichen Erkenntnisse geknackt hatte, wissen Sie, wen ich hinter der Botschaft versteckt fand? Ich fand *mich*. Ich fand *Sie*. Denn bei all diesen komplizierten Abhandlungen geht es um *uns* – und es ist ein fesselnder Stoff.

Ein Beispiel: Eine durchaus als typisch zu bezeichnende Studie erbrachte, daß Personen eines bestimmten Persönlichkeitstypus dazu neigen, ihr Essen zu salzen, ehe sie es kosten; demgegenüber kosten Personen des entgegengesetzten Persönlichkeitstypus ihr Essen im allgemeinen erst und salzen es dann. Jener Unterschied, der durch die Eigenart in der Persönlichkeit zutage tritt, kann eine sehr wichtige Rolle spielen, um die gegensätzliche Art und Weise, wie ich, Sie, Ihre Freunde und andere in unserem Umfeld die Welt erfahren, verstehen zu können. In einem Abschnitt gegen Ende dieses Buches mit der Überschrift »Wer hat hier die Kontrolle?« (Seite 346) komme ich sogar zu dem Schluß, daß jene ›Essen-und-Salz‹-Studie den gleichermaßen wichtigsten wie kaum bekannten Gedanken in der Psychologie überhaupt aufzeigt. Wie dem auch sei, für diese Studie suchte ein Team von Wissenschaftlern der University of Minnesota vier Restaurants in Campusnähe auf, wählte vierundzwanzig nichtsahnende Aspiranten aus und beobachteten diese insgeheim, wie sie ihr Essen salzten. Anschließend sprachen sie diese Versuchspersonen an und baten sie, sich freiwillig einem psychologischen Test zu unterziehen, wobei ein Vergleichsraster zwischen Persönlichkeitstypus und Salzgewohnheiten erstellt wurde. Die Ergebnisse wurden im *Journal of Personality and Social Psychology*, einer führenden wissenschaftlichen Fachzeitschrift, veröffentlicht. Obgleich die Studie, genaugenommen, einen denkbar einfachen Hintergrund hat, so geht ihre *Botschaft* dennoch fast über das normale Fassungsvermögen hinaus.

Sie beginnt, wie alle, mit einem *Kurzabriß* in Kleinschrift, einer schnell und leichtverdaulichen Zusammenfassung der Kernaussage des Artikels, so daß andere Wissenschaftler mit einem kurzen Blick entscheiden können, ob es sich für sie lohnt, ihn im Detail zu lesen. Hier nun das, was in der »schnell, leichtverdaulichen« Zusammenfassung des Essen-und-Salz-Experiments zu lesen war:

> Es wurden zwei Felduntersuchungen durchgeführt, um die Beziehung zwischen der Selbstwahrnehmung einer situativen im Gegensatz zu einer anlagebedingten Verhaltensformung und einer situativen im Gegensatz zu einer anlagebedingten Kontrolle eines tatsächlich beobachteten Verhaltens zu untersuchen. In jeder Studie wurde festgestellt, daß Individuen, die sich selbst relativ wenige Eigenschaften zuschrieben (situative Selbstattribuierung), insbesondere dazu neigten, ihr Essen zu salzen, nachdem sie es gekostet hatten (situativ kontrolliertes Verhalten). Im Gegensatz dazu neigten Individuen, die sich selbst relativ viele Eigenschaften zuschrieben, insbesondere dazu, ihr Essen zu salzen, ehe sie es gekostet hatten (anlagebedingtes kontrolliertes Verhalten)... Die Konzepte einer situativen im Gegensatz zu einer anlagebedingten Verhaltenskontrolle werden besprochen, und eine Rekonzeptualisierung wird vorgeschlagen.

Wortgewaltig? Sie fragen sich, warum sie nicht gerade heraus sagen, was sie gemacht haben und was das Ergebnis bedeuten könnte?

Schon bald, nachdem ich mit anderen Wissenschaftlern, auf der Suche nach weiteren Studien, begonnen hatte, Verzeichnisse und Computerprogramme zu durchforsten, erfuhren wir, daß Universitätsprofessoren unter dem Druck ihrer Dekane, auf Gedeih und Verderb zu publizieren oder unterzugehen, *pro Jahr mehr als 33000 solcher Studien* produzieren. Und das nur im Bereich der Verhaltensforschung.

Ein sichtbares Ergebnis dieser Publikationsethik ist die

wahre Ausuferung der *Bubba*-Psychologie. (Ein Begriff, dem Jiddischen entlehnt, zur Bezeichnung solcher Forschungsergebnisse, die Ihre Großmutter Ihnen, auch ohne Fördermittel der öffentlichen Hand, hätte erzählen können.) Auch dieses Buch ist nicht ganz frei von *Bubba*-Psychologie, aber lassen Sie sich davon nicht abschrecken. Schließlich können gerade manche der trivialsten wissenschaftlichen Erkenntnisse diejenigen sein, mit denen Sie Ihre Gäste bei nächster Gelegenheit am meisten amüsieren und in Erstaunen versetzen können. So wartete etwa ein mit staatlichen Geldern gefördertes Forschungsprojekt mit der Erkenntnis auf (sofern Sie das nicht schon von Bubba gewußt haben sollten), daß zwei Verliebte in der Regel länger direkten Blickkontakt als zwei Personen halten, die sich kaum kennen. Oder: Ein Wissenschaftler der Loyola University in Chicago untersuchte eine Gruppe typischer Amerikanerinnen, um ihre Vorliebe in Zusammenhang mit männlichen Körperformen zu ermitteln. So wurde also wissenschaftlich festgestellt, daß Frauen überwiegend Männer mit einer Robert Redford-Figur solchen vorziehen, die figürlich Alfred Hitchcock ähneln. Das Ergebnis einer anderen Untersuchung war, daß Bowling-Spieler, wenn es ihnen gelingt, beim ersten Wurf oder mit zwei Würfen abzuräumen, selbstgefällig lächeln.

Darüber hinaus wird es dem kritischen Leser nicht entgehen, daß eine überdurchschnittlich große Zahl der Studien sich auf Untersuchungen einer spezifischen Zielgruppe bezieht – Personen, die knapp oder Anfang Zwanzig und in College-Psychologiekursen eingeschrieben sind. Hat das irgend etwas zu sagen? Natürlich. Es sind die Studenten, welche die Vorlesungen ebenjener Professoren besuchen, die es vorziehen, auf Gedeih und Verderb zu publizieren statt unterzugehen, gleichzeitig aber nicht willens und bereit sind, sich zu diesem Zweck auf das gefährlichere Terrain der Außenwelt hinauszuwagen. So wurde also der College-Student zum Versuchskaninchen der amerikanischen Psychologie. 1974 erstellte jemand sogar eigens zu diesem Thema eine Studie; er untersuchte die drei führenden Sozialpsychologie-Zeitschriften und kam zu dem Schluß, daß College-Studenten 62 Prozent, 74 Prozent und 87 Prozent der Versuchspersonen aller Studien stellten, die in diesen Zeitschriften in jenem Jahr publiziert wurden. Die meisten der auf ihren Lehrstuhl bedachten Wissenschaftler läßt dies jedoch unberührt. Für Zwecke der Untersuchung allgemeiner menschlicher Charakteristika, so ihr Argument, sei jeder Mensch als Versuchsperson mehr oder weniger gleichermaßen brauchbar und aussagekräftig. Es ist an Ihnen, das zu akzeptieren oder nicht.

Ungeachtet dieser mißlichen Aspekte stellt jede in diesem Buch angeführte Studie ein Teilchen des Puzzles von der menschlichen Natur und damit einen Schlüssel zu uns selbst dar. Wenn sie sich nicht so ohne weiteres zu dem »Gesamtbild« dessen, wer wir sind, zusammenfügen lassen, so sollte dies weder enttäuschen noch überraschen. Die Psychologie steckt als Wissenschaft noch in den Kinderschuhen. Gerade einmal einhundert Jahre sind vergangen, seit William James 1890 seine Pionierarbeit *Principles of Psychology* veröffentlichte, die »wie ein Vulkan über die Welt hereinbrach«. Sigmund Freuds *Bruchstück einer Hysterieanalyse* erschien erst 1895, gefolgt von der *Traumdeutung* im Jahre 1899.

Diese Studien sollten also nicht nur unter dem Aspekt der Suche nach dem *Ich* und dem *Du* gelesen werden. Sie sind ebenso Schlüssel auf der Suche nach dem Charakter dieser jungen Wissenschaft als solche.

B. A.

Dank

Einen wichtigen Beitrag zu diesem Buch leistete Karen Wynn, die Hunderte von Stunden in der Pattee Library der Penn State University verbrachte und Tausende der Originalstudien ausgrub, aus deren Fundus ich für dieses Buch schöpfen konnte. Ihr habe ich auch wertvolle Vorschläge für die Gliederung der einzelnen Kapitel und Unterkapitel zu verdanken. In Anerkennung ihrer Leistungen nenne ich sie gerne als Co-Autorin.

Regina Ryan, die Buchproduzentin (eine relativ neue Rolle im Verlagswesen), war mir eine ebenso kreative Partnerin, wie ich sie bei einem Dutzend vorhergehender Bücher hatte. Ihre Begeisterung für meine Idee und ihre verlegerische Klugheit trugen maßgeblich zu dem Prozeß bei, der aus einer vagen Vision das heute hier vorliegende Buch machte. Inzwischen kann niemand mehr sagen, wer von uns diese oder jene bahnbrechende Idee hatte. Nur eines weiß ich noch, daß nämlich der Satz »Finden Sie sich selbst«, der dem Buch konzeptionell und strukturell seine Form gab, von ihr stammte. Wenn ich als Autor die Mutter dieses Buches bin, dann ist sie der Vater.

Dank des Zuschusses des College of Liberal Arts der Penn State University konnten die Computerforschungen und andere Forschungsarbeiten mitfinanziert werden.

Dank schulde ich auch Linda Friend von der Pattee Library für das Erstellen von Computersuchprogrammen für die umfangreichen Datenbanken der sozialwissenschaftlichen Forschung; das gleiche gilt für Dr. Janet Swim, Dr. Judith Boswell, Doris Willens Kaplan und Janet Sutta dafür, daß sie das Manuskript jeweils teilweise gelesen und hilfreiche Kommentare dazu abgegeben haben, und ebenso für Saramma Methratta und Eleanor Knight für zusätzliche wissenschaftliche und redaktionelle Hilfeleistungen.

Bei Random House habe ich nicht nur einem herausragenden Lektor zu danken, sondern zweien. Samuel S. Vaughan, seit vielen Jahren ein alter Freund und Partner bei mehreren

Büchern, und Rebecca Saletan, die mich mit ihrem außerordentlichen Denk- und Auffassungsvermögen bisweilen vor mir selbst bewahrte.

Meine aufopferungsbereite Assistentin, Nicki Caldwell, die, wie nur wenige, die geheimen Wege der Pattee Library wie auch meines Textverarbeitungsprogrammes kennt, begleitete dieses Buch durch jedes Detail, durch jede Krise und jede getippte Seite.

Was dieses Buch ist und wie es zu verwenden ist...

... ist das, was eine Einleitung erklären sollte. Diese Einleitung muß jedoch auch erklären, was dieses Buch *nicht* ist und wie man *nicht* versuchen sollte, es zu verwenden.

Dies ist *kein* Buch der »Populär-Psychologie«, wenngleich sich sicherlich jemand findet, der es als solches bezeichnet. Im Rahmen der Populär-Psychologie wird Komplexes und Subtiles zu Allzueinfachem verschmolzen, werden zu große Antworten auf der Grundlage zu kleiner Informationen versprochen. Schlimmer, es werden einfache Lebensregeln offeriert, wo nur schwierige persönliche Beurteilungen genügen. Was dieses Buch demgegenüber bietet, ist ein Überblick, was die Verhaltensforscher bisher tatsächlich über uns untersuchten. Sie mögen einige der hier angeführten Studien als zu weitschweifig, zu hochtrabend, als völlig überschätzt kritisieren. Andere mögen so trivial anmuten, daß sie wie Humbug oder Satire erscheinen. Wenn dem so ist, sei's drum. Es *ist* das, was »sie« untersuchten. Was geändert wurde, ist im wesentlichen die *Sprache* – nicht um die Forschungsinhalte und -ergebnisse zu verwässern, sondern um ihnen zu mehr Klarheit zu verhelfen und Zweideutigkeiten und Mißverständnisse auszuschalten.

Zwar wird das »Gesamtbild« der menschlichen Natur nicht enthüllt (und wird es vielleicht nie werden), dennoch ist der Leser eingeladen, die erstaunlichen Muster der menschlichen Neigungen und Schwächen mitzuergründen. Diese werden in den nachfolgenden Kapiteln überreichlich aufgezeigt, aber wie bei jedem guten Puzzle müssen Sie sie selbst finden. Völlig unerwartet sprang mir ein solches Muster ins Auge – und diese Bewußtwerdung hat mein Verhalten vielleicht verändert.

Die allererste Studie, über die im ersten Kapitel berichtet wird, mag als Kuriosum erscheinen – nicht allzu wichtig. Schauen Sie nochmals hin. (Sie werden feststellen, daß alle Studien in Zusammenhang mit irgendeiner persönlichen Situation oder Verfassung dargestellt sind. Das soll Ihnen helfen, sich selbst in diesen ganzen wissenschaftlichen Forschungen orten zu können. Somit wird in jedem Kapitel die Überschrift »Finden Sie sich selbst« zur Einleitung der Studien verwendet.)

Die Studie »Finden Sie sich selbst«, mit der dieses Buch anfängt, beschreibt, was geschieht, wenn ein Gespräch zwischen zwei oder mehreren Fremden beginnt. Sofort beginnen sie ein Spiel, das mit den Augen gespielt und bei dem »das Terrain abgesteckt« wird. Ein Gruppenmitglied sichert rasch seine Dominanz, indem es die anderen besonders intensiv anschaut und diese so dazu bewegt, seinem Blick ausweichend, die Augen abzuwenden. Handelt es sich bei dem Paar oder der Gruppe um eine gemischtgeschlechtliche Konstellation, so wird das Spiel fast immer von einem Mann gewonnen. Sind es jedoch ausschließlich Frauen, so übernimmt eine von ihnen mit *ihren* Augen die Führung, ebenso wie es der Mann bei einem gemischten Paar tut. Somit geht es bei diesem normalerweise von einem Mann gewonnenen Augenspiel offensichtlich nicht um die Rolle der Geschlechter, sondern um Macht.

Nachdem Sie diese erste Abhandlung gelesen haben, lesen Sie die zweite. Dann die dritte. Als ich sie so las, merkte ich, daß irgend etwas mich ärgerte und an mir nagte. Dieses Nagen hielt fast durchgehend durch alle Kapitel, ungeachtet der unterschiedlichen Themen, an – ob es dabei um die Augen oder die Attraktivität oder Streßfaktoren oder die Neigung zu Selbstmord oder um erotische Reaktionen oder die Bereitschaft, über sich selbst oder die eigene Ehe oder Scheidung zu sprechen, ging. Bei fast jeder Untersuchung über die geschlechterspezifischen Unterschiede zwischen Männern und Frauen wurde bei den Männern ein wie auch immer geartetes Streben nach Dominanz und Inbesitznahme und bei den Frauen eine Anpassungsfähigkeit oder ein in vielerlei Hinsicht verstecktes, subtiles Eingeschüchtertsein festgestellt, Züge, die wesentlich manifester und verbreiteter sind, als ich es im Alltagsleben selbst einer chauvinistischen Welt auch nur erwartet hätte.

Ein anderes Beispiel – der Abschnitt »Ihre Bereitschaft (körperliche) Nähe zuzulassen«. Hier zeigt eine Studie, daß, wenn ein Mann neben einer Frau im Flugzeug sitzt, *er* es ist, der mit einer wettreifen Wahrscheinlichkeit von fünf zu eins von der zwischen ihnen befindlichen Armlehne Besitz ergreift, und zwar ungefragt. Natürlich gibt es eine einleuchtende Erklärung: Er ist wahrscheinlich größer und benötigt mehr Platz. Aber, Moment mal. Unabhängig davon beobachteten Forscher Paare, bei denen die Frauen an Größe und Umfang mindestens mit den Männern gleichzogen. Was geschah? Dennoch übernehmen die Männer mit einer Wahrscheinlichkeit von drei zu eins die Armlehne.

Das sind nur zwei von Dutzenden weiterer Beispiele, die in der Gesamtheit ein Bild ergeben.

Die Vorbereitung dieses Buches schärfte mein Bewußtsein in einer Weise, wie es eine ganze Armee missionierender Feministinnen niemals vermocht hätte. Das Muster dieser insgesamt neuen Beweislage – ein alles durchdringender, dichter Nebel eines allgegenwärtigen, fast unsichtbaren Macho-Kontrollverhaltens – ist subtiler, stilettartiger, als ich es mir jemals vorstellte.

Das nur als Hinweis, wie dieses Buch gelesen werden sollte. Sie müssen das Bild unserer Kultur selbst, auf Ihre eigene Weise, finden. Es wurde weder für Sie analysiert noch in großen Schlußfolgerungen und Antworten vorgezeichnet. Wie im Leben müssen Sie die einzelnen Teile selbst zu dem »Gesamtbild« zusammenfügen. Aber vielleicht haben Sie noch nie so viele Einzelteile an einem Ort gesehen. Auch wenn Sie kein ausgesprochener Puzzlefan sind, Sie werden dennoch auf Ihre Kosten kommen. Viele dieser Teilchen sind Überraschungen. Oder provozieren wahre Erkenntnisschocks. Oder sind Kunstwerke. Oder seltene Kuriositäten. Oder schlicht ein Witz, über den Sie herzhaft lachen können.

In einem Punkt ist Vorsicht geboten. Fast alle »Finden Sie sich selbst«-Überschriften und fast alle Studien beginnen mit dem Wort *Sie*. Dieses *Sie* sollten Sie nicht allzuwörtlich nehmen.

Bei diesen Studien geht es um *Wahrscheinlichkeiten*, um allgemeine *Neigungen* und *Tendenzen*. Eine Studie betrifft *Sie* persönlich nur dann, wenn Sie absolut dem Durchschnitt entsprechen (was Sie natürlich nicht tun). So besagt beispielsweise ein Untersuchungsergebnis, daß Sie, wenn Sie männlichen Geschlechts und groß sind, im allgemeinen ein höheres Selbstwertgefühl (und auch Gehalt) haben, als wenn Sie klein sind. Das heißt, wenn sich eine bestimmte Anzahl von Personen einem psychologischen Test zur Bewertung des Selbstwertgefühls unterzieht und parallel dazu bei den gleichen Personen die Körpergröße festgestellt wird, daß mehr große als kleine Personen überdurchschnittlich hohe Werte erzielen. Ein hohes Selbstwertgefühl ist keineswegs eine Eigenschaft, die *alle* großen Personen für sich reklamieren können; und wenn Sie groß sind, muß keineswegs ein hohes Selbstwertgefühl Sie auszeichnen. Aber statistisch gesehen, ist dem eher so als dem nicht so ist. Tatsache ist, daß Ihr Selbstwertgefühl mehr das Ergebnis des Lobes ist, das Sie als Kind dafür erhielten, daß Sie Geige spielten, als daß es irgend etwas mit Ihrer Körpergröße zu tun hätte. Umgekehrt, wenn Sie als Kind und Heranwachsender fortwährend von Ihrer Mutter kritisiert wurden und Ihr Vater mehr von Ihnen erwartete, als Sie leisten konnten, so ist die Wahrscheinlichkeit hoch, daß Ihr Selbstwertgefühl auf diesem Wege demoliert wurde und die für Ihre Körpergröße zuständigen Gene Ihnen wenig hilfreich sein konnten.

Zahllose, unkalkulierbare, unergründliche Komplikationen wie diese – als *Variablen* bezeichnet – sind es, die manchen Psychologiestudenten letzten Endes bewegen, zur Technik zu wechseln. Aber ebenjene Variablen sind es auch, die das Leben voller Überraschungen, immer wieder anders und neu, und – Gott sei Dank – *unvorhersehbar* sein lassen, ganz gleich, wieviel »sie« über uns herausfinden.

Kapitel 1

Ihr äußeres Selbst und was es über Sie aussagt

»... trafen zusammen schneller nicht
als sie blickten;
blickten schneller nicht als sie liebten.«

Shakespeare,
Wie es Euch gefällt

Ihre Augen und was sie ausdrücken

Das menschliche Auge wird als das »Tor zur Seele« bezeichnet. Man kommt sich näher, wenn man sich in die »Augen schaut«. Aus dem gerissenen Blick, dem bösen Blick, dem feindseligen Blick ist der Charakter ablesbar.

Kingsley Amis, der Romanschriftsteller, sprach einmal von dem ungeschriebenen Gesetz, das es dem Auge verbiete, mehr als zwei Sekunden bei einem Fremden zu verweilen. Mark Cook vom University College of Swansea, England, ergänzt: »Wird jemand von einem Fremden angesehen, ... erwartet er, daß etwas geschieht. ... So macht denn auch der Vorgang, ›den Blick von jemandem einzufangen‹, es in der Tat in jeder Situation fast unausweichlich, eine Interaktion zu beginnen; was wohl erklärt, warum vor allem Kellner und Konferenzleiter eine besondere Fähigkeit entwickeln, Blickkontakt zu meiden.«

Lange ehe es den Psychologen bekannt war – lange ehe es diese überhaupt *gab* –, wußten Dichter, Stückeschreiber und einfache Leute, daß Augenbotschaften in uns die Erwartungshaltung wecken, daß »etwas geschieht«, vor allem, wenn es dabei um Liebe und Sex geht. Casanovas Memoiren über sein Liebesleben beschreiben, wie die Frauen Madrids im achtzehnten Jahrhundert die damaligen Tabus umgingen und verstohlene Blicke als versteckte Aufforderung nutzten. Oder Stendhal, der berühmte französische Romancier des neunzehnten Jahrhunderts, stellte fest, daß Frauen Männer durch Anstarren animierten, weil diese subtile Botschaft ihnen den einfachen Rückzug im Falle eines Sinnes- oder Herzenswandels erlaubten. Margaret Mead beobachtete in *Kindheit und Jugend in Samoa,* daß die »Konversation« der Liebeswerbung auf Bali sich fast ausschließlich auf den Austausch verstohlener Blicke beschränkte.

Die Augen übermitteln aber nicht nur, sie reagieren auch. E. H. Hess, Psychologe, der sich besonders auf die Beobachtung der Augen konzentrierte, bemerkte 1965, daß die Pupillen sich beim Anblick von etwas sexuell Erregendem erweitern. Zudem bevorzugen Männer, so seine weitere Erkenntnis, Photographien von Frauen mit erweiterten Pupillen statt kleineren Pupillen (selbst dann, wenn die Pupillenerweiterung auf Retouchieren zurückzuführen und den Männern der Unterschied vielleicht nicht einmal bewußt war). Spätere Studien zeigten, daß diese Pupillenerweiterung bei jedem erfreulichen Anblick und wann immer eine Person sich einem angenehmen Gedanken hingibt, wie der Erinnerung an ein Gedicht oder der Lösung einer Mathematikaufgabe, eintritt.

Anfang der 1960er Jahre begannen einige Psychologen, insbesondere Ralph Exline von der University of Delaware, sich auf die Augen als Medium einer komplexen wortlosen Konversation zwischen zwei Personen zu konzentrieren. Ein Jahrzehnt dieser Studien – von 1965 bis 1975 – über den sogenannten *Blickkontakt* – eine Person schaut einer anderen in die Augen oder, allgemeiner, in die obere Gesichtshälfte –, ließ in der Tat einen völlig neuen Forschungszweig der Sozialpsychologie, die nonverbale Kommunikation, entstehen.

Diese Forscher definierten die von Kultur zu Kultur variierenden Gepflogenheiten des Blickkontaktes. So neigen beispielsweise weiße Amerikaner und Europäer in der Rolle des Zuhörers dazu, den Redner beständig anzublicken, sprechen sie jedoch selbst, so werfen sie dem Zuhörer jeweils nur kurze, aber häufige Blicke zu. Schwarze Amerikaner verhalten sich umgekehrt, sie wenden während des Zuhörens die Augen ab und stellen während des Sprechens den Blickkontakt her. Ein Verhaltensmuster, das ein subtiles Unbehagen erklären könnte, welches sich bisweilen in Gesprächen zwischen Weißen und Schwarzen einschleicht und einer Untersuchung von Marianne La France und Clara Mayo von der Boston University zufolge mitnichten in Vorurteilen begründet sein kann. Eine andere von Kultur zu Kultur unterschiedliche Gepflogenheit ist, sich bei Gesprächen den Blickkontakt als »Abgabesignale« zu nutzen: als Zeichen, daß der Zuhörer gerne selbst reden möchte oder der Sprecher seinen Beitrag beendet hat.

Steter Augenkontakt oder »beiderseitiges Anstarren« erstreckt sich normalerweise etwa auf ein Drittel der Gesprächszeit. Ein derartiger direkter Augenkontakt ruft dort jedoch schon bald Unbehagen hervor, wo nicht Intimität und tiefes Vertrauen gegeben sind.

Eine Bedeutung des direkten und anhaltenden Anstarrens wurde in einer weithin bekannt gewordenen und unter psychologischen Forschern vieldiskutierten Studie aufgedeckt. Eine Studie, die möglicherweise die komplizierteste Untersuchung über Offenkundiges darstellt, die seitens der Wissenschaft jemals initiiert wurde. Drei Forscher der Illinois State University (siehe Goldstein und andere) beobachteten vierzig Studenten, wobei es sich bei der einen Hälfte um männlich-weibliche Paare handelte, die, analog der »Rubin Liebesskala« getestet (siehe Kapitel 5, »Sie und Ihre Liebe«), »sehr verliebt« waren, und bei der anderen Hälfte um männlich-weibliche Paare, die sich gerade erst kennengelernt hatten. Wie die Forscher des weiteren akribisch vermerken, verwendeten sie in einem speziell dafür hergerichteten und ausgestatteten Konferenzraum zwei Videokameras mit Zoomobjektiven, eine Mehrfachmonitoranlage, zwei Mikrophone und eine »von einem Data General Computer (Model 820) kontrollierte BRS/LVE Interact Station mit einer .01 Sekundenanzeige«. Mit derart aufgefahrenem Geschütz gelang den Forschern folgende Enthüllung: In Erwartung irgendeines vermeintlichen Ereignisses, das da kommen sollte, geduldig herumsitzend, unterhielten sich die »sehr Verliebten« mehr miteinander als diejenigen, die sich gerade erst kennengelernt hatten, und die Verliebten »verbrachten mehr Zeit« damit, sich gegenseitig »nur in die Augen zu starren«, als dies bei den anderen Versuchspersonen der Fall war.

Untersuchungen über das Blickverhalten werfen oft jedoch wesentlich weitreichendere Fragen über das menschliche Verhalten auf. Zum Beispiel diese: Fühlen sich Frauen im allgemeinen, wenn sie mit anderen Frauen sprechen, tatsächlich wohler als Männer, wenn diese sich mit anderen Männern unterhalten, wie dies heute so oft behauptet wird? Die Antwort scheint ja zu sein. Eine von Michael Argyle und anderen an der Oxford University durchgeführte Studie kam zu dem Ergebnis, daß zwei Frauen während eines Gespräches fast doppelt so lange wie Männer den beiderseitigen Blickkontakt halten (38 Prozent der Zeit im Vergleich zu 23 Prozent). In einem gemischtgeschlechtlichen Gespräch halten Mann und Frau 31,5 Prozent der Zeit den beiderseitigen Blickkontakt, wobei es keine Rolle spielt, wer von beiden spricht. Und warum soll der längere Blickkontakt gleichbedeutend mit größerem Wohlbehagen sein? Je mehr eine Person während eines Gesprächs angeblickt wird, so eine weitere britische von Mark Cook und J. M. C. Smith durchgeführte Studie, desto mehr wird diese Person in der Regel erkennbar werden lassen, daß sie sich von ihrem Gegenüber gemocht fühlt. Der Länge der Blicke, die wir mögen, sind jedoch Grenzen gesetzt. Der – normalerweise bevorzugte – längere Blickkontakt wird erdrückend, wenn die bei Liebenden und Intimfreunden geltende Obergrenze von etwa drei Viertel der Gesprächszeit überschritten wird.

Die Sprache der Augen läßt sowohl Mißfallen und Feindseligkeit als auch Zuneigung offenbar werden. Im Rahmen eines Versuches (von Exline in Zusammenarbeit mit Winters) wurden College-Studenten vorgeblich zu dem Thema »konzeptionelle Gestaltung« interviewt. Jeweils mitten im Interview unterbrach er, um den Beitrag des Studenten zu »bewerten«. Ohne Bezug zu ihren tatsächlichen Leistungen sagte er einem Drittel, daß ihre Leistungen sehr schlecht waren, einem weiteren Drittel, daß sie sich ausgezeichnet schlugen, und gegenüber dem letzten Drittel blieben die Stellungnahmen neutral. Währenddessen wurden die Augenbewegungen der Versuchspersonen per Serienbildverfahren für spätere Meß- und Auswertungszwecke photographiert. Diejenigen, denen eine »sehr schlechte Leistung« bescheinigt worden war, blickten den Versuchsleiter – und zwar ausnahmslos – wesentlich seltener an, als dies vor Erhalt der schlechten Nachricht der Fall gewesen war. Später bekundeten die meisten dieser Gruppe mit den »schlechten Leistungen« eine starke Abneigung gegenüber dem Versuchsleiter.

Herausgefordert, über irgend etwas nachzudenken, blicken wir normalerweise leicht nach oben und entweder nach rechts oder nach links. Merle E. Day, Psychologe am Downey Illinois Veterans Administration Hospital, stellte 1964 fest, daß jeder von uns insofern als rechts- oder links-orientiert klassifiziert werden kann, als daß jeder Mensch dazu neigt, seine Augen in etwa 75 Prozent der Zeit in die gleiche Richtung zu wenden. (Frauen sind in dieser Hinsicht weniger beständig als Männer.) Die Zahl der Rechts- und Links-Orientierten ist in jeder größeren Gruppe proportional in etwa gleich.

Im Zuge weiterer Forschungen entdeckte Day, daß die gewählte Blickrichtung möglicherweise ein entscheidendes Hinweiszeichen für eine Vielzahl psychologischer und physiologischer Charakteristika sein kann. So unterscheiden sich Links- und Rechts-Orientierte im Grad ihrer Aufmerksamkeit, im Gebrauch der Sprache, in den Gehirnwellenmustern, im Muskeltonus und in ihrer Ansprechbarkeit auf Psychotherapie.

Day zufolge hat ein Links-Orientierter im allgemeinen eine erhöhte Bewußtheit der subjektiven, inneren Erfahrungen. In jüngerer Zeit stellte Paul Bakan von der Simon Fraser University anhand der Stanford Hypnose-Empfänglichkeitsskala, einem Standardverfahren, bei Links-Orientierten eine erheblich größere Hypnosebereitschaft als bei Rechts-Orientierten fest. Eine weitere Erkenntnis Bakans: daß Links-Orientierte besser im mündlichen Teil schulischer Eignungstests (Scholastic Aptitude Test [SAT] abschneiden und sich im Vergleich zu Rechts-Orientierten durch eine größere Schreibgewandtheit auszeichnen; Rechts-Orientierte erreichen demgegenüber bessere Testergebnisse in mathematischen Bereichen. So ist es nicht überraschend, daß Rechts-Orientierte eher naturwissenschaftlichen und technischen Studienrichtungen und Links-Orientierte eher einem geisteswissenschaftlichen Studium zuneigen. Bakan berichtet überdies, daß Rechts-Orientierte häufiger als Links-Orientierte nervöse Gesichts- und Muskelzuckungen offenbaren, weniger schlafen (sofern sie männlich sind), kalte Farben bevorzugen und die Wahl ihrer beruflichen Karriere früher treffen. Links-Orientierte zeichnen sich demgegenüber im allgemeinen durch ein lebhaftes Vorstellungsvermögen aus, sie sind geselliger, laufen eher Gefahr, Alkoholiker zu werden (sofern sie männlich sind), und behaupten eher von sich, musikalisch und religiös zu sein. Mit gewissen Vorbehalten wagt Bakan sogar die Behauptung, Links-Orientierte seien anfälliger gegenüber Asthma, während Rechts-Orientierte häufiger unter Kopfschmerzen, insbesondere Migräne, zu leiden hätten.

Herausfinden zu wollen, ob man rechts- oder links-orientiert ist, kann schwierig sein, weil das bloße Bemühen darum bereits ein Selbstbewußtsein wecken kann, das einer Antwort im Wege steht. Die einzige Möglichkeit ist vielleicht, daß Sie versuchen, bewußt darauf zu achten, in welche Richtung Ihre Augen für gewöhnlich schnellen, wenn Sie mit einem Problem oder einer Frage konfrontiert werden. Entsprechende Neigungen bei einem Freund oder einer Freundin festzustellen, dürfte einfacher sein, wenn der oder die Betreffende nichts von Ihrem diesbezüglichen Ansinnen wissen. Blicken Sie ihm oder ihr geradewegs in die Augen, und stellen Sie einige Fragen – etwa folgende:

1. Wie buchstabiert man *Rhythmus* (oder *Parallele*)?
2. Wieviel sind 11 mal 15?
3. Wie würdest du *Tugend* (oder *Sünde* oder *Kartoffelpüree*) definieren?

Ignorieren Sie die Antworten. Achten Sie nur auf die Augen.

Finden Sie sich selbst

Nachfolgend finden Sie eine Auswahl von Schlüsselerkenntnissen der wissenschaftlichen Forschung über »Ihre Augen und was sie ausdrücken« – in eine allgemeinverständliche Sprache übersetzt. Manche werden aufgrund ihrer Gewichtigkeit angeführt, andere, weil sie erstaunlich, kurios oder sogar amüsant sind. Jede ist jedoch dazu angetan, Sie oder jemanden, den Sie kennen, in einem vielleicht völlig neuen Licht erscheinen zu lassen. Diese zusätzlichen Studien sollen Ihnen helfen, »sich selbst zu finden« – und sind durchgehend in jedem Kapitel dieses Buches entsprechend überschrieben.

Sie sind als Frau oder Mann in einem Gespräch mit einem oder zwei Fremden:

Sobald Sie zusammentreffen, verbringen Sie und die übrigen Fremden die ersten Sekunden mit einer Art »Macht«-Spiel, das mit den Augen gespielt wird. Schnell, fast unmerklich, spricht einer von Ihnen als erster, starrt den Blick des oder der anderen nieder und stellt so die Dominanz her. Ist die Gruppen- oder Paarkonstellation gemischtgeschlechtlich, wird das Spiel fast immer von einem Mann gewonnen, weil Frauen dazu neigen, ihren Blick von Männern abzuwenden, wenn sie angestarrt werden. Sollten Sie die Ausnahmefrau sein, die als erste spricht, so gilt dennoch, daß Sie dabei Ihren Blick abwenden. Sofern Sie gar die noch extremere Ausnahmefrau sind, die eine »Anstarr-Herausforderung« offeriert, so haben Sie kaum eine Chance zu gewinnen, da ein Mann sich in der Regel weigert, diese anzunehmen. Handelt es sich bei den zwei Gesprächspartnern um Frauen, so versucht eine von ihnen permanent, mit ihren Augen die Dominanz zu übernehmen, ebenso wie dies der Mann in einer gemischtgeschlechtlichen Paarkonstellation tut. Dies läßt vermuten, daß es bei diesem Spiel eher um Macht als um ein geschlechtsspezifisches Rollenverständnis geht.

Das ist das Ergebnis eines Experimentes mit zweiundvierzig Frauen und dreiunddreißig Männern, Soziologiestudenten und -studentinnen im Alter von achtzehn bis dreißig Jahren, die per Video aufgenommen wurden, während sie in Zweier- oder Dreiergruppen miteinander sprachen. [Lamb] (Anmerkung: Lamb ist der Name des Forschers und Autors dieser Studie. Am Ende jeder nachfolgend angeführten Zusammenfassung einer Studie wird der Name des Autors wie hier in Klammern genannt. Eine Liste mit den entsprechenden Quellennachweisen zu allen zitierten Studien befindet sich nach Kapiteln untergliedert und alphabetisch geordnet nach den Namen der Hauptautoren im Anhang dieses Buches.)

Sofern Sie in einem Test über soziale Geschicklichkeiten hohe Punktwerte erreichen, senken Sie seltener den Blick und wahren den Blickkontakt länger als jemand, der schlechtere Werte erzielt; Sie stellen außerdem mehr Fragen und untermalen Ihre Redebeiträge freizügiger mit angemessenen Gesten. [Royce]

Wenn Sie sich als Frau bei einem Diskussionsthema als Expertin fühlen, so starren Sie andere wahrscheinlich unentwegt an (ganz wie es dem Verhalten dominierender Männer entspricht). Wechselt das Thema auf ein Gebiet, auf dem Sie sich nicht mehr firm fühlen, so wenden Sie Ihren Blick ebenso ab, wie weniger dominierende Männer und die Mehrzahl der Frauen es in der Regel tun. [Ellyson, Dovidio, Corson]

Sie halten den Blickkontakt mit einem fremden Mann oder einer fremden Frau länger, wenn Sie sich von ihm oder ihr angezogen fühlen – oder wenn Sie seine oder ihre Haltung gerne entschlüsseln möchten. [Rutter, Stephenson; britische Studie]

Je enger Sie, physisch oder durch gesellschaftliche Situationen bedingt, mit anderen zusammenstehen müssen, desto geringer ist der Augenkontakt und desto kürzer sind die Blicke, die Sie den anderen zuwerfen; dies gilt insbesondere, wenn die übrigen Gruppenmitglieder andersgeschlechtlich sind. [Argyle, Dean; britische Studie]

Sie unterhalten sich mit einer Person,
die einen höheren Status genießt:

Es ist kaum anzunehmen, daß Sie Ihr Gegenüber unbeirrt und permanent anstarren, sondern ihm oder ihr eher kurze und flüchtige Blicke zuwerfen. So wird denn auch die Person mit dem höheren Status Sie, umgekehrt, kaum direkt anblicken. Der Leiter dieses Forschungsprojektes verdeutlicht in der Studie: »Mächtige beobachten die weniger Mächtigen nicht.« [Exline und andere]

Sie unterhalten sich mit Ihrem Ehepartner
oder Ihrer Ehepartnerin:

Je wohler Sie sich in Ihrer Ehe fühlen, um so weniger blicken Sie und Ihr Mann oder Ihre Frau sich gegenseitig an, wenn Sie miteinander sprechen. Wenn Sie demgegenüber ein weniger harmonisches Paar sind, blicken Sie sich häufiger kurz an, um die Reaktionen des jeweils anderen zu beobachten, insbesondere nach Vorwürfen oder Streitigkeiten. [Noller]

Sie unterhalten sich als Frau mit einem Mann:

Wenn ein Mann einen dauerhaften Blickkontakt mit Ihnen hält, so gibt es hierfür drei mögliche Erklärungen: (a) Er findet Sie attraktiv oder hat (b) eine hohe Meinung von sich selbst, oder (c) beides ist der Fall und trägt zu einem besonders langen, stetigen Anstarren bei. Nicht überraschend: Wenn er Sie unattraktiv findet und/oder von sich selbst wenig überzeugt ist, ist sein Blickkontakt sprunghaft und kurz. [Fugita, Agle, Newman, Walfish]

Treffen Sie sich mit ihm, um in Gesellschaft anderer etwas zusammen zu trinken, so neigen Sie, ehe Sie Ihren ersten Drink genommen haben, bei einer Frau zu einem intensiveren Augenkontakt als bei einem Mann, zumindest wenn Ihr Verhalten dem der Mehrzahl der in Finnland untersuchten Personen entspricht. Nach einigen Drinks meiden Sie allerdings eher den Blickkontakt zu einer anderen Frau, während Ihr Blickkontakt mit einem Mann nach dem Trinken, im Vergleich zu vorher, jedoch kaum verändert ist. [Lindman; finnische Studie]

Sie unterhalten sich als Mann mit einer Frau:

Blickt diese Frau Sie traurig an, gewinnt sie eher Ihre Sympathie. Richtig? Richtig. Die Forscher gelangten über folgenden »Sympathietest« zu diesem Ergebnis: Eine Frau (Mitarbeiterin des Forschungsprojektes) ließ »versehentlich« eine Münze auf der Ablage in einer Telefonzelle liegen – wiederholt, und zwar jedesmal, wenn die Zelle nicht benutzt wurde. 20 Sekunden nachdem jemand ein Gespräch begonnen hatte, unterbrach sie den Anrufer, erklärte freundlich die Situation mit der vergessenen Münze und bat um deren Rückgabe. Der Hälfte der Anrufer blickte sie direkt in die Augen und erhielt von ihnen wesentlich mehr Münzen als von der »Kontrollgruppe« zurück – jener Hälfte, die sie nicht anblickte. (Im übrigen hatte sie, während sie fragte, jeweils bei der Hälfte der Anrufer jeder Gruppe auch den Arm berührt – und sie erhielt von denen, die sie berührt hatte, mehr Münzen als von jenen zurück, die sie nicht berührt hatte. Im Vergleich funktionierte der alleinige Blickkontakt allerdings besser als das alleinige Berühren.) [Kleinke]

Sie sehen jemanden, der Hilfe benötigt:

Wenn Sie eine Frau sind, ist die Wahrscheinlichkeit, daß Sie einer anderen Frau helfen, höher – um 40 Prozent höher –, wenn diese Sie »visuell berührt«, sich Ihre Augen also begegnen, als wenn dies nicht der Fall ist. Gestaltet wurde das Experiment wie folgt: Eine Verbündete des Forschungsprojektes (insgesamt waren vier Personen einbezogen: zwei Frauen im Alter von achtzehn und zwanzig; zwei Männer im Alter von einundzwanzig und vierundzwanzig Jahren), in Jeans und Pullover gekleidet und eine Armschlinge tragend, steht wartend an einer Bushaltestelle und versucht, Münzen aus der auf der Armschlingenseite befindlichen Hosentasche zu entnehmen – ein wohl für jeden Betrachter herzerweichendes Manöver. Das Unternehmen gelingt ihr schließlich, sie läßt dabei allerdings etwa acht Münzen auf die Erde fallen. In der Hälfte der Fälle stellte die Verbündete einen flüchtigen Blickkontakt mit einem der zufällig Umstehenden her; bei der anderen Hälfte wurde auf diesen Augenkontakt verzichtet.

Sofern Sie ein Mann sind, und ein hilfesuchender Mann blickt Ihnen direkt in die Augen, ist bei Ihnen – im Gegensatz zu der zuvor erwähnten Frau – die Wahrscheinlichkeit *geringer* – um 28 Prozent geringer –, daß Sie innehalten und ihm helfen, wenn er Sie »visuell berührt«, als wenn er dies nicht tut. Die Forscher versuchen, dies mit der Tatsache zu erklären, daß Männer ihre Augen als Dominanzmedium verwenden und Augenkontakt zwischen Männern etwas Bedrohliches hat; im Gegensatz dazu wird er von Frauen als Signal der Freundlichkeit empfunden. [Valentine, Ehrlichman]

Jemand, dessen Vertrauenswürdigkeit Sie nicht einschätzen können, schaut Ihnen direkt in die Augen:

Ein gutes Zeichen, daß diese Person die Wahrheit sagt, richtig? Falsch. Ein Mann, der einen anderen Mann belügt, neigt dazu, den Blickkontakt ebenso beständig wie jemand zu halten, der die Wahrheit sagt. Lügt ein Mann jedoch einer Frau gegenüber, so starrt er diese allerdings länger an, als wenn er ihr die Wahrheit sagt. Ähnlich neigt eine Frau, die eine andere Frau belügt, dazu, diese länger anzustarren, als wenn sie die Wahrheit sagt, und *wesentlich* länger zu starren, wenn sie einem Mann gegenüber lügt. [Burns, Kintz]

Sie ziehen die Augenbrauen zusammen (wie jemand, der finster blickt):

So werden Sie von anderen als dominanter im Vergleich zu jemandem empfunden, der dazu neigt, seine Augenbrauen hochzuziehen. [Keating, Mazur, Segall]

Sie werden mit Ihrem Auto von einem Streifenwagen gestoppt, ein Polizist steigt aus und kommt auf Sie zu:

In Ihnen steigen wahrscheinlich Argwohn, Feindseligkeit und Angst auf, sofern dieser Polizist eine Sonnenbrille mit Spiegelglaseffekt trägt, die verhindert, daß Sie seine Augen sehen können. [Boyanowsky, Griffiths; kanadische Studie]

Sie sind ein Jogger (männlich):

Führt Ihr Joggen Sie an einer Parkbank vorbei, auf der eine junge Frau, das Gesicht dem Trimmpfad zugewandt, sitzt, beschleunigen Sie Ihr Lauftempo erheblich, selbst wenn sie mit keinem Anzeichen erkennen läßt, daß sie Ihnen zuschaut. Sitzt sie demgegenüber mit dem Rücken zum Pfad, behalten Sie Ihr gewöhnliches Lauftempo bei. [Worringham, Messich]

Sie essen alleine in einer Cafeteria und möchten, ohne ein Wort zu sagen oder irgend etwas allgemein Aufsehenerregendes zu tun, eine allein an einem anderen Tisch sitzende fremde Person dazu bewegen, aufzustehen und die Cafeteria früher als geplant zu verlassen:

Einfach. Starren Sie diese Person, während sie ißt, einfach nur an.

Sie möchten besonders schnelle Erfolgserlebnisse erzielen? Suchen Sie sich zum Anstarren jemand aus, der übergewichtig ist. [Lee, Goldman]

Passend hierzu ein weiterer wissenschaftlicher Beitrag, den die Stanford University leistete: Am Straßenrand an einer Ampel stehend, an der Autos auf Grün warten, können Sie einen wartenden Autofahrer zu einem überdurchschnittlich schnellen Start veranlassen, indem Sie ihn ausdruckslos, aber unbeirrt anstarren. Starren Sie einen Fußgänger an, der auf Grün wartet, so überquert auch er die Straße schneller. [Ellsworth, Carlsmith, Henson]

»An ihr spricht alles, Auge, Wang' und Lippe,
Ja selbst ihr Fuß. Der Geist der Lüsternheit
Blickt vor aus jedem Glied und Schritt und Tritt.«

Shakespeare,
Troilus und Cressida

Körpersprache, Berühren und Berührtwerden

Im Jahr 1872, also Jahre ehe die Sozialpsychologie als Feld wissenschaftlicher Studien entdeckt wurde, beobachtete Charles Darwin, wo immer ihn seine Reisen in der Welt hinführten, die offensichtlich universelle Bedeutung und Funktion des Gesichtsausdruckes. Ob in Island oder in London oder auf den Galapagosinseln, Freude ist an hochgezogenen Mundwinkeln erkennbar, und ein wutentbranntes Gesicht sieht ebenfalls überall gleich aus. Ebenso verhält es sich beim Ausdruck von Glück, Traurigkeit, Abscheu, Angst, Erstaunen.

Diese Ausdrucksformen sind weltweit gleich, was aber variiert, sind die Regeln, wann – oder durch wen und wem gegenüber – derartige Offenbarungen akzeptabel sind. So versteht es sich von selbst, daß ein Stammesangehöriger seinen Häuptling nicht wütend anstiert, noch tut dies ein Westler, wenn er klug ist, bei einem Vorgesetzten. Typisch für Mädchen in unserer Kultur ist, daß ihnen nachdrücklich anerzogen wird, niemals Wut zu zeigen, Jungen hingegen müssen es lernen, nie, aber auch niemals Anzeichen der Angst erkennbar werden zu lassen. Wird eine junge Schönheit als Miss Amerika gekrönt, so ist sie der Bewunderung aller gewiß, wenn sie Tränen vergießt, derweil die Welt ihr dabei zuschaut. Tränen bei der Zweitplazierten hingegen sind verpönt.

Die Körpersprache – Haltung, Gesten und Berührungen – ist gleichermaßen eloquent wie der Gesichtsausdruck, eine Kommunikationsform, die, obgleich sie oft subtiler und ihr Vokabular komplexer ist, ebenfalls die Grenzen der Kulturen überschreitet.

Wie stark ist die Macht der nonverbalen Sprache? Stark genug, um die Botschaften der verbalen Sprache völlig zu verwischen. Eine von Albert Mehrabian (von der University of California in Los Angeles) und S. R. Ferris durchgeführte Untersuchung zeigt, daß, wenn die Botschaft zwischen Gesichtsausdruck oder Körperhaltung *und* einer verbalen Äußerung konträr ist, der Empfänger fast ausschließlich auf die nonverbale Botschaft reagiert. Sagt der Sprecher, zum Beispiel: »Halte deinen Mund!« oder noch rüder »Scher dich zum Teufel!«, schwächt diesen Befehl gleichzeitig aber auch nur mit dem geringsten Lächeln ab, so ist die Botschaft, die ankommt, nicht die, was verbal gesagt wurde, was ankommt, ist nicht einmal eine verwirrende oder widersprüchliche Botschaft, sondern der Ausdruck von Humor und Zuneigung. Die nonverbale Sprache annulliert und transformiert die verbale. Das Gegenteil ist höchst selten der Fall: Worte annullieren selten eine vom Körper gesandte Botschaft.

Was für alle Sprachen gilt, gilt auch für die Körpersprache; ihre Grundlagen zu verstehen, kann für jeden wertvoll sein, sei es, um zu »lesen« oder zu »sprechen«. Jeder kann die Körpersprache bis zu einem gewissen Grad »lesen« oder fängt zumindest unbewußt Botschaften auf. Um sie als Sprache bewußter zu machen, muß die Fähigkeit des »Lesens« erweitert und verfeinert werden. Wer die Körpersprache beherrscht, kann diese natürlich auch wirksam für die Übermittlung der eigenen Botschaften nutzen, Botschaften, die beeindrucken, überzeugen, Meinungen und Gefühle ummänteln und verdecken, die man nicht preisgeben möchte. Gerade die Körpersprache, vorgeblich so untrügerisch, läßt sich von einer entsprechend talentierten Person geschickt zu Täuschungs- und Betrugszwecken nutzen.

Finden Sie sich selbst

Sie unterhalten sich mit einem Bekannten oder Freund:

Wenn Ihr Gesprächspartner seinen Kopf oder Körper, seine Beine oder Arme oder Hände so hält, daß er Ihre Haltung imitiert, so ist diese Person in der Regel im Einklang mit Ihnen, damit, was Sie denken, damit, was Sie sagen. Die von Ihnen und Ihrem Partner eingenommenen Haltungen werden als »Reziproken« oder »Spiegelbilder« bezeichnet. Oder bei dieser Form der Nachahmung ist auch von »Verhaltenskongruenz« oder »-konformität« oder, etwas komplizierter ausgedrückt, von »Interaktionssynchronizität« die Rede. [Scheflen, 1974, in Zusammenfassung zahlreicher eigener und fremder Studien]

Die vorhandene (oder fehlende) Kongruenz in Ihren Haltungen ist mehr als ein Zeichen der Harmonie oder Disharmonie. Sie ist Teil eines komplexen und steten wechselseitigen Abtastvorganges, der den Gesprächsablauf zwischen Ihnen bestimmt – und an dem sich vor allem derjenige orientiert, der gegebenenfalls den anderen zu einer bestimmten Meinung »herumkriegen« möchte. Dieses »Gespräch« der Gesten und Haltungen ist aus Sicht des Forschers »ein Weg, wie zwei Menschen signalisieren können, daß sie ›offen‹ füreinander sind«. (Diese Erkenntnisse wurden mittels Mikroanalyse sehr umfangreichen Tonfilmmaterials von Personen gewonnen, die sich unterhielten.) [Kendon]

Eine Person, die sich, während sie zu Ihnen spricht, vorbeugt, mag Sie wahrscheinlich mehr als jemand, der sich, während er mit Ihnen spricht, zurücklehnt. Vorbeugen vermittelt im allgemeinen »Wärme« und »Aufmerksamkeit« oder »Freundlichkeit«. Eine Tendenz, die frei von geschlechtsspezifischen Kriterien ist. [Mehrabian, 1968 (2), 1969; Haase, Tepper, 1972; Tepper, 1973; Reece, Whitman, 1962; Genthner, Moughan, 1977; Rosenfeld, Hancks]

Ein anderer Forscher kam zu dem Ergebnis, daß Vorbeugen und Übereinstimmung in der Körperhaltung und ein steter Blickkontakt ebenso exakt Gegenteiliges bedeuten können, dann nämlich, wenn simultan der Gesichtsausdruck des Betreffenden unverhohlen Skepsis oder gespannte Wachsamkeit erkennen läßt. Der Gesichtsausdruck ist der Schlüssel, der letztlich die Botschaft des Körpers bestimmt. [Waldron]

Sofern es sich bei Ihrem Gesprächspartner um Ihren Psychotherapeuten – oder, umgekehrt, um Ihren Klienten – handelt, so signalisiert Ihre Kongruenz in Gestik, Haltung und Vorbeugen, daß Sie beide die Sympathie und persönliche Verbindung füreinander empfinden, die einem positiven Therapieverlauf förderlich sind. [Trout, Rosenfeld]

Als Lehrperson vor einer Klasse oder in einem Seminar ist der Grad, inwieweit bestimmte Schüler oder Studenten Ihre Haltung nachahmen, oft Maßstab, wie sehr sie sich in der Klasse oder im Seminar eingebunden fühlen. [La France, Broadbent; La France, 1979]

Wenn Sie in Ihrer Sprache hinsichtlich Lautstärke und Nachdrücklichkeit einen bestimmten Pegel sowie einen bestimmten Rhythmus gelegentlicher Sprechpausen beibehalten, ist die Wahrscheinlichkeit sehr groß, daß Ihr Partner, ungeachtet seiner üblichen Sprachgewohnheiten, sich Ihrem Muster anpaßt, es praktisch imitiert. [Natale]

Sobald Sie jemanden recht gut kennen, etablieren Sie eine »Gleichgewichtsordnung« für die Frage der Intimität – irgendein Ihnen genehmes ausgewogenes Maß an Distanz und Augenkontakt, das speziell im Umgang mit dieser Person richtig erscheint. Sobald diese Ordnung etabliert ist, stimmen Sie beide, zur Wahrung dieses Gleichgewichts, Ihr »Distanzverhalten« sorgfältig aufeinander ab. Konkret, wenn einer von Ihnen dem anderen näher als gewöhnlich sitzt, so reagiert der andere mit einem »distanzierten« Augenkontakt, um das alte Gleichgewicht wiederherzustellen. Und umgekehrt: Blickt einer von Ihnen den anderen länger und intensiver als gewöhnlich an, so bringt der andere das Gleichgewicht wieder ins Lot, indem er die körperliche Distanz vergrößert. [Argyle, Dean]

Sie versuchen, jemanden von Ihrer Meinung zu überzeugen:

Sie erhöhen Ihre Erfolgsaussichten, den anderen auf Ihre Seite zu ziehen, wenn Sie ihm mit einer »offenen« Körperhaltung gegenüber sitzen – Ellbogen vom Körper entfernt, Beine ausgestreckt, statt Ellbogen enganliegend und zusammengepreßte Knie. [McGinley, LeFevre, McGinley]

Ihrer Sache dienlich ist es darüber hinaus, einen direkten Augenkontakt herzustellen, auf »Körperkongruenz« zu achten (wie zuvor angesprochen), nicht nervös ständig Ihre Haltung zu ändern – und im Sinne der Überzeugungsstrategie einen geschickten Aufhänger, bei wem Sie beliebt sind, beispielsweise, zu wählen.

Sie steigern Ihre Erfolgschancen erheblich, wenn sich die andere Person, statt zu stehen, hinsetzt oder entspannt zurücklehnt. Ob Sie sitzen oder stehen, spielt keine Rolle. [Petty, Wells, Heesacker, Brock, Cacioppo]

»Die Berührung ist der Beginn
jeder Bemächtigung, jedes Versuchs,
sich eine Person oder Sache dienstbar zu machen.«

Sigmund Freud (1856–1939),
Totem und Tabu

Ihre Bereitschaft zu berühren und berührt zu werden

Jemanden berühren mag als einfache Form der Körpersprache erscheinen. *Einfache?* Berührungen sind mit einer Fülle von Tücken möglicher Interpretationen und Fehlinterpretationen, sowohl bewußten als auch unbewußten, behaftet.

Nancy Henley von der University of California in Los Angeles beobachtete bei einer Vielzahl von Paarkonstellationen an öffentlichen Orten die Gepflogenheiten des Körperkontaktes und publizierte die Ergebnisse in ihrem außergewöhnlich erhellenden Buch *Körperstrategien – Geschlecht, Macht und nonverbale Kommunikation*. Bei Erwachsenen, die unter Dreißig erschienen, stellte sie fest, daß Männer Frauen mit der Hand wesentlich häufiger berührten, als Frauen Männer berührten. Eine mögliche Erklärung für dieses Ungleichgewicht sieht Henley darin, daß der höhere Status den Männern ein »Berührungsprivileg« einräume.

Dieses 1973 veröffentlichte Untersuchungsergebnis und insbesondere Henleys spekulativer Erklärungsversuch lösten eine wahre Welle von »Berührungsstudien« aus, deren größte Übereinstimmung im Endergebnis in ihren Widersprüchen und Unbestimmtheiten besteht. So gelang es auch Henley in zwei später von ihr selbst durchgeführten Untersuchungen – eine, in der die Berührer zehn oder mehr Jahre älter erschienen als diejenigen, die berührt wurden; die andere, in der Berührer und Berührte über Dreißig und in etwa gleichaltrig zu sein schienen – nicht, einen bemerkenswerten Unterschied in den Berührungsmustern zwischen Männern und Frauen festzustellen.

1984 überprüften und analysierten zwei Harvard-Psychologinnen, Deborah Stier und Judith Hall, 43 Studien anderer Forscher aus den zurückliegenden zehn Jahren: das Fazit, das sie zogen, stand in direktem Widerspruch zu Henleys Ergebnis: daß nämlich Frauen häufiger als Männer Berührungen initiieren.

Henleys Thesen, die auf den Status- und Dominanzaspekt von Berührungen abzielen, werden jedoch von anderen Forschungen unterstützt. So stellte Erving Goffman, ein Pionier der Körpersprache, bereits im Jahr 1967 fest, daß Ärzte in einem großen Krankenhaus Untergebene berührten, Untergebene aber nicht wagten, ihrerseits die Initiative zu ergreifen und Ärzte zu berühren.

Das vielleicht interessanteste Ergebnis über männlich-weibliche Berührungsmuster erbrachte die Befragung von Männern und Frauen, was es ihnen bedeutete, von einem engen Freund oder einer engen Freundin – des jeweils anderen Geschlechts – in einer bestimmten Weise (ein Streicheln statt eines Schulterklopfens beispielsweise) und an bestimmten Körperzonen berührt zu werden. Die Forscher, Tuan Nguyen, Richard Heslin und Michele Nguyen, ermittelten, daß Männer wesentlich empfindsamer als Frauen auf die Art der Berührung reagierten. Für Frauen waren die gewählten Körperzonen ausschlaggebender.

Finden Sie sich selbst

Sie unterhielten sich mit jemandem, den Sie gerade kennengelernt hatten, und am Ende des Gesprächs berührt diese Person Sie leicht:

Sofern Sie beide Männer sind (so das Ergebnis einer Fragebogenaktion nach einer solchen Begegnung), neigen Sie eher dazu, die andere Person ausgesprochen positiv, als »netten Kerl«, zu beurteilen, wenn diese Ihnen auf die Schulter geklopft statt Ihren Arm berührt hat. Sofern Sie beide Frauen sind *oder* einer von Ihnen eine Frau und der andere ein Mann ist, werden Sie die andere Person wahrscheinlich als sympathischer bewerten, wenn diese Ihren Arm berührt hat, statt Ihnen auf die Schulter zu klopfen. [Hewitt]

Wann fühlen Sie sich bei Berührungen am »sichersten«? Das hängt vom Geschlecht des Berührers ab. Angenommen, die fremde Person, die Sie gerade kennengelernt hatten und die Sie berührte, läßt »zufällig« einen Stapel Papiere fallen. Helfen Sie ihr beim Aufheben der Papiere?

Wenn diese Person eine Frau ist, sind Sie eher geneigt zu helfen, wenn diese Sie bei der Wahl der Körperzone am Oberarm statt an der Schulter, am Unterarm, an der Hand oder überhaupt nicht berührte. Ob Sie, als Empfänger der Berührung, ein Mann oder eine Frau sind, macht keinen Unterschied.

Ist diese fremde Person ein Mann, so ist die Wahrscheinlichkeit, daß Sie helfen, *geringer,* wenn er Sie berührt, als wenn er es unterläßt; dies gilt insbesondere, wenn Sie eine Frau sind. [Paulsell, Goldman]

Sie sind ein schwarzer Mann und mit anderen schwarzen Männern beim Bowling:

Bei Ihnen ist die Wahrscheinlichkeit dreimal höher als bei weißen Bowlingspielern, daß Sie einen der Mitspieler während des

Spiels berühren. Zwei Drittel Ihrer Berührungen erfolgen als Impuls einer spontanen Erfolgsbestätigung, wobei es sich bei den Erfolgserlebnissen – etwa einen Strike zu landen – um eigene wie auch um solche anderer handeln kann. 82 Prozent der Berührungen sind Hand-zu-Hand-Berührungen. [Smith, Willis, Gier]

Sie sind ein weißer Mann und mit anderen weißen Männern beim Bowling:

Sie und die anderen weißen Spieler berühren sich nicht nur seltener als Schwarze (siehe vorhergehenden Abschnitt), Sie neigen auch dazu, andere Körperteile als die Hände zu berühren. Nur ein Viertel der Berührungen erfolgt aus dem Impuls eines Erfolgserlebnisses heraus. [Smith, Willis, Gier]

Sie sind eine weiße Frau und mit anderen weißen Frauen und weißen Männern beim Bowling:

An einem Spielabend werden Sie wahrscheinlich zehnmal an der Schulter von einem Mann berührt, Sie selbst berühren aber wahrscheinlich einen Mann überhaupt nicht. (Aus der Beobachtungsstudie geht nicht hervor, ob Sie andere Frauen berühren oder diese Sie berühren.) [Smith, Willis, Gier]

Sie beobachten eine Frau und einen Mann,
beide Fremde für Sie, die sich unterhalten:

Sie neigen zu einem vorschnellen Urteil über ihre Persönlichkeiten, allein wenn Sie sehen, daß sie sich berühren – und wer wen berührt. Beobachten Sie, daß die Frau den Mann am Ende des Gesprächs berührt, ist die Wahrscheinlichkeit groß, daß Sie sie als dominant oder maskulin einstufen und den Mann als passiv oder feminin. Wenn er sie berührt, gilt er in Ihren Augen als stark und ausgesprochen männlich.

Für diese Studien wurden Collegestudenten drei Videofilmversionen eines Gesprächs zwischen einem Mann und einer Frau vorgeführt, und sie wurden gebeten, in der Folge anhand einer Liste von Persönlichkeitsmerkmalen deren Persönlichkeiten zu bewerten. Ausschlaggebend für die unterschiedlichen Bewertungen war durchgehend bei allen ein Umstand: wer wen am Ende des Gespräches berührte. [Forden]

Sie sind in einer Bibliothek und leihen sich ein Buch aus, und als die Angestellte Ihnen Ihren Ausweis zurückgibt, berührt sie »unabsichtlich« mit ihrer Hand flüchtig Ihre Hand:

Mit 50prozentiger Wahrscheinlichkeit registrieren Sie die Berührung (so zumindest das Ergebnis einer Fragebogenerhebung, die wenige Augenblicke nach dem Experiment mit den berührten Versuchspersonen durchgeführt wurde). Unabhängig von der Angabe, ob Sie den Kontakt bemerkt haben oder nicht, neigen Sie, wenn Sie berührt werden, eher dazu zu sagen, daß Sie die Bibliothek mögen und die Angestellte nett fanden, als wenn Sie in der »Kontrollgruppe« waren, die nicht berührt wurde. (Die Bibliotheksangestellte war selbstredend eingeweiht.) Ob es sich bei der Angestellten um eine Frau oder um einen Mann handelte, macht in bezug auf Ihre Reaktion keinerlei Unterschied – wenngleich im Endeffekt mehr Frauen als Männer angaben, daß ihnen die »unabsichtliche« Berührung angenehm war. [Fisher, Rytting, Heslin]

Sie plaudern mit einem Freund oder einer Freundin in einem Stehcafé:

Sofern Sie Amerikaner sind und in einem Café in Gainesville, Florida, miteinander plaudern, berühren Sie sich gegenseitig wahrscheinlich zweimal pro Stunde.

Wenn Sie Engländer sind und in einem Londoner Café miteinander plaudern, berühren Sie sich aller Wahrscheinlichkeit nach überhaupt nicht.

Als Franzosen, die in einem Pariser Café miteinander plaudern, berühren Sie sich gegenseitig 110mal pro Stunde.

Sofern Sie Puertoricaner sind und in einem Café in San Juan miteinander plaudern, berühren Sie sich gegenseitig 180mal pro Stunde. [Jourard; britische Studie)

»Ah, nun schöpft meine Seele freie Luft!«

Shakespeare,
König Johann

Ihre Bereitschaft (körperliche) Nähe zuzulassen

Jeder von uns hat individuelle Empfindungen der Sicherheit und des Wohlbefindens, die wir durch eine unbewußt um uns herum aufrechterhaltene schützende »Raumblase« abschirmen und verteidigen – »eine Zone mit einer unsichtbaren Grenzziehung... in die kein Eindringling hinein darf«, schreibt Robert Sommer, einer der führenden Wissenschaftler auf dem Gebiet der Erforschung des persönlichen Raumes.

Die Größe dieser Raumblase verändert sich entsprechend den situativ gegebenen Umständen, unserem Gefühl des Vertrauens, das wir der sich uns nähernden Person entgegenbringen, unserer Persönlichkeit, vorherigen Erfahrungen, dem Alter, dem Geschlecht und der ethnischen Zugehörigkeit. Jeder, der in diese Sicherheitszone eindringt, macht uns nervös, besonders, wenn es sich bei dem Eindringling um einen Fremden handelt, und wir korrigieren hastig unsere Schutzdistanz, auch wenn wir diese Maßnahme nicht offen erkennbar werden lassen. Daß wir einen bestimmten Abstand wahren, wird den meisten Menschen dann erst bewußt, wenn die persönliche Distanz »nicht mehr stimmt«. Was die Forscher fasziniert, ist, wann und wie wir diese Blase in Reaktion auf veränderte Bedingungen schrumpfen lassen, sie vergrößern oder umformen. Das individuelle Bedürfnis nach persönlichem Raum unterliegt fortwährenden Verschiebungen, es ändert sich praktisch von einem Augenblick zum anderen. Wenn zwei Menschen, zum Beispiel, den Abstand zueinander vergrößern, verlängern sie oft die Dauer ihres Blickkontaktes, als ob sie damit den »Gleichgewichtspegel«, wie an früherer Stelle unter der Überschrift »Körpersprache« in diesem Kapitel beschrieben, wieder ins Lot bringen wollten.

Das Forschungsinteresse am menschlichen Raumverhalten kann von seinen Anfängen her nicht losgelöst von den dramatischen Erkenntnissen aus Beobachtungen des Dichteverhaltens von Tierpopulationen, insbesondere von Ratten und Rotwild, betrachtet werden. Werden diese Tiere zu dicht, in zu großer Individuenzahl pro Raumeinheit gehalten, zerfallen ihre Sozialstrukturen in »verhaltensspezifische Schwellensenkungen«. Sie verfallen einem außergewöhnlichen Maß an Gewalt und Aggressivität, einer extremen Indolenz und Versuchen von seiten der Männchen, andere zu überwältigen und andere Männchen aufzureiten. Diese berserkerhaften Reaktionen auf Dichte sind auf einen Adrenalinschub zurückzuführen, der durch die anhaltende »Kampf-oder-Flucht«-Krise ausgelöst wird. Bei einigen Tiergruppen führten derartige Dichten zu einem »Populationskollaps« – zu Massensterben.

Einer der ersten Wissenschaftler, der das menschliche Raumverhalten untersuchte, war kein Psychologe, sondern ein Anthropologe. Es war Edward T. Hall von der Northwestern University, dessen 1959 erschienenes Buch, *The Silent Language*, bahnbrechend auf diesem Gebiet war. In diesem Buch und in späteren Werken veranschaulicht Hall, daß die Menschen weltweit, was ihren Reaktionsmodus auf persönlichen Raum angeht, in zwei Kategorien unterteilt werden können: in »kontaktfreudige Kulturen« (wozu Araber und mediterrane Kulturen, einschließlich Franzosen zählen), die gerne miteinander sprechen und eng zusammen sind und sich frei und ungehemmt und häufig berühren; und zum anderen »kontaktfeindliche Kulturen« (Nordeuropäer und die Mehrzahl der Nordamerikaner), die Berührungen meiden, hohe Dichten verabscheuen und es vorziehen, Personen, mit denen sie kein intimes Verhältnis verbindet, in einer relativen Distanz gegenüber zu stehen oder zu sitzen.

Der übliche Weg, persönliche Raumpräferenzen unter Laborbedingungen zu messen, ist, daß der Forscher in eigens dafür vorgesehenen Räumen Versuchspersonen dabei beobachtet, wie sie ihre Stühle placieren und welche Körperhaltungen sie einnehmen, und ebenso, wie nahe sie einen Forscher an sich heranlassen, ehe sie in irgendeiner Form signalisieren, daß sie sich unwohl fühlen. Eine weitere Möglichkeit ist, die Versuchspersonen zu bitten, auf einer Tafel in ihnen als subjektiv angemessen erscheinenden Abständen Stoffpuppen, Zeichnungen, Miniaturen oder andere Abbildungen von Personen zu arrangieren. Die Vorstellung, was unter einer »angemessenen Entfernung« zu verstehen ist, ist den meisten Menschen so sehr anerzogen, daß diese beiden, obgleich sehr unterschiedlichen Untersuchungsmethoden dennoch oft (wenn auch nicht immer) zu den gleichen Ergebnissen führen.

Die eigenen Regeln der »richtigen Entfernung« in bestimmten Situationen zu lernen, kann hilfreich sein, sich in gesellschaftlichen Konstellationen wohler zu fühlen und ebenso selbst oder von anderen subtil empfundenes Unbehagen zu erklären. Ein Gespür für die Bedürfnisse des persönlichen Raumes zu entwickeln kann beim Arrangieren von Möbeln, so daß eine angenehme »Gesprächsdistanz« entsteht, von entscheidender Bedeutung sein (dreißig Zentimeter in diese oder jene Richtung können hinsichtlich der Frage, ob die Voraussetzungen für eine freie und entspannte Gesprächsatmosphäre gegeben sind, einen großen Unterschied machen). Das gleiche gilt für die Tischwahl im Restaurant oder die Sitzanordnung bei Interviews und ebenso für die Frage, ob ein Gespräch eher formal bleiben oder die Intimität fördern soll. Alle gesellschaftlichen Gepflogenheiten und Benimm-Regeln oder ein brillanter Humor oder feierliche Zeremonien, mit denen ein gesellschaftlicher Anlaß garniert wird, so daß alles »richtig« ist, alle diese Dinge vermögen nicht, einen Abstand – zu groß oder zu klein – wettzumachen, der in einer bestimmten Begegnungskonstellation das Gefühl vermittelt, es sei etwas »falsch«.

Finden Sie sich selbst

Sie sind als Student oder Studentin in einer Bücherei beschäftigt:

Höchstwahrscheinlich errichten Sie mit Büchern oder Kleidungsstücken Barrikaden, um Fremde auf Distanz zu halten. Als Frau stapeln Sie Ihre Habseligkeiten jeweils seitlich von sich. Sind Sie ein Mann, so neigen Sie eher dazu, Ihr Terrain nach vorne hin abzusichern. [Fischer, Byrne]

Sie fahren in einem Aufzug:

Sie sind in der Regel bereit, enger mit einer fremden Person zusammenzustehen, wenn diese Sie anlächelt, wobei es keine

Rolle spielt, ob Sie ein Mann oder eine Frau sind. Einer fremden Person, die klein ist, erlauben Sie, doppelt so eng mit Ihnen zusammenzustehen als einer fremden Person, die groß ist. Als Mann sind Sie bereit, enger mit einer Frau als mit einem anderen Mann zusammenzustehen. Im Vergleich zu einem Mann erlauben Sie es als Frau sowohl einem Mann als auch einer Frau, enger mit Ihnen zusammenzustehen, und eine fremde Person lassen Sie seitlich näher als frontal an sich heran. [Lokkard, McVittie, Isaac]

Sie beobachten, daß ein Fremder sich Ihnen in einem Raum langsam nähert:

Sie lassen früher Wachsamkeit und Angst erkennen, wenn die Decke niedrig statt hoch ist. [Cochran, Urbanczyk]

Sie unterhalten sich stehend mit jemandem:

Sofern Sie im voraus wissen, daß Sie mit dieser Person in bestimmten Fragen gleicher Ansicht sind, stehen (oder sitzen) Sie wahrscheinlich enger mit ihr zusammen, als wenn Sie von vornherein um die unterschiedlichen Ansichten dieser Person wissen. [Byrne, Ervin, Lamberth]

Wenn Sie in einem Einkaufszentrum, in ein Gespräch vertieft, den Zugang zur Rolltreppe blockieren, so ist davon auszugehen, daß andere Kunden sich zwischen Ihnen hindurchzwängen, um zur Treppe zu gelangen. Dieses Verhaltensmuster kennt eine Ausnahme: wenn Sie oder Ihre Gesprächspartnerin schwanger sind. In diesem Fall ist es nur halb so wahrscheinlich, daß die übrigen Kunden in den persönlichen Raum zwischen Ihnen und Ihrer Freundin eindringen und statt dessen um Sie herumgehen. [Davis, Lennon]

Sofern es sich bei der Person, mit der Sie sprechen, um eine fremde Person des anderen Geschlechts handelt, werden Sie eine größere Distanz zu ihr als zu jemandem wahren wollen, den Sie kennen oder der gleichgeschlechtlich ist. Hierbei spielt es keine Rolle, ob Sie alt oder jung, schwarz oder weiß, männlich oder weiblich sind. Wenn Sie allerdings eine weiße Frau sind, akzeptieren Sie eine größere Nähe zu dieser anderen Person, als wenn Sie ein weißer Mann oder eine schwarze Frau sind. Sofern Sie als schwarzer Mann eine Unterhaltung mit einem Fremden beginnen, so halten Sie weniger Distanz zu dieser Person, als dies ein weißer Mann oder eine weiße oder schwarze Frau täten: dies trifft insbesondere zu, wenn die fremde Person männlich ist. Wenn aber die Initiative zur Annäherung von der fremden Person ausgeht, werden Sie wahrscheinlich Nähe vermeiden, besonders, wenn es sich bei dieser Person um eine Frau handelt. Schließlich, je älter Sie sind, desto weniger Raum benötigen Sie um sich herum, um sich wohl zu fühlen. Das trifft vor allem dann zu, wenn Sie weiß sind. [Severy, Forsyth, Wagner]

Weiße bevorzugen zwischen Gesprächspartnern mehr Raum als Schwarze, das zumindest besagt die Studie eines Doktoranden an der University of Iowa. Im Rahmen dieser Studie wurden Versuchspersonen Fotos gezeigt, auf denen Personen zu sehen waren, die sich unterhielten; ihre Aufgabe bestand darin, jene Fotos zu selektieren, auf denen ihrer Ansicht nach die Distanz zwischen den Sprechern »richtig« war. Die Abstände, zwischen denen gewählt werden konnte, reichten von 30 Zentimeter bis mehr als 2 Meter. Weiße bevorzugten eine Distanz von 65 bis 70 Zentimeter, Schwarze von etwa 53 bis 60. Wenn die Distanz über 90 Zentimeter hinausging, hatten Schwarze das Gefühl, die Unterhaltung sei mit Problemen behaftet; bei Weißen stellte sich dieses erst bei einem Abstand von 1,10 Metern ein. Sowohl Schwarze als auch Weiße legten den gleichen Maßstab, was unter einem »angenehmen« Abstand zu verstehen ist, bei Abbildungen von Angehörigen der jeweils anderen Rasse wie bei der eigenen an. [Connolly]

Wenn Ihr Gesprächspartner eine Zigarette raucht und Sie Nichtraucher sind, werden Sie nicht überrascht sein zu erfahren, daß Sie zu dem Raucher auf einer größeren Distanz als zu jemandem bleiben, der nicht raucht. Wenn Sie allerdings selbst ein Raucher sind, halten Sie wahrscheinlich eine größere Distanz zu dem anderen Raucher, als dies ein Nichtraucher täte. Bei einem Raucher ist die Wahl der Distanz in der Tat so ausgeprägt, daß die Forscher einen hypothetischen Zusammenhang zwischen dem Bedürfnis nach so viel mehr zusätzlichem Raum und dem Grund, warum der Betreffende ursprünglich mit dem Rauchen anfing, sehen. [Kunzendorf, Denney]

Eine Person, mit der Sie sprechen, die teilweise oder vollständig blind ist, legt wahrscheinlich exakt die gleichen Maßstäbe, was sie als »richtigen« oder »falschen« Abstand empfindet, wie eine nicht in ihrem Sehvermögen beeinträchtigte Person an. Die Forscher, selbst überrascht von diesen Ergebnissen, schlußfolgerten, daß Blinde auch ohne die Hilfe visueller Informationen unmißverständlich das gleiche Gespür für eine »angemessene« Entfernung wie jede andere Person entwickeln. [Hayduk, Mainprize; kanadische Studie]

Sie sitzen mit jemandem zusammen, den Sie nicht kennen, und unterhalten sich mit ihm:

Wenn Sie ein Mann sind, gilt, daß in dem Maße Ihre Bereitschaft steigt, auch intim über sich selbst zu sprechen, je weiter Sie von der anderen Person entfernt sitzen (innerhalb eines Abstandes von 0,60 bis 3 Metern). Wenn Sie eine Frau sind, steigt Ihre Bereitschaft, intime Details von sich selbst zu erzählen, je näher Sie zusammensitzen (innerhalb eines Abstandes von 0,60 bis 3 Metern). [Skotko] Innerhalb dieses Distanzrahmens von 0,60 bis 3 Metern sprechen Sie, ob Sie ein Mann oder eine Frau sind, am längsten mit einer fremden Person und freiwillig am meisten über intime Themen bei einer Distanz von 1,50 Metern. [Stone, Mordon; kanadische Studie]

Wenn Sie als Frau mit zwei Männern sprechen, die Sie nicht kennen, und einer von ihnen sitzt merklich näher bei Ihnen als der andere, gehen Sie wahrscheinlich davon aus, daß es sich rein zufällig ergeben hat, daß der Erstgenannte näher bei Ihnen sitzt, aber der weitere Abstand zu dem anderen auf eine bewußte Ablehnung Ihrer Person zurückzuführen ist. Sind Sie als Mann in einer vergleichbaren Situation mit zwei Frauen, so werden Sie wahrscheinlich annehmen, es sei Ihrer Anziehungskraft zu verdanken, daß die eine Frau näher bei Ihnen sitzt, und daß die weitere Entfernung zu der anderen sich rein zufällig ergab. [Deaux, Farris]

Unterhalten Sie sich als Mann mit jemandem, ob Mann oder Frau, von dem Sie sich angezogen fühlen, so ist es Ihnen angenehmer, wenn Sie dieser Person vis-à-vis gegenüber statt neben ihr, Schulter an Schulter, sitzen. Sind Sie demgegenüber eine Frau und unterhalten sich mit jemandem, von dem Sie sich angezogen fühlen, so ist es Ihnen angenehmer, Schulter an Schulter neben dieser Person statt ihr vis-à-vis gegenüber zu sitzen. [Fisher, Byrne]

Als Frau neigen Sie dazu, Witze lustiger zu finden, wenn Sie Seite an Seite neben dem Witzeerzähler statt ihm vis-à-vis gegenüber sitzen. [Yates, Miller]

Wenn Sie sich, ob Mann oder Frau, mit einer völlig fremden Person in einem Raum befinden, ist die Distanz zwischen Stühlen und Sofas kein ausschlaggebendes Moment, ob Sie sich mit dieser Person unterhalten. Ihre Gesprächsbereitschaft sinkt jedoch, wenn die Einrichtung erfordert, daß Sie, wie auf einem Sofa, Seite an Seite sitzen; anders, wenn die Anordnung der Möbel es Ihnen ermöglicht, vis-à-vis zu sitzen. Sofern Sie beide, nach Testkriterien, als höchstsoziabel gelten, wirkt sich die Seite-an-Seite-Sitzordnung als besonders hemmend aus. Ein weiteres Kriterium: Sofern Sie in die Kategorie derjenigen fallen, die empfindsam auf Ablehnung reagieren und somit eher zurückhaltend sind, sind Sie eher geneigt, ein Gespräch zu beginnen, wenn ein ins Auge fallender »Gesprächsgegenstand« wie eine Skulptur vorhanden ist, und weniger, wenn ein Puzzle herumliegt, das Sie länger in Beschlag nehmen könnte. [Mehrabian, Diamond]

Sie sitzen als Mann neben einer Frau im Flugzeug:

Mit einem Wahrscheinlichkeitsquotienten von fünf zu eins bemächtigen Sie sich der zwischen Ihnen befindlichen Armlehne, selbstredend ungefragt. Sie mögen nun argumentieren, daß Männer im allgemeinen größer und voluminöser sind und somit den zusätzlichen Platz benötigen. Um dies zu überprüfen, teilten die Forscher die auf zwanzig Flügen in der Commercial-Klasse beobachteten 426 Männer und 426 Frauen in zwei Untergruppen auf: eine, in der die Männer größer und/oder dicker als die Frauen waren, und die andere, in der die Frauen von Größe und Umfang her zumindest mit den Männern gleichzogen. Selbst nach Ausklammerung dieser Größenunterschiede übernahmen die Männer noch in einem Verhältnis von drei zu eins die Armlehne.

Ist dies ein weiteres Beispiel unbewußter männlicher Dominanz? Nein. Es scheint, daß sich sowohl die Männer als auch die Frauen ihres Ellbogenkrieges recht bewußt sind. Ein junger Mann, am Flughafen interviewt, versicherte: »Ich denke, ich habe ein Recht darauf. Sie nicht.« Die Forscher waren überrascht, daß von den sechsundfünfzig Männern und fünfundvierzig Frauen, die interviewt wurden, die unter vierzigjährigen Männer wesentlich mehr Wut zum Ausdruck brachten, wenn sie die Armlehne an eine Frau verloren hatten, als ihre älteren Leidensgenossen. [Hai]

Sie sind Student und dabei, sich in einem College-Klassenzimmer einen Platz zu wählen:

Als weißer angelsächsischer Protestant neigen Sie erheblich eher als andere dazu, sich einen Platz in der Mitte des Raumes auszusuchen. Sind Sie schwarz oder ein Latino, so sind Sie geneigter als andere, einen Platz in der Peripherie des Raumes zu wählen. Als Jude, dessen Eltern oder Großeltern in die Vereinigten Staaten immigrierten, wählen Sie eher einen peripheren Platz als ein jüdischer Amerikaner der dritten Generation. Sind Sie schwarz, so treffen Sie im allgemeinen früher als die meisten Weißen im Klassenzimmer ein, was die Forscher damit erklären, daß Sie sichergehen möchten, einen Platz in der Peripherie des Raumes zu bekommen.

Die entsprechenden Beobachtungen und Fragebogenerhebungen für diese Studien wurden kursweise in vierzehn verschiedenen Lehrfächern während eines Sommersemesters an einer Universität in Maryland durchgeführt. Jeder Kurs zählte fünfzehn bis vierzig Studenten und mindestens ein Drittel der jeweils verfügbaren Plätze blieb unbesetzt, um eine wirklich freie Wahl zu gewährleisten. [Haber]

Sie sprechen mit jemandem, der Sie beleidigt und verärgert hat:

Ihre »erforderliche Raumblase« vergrößert sich. Sie vergrößert sich auch, aber nicht in dem Maße, in Gegenwart einer Person, die indirekt mit der Beleidigung assoziiert wird. [O'Neal, Brunault, Carifio, Troutwine, Epstein]

Sie sind ein Mann und leisten eine Gefängnisstrafe für ein Gewaltverbrechen ab:

Die von Ihnen benötigte persönliche Raumblase ist größer als bei einem nichtgewalttätigen Kriminellen, ein Umstand, der sich auch nicht ändern wird, nachdem Sie beide aus dem Gefängnis entlassen wurden. Mehr als bei dem nichtgewalttätigen Mann dehnt sich Ihre Raumblase unverhältnismäßig nach hinten aus, als ob Sie sich vor rückwärtigen Attacken schützen möchten. [O'Neal, Brunault, Carifio, Troutwine, Epstein]

Sie teilen sich mit jemandem ein Zimmer und fühlen sich manchmal beengt:

Sofern Sie sich ein Zweibettzimmer in einem Studentenwohnheim mit jemandem teilen, schneiden Sie bei einem psychologischen Standardtext, dem sogenannten Selbstwahrnehmungstest (Self-Perception Assessment), wahrscheinlich besser ab als jemand, der eingeengt in einem Dreibettzimmer lebt. Mit diesem Selbstwahrnehmungstest wird das jeweilige individuelle subjektive Kontrollgefühl über Lebenssituationen gemessen. Der höhere Wert, vermutlich darauf zurückzuführen, daß Sie sich weniger eingezwängt fühlen, zeigt, daß Sie als Bewohner eines Zweibettzimmers weniger anfällig gegenüber überwältigenden Streßgefühlen sind, sich insgesamt in allen Bereichen überdurchschnittlich kompetent fühlen und sich neuen Situationen besser anpassen können. [Hugey]

> *»Aber daß es so viel Raum in Amerika gibt wo niemand ist hat nichts damit zu tun daß es keinen Platz gäbe für irgend jemand der heute lebt wenn nie jemand gestorben wäre das heißt wenn nicht alle gestorben wären.«*
>
> Gertrude Stein (1874–1946)

Sie sind zwei Jahre alt und in der Kindertagesstätte:

Sie halten einen größeren Abstand zu anderen Kindern als dies mit vier oder fünf Jahren der Fall sein wird, wenn Sie mehr mit anderen spielen. Im Alter von etwa sechs Jahren werden Sie Ihr Abstandsniveau zu anderen neuerlich vergrößern, vor allem, wenn Sie ein Junge sind. Dieses Bedürfnis, zu anderen immer weiter auf Distanz zu gehen, wird bis zum Alter von etwa zwölf Jahren zum Tragen kommen, dann nämlich ist Ihre persönliche Raumblase soweit angewachsen, daß sie die Ausmaße hat, die Sie als Erwachsener bevorzugen. [Sarafino, Halmuth]

Sie sind ein Mann und möchten auf einer öffentlichen Toilette urinieren:

Sie beginnen später mit dem Harnen (in der Tat der in der Studie verwendete Ausdruck) und hören früher auf, wenn jemand zwei Becken von Ihnen entfernt uriniert, als wenn der nächste Mann drei oder mehr Urinale von Ihnen entfernt steht.

Das ist das Ergebnis einer Studie, die in Teamarbeit dreier Professoren von großen, weit entfernt gelegenen Universitäten (Oklahoma, Ohio und Wisconsin) durchgeführt wurde. Einige Zitate aus ihrem in der führenden wissenschaftlichen Fachzeitschrift *The Journal of Personality and Social Psychology* erschienenen sechsseitigen Artikel mögen veranschaulichen, wie rigoros und präzise die in der Verhaltensforschung gestellten Anforderungen sein können; ebenso wie der Anspruch, eine aufgestellte Hypothese verifizieren zu wollen, so manchen Forscher dazu verleitet, sich in Details zu verlieren.

Einleitend setzt sich ihr Artikel mit zahlreichen, ihre Hypothese stützenden Studien auseinander, wonach »ein Eindringen in den persönlichen Raum als interpersonell streßintensiv, begleitet von erhöhter Erregung und Unbehagen, empfunden wird« und sich in Form von Veränderung des Blutdrucks, Schwitzen in den Handinnenflächen, Hautwiderstand gegenüber Elektrizität und anderen Symptomen manifestiere. All diese Untersuchungsergebnisse seien jedoch suspekt, schreiben unsere Harnlaß-Forscher, weil sie sämtlich auf experimenteller Grundlage, unter unrealistischen Laborbedingungen, gewonnen worden seien, was bedeute, daß die jeweiligen Versuchspersonen vermutlich mit irgendwelchen Drähten an Instrumente angeschlossen gewesen seien oder ähnliches und, ob man sie nun über das wahre Ziel des Experimentes aufgeklärt oder ihnen irgendeine an den Haaren herbeigezogene Geschichte zur Tarnung des Ganzen erzählt habe, in beiden Fällen sei jedenfalls eine künstlich erzeugte Nervosität nicht auszuschließen. Wer kann solchen Resultaten schon wirklich vertrauen? So schreiben denn auch unsere Forscher:

»Als Alternative zum Labor bietet eine Männertoilette ein Setting, wo es zu Verletzungen des persönlichen Raumes in natürlicher und dennoch hinreichend standardisierter Weise kommen kann. Wenngleich ... die Badezimmeratmosphäre bei Angehörigen der Mittelschicht Bedürfnisse nach Privatheit, also Abgeschiedenheit weckt, so ist eine solche völlige Abgeschiedenheit in öffentlichen Einrichtungen nicht möglich, insbesondere nicht für Männer, die urinieren möchten ...«

»Eine auf einer Männertoilette einer im Westen der USA gelegenen Universität durchgeführte Feldbeobachtung erbrachte den Beweis für die Korrelation zwischen interpersonaler Distanz und den Harnlaßzeiten. Die Männer, die den Toilettenraum betraten, um zu urinieren, konnten sich unter den üblicherweise vorherrschenden Bedingungen ein Urinal wählen ... Der Toilettenraum war mit zwei Reihen à fünf Urinalen ausgestattet, die schüsselförmig an der Wand angebracht waren und einen ständigen Wasserpegel von rund 8 cm Höhe aufwiesen, Wasser, das zur Spülung benutzt wurde.«

»Ein an den Waschbecken placierter Beobachter, der äußerlich mit Händewaschen und Kämmen beschäftigt schien, notierte bei jeder potentiellen Versuchsperson, die den Raum betrat und auf ein Urinal zuging, das von ihr gewählte Urinal und den Abstand zum nächststehenden Toilettenbenutzer. Zudem ermittelte (anhand eines Chronoskops) und notierte er die Harnlaßverzögerung (der zwischen dem Öffnen des Hosenschlitzes und dem Beginn des Urinierens liegende Zeitabschnitt) und die Harnlaßdauer (die zwischen dem Beginn und der Beendigung des Urinierens liegende Zeitspanne). Beginn und Ende des Harnlassens wurden durch das Geräusch des Urinstrahls, der auf das im Urinal befindliche Wasser traf, signalisiert.«

»Von den 48 erfaßten Versuchspersonen wählte keiner ein

direkt an den nächsten Benutzer angrenzendes Urinal. Dreiundzwanzig waren ein Urinal weit vom nächsten Benutzer entfernt, sechzehn waren durch zwei Urinale getrennt und neun durch drei oder mehr Urinale... Diejenigen, die ein Urinal entfernt standen, wiesen im Durchschnitt eine Verzögerung von 7,9 Sekunden auf; bei Versuchspersonen, die zwei Urinale voneinander getrennt waren, lag der entsprechende Wert bei 5,9 Sekunden und bei denjenigen, wo ein Abstand von drei und mehr Urinalen gegeben war, bei 5,7 Sekunden...«

»Das Muster der Ergebnisse stützt die Hypothese...«, schlußfolgerten die Forscher triumphierend, »daß sowohl bei der Harnlaßverzögerung als auch der -dauer ein Zusammenhang mit der interpersonalen Distanz bewiesen werden konnte.« [Middlemist, Knowles, Matter]

»Zwar der Schöne, solang man ihn sieht,
ist als Schöner da;
doch der Gute,
auch unversehn wird er ein Schöner sein.«

Sappho (um 600 v. Chr.)
Griechische Dichterin auf Lesbos

Wie attraktiv sind Sie?

Körperliche Attraktivität ist, wie jeder weiß, etwas rein Äußerliches, Oberflächliches, so daß von seriösen Wissenschaftlern auf dem Gebiet der Verhaltensforschung doch wohl kaum erwartet werden kann, sich ernsthaft damit zu beschäftigen, oder? Sie taten es auch nicht – bis 1969.

In diesem Jahr machte Elliot Aronson, ein prominenter Sozialpsychologe, anläßlich eines Symposiums in Nebraska die Frage der Schönheit zum Thema.

Seine Kollegen und Kolleginnen mit der Aufforderung, über das rein Augenscheinliche hinaus einmal genauer hinzuschauen und nach weitreichenderen Implikationen zu suchen, provozierend, erklärte Aronson: »Blind *ziehen* die meisten Psychologen es aus Angst, sie könnten eines Besseren belehrt werden, *vor*, anzunehmen, Schönheit sei tatsächlich nur etwas Oberflächliches – und gehen entsprechend weitergehenden Untersuchungen denn auch tunlichst aus dem Weg.«

Solche unerwarteten Konfrontationen sind es, die in der Reaktion völlig neue Modeerscheinungen oder Trends der wissenschaftlichen Forschung entstehen lassen und regelrechte Wellen schlagen. Aronsons provokative These brachte den Stein ins Rollen und löste eine wahre Flut an Untersuchungen darüber aus, wie Menschen unbewußt gutes oder unscheinbares Aussehen belohnen oder bestrafen. Diese Studien lassen keinen Zweifel daran, daß das Leben jedes Menschen ganz maßgeblich abhängig von dem Umstand, ob er in den Augen anderer attraktiv ist, geprägt wird.

Die erste Post-Aronson-Forschungswelle wurde 1972 durch eine Studie von drei Psychologinnen aus dem Mittelwesten der Vereinigten Staaten, Karen Dion, Ellen Berscheid und Elaine Walster, ausgelöst. Der Titel ihrer Studie, »What Is Beautiful Is Good« (Was schön ist, ist gut), in Anlehnung an den zuvor zitierten Sappho-Spruch gewählt, geriet zum wegweisenden Konzept auf diesem Gebiet. Ihre These: Männer und Frauen, die von anderen als gutaussehend bewertet werden, sind im allgemeinen glücklicher, erfolgreicher, zufriedener mit ihren Ehen, gesellschaftlich begehrter und in jeder Hinsicht begehrenswerter, ihnen wird mehr Hilfe und mehr Vertrauen entgegengebracht.

Dieses Ergebnis wurde in der Folge durch jede weitere Untersuchung bestätigt, bis einige skeptische Forscher sich daran machten, völlig neue Fragen zu stellen, insbesondere zu attraktiven und weniger attraktiven Frauen – und auf diese Weise erstmals auch völlig neue Antworten erhielten. So gaben Marshall Dermer und Darrel Thiel mit ihrer Studie »When Beauty May Fail« (Wenn Schönheit versagt bleibt) 1975 den Anstoß zur zweiten Welle. Sie zeigten mit ihrer Studie, daß Schönheit, vor allem weibliche Schönheit, unter bestimmten definierbaren Umständen sich in der Tat als Handicap für Erfolg und Glück erweisen kann, weil Schönheit allzugerne Abneigung, Mißtrauen oder Neid weckt und mit Snobismus und Inkompetenz assoziiert wird. (Mehr über diese Ergebnisse in den betreffenden, nachfolgend angeführten Studien.)

1977 folgte dann eine Reihe von Untersuchungen, deren Ansatz am treffendsten mit dem Titel einer dieser Studien – einer

Umkehrung Sapphos –, nämlich »What Is Good Is Beautiful« (Was gut ist, ist schön), beschrieben ist. So stellten die Forscher A. E. Gross und C. Crofton fest, daß, wenn Menschen reich oder mächtig sind oder auch bloß der Beobachter an ihnen Gefallen gefunden hat, diese Qualitäten bewirken können, daß die Betreffenden als *körperlich* attraktiv empfunden werden. (Mehr zu diesen spezifischen Erkenntnissen an späterer Stelle.)

1983 kristallisierte sich schließlich ein neuer Aspekt als Teil einer Antwort auf die Frage, was attraktiv ist, heraus, der so manchen Schönheitstheoretiker überraschte. Bezugnehmend auf viele Untersuchungen, bei denen Testgruppen Hunderte von Personen anhand von Photos als attraktiv und unattraktiv bewertet hatten, kamen zwei Forscher, Murray Webster und James Driskell, zu dem Schluß, daß die wichtigste Komponente der Schönheit die *Konvention* sei: »Was als Gesamteindruck nach dieser Photoanalyse bleibt, ist, daß äußerst minimale und oberflächliche Veränderungen der Frisur, des Gewichts und vielleicht der Kleidung ausreichen können, eine unattraktive Person attraktiver, oder umgekehrt, erscheinen zu lassen. Mit anderen Worten, die Schönen sahen möglicherweise so aus, wie ihre Eltern es sich von ihnen wünschten, während die Häßlichen diesen oder jenen kleinen Ratschlag ignoriert hatten.«

Webster und Driskell beklagten eine ihres Erachtens, vierzehn Jahre nach Aronson, offensichtliche gewisse Anspruchslosigkeit und Trivialität der wachsenden Forschungsarbeiten über die Frage der Attraktivität. Diese Studien, sagten sie, räumten der Schönheit »den Status der Magie« ein. Dem entgegen stellten sie die Theorie der subjektiv empfundenen Schönheit, die, wie die Rasse und das Geschlecht und das Alter, ein Charakteristikum sei, das spontan bei den meisten von uns einen Eindruck über den *Status* einer Person vermittele.

Entsprechend: Wenn eine Person während einer Konferenz ernst, nichtssagend und »karrieregerecht gekleidet« dasitzt, werden ihr von vielen automatisch eine gewisse innere Tiefe, Scharfsinn und Klugheit attestiert. Dieses einzelne Fragment kann – wie jedes Fragment – ausschlaggebend für unsere Erwartungshaltung hinsichtlich der Kompetenz, des Glücks, der Freundlichkeit und jede Form persönlicher Eigenschaften sein. Wie Studie für Studie in diesem Buch zeigen wird, unterliegt jeder von uns in nicht unerheblichem Maße dem Hang zu subjektiven Attributsbeimessungen, derweil wir gleichzeitig überzeugt sind, völlig objektiv zu urteilen.

Dennoch muß Schönheit, selbst als »Statuscharakteristikum«, wie Webster und Driskell betonen, in einem völlig anderen Licht als die Frage der Rasse, des Geschlechts oder des Alters betrachtet werden. Denn im Unterschied hierzu sei die Attraktivität »bis zu einem gewissen Grad ein erworbenes Charakteristikum. Geringfügige Veränderungen können mit Kleidung oder Kosmetika erzielt werden, und für gravierende Korrekturen stehen Schönheitsoperationen und die plastische Chirurgie zur Verfügung... Möglicherweise wird die Frage der Attraktivität zunehmend an Bedeutung gewinnen, da andere Charakteristika wie Rasse und Geschlecht abnehmend eine Rolle spielen.«

All diese Expertenmeinungen und -spekulationen werfen natürlich eine schwierige Frage auf, die auch Sie sich wahrscheinlich schon gestellt haben: Was meinen diese Gelehrten mit »Attraktivität«? Wer sind sie, daß sie entscheiden, wer sie hat und wer nicht? Und *wie* entscheiden sie das?

In Wirklichkeit sind nicht sie es, die entscheiden. Im Rahmen von Untersuchungen wird »Attraktivität« üblicherweise in der Form gemessen, daß einer Jury, die als Testgruppe fungiert, Personenphotos oder Auszüge vorgelegt werden, auf denen die zu beurteilenden Personen normalerweise ab der Taille aufwärts zu sehen sind, es sei denn, eine spezifische Untersuchung erfordert eine andere Sicht. Diese Testgruppe bewertet die Betreffenden sodann anhand einer Skala, die von ausgesprochen attraktiv bis ausgesprochen unattraktiv reicht. Verblüffend ist die in der Regel zutage tretende Einhelligkeit in der Beurteilung, ganz gleich, ob es sich bei den Mitgliedern der Jury um Männer oder Frauen, Alte oder Junge handelt. Den Juroren wird normalerweise weder die mit der Untersuchung verfolgte Absicht noch deren Thema mitgeteilt.

Eine andere Methode, Attraktivität zu messen, wurde von Michael Cunningham, Psychologe an der University of Louisville, entwickelt. Er quantifizierte – konkret anhand eines Lineals gemessen – Schönheit analog der Maßstäbe, die wir bei dem Gesicht einer Frau gelten lassen. »Konventionen«, so das Fazit Cunninghams, »scheinen die wichtigste Komponente der

Schönheit zu sein.« Er forderte 150 weiße Collegestudenten (männlich) auf, auf der Grundlage von Porträtaufnahmen die Attraktivität von fünfzig Frauen zu bewerten. Mehr als die Hälfte der Aufnahmen zeigte Teilnehmerinnen, die in die Endausscheidung des Miss Universum-Wettbewerbs gekommen waren. Die meisten waren weiß, aber sieben waren schwarz und weitere sechs Asiatinnen. Hinsichtlich der physischen Maßstäbe, was als attraktiv erachtet wurde, kristallisierte sich eine bemerkenswerte Präzision und Konsistenz heraus. Anhand der abgegebenen Bewertungen entwickelte Cunningham einen Maßstabskatalog für das, was in den Augen weißer Amerikaner (männlich) als Schönheitsideal galt:

- Bei einer perfekten Schönheit beträgt die Breite jedes Auges $\frac{3}{10}$ der Breite des Gesichtes in Augenhöhe.
- Die Kinnlänge (gemessen von der Unterlippe abwärts) mißt $\frac{1}{5}$ der gesamten Gesichtslänge.
- Der Abstand vom Augenbrauenansatz bis zur Pupillenmitte entspricht $\frac{1}{10}$ der gesamten Gesichtslänge.
- Die Breite der Iris eines jeden Auges beträgt $\frac{1}{14}$ des Abstandes zwischen den Wangenknochen.
- Die Höhe des sichtbaren Teils des Augapfels entspricht $\frac{1}{14}$ der gesamten Gesichtslänge.
- Die Gesamtfläche der Nase beträgt weniger als $\frac{1}{20}$ der Gesichtsfläche.
- Die Breite des Mundes mißt $\frac{1}{2}$ der Gesichtsbreite in Mundhöhe.

> *»Die Nase der Kleopatra:*
> *wäre sie kürzer gewesen, das Gesicht*
> *der ganzen Erde würde verändert sein.«*
>
> Blaise Pascal (1623–1662)
> Französischer Philosoph und Mathematiker

Klar, kleine Abweichungen machen einen großen Unterschied. So stellte Cunningham fest, wenn die Breite des Mundes einer Frau nicht den idealen 50 Prozent der Gesichtsbreite entsprach, sondern nur 40 oder 60 Prozent betrug, daß ihr Gesicht von den Versuchsteilnehmern als wesentlich weniger attraktiv beurteilt wurde.

Erhebungen über die Reaktionsweisen von Frauen auf die

Gesichter von Männern sind noch im Gange. Dennoch zieht ein Psychologe der University of Michigan, David Buss, aufgrund der vorliegenden Erkenntnisse heute bereits den Schluß, und einige der nachfolgend genannten Studien scheinen ihn dabei zu bestätigen, daß, während ein Mann der körperlichen Attraktivität einer Frau große Bedeutung beimißt, eine Frau mehr von dem sozialen Status und Reichtum eines Mannes – als Zeichen seiner Verdienstmöglichkeiten – angezogen wird. All diese Qualitäten – Attraktivität, Status und Reichtum – haben, so sagt Buss, »evolutionäre Vorteile«, die als erfolgversprechender hinsichtlich der Fortpflanzungschancen in die Waagschale fallen. Schönheit wird damit gleichgesetzt, daß eine Frau jung und wohlhabend und damit die Wahrscheinlichkeit der Fortpflanzung höher ist. Einem Mann sind, was seine Fähigkeit der Fortpflanzung angeht, altersbedingt weniger Grenzen gesetzt, aber der Umstand, daß er über Macht und Vermögen verfügt, erhöht die Überlebenschancen seiner Familie, wodurch er als Partner begehrenswerter wird.

Ob Buss mit seiner Analyse den Stab des Weisen gefunden hat, ist fraglich. Zumindest äußerte Ellen Berscheid, die Pionierin von Schönheitsuntersuchungen, gegenüber Daniel Goleman von *The New York Times* ihre Skepsis »über diese evolutionären Argumente, weil sie einen riesigen Sprung von den Daten zur Erklärung erkennbar werden lassen«. Einen vergleichbaren Sprung zwischen Daten und Erklärung steuert sie dann aber auch ihrerseits bei. Die Frage der Attraktivität von Frauen, so ihre Hypothese, spiele in Zusammenhang mit Rendezvous und Ehe möglicherweise eines Tages eine unbedeutendere Rolle, dann nämlich, wenn Frauen ein höheres Maß an Gleichberechtigung mit den Männern hinsichtlich ihrer Möglichkeiten verwirklicht haben, Macht, Reichtum und Status zu erlangen.

Ellen Berscheids These scheint von der Annahme auszugehen, daß die Kultur uns lehrt, was menschliche Schönheit ist, daß unser Geschmack für Schönheit erworben ist. Die Psychologin Judith H. Langlois und ihre Kolleginnen von der University of Texas treten jedoch einen erstaunlichen Gegenbeweis an. Sie untersuchten die Reaktionen von 30 nur zwei bis drei Monate alten Kindern und 34 weiteren sechs bis acht Monate alten Kindern. 37 waren Jungen und 27 Mädchen, alle kamen aus Familien der Mittelschicht. Diesen Kindern wurden Farbbilder von sechzehn erwachsenen kaukasischen Frauen gezeigt. Die Hälfte dieser Frauen war von einer Testgruppe von mehreren hundert Studenten und Studentinnen als mäßig attraktiv und die andere Hälfte als mäßig unattraktiv beurteilt worden. Die Bilder wurden jeweils zehn Sekunden lang paarweise, eine attraktive und eine unattraktive Frau, und sodann jeweils weitere zehn Sekunden lang in umgekehrter Anordnung der Photos gezeigt, um so mögliche Neigungen zu Rechts-Orientierungen von seiten der Babys aufzufangen. Sowohl von den jüngeren als auch den älteren Babys starrten etwa zwei Drittel wesentlich länger auf die attraktiven Gesichter. In einem zweiten Experiment wurden den Babys jeweils paarweise attraktive Gesichter im Wechsel mit unattraktiven Gesichtern gezeigt. Fast der gleiche Anteil der älteren Kinder offenbarte, meßbar an einem beständigen Starren, eine merkliche Präferenz für die attraktiven Gesichter (demgegenüber war bei den jüngeren Kindern während des zweiten Experiments allerdings keine meßbare Präferenz erkennbar).

»Aus Gründen, die wir nicht verstehen... scheint bei Kindern eine Veranlagung vorzuliegen, die sie sehr wohl attraktive von unattraktiven Gesichtern unterscheiden läßt«, sagt Langlois und fügt hinzu, daß diese Untersuchungsergebnisse denn auch »ernsthaft eine Herausforderung der These darstellen, derzufolge die Attraktivität nur etwas ›im Auge des Betrachters‹ ist.«

Finden Sie sich selbst

»Es gibt eine gleichsam organische
und eine moralische Schönheit.
...in ihr spiegelt sich innerer Friede
und Wohlwollen ab.«

Friedrich von Schiller (1759–1805)

Sie sind ein Mann oder eine Frau, der oder die in den Augen anderer attraktiv ist:

Wenn Sie mit Fremden des anderen Geschlechts zusammentreffen, neigen diese, allein ausgehend von Ihrem guten Aussehen, zu der Annahme, Sie teilten ihre Ansichten. Je attraktiver Sie in ihren Augen sind, desto mehr neigen andersgeschlechtliche Fremde zu dieser Annahme.

Und im Gegensatz zu dem, was wohl die meisten Menschen annehmen, neigen Frauen mehr dazu, sich in dieser Richtung durch die Attraktivität von Männern beeinflussen zu lassen als dies bei Männern gegenüber Frauen der Fall ist. [Mashman]

Das erstgenannte Untersuchungsergebnis läßt sich auch umkehren. So entdeckte ein anderer Forscher, daß, wenn Sie eine Meinung zum Ausdruck bringen, die von einem Fremden geteilt wird, diese Person Sie wahrscheinlich als attraktiver empfinden wird, als dies der Fall wäre, wenn Sie andere Ansichten verträten. Dies gilt, unabhängig davon, ob Sie ansonsten als attraktiv bewertet würden und der Betrachter dem anderen Geschlecht angehört. [Beaman, Klentz]

Als Kind wurden Sie möglicherweise weniger bestraft als ein unattraktives Kind, obwohl dieses die gleichen Fehler begangen hatte.

Diese Feststellung ist das Ergebnis zweier Paralleluntersuchungen. Im Rahmen der ersten Untersuchung wurden 56 Frauen von einem Forscher bewußt provoziert (oder auch nicht) und dann dazu gebracht, ein zehnjähriges Mädchen – je nachdem mit einem attraktiven oder unattraktiven Äußeren – zu maßregeln. Mit Abstand neigten die Frauen bei weitem mehrheitlich dazu, das unattraktive Kind strenger zu bestrafen. Im Zuge des zweiten Experiments wurden vierzig Frauen ähnlich provoziert und anschließend aufgefordert, einen gut oder nicht gut aussehenden zehnjährigen Jungen zu disziplinieren – der überdies, je nachdem, normal sprach oder stotterte. Genau wie im Falle der Mädchen wurde der unattraktive Junge härter als der gutaussehende Junge bestraft, und der Stotterer erhielt eine höhere Strafe als das normal sprechende Kind. [Berkowitz, Frodi]

Bei Ihnen ist die Wahrscheinlichkeit geringer als bei einer unattraktiven Person, daß Ihnen psychische Probleme unterstellt werden. [Jones, Hannson, Phillips]

Bei Ihnen werden eher als bei einer unattraktiven Person eine aktivere Teilhabe am Leben und Wißbegierde und ebenso vorausgesetzt, daß Sie als Person insgesamt vielschichtiger, aufnahmefähiger, umsichtiger, zuversichtlicher, selbstsicherer, glücklicher, aktiver, kooperativer, freundlicher, freimütiger, humorvoller, selbstbeherrschter und flexibler sind. [Miller]

Ihnen wird auch eher als einer unattraktiven Person zugetraut, daß Sie ein Flugzeug fliegen können. [Driskell]

> *»Wir leben nur, um Schönheit zu entdecken.*
> *Alles andere ist eine Art des Wartens.«*
>
> Khalil Gibran,
> Sand und Schaum

Sie sind eine Frau, die andere als attraktiv beurteilen:

Die meisten Menschen gehen davon aus, daß Sie geselliger und ungezwungener als eine weniger attraktive Frau sind; auch glücklicher, sowohl in gesellschaftlicher wie beruflicher Hinsicht, daß Sie einen Mann mit einem relativ besseren Job heiraten (oder geheiratet haben), und daß Sie eine bessere Ehefrau und Partnerin im Bett sind. Auf der anderen Seite erwarten die gleichen Personen, daß Sie selbstgefälliger, snobistischer und gegenüber dem Unglück anderer weniger mitfühlend sind. Gleichzeitig wird Ihnen eher als einer unattraktiven Frau unterstellt, eine Affäre zu haben. [Dermer, Thiel]

Als eine überdurchschnittlich attraktive Frau haben Sie höchstwahrscheinlich einen überdurchschnittlich großen Freund. [Feingold]

Dank Ihrer Attraktivität bekommen Sie einen Ehemann mit einer höheren Bildung und einem höheren Einkommen, als eine weniger attraktive Frau ihn bekommen könnte. Ihre Attraktivität wird Ihnen selbst aber nicht zu einem statushöheren Job oder einem höheren Einkommen verhelfen. [Udry, Eckland, 1984]

Wenn Sie in einer Familie der Arbeiterklasse aufgewachsen sind, erhöht Ihre Attraktivität die Wahrscheinlichkeit, daß Sie einen Mann aus einer gesellschaftlich höheren Schicht heiraten (oder geheiratet haben). (Sofern Sie jedoch der Mittelschicht angehören, ist Ihre Bildung ausschlaggebender als Ihre Attraktivität, um einen guten Fang zu machen.) [Elder]

Sollte es sich herumsprechen, daß Sie als eine attraktive Frau mit einem Mann geschlafen haben, den Sie zuvor nicht kannten, so werden Sie in den Augen der meisten Menschen wesentlich unmoralischer als eine unattraktive Frau dastehen, die genau das gleiche tat. Auch wenn Sie ihn länger als sechs Monate kannten, wird der Ruch der Unmoral bei Ihnen stärker als bei der unattraktiven Frau sein. Die Wissenschaftler dieser Studie ziehen daraus den Schluß, daß die attraktive Frau aufgrund der ihr unterstellten überdurchschnittlich vielen Wahlmöglichkeiten unter Männern mit strengeren Maßstäben beurteilt wird. Dieses Fazit ist das Ergebnis einer Befragung von 98 Studenten und Studentinnen, die gebeten worden waren, fiktive Berichte über Rendezvous-Situationen zu lesen und ihre Gefühle über die darin beschriebenen Charaktere zu formulieren. [Hocking, Walker, Fink]

Während gutaussehende Männer im Vergleich zu ihren weniger gefälligen Konkurrenten fast immer als die Beliebteren, Geachteteren und Bevorzugten abschneiden und auch gutaussehende Frauen meistens gewinnen, so können Sie als eine gutaussehende Frau doch manchmal zu den Verlierern zählen und zwar *wegen* Ihrer Attraktivität. Jüngste Nuancierungen in den Forschungszielen führten zu der Erkenntnis, daß attraktive Frauen erfolgsbegünstigt sind, *ausgenommen* in solchen Rollen, die traditionell nicht von Frauen besetzt sind. Eine dieser Studien zeigte etwa: Als Managerin auf einem traditionellen »Männer«-Posten müssen Sie davon ausgehen, daß Sie härtere Zeiten als eine unattraktive Frau durchzustehen haben, um Anerkennung für Ihre Kompetenz und Integrität zu gewinnen und befördert zu werden (wohingegen Ihre Attraktivität Ihnen bei einem typischeren »weiblichen« Managerposten, etwa als Ernährungswissenschaftlerin oder Chefeinkäuferin für Oberbekleidung, möglicherweise wiederum von Vorteil wäre).

Für diese Untersuchung wurden 113 männlichen und weiblichen Beschäftigten in New York jeweils einzeln ein detaillierter Lebenslauf eines Konzernmanagers oder einer -managerin zusammen mit einem Ausweis und beigefügtem Photo vorgelegt. Alle Lebensläufe waren im wesentlichen identisch, aber die dazu gezeigten, beigefügten Photos variierten. Die Hälfte von ihnen zeigte Männer; einige attraktiv, andere nicht; die andere Hälfte zeigte Frauen; manche attraktiv, andere nicht. Die Teilnehmer wurden gebeten, sich die Photos der »Manager und Managerinnen« anzuschauen, den Lebenslauf zu lesen und anhand eines Auswahlkataloges an Adjektiven die betreffende Person zu charakterisieren. [Heilman und Stopeck]

Wenn Sie eine attraktive Studentin sind, kommt ein Aufsatz, den Sie schreiben, in den Genuß einer höheren Wertschätzung durch Ihre Kommilitonen, als dies bei dem gleichen Aufsatz einer unattraktiven Studentin der Fall wäre – vorausgesetzt, Ihr Aufsatz behandelt ein traditionell weibliches Thema, etwa »Wie häkle ich eine Decke?«. Beschäftigt er sich jedoch mit einem traditionell männlichen Thema, beispielsweise »Ratschläge für den Kauf eines Gebrauchtmotorrades«, so schneidet Ihr Aufsatz wahrscheinlich schlechter ab als der einer unattraktiven Frau. Für diese Studienzwecke waren Studenten und Studentinnen des ersten Semesters gebeten worden, vermeintlich von anderen Erstsemestlern geschriebene Aufsätze zu bewerten. Den Aufsätzen waren Photos von Männern und Frauen, attraktiven und unattraktiven, beigelegt. Einige Aufsätze behandelten stereotype »männliche« Themen, andere »weibliche« Themen. [Cash]

Sofern Sie sich in Konkurrenz zu einer unattraktiven Frau mit exakt den gleichen Qualifikationen um ein öffentliches Amt oder Mandat bewerben, sind Sie wahrscheinlich die Unterlegene. (Unerklärlicherweise würden Sie bei der Bewerbung um ein Kongreß-Mandat etwas besser abschneiden als bei einem anderen Mandat, wenngleich Sie dennoch aller Wahrscheinlichkeit nach gegen die weniger attraktive Frau verlieren würden.) [Bowman]

Wenn Sie eines Verbrechens für schuldig befunden werden, für dessen Durchführung Ihr gutes Aussehen wohl kaum eine Rolle spielte (zum Beispiel bei einem Einbruch), so ist das Gericht geneigt, Sie glimpflicher als weniger attraktive Angeklagte davonkommen zu lassen. Wenn aber, umgekehrt, Ihr gutes Aussehen Ihnen möglicherweise bei der Durchführung des Verbrechens geholfen hat (zum Beispiel bei Betrug oder Hochstapelei), so ist das Gericht geneigt, Ihnen ein höheres Strafmaß als vergleichbaren verurteilten Verbrecherinnen beizumessen.

Um zu diesem Fazit zu gelangen, legten die Forscher 120 Studenten und Studentinnen schriftliche Berichte von Kriminalfällen mit der Bitte vor, die Angeklagte zu »verurteilen«. Einem Drittel der Studenten und Studentinnen wurde weisgemacht, die Angeklagte sei von ihrem Äußeren her attraktiv, einem Drittel, sie sei nicht attraktiv, und einem Drittel wurde keine Angaben zum äußeren Erscheinungsbild der Angeklagten gemacht. [Sigall, Ostrove]

Sie sind eine Frau, die andere als unattraktiv bewerten:

Wenn Sie jung sind, kann Ihr reizloses und unscheinbares Aussehen eine Gefährdung für Ihre Gesundheit bedeuten. So neigen beispielsweise Teenager und junge Frauen im College-Alter, die als unattraktiv gelten, zu erheblich höherem Blutdruck (in der Tat, nach Aussage der Forscher, zu gefährlich höherem) als gleichaltrige Teenager und Frauen, die als attraktiv betrachtet werden. (Anmerkung: Weder Jungen im Teenageralter noch ältere Erwachsene beiderlei Geschlechts zeigten diese Korrelation, so das Ergebnis einer Blutdruckuntersuchung von 283 Frauen und 369 Männern im Alter zwischen 14 und 76 Jahren.) [Hansell, Sparacino, Ronchi]

Sowohl Männer als auch Frauen gehen bei Ihnen eher als bei einer als attraktiv geltenden Frau davon aus, daß Sie Jungfrau sind und masturbieren. [Durham, Grossnickle]

Die Chancen sind höher, daß andere zu dem Schluß kommen, Sie seien eine Feministin. [Goldberg, Gottesdiener, Abramson]

Sie sind eine Frau, der von anderen ein durchschnittliches Aussehen bescheinigt wird:

Wenn man Sie in Gesellschaft attraktiver Frauen sieht, werden Sie als besser aussehend empfunden, als wenn man Sie zusammen mit unattraktiven Frauen sieht. Sind Sie sowohl mit attraktiven als auch mit unattraktiven Frauen zusammen, so assoziiert man Sie mit Ihren attraktiveren Begleiterinnen. [Geiselman, Haight, Kimata]

Männer wie Frauen empfinden Sie als attraktiver, wenn Sie einen glücklichen – oder auch nur neutralen – statt traurigen Gesichtsausdruck haben. [Mueser, Grau, Sussman, Rosen]

Zum Zwecke dieser Untersuchung machten Mueser und Partner von fünfzehn willkürlich ausgewählten Studentinnen jeweils fünf Photos: die ganze Person; nur der Körper vom Hals abwärts; nur das Gesicht, entspannt und mit neutralem Ausdruck; nur das Gesicht, während sie sich in Gedanken ein glückliches Zusammensein mit einem Geliebten vorstellte; nur das Gesicht, während sie sich vorstellte, ein Geliebter würde sterben. Maßgabe bei der Bewertung der Photos war die Attraktivität der Frauen anhand der Likert-Skala, einem Standardverfahren; vorgenommen wurde die Bewertung von einer Testgruppe von 45 Frauen und 12 Männern. Jedem Testgruppenmitglied wurde von jedem Modell jeweils nur eine Porträtaufnahme mit einem spezifischen Gesichtsausdruck gezeigt.

Eine Anmerkung zu Ihrer inneren Stimmung und äußeren Schönheit

Nun scheint die vorgenannte Untersuchung auf den ersten Blick eine Bestätigung dessen zu sein, was sowieso jeder weiß – was überhaupt für viele der Untersuchungen über das menschliche Verhalten zutrifft.

Aber, wenn man ein zweites Mal hinschaut und einen Augenblick darüber nachdenkt, mag das Ergebnis dennoch überraschen. Denn die Schönheit von Gesicht und Körper betrachten wir meistenteils als Zufallsprodukte, wie einen Gewinn in einer genetischen Lotterie. Eine attraktive Person ist einfach rundherum glücklich; eine graue Maus nicht. Richtig ist natürlich, daß wir unsere naturgegebene Ausstattung mit Makeup, der richtigen Kleidung, selbst einer bewußteren Haltung verbessern können. Aber wie weit läßt sich Mittelmäßigkeit tatsächlich verbergen?

Und jetzt kommen uns diese Erkenntnisse von Mueser und anderen in die Quere, indem sie den Beweis antreten, daß wir bis zu einem gewissen Grad, einfach mit einem glücklichen Gesicht – oder besser noch, indem wir uns glücklich *fühlen* –, unsere eigene Schönheit *schaffen* (oder ruinieren) können. Das dürfte heißen, daß wir zumindest eine Teilverantwortlichkeit für unser Aussehen und folglich für die entsprechenden gesellschaftlichen Belohnungen und Bestrafungen, die sich daraus ergeben, übernehmen können. (Siehe Kapitel 6, »Wer hat hier die Kontrolle?«)

Schon Aristoteles meinte, die Schönheit sei ein Geschenk Gottes.

Und was diese Studie nun zu suggerieren scheint, ist: »Ja, aber Gott kann ein wenig Hilfe gebrauchen . . .«

Sie sind ein Mann, den andere als attraktiv betrachten:

Sie verbringen wahrscheinlich weniger Zeit mit Gesprächen mit anderen Männern und beziehen weniger Befriedigung daraus als der Mann, der als weniger attraktiv betrachtet wird. Zudem gilt, je besser Sie aussehen, desto mehr Zeit verbringen Sie mit Frauen. Entgegen der allgemeinen Annahme, sind Sie sich Ihrer Attraktivität als Bonus bei der Auswahl Ihrer Freunde und Freundinnen sehr wohl bewußt und wissen diesen sogar noch mehr als eine attraktive Frau zu nutzen.

Im Rahmen dieser Untersuchung hatten 71 Studenten während ihres ersten College-Jahres Fragen über jede zehnminütige oder länger andauernde Interaktion, die sie während eines Zeitraumes von acht Monaten hatten, aufgeschrieben und beantwortet. [Reis, Nezlek, Wheeler]

Je attraktiver Sie als Mann sind, um so mehr empfinden andere Sie als selbstsicher und egozentrisch. Und, findet man Sie auch nett? Es ist unwahrscheinlich, daß Ihre Attraktivität ein solches Urteil beeinflußt – es sei denn, Sie sind *sehr* attraktiv. In diesem Fall nämlich neigen andere dazu, Sie weniger nett als einen unattraktiven Mann zu finden. [Gallucci]

Wenn Sie ein Manager sind, werden Sie eher als ein unattraktiver Mann als besonders kompetent, als jemand, der es verdient, befördert zu werden und der integer ist, beurteilt. (Bei attraktiven Frauen ist das nicht unbedingt so. Siehe vorhergenannte Untersuchungen.) [Heilman, Stopeck]

Im Vergleich zu einem unattraktiven Mann werden Sie eher bei Stellenangeboten bevorzugt, die eine Menge persönlicher Kontakte bedingen, etwa wenn es um die Stelle eines Beraters oder Personalsachbearbeiters geht, der Einstellungsgespräche zu führen hat. Bei Stellen, die jedoch kaum persönliche Kontakte mit sich bringen, wie etwa in der Personalsachbearbeitung oder als Leiter der Innerbetrieblichen Sicherheit, wird Ihr gutes Aussehen Ihnen, gemäß dieser Studie, keinerlei Vorteile gegenüber einem unattraktiven Konkurrenten bringen. [*Academy of Management Journal*]

Wenn Sie ein gutaussehender Student sind, wird ein von Ihnen geschriebener Aufsatz von Ihren Kommilitonen besser bewertet, als wenn der gleiche Aufsatz von einem unattraktiven Mann geschrieben worden wäre – dabei spielt es *keine* Rolle, ob Ihr Aufsatz ein »weibliches« oder »männliches« Thema behandelt. (Siehe im Gegensatz dazu die zuvor angeführten Feststellungen hinsichtlich attraktiver und unattraktiver Frauen.) [Cash]

Sofern Sie sich um ein öffentliches Amt oder Mandat bewerben und dabei gegen einen unattraktiven Mann mit exakt den gleichen Qualifikationen kandidierten, würden Sie diesen wahrscheinlich schlagen. (Siehe im Gegensatz dazu die Untersuchungen über attraktive und unattraktive Frauen.) [Bowman]

Sie sind ein Mann, den andere unattraktiv finden:

Wenn Sie auch als Teenager ein deutlich unscheinbares Gesicht hatten (was sich mit dem relativ häßlichen Erinnerungsphoto aus Ihrer Schulzeit unschwer belegen läßt), so dürften Sie für ihre diesbezüglichen Probleme reich entschädigt worden sein: Mehr als andere konzentrierten Sie sich wahrscheinlich darauf, in der Schule gute Leistungen zu erbringen, eine weiterführende Ausbildung zu absolvieren, wahrscheinlich heirateten Sie eine höher gebildete Frau und bekleiden nunmehr eine Position, die ein überdurchschnittliches Prestige genießt.

Für diese Studie interviewten die Forscher 601 Männer fünfzehn Jahre nach deren Hochschulabschluß. Kriterium für die Auswahl der Männer war ihre in den Jahrgangsphotographien ersichtliche Unscheinbarkeit (und Attraktivität). [Udry, Eckland, 1983]

Sollten Sie bei der Kandidatur um ein öffentliches Amt oder Mandat gegen einen attraktiven Mann mit exakt den gleichen Qualifikationen antreten, so unterliegen Sie wahrscheinlich. [Bowman]

> *»Das Schreckliche ist, daß Schönheit nicht nur etwas Furchtbares, sondern auch Geheimnisvolles ist. Hier ringt der Teufel mit Gott, und das Kampffeld sind die Herzen der Menschen.«*
>
> Fjodor Dostojewski,
> Die Brüder Karamasow

Sie sind ein Mann oder eine Frau, der oder die ... nun ... teilweise als attraktiv gilt und teilweise nicht, und Sie wüßten gerne, was am meisten zählt:

Angenommen, Sie sind eine Frau mit einem netten Gesicht und einem betörenden Lächeln, aber trotz dieser Tatsache werden Ihnen kaum einmal – sagen wir, zu Ihren Hüften – Komplimente gemacht. Gute Nachrichten: Ihr Gesicht ist ausschlaggebender als der Rest Ihres Körpers, wie Männer Ihre Attraktivität insgesamt beurteilen. (Zum Zwecke dieser Untersuchung sichteten 21 Studenten, in Siebenergruppen aufgeteilt, Photos von Frauen – eine Kombination aus Ganz-, Porträt- und reinen Figuraufnahmen –, die ihnen in wahlloser Reihenfolge vorgelegt wurden. Jedes einzelne Photo wurde am Maßstab der Attraktivität bewertet, ehe die nächste vorgelegt wurde.) [Mueser, Grau, Sussman, Rosen]

Gradmesser für die Attraktivität Ihres Gesichtes sind – in der Reihenfolge der Gewichtigkeit – folgende Merkmale:

- Mund
- Augen
- Gesichtsstruktur (was übrigbleibt, nachdem andere spezifische Merkmale einzeln betrachtet wurden)
- Haar
- Nase

Das ist das Ergebnis einer aufwendigen Untersuchungsreihe, an der eine Testgruppe von insgesamt 50 Personen – jeweils fünfundzwanzig weiße Studenten und Studentinnen – beteiligt war, welche die Photos von fünf Männern und fünf Frauen, jeweils gleichaltrig und der gleichen Rasse zugehörig, zu beurteilen hatte; bei den Photos handelte es sich sowohl um Aufnahmen des ganzen Gesichts wie um Nahaufnahmen einzelner Gesichtsteile. [Terry, Davis]

Sie sind ein Mann mit einem »Babyface« – großen Augen, Pausbacken, unauffälligen, weichen Augenbrauen und einem runden, weichen Kinn:

Je ausgeprägter diese Charakteristika sind, desto mehr werden Sie von anderen im Vergleich zu einem erwachsener aussehenden Gesicht als naiv und ehrlich wie auch als warmherziger und netter empfunden. [Berry, McArthur]

Sie sind mit einer attraktiven Person verheiratet:

Sofern Sie ein Mann sind, finden andere Sie attraktiver als wenn Sie mit einer häßlichen Frau verheiratet wären. Sind Sie jedoch eine Frau, so bleibt Ihnen dieser Vorzug vorenthalten: Man mißt Ihre Attraktivität unabhängig von der Ihres Ehemannes. [Bar-Tal, Saxe; israelische und amerikanische Studie]

Sie meiden für gewöhnlich Ihr Spiegelbild in Schaufensterscheiben:

Sie betrachten sich nicht als gutaussehend. Möchten Sie noch schlimmere Nachrichten? Andere gehen darin möglicherweise mit Ihnen einig. [Lipson, Przybyla, Byrne]

Anmerkung: Wichtige zusätzliche Erkenntnisse zum Thema Attraktivität finden Sie in Kapitel 5: »Ihre Rendezvous« und »Sie und Ihre Liebe«.

»Wäre ich so fett wie Sie, ich hängte mich auf«,
sagte George Bernard Shaw, groß und schlank,
einmal zu dem korpulenten G. K. Chesterton.

»Und wenn ich es im Sinn hätte, mich aufzuhängen«,
antwortete Chesterton,
»ich würde Sie als Seil benutzen.«

Gewicht, Größe und Körperbau

FAT IS BEAUTIFUL (oder: DICK IST SCHÖN) propagiert der Aufkleber an der Heckscheibe eines Autos.

Nachdem die Schwarzen und die Frauen und die Schwulen und die Lesbierinnen erfolgreich zur Bewußtseinserweiterung und -veränderung in der Welt beigetragen haben, wird die nächste Welle vielleicht den Fettleibigen gehören.

Dünnsein und Dicksein ist eine der wenigen Fragen, die allenthalben, bei allen Völkern, mit gleichwohl dezidierten wie unterschiedlichen Gefühlen behaftet ist. Von Anthropologen wissen wir, daß Dünnsein oder Dicksein in jeder Kultur ein geläufiges Kriterium für die Beurteilung der sexuellen Attraktivität ist. So mögen die Bewohner der westlichen Welt erstaunt sein zu erfahren, daß weltweit in den meisten Gesellschaften Männer fettleibige Frauen attraktiver und begehrenswerter als dünne Frauen finden. Eine Frau in den Karagwe-Königreichen Ostafrikas muß, zum Beispiel, als Auszeichnung ihrer sexuellen Attraktivität eine extreme Fettleibigkeit vorweisen, um sich für einen Platz im königlichen Harem qualifizieren zu können. Die Ekoi Nigerias schicken junge Mädchen weg und entziehen sie dem Blick der Stammesmitglieder, um sie für den Heiratsmarkt fett zu machen. Damit soll nicht gesagt sein, daß Dünnsein oder Dicksein in diesen Kulturen oder in unserer eigenen ausschlaggebender als die Schönheit des Gesichtes oder irgendein anderes anziehendes Merkmal, das einzige oder gar das Hauptkriterium für die Wahl eines begehrenswerten Partners oder einer Partnerin wäre. Aber, ob es Ihnen genehm ist oder nicht, in allen Kulturen unternehmen die Menschen, um sexuelle Partner anzuziehen und zu halten, und um generell gesellschaftlichen Maßstäben Rechnung zu tragen und so Anerkennung zu finden, große Anstrengungen, sich dünn oder dick zu machen.

In der westlichen Welt stimmen die Erhebungen der Forscher durchgehend darin überein, daß fettleibige Frauen als sexuelle Partnerinnen oder Ehefrauen weniger begehrenswert sind. In den Vereinigten Staaten reagieren selbst Medizinstudenten, trotz ihres vermeintlichen Trainings, Dinge mit emotionaler Distanz zu betrachten, negativ auf übergewichtige Frauen, und zwar auf den verschiedensten Ebenen, einschließlich der der »Verführbarkeit«.

Und wissen Sie, wer ebenso wie diese angehenden Ärzte empfindet? Fettleibige Frauen. Eine Reihe von Fallstudien belegt, daß fettleibige Frauen es, weitaus häufiger als andere, gelernt haben, nicht in einem sexuellen Sinne an sich zu denken und verwirrt, mißtrauisch und abwehrend reagieren, wenn das Subjekt ihrer Sexualität ins Spiel gebracht wird. Fettleibige Frauen sind jedoch nicht minder aktiv als andere, von sich aus Freundschaften mit anderen Frauen aufzubauen, wie G. R. Adams feststellte, obgleich sie deutlich größere Ängste vor Ablehnung und Zurückweisung und größere Schwierigkeiten mit der Entwicklung eines Selbstwertgefühls haben, was zusätzliche Probleme in ihren Beziehungen, auch mit Frauen, schafft.

Ist Fettleibigkeit tatsächlich ein Handicap für die Partnerwahl und eheliches Glück, wie viele annehmen? »Im Laufe einer gemeinsamen Beziehung und Haushaltsführung«, sagt Jeff Sobal, ein Forscher zum Thema ›Fettleibigkeit‹ an der University of Maryland School of Medicine, »... werden zwischen den Ehepartnern Idealvorstellungen über das Körpergewicht verhandelt, Erwartungshaltungen geschaffen und modifiziert, und Dicksein wird zum Bestandteil... des gemeinsamen ehelichen Wertesystems hinsichtlich eines angemessenen Aussehens, zu dem auch das Dicksein gehört.« Ob an der Frage der Fettleibigkeit eine Romanze oder Ehe zerbricht oder nicht, hängt, meint Sobal, wahrscheinlich davon ab, *wann* einer der Partner zum erstenmal an Gewicht zunahm. Hatte einer der Partner bereits in der Zeit des Kennenlernens und zum Zeitpunkt der Heirat Übergewicht, so daß der Faktor des Gewichtes von Anfang an bekannt war, so hat diese Beziehung die gleichen Stabilitätschancen wie jede andere. In diesem Fall kann die Fettleibigkeit sogar zur Stabilität beitragen. Dem schwergewichtigen Partner kann das Gefühl, vom anderen akzeptiert zu sein, die Sicherheit geben, sich nicht draußen einen neuen Partner suchen zu müssen, der Dicksein nicht als schön empfindet.

Finden Sie sich selbst

Sie sind eine Frau:

Sie neigen mehr als andere dazu, Ihren Körper zu verabscheuen; Sie glauben fetter zu sein als Männer Sie Ihres Erachtens bevorzugen würden. Verglichen mit Ihren Vorstellungen von den Niedriggewichten, die Männer Ihrer Meinung nach bei Frauen bevorzugen, liegt Ihr Ideal für Ihr eigenes Körpergewicht sogar noch darunter. Das Überraschende gemäß dieser Studie mit fünfhundert Männern und Frauen im College-Alter ist, daß Männer Frauen *dicker* bevorzugen als die meisten Frauen glauben – mit Sicherheit dicker als das, was den meisten Frauen als Ideal vorschwebt. [Fallon, Rozin]

Sie müssen keine Amerikanerin sein, um diesem Trugschluß aufzusitzen. Im Rahmen einer Untersuchung von achtzehnjährigen normalgewichtigen Schwedinnen wurde festgestellt, daß 50 Prozent sich als dick bewerten. [Nylander, schwedische Studie]

Als Hausfrau ist bei Ihnen die Wahrscheinlichkeit, daß Sie eine Diät machen, doppelt so hoch wie bei Ihrem Ehemann (37 Prozent aller verheirateten Frauen versus 18 Prozent der verheirateten Männer). Ab Fünfzig sinkt der tatsächliche Prozentsatz derer, die Diät halten, allerdings auf rund 25 Prozent bei den Ehefrauen versus 12 Prozent bei den Ehemännern. Offensichtlich sind wir mit zunehmendem Alter geneigter zu sagen, ›zum Teufel damit‹. [U. S. Food and Drug Administration (Lebensmittel- und Arzneimittel-Überwachungsbehörde der USA)]

Sie sind ein Mann:

Im Gegensatz zu Frauen finden Sie Ihren Körper im allgemeinen *besser* als andere.

Diese Studie mit fünfhundert Männern und Frauen im College-Alter zeigt, daß Sie wahrscheinlich zwischen dem von Ihnen subjektiv empfundenen So-Sein Ihres Körpers und Ihrer Vorstellung von einem Idealkörpergewicht – oder was Frauen Ihres Erachtens am Körper eines Mannes lieben – kaum oder überhaupt keine Diskrepanz empfinden. Sie täuschen sich gewaltig, und geben sich falschen Illusionen hin. Dieser Studie zufolge bevorzugen Frauen Männer leichtgewichtiger, als es Ihren und ebenso den von Ihnen bei Frauen vermuteten Idealvorstellungen entspricht. [Fallon, Rozin]

Wenn Sie verheiratet sind, neigen Sie eher als Ihre Frau dazu, über Essen zu sprechen, ihr und anderen Essen anzubieten und selbst Essen, das Ihnen angeboten wird, zu akzeptieren. Zudem ist bei Ihnen die Wahrscheinlichkeit zwölfmal größer, daß Sie das Eßverhalten Ihrer Frau kritisieren, als dies umgekehrt der Fall ist. [Stuart, Davis]

Sofern Ihre Frau Übergewicht hat, mögen Sie das vielleicht nicht unbedingt, gleichzeitig fürchten Sie aber dennoch möglicherweise, daß sie abnimmt. Zum einen haben Sie irgendwie Angst, ihre so gewonnene Attraktivität könne sie zur Untreue und in der Konsequenz zur Zerstörung Ihrer Ehe verleiten. Zum anderen behagt Ihnen der Gedanke nicht, ihre neue Attraktivität könne ihre eheliche Verhandlungsposition stärken und ihr über ein gesteigertes Selbstbewußtsein zu zusätzlichen Argumenten verhelfen. [Stuart, Davis]

Sie sind eine Frau mit großem Brustumfang (95 cm und mehr):

Der erste Eindruck, den Sie den meisten Menschen, ob männlich oder weiblich, vermitteln, ist, daß Sie relativ unintelligent, faul, inkompetent, unmoralisch und aufdringlich sind. (Der Autor dieser Studie betont, daß es sich bei diesem Ergebnis um den *ersten Eindruck*, nicht um das bleibende Urteil handelt.) [Kleinke, Staneski]

Sie sind eine Frau mit kleinen Brüsten (Umfang: 85 cm und weniger):

Der erste Eindruck, den Sie hinterlassen, ist, daß Sie relativ intelligent, kompetent, ehrgeizig, zurückhaltend und moralischen Grundsätzen verhaftet sind. [Kleinke, Staneski]

Sie sind fettleibig:

Sie essen wahrscheinlich nicht zuviel, weil Sie hungrig sind, sondern aus dem Versuch heraus, sich glücklich zu machen.

Die Imbisse und Happen, die Sie zwischen den Mahlzeiten verschlingen, sind höchstwahrscheinlich reich an Kohlenhydraten und somit dazu angetan, die Serotoninzufuhr zu Ihrem Körper zu erhöhen. Serotonin ist ein Neurotransmitter, der Ihre Stimmung hebt, beruhigend wirkt und Ihr Konzentrationsvermögen steigert. In dieser Wirkung wird die Ursache dafür vermutet, daß Sie sich zu solchen Nahrungsmitteln statt anderen hingezogen fühlen, um Ihren Hunger zu stillen.

Für diese Untersuchung wurde eine Gruppe von zwanzig Männern und Frauen, die etwa vierzig Prozent Übergewicht hatten und somit als starke Esser eingeschätzt wurden, im MIT Clinical Research Center einquartiert und ermuntert, wann immer und wie viel auch immer sie wollten, zu essen. Bei den Mahlzeiten aßen sie mäßig viel oder wenig. Aber einmal am Tag und meistens am halben Nachmittag oder am Abend fielen sie für gewöhnlich über irgendwelche Imbisse her. Wenngleich proteinhaltige Nahrungsmittel ebenso verfügbar waren, stürzten sich die übergewichtigen Esser fast immer auf Kohlenhydrate – Schokoriegel, Kuchen, Plätzchen, zuckerhaltige Süßigkeiten. Zu einem späteren Zeitpunkt wurde den Versuchspersonen ein Arzneistoff, D-Fenfluramin, verabreicht, der die Verfügbarkeit des Serotonin erhöht und so das Gehirn irrigerweise glauben läßt, es seien Kohlenhydrate gegessen worden. Auf diese Weise konnten ihre Zwischenmahlzeiten um 41 Prozent reduziert werden.

Ein angenehmer – und gesunder – Weg für Sie, Gewicht zu verlieren, den der Forscher überraschenderweise vorschlägt, ist, der traditionellen kalorienarmen Diät etwas hinzuzufügen: ein täglicher Imbiß, etwa in Form eines Schokoriegels oder eines Englischen Muffins, um auf diese Weise Ihre Sucht nach Kohlenhydraten mit ansonsten kalorienarmen Mitteln zu befriedigen. [Wurtman]

Wenn Sie eine Frau sind, gilt, je mehr Übergewicht Sie haben, um so niedriger ist wahrscheinlich Ihr Familieneinkommen. Statistisch noch markanter ist: je mehr Übergewicht Sie haben, desto geringer dürfte das Bildungsniveau Ihres Mannes sein (demgegenüber scheint jedoch kein Zusammenhang zwischen Ihrem Gewicht und Ihrem eigenen Bildungsniveau zu bestehen). Diese Erkenntnisse wurden anhand einer Umfrage bei 59 556 Frauen, sämtlich Mitglieder eines Diätclubs, gewonnen. [Rimm, Rimm]

Sofern Sie verheiratet sind und diät leben, neigen Sie dazu, Ihrem Mann oder Ihrer Frau und Ihrer Familie die Schuld für ihr Dicksein anzulasten und sich zu beschweren, daß diese Sie nicht angemessen in Ihren Bemühungen, abzunehmen, unterstützen. [Sussman]

Sollten Sie neun oder mehr Jahre verheiratet sein, so ist davon auszugehen, daß Ihr Partner oder Ihre Partnerin auch übergewichtig ist. [Garn und andere, verschiedene Studien]

Sofern Sie – und nicht Ihr Partner oder Ihre Partnerin – jetzt wesentlich schwerer als zum Zeitpunkt Ihrer Eheschließung sind, so dürfte Ihr zusätzliches Gewicht Ihren Partner oder Ihre Partnerin ernsthaft stören. Das ist dann vor allem wahrscheinlich, wenn Sie die Frau und diejenige sind, die zugenommen hat. Sie nehmen eher als Reaktion auf den diesbezüglichen Unmut Ihres Partners oder Ihrer Partnerin ab, wenn Ihre Ehe relativ glücklich statt unglücklich ist. [Craddock]

Wenn Sie eine verheiratete Frau sind, scheint Ihr überschüssiges Gewicht Ihre Freude an Sex mitnichten zu beeinträchtigen. Genauso oft wie andere Frauen haben Sie Geschlechtsverkehr, masturbieren Sie und erreichen einen Orgasmus. [Schwartz, Hershenson, Shipman]

Sie sind das Subjekt eines »psychologischen Profils«, wie es von einer anerkannten Autorität auf dem Gebiet der Fettleibigkeit und Eßstörungen, Hilde Bruch, in ihrem Buch *The Importance of Overweight,* entworfen wurde. Wenn Sie dem nach diesem Profil vorgezeichneten Archetypus entsprechen, sind Sie der Zögling einer dominanten, überfürsorglichen Mutter, die ihrem Kind mit gemischten Gefühlen begegnete und ihre so entstandenen Schuldgefühle damit zu kompensieren suchte, daß sie Sie übermäßig fütterte. So begannen Sie, Nahrung mit Zuneigung gleichzusetzen und lernten, Essen einen hohen emotionalen Stellenwert beizumessen. Darüber hinaus sah Ihre Mutter (oder vielleicht beide Elternteile) in Ihnen jemanden, dessen Erfolge im Leben ihre eigenen Lebensenttäuschungen wettmachen könnten. Sie spürten diesen besonderen Platz, den Sie in ihren Herzen und im Rahmen ihrer Bedürfnisse einnahmen, und Sie entwickelten ein Gefühl der Omnipotenz. Gleichzeitig fühlten Sie sich dem Druck ausgesetzt, Ihren Eltern durch allumfassend perfekte Leistungen gefallen zu müssen. Dieses Perfektionismusstreben war dann natürlich – und ist es möglicherweise noch – die Ursache dafür, daß Sie sich oft und leicht enttäuscht fühlen. Als Heranwachsender waren Sie einerseits von grandiosen, hochtrabenden Visionen geleitet, andererseits aber von Zweifeln geschüttelt ob Ihrer Fähigkeiten, perfekt sein zu können. Immerzu suchten Sie nach neuen Aktivitäten, um Ihre Perfektion zu beweisen, ließen diese dann nach einander, enttäuscht, wieder fallen, egal, ob Sie erfolgreich oder daran gescheitert waren. Die bei Ihnen so grundgelegte, stets vorherrschende und allüberragende Angst ist, Sie könnten an der Erfüllung jenes grandiosen Ideals scheitern. Auf jenes Wohlbehagen vermittelnde Symbol der Sicherheit und Zuneigung zurückgreifend, das Ihnen von

Ihren Eltern (ebenso wie der Perfektionismus) eingeimpft wurde, stopfen Sie Essen in sich hinein in der Hoffnung, dieses würde Ihnen helfen, der drohenden Enttäuschung zu entkommen. Sofern Sie ein typischer Eßsüchtiger sind, kommen Sie sich oft dicker oder dünner vor als Sie tatsächlich sind, und oft erliegen Sie dem Gefühl, »heimliches« Essen mache nicht dick. [Bruch, nach einem Bericht von Hoover]

Nun, nachdem all das zum Thema Fettleibigkeit und Eßsucht – als ob diese Begriffe austauschbar wären – gesagt wurde, kommt Dr. Albert J. Stunkard, Psychiater und Spezialist auf dem Gebiet der Fettleibigkeit an der University of Pennsylvania, und berichtet in *The New England Journal of Medicine*, daß Ihr Dicksein oder Dünnsein genetisch programmiert sei.

Dr. Stunkard untersuchte 540 adoptierte Erwachsene in Dänemark, wo umfassende Aufzeichnungen über alle adoptierten Kinder und deren Herkunftsfamilien verfügbar sind. Er stellte fest, daß »das familiäre Umfeld allein keinen erkennbaren Einfluß hat«. Dicksein bei Erwachsenen sei engstens mit dem der biologischen Mutter verknüpft, ein Umstand, der besonders im Vergleich zwischen Töchtern und deren biologischen Müttern deutlich werde. [Stunkard]

Sie betrachten sich als übergewichtig:

Wenn Sie alleinstehend sind, haben Sie wahrscheinlich weniger Rendezvous als jemand, der seinen Körper als normal empfindet, und es fällt Ihnen schwerer, Beziehungen mit Mitgliedern des anderen Geschlechts aufzubauen. Obwohl Sie sich weniger attraktiv als normalgewichtige Personen betrachten, gilt, daß eine sexuelle Beziehung bewirkt, daß Sie sich attraktiver als in »zölibatären« Zeiten finden. Eine sexuelle Beziehung bewirkt auch, daß Sie sich attraktiver als die Jungfrauen dieser Welt finden, aber weniger attraktiv als normalgewichtige, sexuell aktive Personen. [Kallen, Doughty]

Wenn Sie männlich und jung sind, haben Sie einen stärkeren Drang, Zigaretten zu rauchen als Ihre Pendants, die einen dünneren, schlankeren Körper vorzuweisen haben. Das ist zumindest das Ergebnis einer unter vierhundert Hochschülern durchgeführten Studie. Nach Ansicht der Forscher ist in diesem ausgeprägteren Wunsch zu rauchen, möglicherweise der Versuch zu sehen, Status und Anerkennung gewinnen zu wollen. [Tucker]

Sie sind ein Mann, der sich zu mager findet:

Ihre Probleme hinsichtlich Selbstwertgefühl und Rendezvous sind im wesentlichen die gleichen wie bei Männern und Frauen, die sich zu dick finden. [Kallen, Doughty]

Sie sind ein Mann, der äußersten Wert auf einen perfekten Körper, entsprechend dem Ideal des »konischen V« legt:

Mehr als die meisten anderen Männer neigen Sie zu einer negativen Haltung gegenüber Frauen, was, so die Hypothese der Forscher, »mit einer Angst vor Feminierung zusammenhängen kann«. Darüber hinaus ist Ihre Persönlichkeitsstruktur wahrscheinlich härter als bei Männern, die weniger Wert auf einen perfekten Körper legen. Und schließlich messen Sie dem nach einem konischen V geformten männlichen Körper mehr Bedeutung als die meisten Frauen bei. [Maier, Lavrakas]

Sie sind ein Mann, der einen »Bierbauch« hat:

Man findet Sie allgemein weniger attraktiv als einen Mann mit einem flachen Bauch. Und wenn Sie Wert darauf legen, sollten Sie dem besser Beachtung schenken: Diese Studie zeigt zudem, daß ebendiese mittlere Partie ausschlaggebender als Ihre Schultern, Ihr Nacken, Ihr Kopf oder andere äußere Merkmale für die Frage ist, ob andere Sie als attraktiv betrachten. [Gitter, Lomranz, Saxe; israelische und amerikanische Studie]

Ihre Körpergröße

Nach der »Fat Is Beautiful«-Kampagne zielt die nächste Welle vielleicht auf eine Bewußtseinserweiterung à la »Short Is Beautiful« (oder: Klein ist schön) ab. Sollten Sie klein sein, so haben Sie allerdings noch einen langen Weg bis zur vollen gesellschaftlichen Anerkennung Ihrer Bürgerrechte vor sich, wenn man den Untersuchungen über die in den meisten westlichen Ländern verbreitete Meinung Glauben schenken darf. (Der Autor dieses Buches gibt diese Feststellung mit tiefstem Bedauern weiter – er ist klein.)

Über die Schmerzen und Begünstigungen, die sich aus der Frage des Kleinseins oder Großseins ergeben, sind kaum Untersuchungen durchgeführt worden, möglicherweise weil die Frage der Körpergröße allgemein emotionsfreier als die des Gewichts behandelt wird. Die verfügbaren Forschungsergebnisse belegen dennoch, daß wir sehr wohl in dezidierter Weise auf Körpergröße reagieren.

»Diese Menschen sind unentwegt mit Defensivstrategien zur Bewältigung körperlicher Erfahrungen beschäftigt«, meint Seymour Fisher, Wissenschaftler auf dem Gebiet des Körperimages. Unmittelbar nach einem Scheitern oder Fehlschlag kann eine Person sich kleiner fühlen, so wie ein Kind sich körperlich zusammengeschrumpft fühlt, während der Lehrer mit ihm schimpft. Personen, die gerne mit ihren geistigen Stärken angeben, haben oft übertriebene Vorstellungen von der Größe ihres Kopfes. »Es gibt einen konstanten Prozeß«, sagt Fisher, »der von dem Gefühl bestimmt wird, der eigene Körper würde, je nach unterschiedlichen Lebenssituationen, größer oder kleiner.«

Finden Sie sich selbst

Sie sind überdurchschnittlich groß:

Sie neigen, wenn auch geringfügig, zu einem höheren IQ als eine kleine Person, dabei spielt es keine Rolle, ob Sie ein Mann oder eine Frau sind. Dieses erstaunliche Ergebnis basiert auf einer statistisch beeindruckenden Studie, die von Forschern der Stanford University bei vierzehntausend Kindern und Jugendlichen im Alter zwischen sechs und siebzehn Jahren in den 1960er Jahren im Rahmen einer Erhebung des National Center for Health Statistics durchgeführt wurde. Die Verbindung zwischen Körpergröße und IQ bestätigte sich auch noch, nachdem die Forscher anderen möglichen Einflüssen wie Familiengröße,

Wohlstand, Geburtenreihenfolge und Rassenzugehörigkeit Rechnung getragen hatten. Dieses klare Ergebnis hält ebenso anderen Erklärungsversuchen, etwa eines Forschers, Darrell Wilson, einem Kinderarzt, stand, der psychologische Ursachen in den Vordergrund schiebt: »Vielleicht werden kleinere Kinder so behandelt, als wären sie jünger, als sie tatsächlich sind. Dies würde erklären, warum diese Kinder im Ergebnis schlechter bei entsprechenden Tests abschneiden.«

Wilson warnt jedoch die Eltern davor, das Wachstum ihrer Kinder künstlich zu stimulieren. Synthetische Wachstumshormone können, so betont er, gefährliche Nebenwirkungen bei Kindern erzeugen, bei denen kein entsprechender Hormonmangel vorliegt. Abgesehen davon scheint sich diese Verbindung zwischen Körpergröße und IQ schon sehr früh im Leben zu manifestieren, so daß der Versuch, künstlich das Wachstum eines Kindes zu steigern, nachdem eine Tendenz zum Kleinsein erkennbar wurde, kaum Einfluß auf den IQ haben dürfte. [Wilson]

Sie sind eine überdurchschnittlich große Frau:

Bei Tests zur Bewertung Ihres Selbstwertgefühls schneiden Sie wahrscheinlich besser ab – mit anderen Worten, Sie mögen sich selber mehr – als die meisten Frauen, die überdurchschnittlich klein sind. [Murrell, Lester]

Sie sind ein großer Mann – von 1,80 oder mehr:

Sie neigen eher als ein kleiner Mann dazu, sich selbst als attraktiv zu bewerten. [Lucker]

Aller Wahrscheinlichkeit nach haben Sie eine überdurchschnittlich hübsche Freundin. [Feingold]

Sie verdienen in der Regel mehr Geld als ein kleiner Mann. Konkreter: Wenn Sie 1,89 oder größer sind, ist die Wahrscheinlichkeit groß, daß Sie eine neue Arbeitsstelle mit einem Anfangsgehalt antreten, das 12,4 Prozent höher als das eines »kleinen« Mannes von weniger als 1,80 ist. [*The Wall Street Journal*]

Noch konkreter: Jede zusätzlichen 3 cm an Körpergröße sind im Durchschnitt pro Jahr zusätzlich 600 Dollar wert, so lautet zumindest das Ergebnis einer Umfrage bei 1200 Diplombetriebswirten, sämtlich Absolventen der University of Pittsburgh's Graduate School of Business. Das Durchschnittsgehalt der Befragten lag im Jahr 1987 bei 43000 Dollar. Typisch war, daß diejenigen die 1,80 groß waren, 4200 Dollar mehr als Männer von 1,68 in vergleichbaren Positionen verdienten, es sei denn, der 1,80 große Mann war außerdem dick. Ein Mann mit mindestens 20 Prozent Übergewicht verdient 4000 Dollar weniger als ein dünner Mann in vergleichbarer Position. Daraus ergäbe sich unter dem Summenstrich, daß, wenn der große Mann rank und schlank und der Kleine übergewichtig ist, der Große doppelt bevorteilt ist. Richtig? Richtig. Die Verdienstspanne verdoppelte sich fast – 4200 Dollar gegenüber 8200 Dollar. Andererseits verdienten übergewichtige 1,80er und schlanke 1,68er – vor dem Hintergrund dieser Körpergewicht-Körpergröße-Skala – in etwa das gleiche. Von den 1200 Befragten waren 350 Frauen, Diplombetriebswirtinnen; aber nur wenige von ihnen waren nennenswert groß oder übergewichtig, so daß keine frauenspezifische Rückschlüsse in Zusammenhang mit der Frage der Figur gezogen werden konnten.

In einem Kommentar, um den sich Associated Press zu diesem Themenkomplex bemüht hatte, bekräftigte Eileen Lefebvre, Präsidentin der National Association to Aid Fat Americans, unmißverständlich diesen Trend: »Schließlich sind jetzt auch die Presse und die Regierung soweit, daß sie anfangen, uns Gehör zu schenken. Schwarze und Frauen dürfen nicht mehr diskriminiert werden, so sind die einzigen, die übriggeblieben sind, die Dicken. Und wenn man dick *und* klein ist, dann kann man wirklich einpacken.« [Frieze, Olson]

Sie sind gegenüber einem kleineren Mann bei der Bewerbung um eine Führungsposition im Vorteil. So erbrachte zum Beispiel eine Erhebung (im Rahmen derer bei Schulbehörden für ausgeschriebene Stellen gefälschte Bewerbungsunterlagen zusammen mit Photos eingereicht worden waren), daß Sie als Kandidat für die Stelle des Leiters einer Hochschule als qualifizierter im Vergleich zu Ihren kleinwüchsigen Mitbewerbern beurteilt werden. Dies trifft selbst dann zu, wenn die aus den Bewerbungsunterlagen ersichtlichen fachlichen Voraussetzungen der »kleinen« und »großen« Kandidaten buchstäblich identisch sind. Zum Zwecke dieser Studie wurden die Photos und Bewerbungsunterlagen der Scheinkandidaten an Superintendenten von Schulen des Staates New York geschickt. [Bonuso]

Sollten Sie sich jemals als Präsident der Vereinigten Staaten bewerben, sind Ihre Chancen zu gewinnen geradezu überwältigend, wenn Ihr Gegenspieler zumindest ein klein wenig kleiner ist als Sie. In zweiundzwanzig von dreiundzwanzig seit 1900 stattgefundenen Wahlen gewann jeweils der größere der von den zwei großen Parteien ins Rennen geschickten Kandidaten. Die Ausnahme? Carter gegen Ford 1976. (Sollten Sie sich jemals als Präsident bewerben, so ist es in der Tat so, daß die Wähler, die Sie unterstützen, durchgängig Ihre Körpergröße überschätzen, und daß, umgekehrt, diejenigen, die gegen Sie sind, ebenso durchgängig Ihre Körpergröße unterschätzen.) [Feldman; Kassarjian]

»Sogar die Masken des Lebens
sind Masken tieferer Geheimnisse.«

Khalil Gibran,
Sand und Schaum

Eine Frage des Stils: Wie Sie sich kleiden und sich zurechtmachen

Feststehen dürfte also, daß körperliche Schönheit und Körpergröße nicht als oberflächliche Attribute abgetan werden können. Demgegenüber dürfte aber die Art und Weise, wie wir uns kleiden und zurechtmachen, mit Sicherheit nicht über die Bedeutung einer technisch-versiert angebrachten Schokoladenglasur hinausgehen – und kaum einer wissenschaftlichen Prüfung standhalten.

Auch diese Vorstellung scheint von der Forschung auf den Kopf gestellt zu werden.

Der vorhergehende Abschnitt zeigte, daß, wenn wir eine Person attraktiv finden, wir zu der Annahme neigen, diese Person teile unsere subjektiven Meinungen und Haltungen – und im Umkehrschluß: Eine Person, die unsere Ansichten teilt, sieht für uns besser aus.

Eine ähnliche wechselseitige Beziehung besteht offenkundig (1) zwischen dem, was wir tragen und (2) etwas, das wesentlich tiefer als die bloße Frage von Meinungen geht: die *Wertvorstellungen* eines Menschen. Meinungen und Haltungen sind als solche austauschbar. Ein Wert ist jedoch, nach der Definition von Milton Rokeach, Autor des als Rokeach Value Survey bekanntgewordenen Standardmeßverfahrens, ein »relativ fester« Glaubensansatz, der als solcher »eine zentrale Rolle innerhalb des gesamten Glaubenssystems, wie ich mich verhalten oder nicht verhalten sollte, oder welche höheren Lebensziele ich verfolge oder nicht, spielt«. Somit ist ein Wert ein Grundsatzglaube, von dem sich Meinungen, Haltungen und Verhaltensweisen ableiten.

Ebenso wie Kleider etwas ausdrücken, werden sie auch gelesen. Studien über die Art und Weise, wie wir uns schmücken und verschönern, offenbaren zunehmend, daß ebenjene Art und Weise, wie wir uns kleiden, von anderen als Aussagen über tiefe und subtile persönliche Wertvorstellungen gelesen werden – ob das denjenigen, die uns beobachten, nun bewußt ist oder nicht.

Finden Sie sich selbst

Sie kleiden sich konventionell / unkonventionell:

Ja, genau wie die meisten Menschen wohl annehmen, enthüllt die Art und Weise, wie Sie sich kleiden, Ihre politische Einstellung und Ihre Haltung zu sozialen Fragen, zumindest wenn Sie ein Mann sind (dieses Experiment wurde bei Frauen nicht durchgeführt). Tragen Sie Kleidung, die gemeinhin als konservativ betrachtet wird (Jackett, Krawatte, maßgeschneiderte oder gutsitzende Hosen), ist die Wahrscheinlichkeit hoch (76 Prozent), daß Sie bei einer Standardmeinungsumfrage als in sozialer und politischer Hinsicht konservativ beurteilt würden.

Mit verwaschenen Jeans, T-Shirt und Turnschuhen und überdies einem urwüchsigen Vollbart würden Sie demgegenüber wahrscheinlich als Liberaler eingestuft. Für diese Studie wurden einhundert – von den Forscherinnen aufgrund ihrer Kleidung klassifizierten – Studenten der Pennsylvania State University die Eysenck-Fragebogen zur Erfassung allgemeingesellschaftlicher Meinungen (Eysenck Social-Attitude Inventory) ausgehändigt. [Kness, Densmore]

Sie sind gut und adrett / salopp gekleidet:

Gute und adrette Kleidung und ein entsprechend gutes Aussehen bewirken, daß andere Ihnen mehrheitlich mehr Vertrauen entgegenbringen und Ihnen gegenüber entgegenkommender sind, als wenn Sie salopp gekleidet wären. Eine Tatsache, die in vielen Experimenten bestätigt wurde. So wurde etwa im Rahmen einer typischen Studie festgestellt, daß eine gepflegt gekleidete Frau, die in einer Flughafenwartehalle Fremde ansprach und um eine Münze zum Telefonieren bat, diese in 82 Prozent aller Fälle erhielt; war sie salopp gekleidet, lag ihre Erfolgsquote nur bei 32 Prozent. Die Bereitschaft, ihr eine Münze zu geben, war bei Männern übrigens um 14 Prozent höher als bei Frauen. Bei einer anderen »Münze-auf-dem-Flughafen«-Studie ließ eine Frau wiederholt eine Münze deutlich sichtbar auf der Telefonablage liegen. Betrat jemand die Telefonzelle und fing mit seinem Gespräch an, unterbrach sie den Anrufer, um ihm zu sagen, sie habe »versehentlich« eine Münze dort liegenlassen. Das Experiment zeigte, daß die Bereitschaft, ihr die Münze zurückzugeben, wesentlich größer war, wenn sie adrett statt salopp gekleidet war. Ob es sich bei der Person, die sie unterbrach, um eine Frau oder einen Mann handelte, machte keinen erheblichen Unterschied. Das Experiment wurde mit vier Studentinnen, zwei gut und adrett und zwei salopp gekleidet, auf dem Logan Airport in Boston durchgeführt. Der Ordnung halber sei angemerkt, daß die Studentinnen die Münzen jeweils zurückgaben. [Kleinke; auch Sroufe, Chaikin, Cook, Freeman]

Sie sind eine Frau:

Je kürzer der Rock ist, den Sie tragen, um so jugendlicher und aufreizender sehen Sie aus. Je länger Ihr Rock ist, desto komplizierter und intellektueller wirken Sie. Im Gegensatz zu einem weiten Rock läßt auch ein enger Rock Sie kompliziert und intellektuell erscheinen, wobei Sie gleichzeitig aber als arroganter und weniger nett empfunden werden. Außerdem sehen Sie in einem enganliegenden Oberteil mit »Spaghettiträgern« jugendlicher, aufreizender, netter, aufgeschlossener und sexier als in einem T-Shirt aus. [Gibbins, Coney]

Sie wissen natürlich, daß ein treffend gewähltes Parfum einen Mann anturnen kann, oder? Dennoch sei vor voreiligen Rückschlüssen bei derart komplizierten Fragen gewarnt. Ob und inwieweit Ihr Parfum einem Mann den Kopf verdreht, hängt nämlich, so stellte sich heraus, davon ab, wie Sie sich kleiden – und voreilige Schlüsse sind auch hier wiederum nicht angebracht. Im Rahmen des Purdue-Experimentes, von der National Science Foundation unterstützt, wählten zwei Studentinnen einen dezidiert unterschiedlichen Kleidungsstil und tauschten ihre Kleidung in gewissen Abständen. Die eine Variante: »sehr gepflegt und adrett« oder »formell« – Rock, Bluse, Strümpfe. Die andere: »formlos« – Jeans und Sweatshirt. Testpersonen waren vierundzwanzig Studenten, die jeweils mit einer »Partnerin« (eine der beiden Studentinnen) zu einem Paar zusammengeführt und von einem Purdue-Professor mit einer Reihe unverfänglicher Fragen über berufliche Ziele und Hobbys interviewt wurden. Bei der Hälfte dieser »Partner-Interviews« hatten die Frauen jeweils ein Parfum namens Jungle Gardenia – im Vorfeld von einer Testgruppe von fünf Männern als »angenehm und potent« beurteilt – aufgetragen. Ehe man die Männer anschließend detaillierter befragte, wurden sie gebeten, ihren »ersten Eindruck« von ihren »Partnerinnen« in einem Formblatt festzuhalten. Der Versuchsleiter war, nach eigener Aussage, davon ausgegangen, die Männer würden ihre Partnerinnen dann am attraktivsten finden, wenn diese doppelt gut, mit Parfum *und* anspruchsvoller Kleidung, gerüstet wären. Dem war nicht so. Das Parfum »verfehlte nur dann seinen Effekt nicht«, heißt es in seiner Studie,

»wenn sie formlos gekleidet waren. Waren die Mitwirkenden demgegenüber formell(er) gekleidet, schien das Parfum die Attraktivität sogar zu reduzieren.« Die Männer wurden darüber hinaus gebeten, ihre Partnerinnen anhand von Skalen mit Blick auf vermeintliche persönliche Charakteristika einzuschätzen: eingebildet / bescheiden, adrett und gepflegt / salopp, unromantisch / romantisch, geduldig / ungeduldig, dynamisch / faul, generös / geizig. Auch hier hatte das Parfum wiederum nur dann einen positiven Effekt, wenn die Frauen in Jeans und Sweatshirts gekleidet waren. War die Kleidung anspruchsvoller, so fielen die Wertungen negativer aus. Warum? Eine Erklärungshilfe mag vielleicht das in der »Nachbesprechung« gegenüber dem Forscher abgelegte Geständnis vieler Männer sein, demzufolge sie Frauen, die parfümiert *und* besser gekleidet waren, als »distanziert und unerreichbar« empfanden. [Baron]

Sie sind ein Mann:

Wie die meisten wohl vermuten, sind Sie weniger an Kleidung als die Mehrzahl der Frauen interessiert – *es sei denn,* Sie sind ein höchst selbstbewußter Mann. Dann sind Sie sogar noch mehr als eine sehr selbstbewußte Frau an Kleidung interessiert, Sie erhalten mehr noch als sie Auftrieb, wenn Sie sich neue Kleidung kaufen, sind mehr noch als sie überzeugt, daß die Kleidung, die Sie tragen, Ihre Stimmung beeinflußt und Sie von anderen am Maßstab dessen, was Sie tragen, beurteilt werden. [Solomon, Schopler]

Sie sind Bartträger:

Kinder haben vor Ihnen mehr Angst als vor einem glattrasierten Mann.

Die Forscher legten 132 Jungen und 121 Mädchen im Alter von drei bis sieben Jahren insgesamt vier Zeichnungen mit Männergesichtern vor. Das Gesicht war auf allen Zeichnungen das gleiche, nur einmal glattrasiert, einmal mit einem Vollbart und Schnurrbart und die anderen beiden Male mit jeweils unterschiedlich gezeichneten Koteletten und Schnurrbärten. Gebeten, auf »den nettesten Mann« zu zeigen, wählten die meisten Kinder das glattrasierte Gesicht. Bei der Frage, vor welchem

»Mann sie Angst hätten«, lag deutlich der Vollbärtige vorne. Schnurrbärte machten kaum einen Unterschied. Nach Meinung der Forscher sind diese Erkenntnisse durchaus dazu angetan, gewisse Lehren daraus zu ziehen: Ein Mann, der beruflich darauf angewiesen ist, das Vertrauen von Kindern zu gewinnen kann mit seiner Entscheidung, einen Bart zu tragen, »mit seinem angstauslösenden Gesicht Probleme im Rahmen zwischenmenschlicher Beziehungen schaffen«. [Newman, Gale]

Was Ihre Sprechweise verrät

Finden Sie sich selbst

Sie sprechen schnell und mit Vehemenz:

Die Art und Weise, wie Sie sprechen, kann Sie umbringen, insbesondere dann, wenn Ihr Blutdruck im Durchschnitt höher als 95/155 ist. Und die Ursachen Ihrer gefährlichen Sprechweise können in Ihrer Kindheit zu finden sein.

»Je länger ein Säugling schreit, desto höher ist sein Blutdruck«, sagt Dr. James J. Lynch, vormals Ko-Direktor der psychophysiologischen Forschungsklinik an der University of Maryland School of Medicine in Baltimore, und fügt hinzu: »Ich bin überzeugt, daß viele erwachsene Hochdruckpatienten mit der Art, wie sie sprechen, ein inneres Schreien maskieren.«

Eine intensive und nachdrückliche Sprechweise kann den Blutdruck »um zehn bis fünfzig Prozent im Vergleich zum Ruheblutdruckwert« erhöhen, erklärt Dr. Lynch, »und je höher Ihr Ruheblutdruck ist, desto mehr steigt er an, wenn Sie sprechen. ... Für diese Reaktion können Sie Nierenfunktionsstörungen, Salz, Fettleibigkeit, den Cholesterinspiegel oder was auch immer verantwortlich machen. Wenngleich diese Faktoren von entscheidender Bedeutung sind, so ist es dennoch ebenso wichtig, den Einbruch zu verstehen, der innerlich bei Menschen stattfindet, wenn sie miteinander sprechen. ... Der gesamte Körper, bis hinab zur mikroskopischen Ebene der Blutzirkulation und des Gasaustausches in einzelnen Geweben, ist am Dialog beteiligt.«

Der Psychologe Dr. Lynch vertritt die Auffassung, daß der

typische Hochdruckpatient unergründete oder ungelöste Ängste überdeckt, indem er sie in die Intensität seiner Sprache überträgt. So findet dann möglicherweise, mit potentiell verheerenden Folgen, eine »Abkoppelung« von seinen quälendsten Gefühlen statt.

Diejenigen, die sich am meisten gefährden, schrieb Dr. Lynch in seinem Buch *Die Sprache des Herzens* (Paderborn, 1987), sind die sogenannten Typ A-Persönlichkeiten, jene rastlos vorwärtsdrängenden, durch Ungeduld gekennzeichneten, impulsiv agierenden Arbeitssüchtigen (siehe Kapitel 6), die besonders anfällig für Herzattacken sind. Während sich die meisten Menschen, wenn sie jemand anderem zuhören, entspannen, bleiben Typ A-Persönlichkeiten sowie die Mehrzahl der Hochdruckpatienten selbst dann angespannt und sogar in einer »defensiven« Haltung – mit der Konsequenz, so Dr. Lynch, daß ihr Blutdruck hoch bleibt.

Seit 1980 behandeln Dr. Lynch und seine Kollegen Hochdruckpatienten, in Einzeltherapien wie auch im Rahmen zweitägiger Workshops, um deren »gestörte Sprechmuster und gleichermaßen gestörten Fähigkeiten des Zuhörens« zu korrigieren, oftmals mit dem Erfolg, daß dabei eine Senkung des Blutdrucks erzielt wird. Zunächst demonstriert er den Patienten mit Hilfe eines computergesteuerten Monitors, inwieweit ihr Blutdruck unmittelbar auf ihre intensive und eindringliche Sprechweise reagiert. Sodann vermittelt er ihnen, wie sie sprechen können, ohne daß damit, selbst wenn es um private oder schmerzliche Angelegenheiten geht, eine übermäßige Belastung des Gefäßsystems verbunden ist. [Fellman]

Ihr Schnellsprechen kann auch von Vorteil sein. Wenn Sie versuchen, eine Zuhörerschaft oder eine Einzelperson zu überzeugen, wirken Sie, wenn Sie schnell statt langsam sprechen, im allgemeinen glaubwürdiger. Ungeachtet des Stereotyps des schnellsprechenden Gebrauchtwagenhändlers bevorzugen Menschen eine schnelle Sprechweise, sie lernen von Schnellsprechern wesentlich mehr innerhalb einer begrenzten Zeit.* [Apple, Streeten, Krauss; Miller und andere; MacLachlan]

* Weitere wichtige Erkenntnisse über intensive Sprechweisen und Herz-Kreislauf-Krankheiten finden Sie in Kapitel 6, »Ihre Typus A-Ängste«.

Die Korrelation zwischen Kinderschreien und Sprechweise

Das Schreien eines Säuglings ist, mehr als daß es nur das Signal von Leid und Kümmernissen oder eine Übung für die Lungen wäre, die Wiege der Sprache der Erwachsenen, und der Zusammenhang mit Ängsten, die in einer intensiven Sprechweise zum Ausdruck kommen, ist unmittelbar herstellbar.

»Schreien ist ein kommunikativer Akt«, stellt Dr. Michael Lewis, Professor der Pädiatrie an der Rutgers Medical School und seit langem mit Untersuchungen des Kinderschreiens befaßt, in *The New York Times* fest. »Im Idealfall ist Schreien dazu angetan, dem Kind Optimismus gegenüber seiner Umwelt zu vermitteln, was dann der Fall ist, wenn sein Schreien beantwortet wird. Selbst ein Kind von nur acht Wochen ist imstande zu begreifen, ... daß es Dinge geschehen lassen kann.«

»Je mehr eine Mutter auf ihr Kind reagiert und eingeht«, so die Beobachtung von Susan Crockenberg, außerordentliche Professorin auf dem Gebiet der menschlichen Entwicklung an der University of California in Davis, »... desto eher entwickelt es Vertrauen.«

Der Meister sprach: ... »Wer die Worte des Menschen nicht kennt, der kennt auch nicht die Menschen.«

Konfuzius (551-479 v. Chr.),
Ausgewählte Texte

Sie sprechen laut:

Der Eindruck, den Sie bei anderen mit Ihrer Lautstärke wecken, ist, daß Sie ausgesprochen selbstsicher, aggressiv und überdies jemand sind, mit dem man nicht allzu gerne zusammenarbeitet. [Page, Balloun]

Dank Ihrer lauten Stimme (im allgemeinen etwa 75 Dezibel) hört man Ihnen jedoch aufmerksamer zu als anderen, die leiser (angenommen mit 70 Dezibel) sprechen. [Robinson, McArthur]

»Wir werden niemals einander verstehen, bis wir die Sprache auf sieben Worte reduzieren.«

Khalil Gibran (1883–1931),
Sand und Schaum

Sie neigen dazu, in kurzen Sätzen mit vielen Pronomen und Verben in Verbindung mit lebhaften Adverben zu sprechen:

Bei Ihren Zuhörern erwecken Sie den Eindruck, Sie seien lokker, persönlich, lebhaft und abwechslungsreich. Haben Sie demgegenüber eine Vorliebe für lange, durch Präpositionen aneinandergefügte Sätze mit vielen Nomen und Artikeln und einer Vielzahl von Adjektiven, so vermitteln Sie den Eindruck, Sie seien förmlich, unpersönlich, konventionell, etwas langweilig, und daß Sie Ihre Zuhörer nicht sonderlich mögen und mitnichten mit diesen Personen identifiziert werden möchten. [Giles, Farrar; britische Studie]

Wenn Sie mit einem Freund oder einer Freundin sprechen, neigen Sie weitaus mehr zu kürzeren Sätzen, als wenn Sie mit Fremden sprechen. Zudem sind Sie auch bereit, längere Pausen auftreten zu lassen und häufiger, aber weniger lange zu sprechen. [Rutter, Stephenson; britische Studie]

Sie unterhalten sich mit Freunden des eigenen Geschlechts:

Wenn Sie wie die meisten Menschen sind, egal ob Sie eine Frau oder ein Mann sind, gehören, in der Reihenfolge der Priorität, zu Ihren häufigsten Gesprächsthemen: Ihre Arbeit, Filme und Fernsehen. Aber damit scheint die Gleichheit zwischen den Geschlechtern auch schon zu enden, wie aus einer Befragung von 166 Frauen und 110 Männern im Alter von siebzehn bis achtzig Jahren hervorgeht.

Als Frau sprechen Sie wahrscheinlich wesentlich häufiger als Männer über Beziehungsprobleme, Familie, Gesundheit, Sexualität in Zusammenhang mit Geburtenregelung oder Kinderwunsch, über Gewicht, Essen und Kleidung. Den Ergebnissen dieser Fragebogenaktion zufolge würden Sie mit 60prozentiger Wahrscheinlichkeit sagen, daß Sie *oft* mit anderen Frauen über »emotionale« Fragen sprechen. Sie sprechen auch oft über Sexualität und Geschlechterfragen (ohne direkten Bezug zur Geburtenregelung), aber normalerweise nur mit einer anderen Frau. Sie sprechen wesentlich häufiger über andere Frauen als Männer über andere Männer sprechen (ausgenommen, wenn es dabei um Sportler oder öffentliche Personen geht). Was Sie am lohnendsten an Gesprächen mit anderen Frauen finden, ist das Verständnis und Mitgefühl sowie das Gefühl, daß man Ihnen zuhört. (Einige beispielhafte Begründungen aus der Befragung: »zu wissen, daß man nicht allein ist«, »das Gefühl, zu teilen und verstanden zu werden«, »die Sensibilität für Gefühle, die nach Meinung der Männer unwichtig sind«.) Mit 63prozentiger Wahrscheinlichkeit sagen Sie, daß Sie solche gleichgeschlechtlichen Gespräche nicht nur mögen, sondern sie auch *brauchen* (verglichen mit einer Wahrscheinlichkeitsrate von nur 43 Prozent bei Männern). Sie neigen wesentlich eher als ein Mann (fast 50 Prozent eher) dazu, mindestens einmal in der Woche eine Freundin anzurufen, nur um mit ihr in Kontakt zu bleiben. Nur 14 Prozent der Frauen behaupteten, nie eine Freundin nur aus dem Grund anzurufen, um mit ihr zu plaudern, während 40 Prozent der Männer dies nach eigener Aussage nie tun.

Als Mann neigen Sie mehr als eine Frau dazu, sich (in dieser erstaunlichen Reihenfolge) über Musik, was es in den Nachrichten gab und über Sport zu unterhalten. Nur 27 Prozent gaben an, daß sie oft mit anderen Männern über »emotionale« Themen sprachen. Auch Sie sprechen oft über Sexualität und Geschlechterfragen, normalerweise aber nur mit anderen Männern. Was Sie am meisten an diesen Gesprächen von Mann-zu-Mann lieben, ist die Freiheit und Lockerheit, die »Kumpelhaftigkeit«, in der sie geführt werden. Typische Anmerkungen bei der Erhebung. »Man muß nicht aufpassen, was man sagt«, »Wir helfen uns gegenseitig in praktischer Hinsicht, Alltagsprobleme, etwa mit Autos und Steuern, zu lösen«.

Einen weiteren Punkt gibt es noch, in dem Männer und Frauen offenbar übereinstimmen: Jede Partei hat das Gefühl, daß die Lieblingsthemen des jeweils anderen oft trivial sind. [Sherman]

Anmerkung: Mehr, wesentlich mehr zum Thema ›intime Gespräche‹ (oder Mangel an intimen Gesprächen) finden Sie unter der Überschrift »Ihre Bereitschaft sich zu offenbaren« in Kapitel 3.

»Worte sind der Seele Bild.«
Deutsches Sprichwort

Geheimnisse unserer verschlüsselten Botschaften

Fast jeder von uns bedient sich eines reichhaltigen Sprach- und Dialektikspektrums, das jeweils gesondert bestimmten Konstellationen und Begleitpersonen vorbehalten ist.

Um dies zu veranschaulichen, griff Georgia Dullea von *The New York Times* eine kurze Szene aus dem Film *Tootsie* heraus, in der Dustin Hoffman, mit »ihren« Wimpern klimpernd, in einer Bar zum Kellner sagt: »Ich möchte einen Dubonnet on the rocks, bitte?«

»Frauen wurden durch die Kultur dazu erzogen, so zu sprechen«, sagt Dr. Lillian Glass, die Linguistische Pathologie an der University of Southern California lehrt. »So« bedeutet in diesem Fall, dem Satz noch ein »Schnörkelende« hinzuzufügen, ein geziertes Hochschrauben des Satzes zu einem Fragezeichen, wo die Aussage als solche dies allemal entbehren könnte. »Viele Wunden im Krieg zwischen den Geschlechtern sind das Ergebnis mangelnden Bewußtseins, daß Männer und Frauen in der Tat unterschiedliche Sprachen sprechen«, behauptet Dr. Glass, die zur Unterweisung Hoffmans bei den Proben für *Tootsie* engagiert worden war. Mit dieser Aufgabe wurde ganz unerwartet ihr Interesse für die Sprachunterschiede zwischen den Geschlechtern geweckt – oder genauer, inwieweit subtile Unterschiede der Sprache Frauen helfen, ihre Geschlechterrolle auszudrücken.

Nachfolgend einige Beispiele zu diesen »unterschiedlichen Sprachmustern«:

Sie sind eine Frau:

Die Wahrscheinlichkeit, daß Sie Ihre Sätze mit einem Frageschnörkel beenden, ist bei Ihnen doppelt so hoch wie bei einem Mann (etwa: »Ich setze mich hierhin, okay?« oder »Diese Antwort ist richtig, oder?« oder à la Tootsies zuvor geschilderten Bestellung, die nicht einmal eine Frage beinhaltet). Derartige angehängte Fragen signalisieren eine unterwürfige und, bedingt durch scheinbare Unsicherheiten, zögerliche Haltung und in der Konsequenz die Erfordernis der Bestätigung durch den Zuhörer. Sie verwenden diese Fragemuster häufiger in der Gegenwart von Männern als bei Gesprächen, in die nur Frauen einbezogen sind.

Bei Ihnen ist die Wahrscheinlichkeit dreimal höher als bei einem Mann, einen Befehl in Frageform zu formulieren (z. B. »Würdest du bitte die Tür schließen?« statt »Schließ bitte die Tür«).

Fast doppelt sooft wie ein Mann neigen Sie dazu, Erklärungen und Feststellungen im »Konjunktiv« zu formulieren, so daß die faktisch absolut klare Aussage unnötig in Zweifel gezogen wird (»Ich glaube, ich dürfte gesagt haben, daß Joe sonntags gerne Sport sieht«). Typische Worte für derartige Konjunktivsätze sind *könnte, sollte, würde, möchte und dürfte.*

Sie neigen sechsmal mehr als ein Mann dazu, Ihre Sätze mit Verstärkungen auszuschmücken – mit Worten, die modifizieren, aber keine zusätzlichen Informationen enthalten oder irgend etwas an der Aussage ändern (beispielsweise: »das ist *sehr* schön«, »das macht mich *so* verwirrt«, »wenn ich *einfach* einen Blick darauf werfen könnte«). Verstärkungen signalisieren emotionales Engagement und sollen wohl auch beim Zuhörer Engagement wecken. [McMillan, Clifton, McGrath, Gale]

»Ein redlich Wort macht Eindruck,
schlicht gesagt.«

Shakespeare,
Richard III.

Sie sind ein Mann:

Bei Ihnen ist die Wahrscheinlichkeit größer als bei einer Frau, daß Sie auf Ruchlosigkeiten humorvoll reagieren.

Wird Ihnen ein Cartoon gezeigt, dessen Bildunterschrift keine Ruchlosigkeiten enthält, so messen Sie ihm genau den gleichen Witz wie eine Frau bei. (Ein Beispiel aus der Umfrage: Ein Kind liest aufmerksam in einem auf der Schulbank vor ihm liegenden Lesebuch und sagt zu seinem Lehrer, der über ihm gebeugt steht: »Wer hat sich überhaupt diesen Dick-und-Jane-Stoff ausgedacht?«)

Erhält die Bildunterschrift einen *leichten* Beigeschmack von Ruchlosigkeit (»Wer zum Teufel hat sich überhaupt diese Dick-und-Jane-Scheiße ausgedacht?«), so neigen Sie beide dazu, diesen Cartoon witziger als die vorherige Variante zu finden, allerdings ist die Wahrscheinlichkeit, daß Sie ihn witziger finden, etwas höher als bei einer Frau.

Ist die Bildunterschrift *drastisch* formuliert (»Welcher Arsch hat sich überhaupt diese Dick-und-Jane-Scheiße ausgedacht?«), so ist bei Ihnen die Wahrscheinlichkeit wesentlich höher als bei einer Frau, daß Sie ihn witziger finden. [Sewell]

Mit 61prozentiger Sicherheit verwenden Sie gelegentlich das Wort »ficken«, wenn Sie vom Geschlechtsakt sprechen; bei Frauen liegt der Vergleichswert nur bei 5 Prozent. Demgegenüber liegt die Wahrscheinlichkeit, daß Sie alternativ das Wort »bumsen« verwenden, nur bei 13 Prozent, im Gegensatz zu Frauen, die dies zu 34 Prozent verwenden. [Sanders, Robinson]

Sie stellen Forderungen:

Wenn Sie eine Frau sind, wird von Ihnen von Frauen und Männern gleichermaßen erwartet, daß Sie Ihre Forderungen in höflicher Form, unter Verwendung des unmißverständlichen Wörtchens »bitte« oder einer beschwichtigenden Ergänzung wie »wenn du nichts dagegen hast«, stellen.

Sofern Sie ein Mann sind, hängt die Akzeptanz der Form Ihrer Forderung davon ab, was Sie fordern. Es ist Ihnen nicht nur erlaubt, es wird vielmehr von Ihnen erwartet, daß Sie unverschnörkelte, »unhöfliche« Formulierungen verwenden, wenn Sie um etwas bitten, das zum männlichen Klischee paßt (zum Beispiel: »Gib mir einen Hammer« oder »Kauf mir zwei Karten für das Spiel«), das gilt insbesondere dann, wenn Sie sich dabei an einen anderen Mann wenden. Dreht sich Ihre Bitte jedoch um eine Tasse Tee oder ein Kochrezept, um einen Vorgang oder eine Sache, der oder die mit Weiblichkeit assoziiert wird, so wird auch von Ihnen erwartet, daß Sie ein höfliches »bitte« anhängen – oder »wie eine Frau sprechen« (um die Forscherin zu zitieren).

Diesen »Regeln« wird natürlich nicht immer entsprochen. Bei Regelverletzungen laufen Sie jedoch, ob Sie ein Mann oder eine Frau sind, Gefahr, sowohl bei Männern als auch bei Frauen auf Ablehnung zu stoßen. Eine Frau, die »wie ein Mann spricht«, wird leicht als plump, aggressiv oder herrisch eingestuft. Ein Mann, der »wie eine Dame spricht«, kann als schwach, verweichlicht oder unmännlich betrachtet werden. [Kemper]

Wie Ihr Name Ihr Leben beeinflußt

Ein Name und eine Person... teilen eine Identität, auch wenn es eine Zeit braucht, bis sie untrennbar miteinander verbunden sind. ...Ich erinnere mich, daß ich es irgendwie unpassend fand, als eine Freundin meinen neugeborenen Sohn einmal Ian nannte. Offenbar zählte er noch nicht genügend als Person, um auch mit seinem Namen gerufen zu werden...

Ein kurioses Tabu bezüglich Frauennamen existiert im jüdischen Gesetz. Ein Mann darf keine Frau heiraten, die den gleichen hebräischen Namen wie seine Mutter trägt. Unschwer läßt sich dieses Gesetz als Inzesttabu interpretieren. ...Der Name und die Person teilen eine Identität...

Es ist schwer, von Überzeugungen loszukommen, auch wenn wir mit Sicherheit wissen, daß sie nicht der Wahrheit entsprechen: daß Name und Person ein und dasselbe sind. Weil am Ende, alles was bleibt, der Name ist.

MYRNA FROMMER
KINGSBOROUGH COMMUNITY COLLEGE,
BROOKLYN, NEW YORK

Finden Sie sich selbst

Sie haben einen »gesellschaftlich beliebten« Vornamen:

Als Frau haben Sie den Vorzug, daß man Sie körperlich attraktiver findet, als wenn Sie einen unbeliebten Namen trügen. So das Ergebnis einer Umfrage unter Studenten und Studentinnen der Tulane und Loyola Universities (New Orleans), die gebeten worden waren, anhand von sechs Photos eine Schönheitskönigin zu wählen. Um am Maßstab der Attraktivität eine Chancengleichheit zu gewährleisten, hatte man (in einer separaten Umfrage) eine Vorauswahl der Photos getroffen. Anschließend hatte man die Photos willkürlich mit fiktiven Vornamen versehen, von denen drei allgemein beliebt und drei »unbeliebt« waren. »Kathy«, »Jennifer« und »Christine«, die Schönheiten mit den beliebten Namen, waren denn auch diejenigen, die mehr als 80 Prozent der Stimmen auf sich als Schönheitsköniginnen vereinigen konnten. Sie erhielten 158 Stimmen (96 von Männern, 62 von Frauen) im Vergleich zu den insgesamt nur 39 für »Ethel«, »Harriet« und »Gertrude« (20 von Männern, 19 von Frauen). [Garwood, Cox, Kaplan, Wasserman, Sulzer]

Wenn Sie eine Frau sind, gilt, je höher Ihr Name auf der Rangliste der beliebtesten Frauennamen steht, desto höhere weibliche Qualitäten werden Ihnen – allein auf der Grundlage Ihres Namens – beigemessen. Als Mann mit schönem Namen werden Ihnen, ähnlich, hohe männliche Attribute zugeschrieben.

Ein weniger beliebter Name bedeutet jedoch nicht – ob Sie nun Mann oder Frau sind –, daß man Ihnen mehr oder weniger automatisch mangelnde männliche oder weibliche Züge zuschreibt. [Garwood, Baer, Levine, Carroll, O'Neal]

Wie aber weiß jemand, ob sein Name »gesellschaftlich beliebt« ist? Wer entscheidet darüber? Nach welchem Maßstab?

Ein Thema, das Gegenstand vieler Studien mit unterschiedlichen Fragestellungen und unterschiedlichen Testvorgaben war, Studien, die mit unterschiedlichen Listen oder unterschiedlichen Konzepten aufwarteten, was denn nun einen Namen vorteilhaft oder auch nur beliebt mache. So etwas wie eine

Liste mit den »richtigen Namen« gibt es also nicht. Was es aber gibt, sind kleine Listen, die etwa folgendes besagen:

Sofern Ihre Eltern Ihnen einen jener – wie soll man es sagen, ohne zu verletzen? – langweiligen, *gewöhnlichen* Namen, wie sie am häufigsten in den Telefonbüchern zu finden sind, etwa Anne oder Michael, aufbürdeten, können Sie sich gelassen entspannen. Es ist dies das sicherste Zeichen, daß Ihr Name, nach fast jeder Maßgabe, »gesellschaftlich sehr beliebt« ist. [Garwood, Baer, Levine, Carroll, O'Neal]

Einen weiteren Beweis, daß es angenehm ist, einen jener vermeintlich unerträglichen gewöhnlichen Namen zu tragen, führte Dr. Thomas V. Busse von der Temple University, der im Rahmen einer Studie mit 2212 Schulkindern aus Philadelphia feststellte, daß *keiner* der sehr häufig vorkommenden Namen negativ oder als unerwünscht bewertet wurde.

Ein anderes Untersuchungsergebnis: Die Aussichten, bei Jungen beliebt zu sein, sind für ein Mädchen wesentlich besser, wenn es einen beliebten Vornamen hat. Ein Vorteil hinsichtlich ihrer Beliebtheit bei Mädchen ist auch bei Jungen mit entsprechenden Namen zu erkennen, aber weniger deutlich. [Busse, Seraydarian, 1978, 1979]

Wenn Sie Ihren Namen mögen, erzielen Sie – einer Untersuchung in Neuseeland zufolge – möglicherweise gute Werte in einem Standardtest zur Bewertung des Selbstwertgefühls. Sofern Sie Ihren Namen nicht mögen, so das Ergebnis einer amerikanischen Studie, schneiden Sie in jenem Test, was Ihre Selbstliebe angeht, nicht allzugut ab. [Marcus]

Sie sind ein Mann und werden mit der Diminutivform Ihres Namens gerufen:

Als erster Eindruck, den Sie bei jemandem machen, trägt eine verkürzte Form Ihres Vornamens (beispielsweise: Rob) möglicherweise zu einem anderen Image bei, als dies bei Ihrem offiziellen Namen (Robert) der Fall wäre – manchmal in einem positiven, ein andermal, abhängig vom Namen, in einem eher negativen Sinne. Ein Spitzname oder Kosename (Robby) ist diesem Eindruck jedoch fast immer abträglich. [Lawson]

Nachdem Sie vorgestellt wurden, können Fremde sich oft nicht an Ihren Namen erinnern:

Das liegt weder an Ihrem Namen noch an Ihnen, sondern vielmehr daran, daß Sie namentlich zu früh vorgestellt wurden. Würde Ihr Name etwa fünf Minuten, nachdem Sie ein Gespräch begonnen haben (und Sie dem Fremden damit mehr als nur ein leerer Name geworden sind), genannt, so würde Ihr Name mit einer Wahrscheinlichkeit von buchstäblich 100 Prozent registriert, wie das Ergebnis einer Untersuchung zeigte. Das Problem ist, wie läßt es sich bewerkstelligen, das zu arrangieren? Die Vorstellung selbst wiederholen? [Brant]

Kapitel 2

Ihre Stimmungen und psychischen Verfassungen

»Jeder ist seines Glückes Schmied.«
Appius Claudius

Was »sie« über Ihr Glück wissen

Ich weiß nicht warum und möchte es mir auch bewußt versagen, irgendwelche Spekulationen anzustellen, aber die Tatsache als solche ist verblüffend: Die wissenschaftlichen Zeitschriften haben uns buchstäblich nichts zum Thema ›Glück‹ zu sagen. Im Gegensatz zu dem Interesse, das sie den traurigeren psychischen Verfassungen seit jeher entgegenbringen, schenkten die Wissenschaftler diesem Thema bisher kaum Aufmerksamkeit. (In der zweibändigen *Encyclopedia of Human Behavior: Psychology, Psychiatry, and Mental Health* findet sich kein Eintrag über Glück, und nicht einmal das Wort kommt im vierzigseitigen Stichwortverzeichnis vor. Die ›Depression‹ ist demgegenüber mit insgesamt sechsunddreißig im Register angeführten Artikeln und Abschnitten abgedeckt.)

Glück läßt sich nicht definieren. Möglicherweise wird man seinem Sinngehalt im Kern noch am ehesten mit einer doppelten Verneinung gerecht: die Abwesenheit von Unglücklichsein. Vielleicht ist das auch der Hauptgrund, warum es sich Untersuchungen und Messungen entzieht.

Dennoch muß Glück etwas Reales sein, weil allenthalben davon gesprochen wird, daß es dies gibt, und daß es so gut tue. Da »gut tun« ein unwissenschaftlicher Begriff ist, wie und wo soll da ein seriöser Forscher ansetzen, um herauszufinden, wer sich wie und unter welchen Umständen glücklich fühlt? Antwort: per Fragebogenverschickung.

Das zumindest taten zwei Psychologen, Philip Shaver von

der New York University und Jonathan Freedman von Yale. Um die traurigste wissenschaftliche Lücke zu schließen, starteten sie die wohl sicherlich umfangreichste Untersuchung aller Zeiten über Glück. Ihr Fragebogen, in *Psychology Today* abgedruckt, wurde von 52000 Lesern und Leserinnen im Alter von fünfzehn bis fünfundneunzig ausgefüllt und zurückgeschickt. Man mag sich nun in Haarspaltereien ergehen, ob diese ›selbsternannten‹ Testpersonen aus der Leserschaft denn auch wirklich eine absolut ausgewogene Repräsentativerhebung gewährleisten, und jeder mag selbst ermessen, ob unglückliche Personen sich im Vergleich zu glücklichen Personen eher prozentual mehr oder weniger freiwillig an derartigen Fragebogenuntersuchungen über Glück beteiligen. Der Präzisierung willen sei angemerkt, daß die von den Einsendern gemachten Angaben zur eigenen Person den Restpersonenkreis im Durchschnitt, verglichen mit dem Durchschnittsamerikaner, als jünger, gebildeter, mit höherem Einkommen und einer liberaleren politischen Einstellung ausweisen.

Was nun fanden Shaver und Freedman im Endergebnis heraus?

Als erstes, daß das Glück ungleich verteilt ist. Ein Teil der Einsender betrachtet Glück als den Normalzustand, der nur hie und da von einem Tal der Traurigkeit oder Schmerzen unterbrochen werde. Für andere ist Glück eine Oase in einer Wüste von Sorgen oder eine Insel inmitten einer stürmischen See voller Kämpfe und Verletzungen.

Die Einsender bestätigten auch das Sprichwort, wonach Glück, was immer es auch sein möge, mit Geld nicht zu kaufen ist. »Glück ist im Kopf, nicht im Portemonnaie«, ließen die Forscher verlauten. »Glück hat weniger damit zu tun, was man hat, als vielmehr damit, was man sich wünscht. So leitet es sich seltener von absoluten als vielmehr von relativen Errungenschaften ab. Glück hängt vom Setzen persönlicher Maßstäbe und nicht davon ab, den Maßstäben anderer hinterherzujagen.«

Diese Schlußfolgerung trifft natürlich nicht für jeden zu. »Am meisten schätze ich die Freiheit«, antwortete ein junger Mann, »die mit der Verfügbarkeit riesiger flüssiger Summen verbunden ist.« Im Gegensatz dazu ein anderer Leser: »Geld war noch nie ein Problem für mich. Ich würde mein Leben mit jedem tauschen, der ein angemessenes Sexualleben hat.« Ein weiterer Kommentar: »Ich bin augenblicklich absolut blank, aber wesentlich glücklicher als ich es jemals war, als ich mit dem Sohn eines Multimillionärs verheiratet war. ... Ich bin heute reicher, was meine Liebe angeht, als ich es jemals, gemessen an Geld, sein könnte.« Ein erfolgreicher Romanschriftsteller, sich durch die finanziellen Anforderungen der Familie belastet fühlend, klagte: »Alles was ich tue, dient nur dem Zweck, mehr und mehr Geld zu verdienen, um mehr und mehr Rechnungen zu bezahlen. Es gab einmal eine Zeit, da konnte ich mich an andere, höhere Werte halten. Das kann ich jetzt nicht mehr. Jedesmal, wenn ich versuche, geistigen Fragen Rechnung zu tragen, muß ich arschkriecherisch zurückstecken, es geht ja ums Geldverdienen, darum, mehr Geld zu verdienen.«

Wenn Sie gerne Ihre persönliche Erfolgsquote mit einer nationalen »Norm« vergleichen möchten, mag folgende Glücksstatistik eine erste Orientierungshilfe sein:

- Die Zahl derer, die gelegentlich im Laufe der letzten sechs Monate Glück empfanden: sieben von zehn. »In Sicherheit hinsichtlich ihrer Gefühle, die von Tag zu Tag schwanken, wähnen sie sich allerdings nicht«, kommentieren die Forscher.
- Diejenigen, die berichten, daß ihr Glückspegel relativ oft steigt und fällt: etwas mehr als 50 Prozent.
- Diejenigen, die angeben, täglich oder zumindest wöchentlich über Glück nachzudenken: acht von zehn. Auffallend: diejenigen, die sich selbst als am glücklichsten bezeichneten, waren gleichzeitig jene, die am wenigsten darüber nachdachten. (»Glück«, sagen Shaver und Freedman, »ist mit dem Orgasmus vergleichbar: wenn man oft darüber nachdenken muß, ob man einen hat, dann hat man keinen.«)
- Diejenigen, die angeben, weniger glücklich als die Mehrzahl ihrer Bekannten zu sein: drei von zehn.
- Diejenigen, die davon ausgehen, in Zukunft glücklicher als jetzt zu sein: sieben von zehn.
- Diejenigen, die optimistisch hinsichtlich ihres Privatlebens sind: 83 Prozent.

Und was sind, der Umfrage zufolge, die Hauptkomponenten von Glück? Das hängt vom jeweiligen Individuum ab. Alleinstehende Frauen und Männer nannten Glücklichsein mit Freunden, dem Beruf, dem Liebesleben und dem Maß an Anerkennung – in der Reihenfolge. Bei Ehefrauen rangieren Liebe, Ehe, das Glück ihrer Ehemänner und ihr Sexualleben an vorderster Stelle. Anerkennung und »persönliches Wachstum« kam bei ihnen erst an fünfter Stelle. Demgegenüber nahm persönliches Wachstum bei Ehemännern den ersten Platz ein, gefolgt von Liebe, Ehe, Beruf und dem Glück ihrer Ehefrauen. (Bei Ehemännern scheint die Frage der Anerkennung als Komponente von Glück in der Prioritätenliste keine allzugroße Rolle zu spielen.)

Die eigene körperliche Attraktivität hatte bei den meisten als Quelle von Glück einen geringen Stellenwert; bei Verheirateten den geringsten. Die Religion wurde von Verheirateten wie Singles als nachrangig bewertet.

Folgende Feststellungen mögen viele beruhigen: Die Einsender (die, wie Sie sich erinnern, mehrheitlich angaben, glücklich zu sein) meinten, daß sie sich oft Streß, Befremdungsgefühlen und psychologischen Problemen ausgesetzt sähen. Wie viele berichteten von »permanenten Sorgen und Ängsten«? Ein Drittel. Wieviele fühlen sich leicht erschöpft und müde? Ein Drittel. Haben Konzentrationsprobleme? Ein Viertel. Werden oft von Schuldgefühlen geplagt? Fast ein Viertel. Und wieviele fühlen sich oft einsam? Ganze 40 Prozent (und hierunter fallen nicht nur Singles).

Ein befriedigendes Sexualleben wurde zwar allgemein als eine wichtige Komponente von Glück angeführt, geteilter Meinung waren die Einsender allerdings bei der Frage, wie und wo es zu finden sei. Personen mit vielen Liebhabern oder Geliebten waren weder glücklicher noch weniger glücklich als diejenigen, die ein monogames Liebesleben vorzogen. Ob diese sexuellen Begegnungen außerehelich waren oder nicht, schien nicht sonderlich relevant zu sein. Rund 40 Prozent der verheirateten Einsender (45 Prozent der Männer, 35 Prozent der Frauen) hatten außerehelich Kontakte, und ihren Berichten zufolge waren sie, als Gruppe gesehen, ebenso glücklich wie diejenigen, die die Treue wahrten.

Homosexuelle sind weder glücklicher noch weniger glücklich als Heterosexuelle, vorausgesetzt, sie haben ihre Homosexualität akzeptiert. Abgesehen davon, daß Homosexuelle mehr Sexualpartner hatten und die Bedeutung von Ehe und Kindern für sie eine nachrangige Rolle spielte, ergaben sich aus der Fragebogenerhebung kaum Unterschiede zwischen Homosexuellen und Heterosexuellen. (Mehr über den Fragenkomplex der Sexualität finden Sie unter der Überschrift »Ihre erotischen Reaktionen«, S. 147.)

Ein Drittel der Einsender erinnerte sich, oft Schuldgefühle während ihrer Kindheit gehabt zu haben, und diese sahen sie in einem engen Zusammenhang mit ihren Schuldgefühlen als Erwachsene wie auch mit dem Auftreten von Schlaflosigkeit, Nervosität, Ängsten, Selbstmordgedanken, Minderwertigkeitsgefühlen und Therapiebedürftigkeit. Nichtsdestoweniger »haben viele Leser und Leserinnen schlechte Kindheits- und Teenagerjahre ohne psychische Schäden überstanden und sind als Erwachsene absolut glücklich«.

Menschen, die in Großstädten leben, haben die gleichen Voraussetzungen, glücklich zu sein, wie diejenigen, die auf dem Land leben.

»Atheisten und Agnostiker sind ebenso glücklich wie die Mitglieder etablierter Kirchen, und Menschen, die nicht an Gott glauben, sind nicht minder glücklich als diejenigen, die es tun.« Wichtig war einzig »die Gewißheit, daß das Leben einen Sinn und ein Ziel hat.«

Die Forscher kamen zu dem Schluß, daß »vier psychologische Voraussetzungen essentiell für ein Glücksempfinden sind:

Emotionale Sicherheit: entgegen der Behauptung, ›gute Dinge haben keinen Bestand‹.

Fehlender Zynismus: entgegen Behauptungen... wie sie von P. T. Barnum etwa mit ›Die Dummen werden nicht alle‹ zum Ausdruck kommen. Entscheidend ist die Überzeugung, daß das Leben einen Sinn hat, und die Werte, von denen man sich leiten läßt, richtig sind.

Das Gefühl, eine Kontrolle über die positiven Dinge, die geschehen, zu haben, statt des Gefühls, nur Spielball der Ereignisse zu sein.«

Viele Leser fügten ihren Fragebogen Briefe bei, und nicht wenige von ihnen baten: »Bitte werten Sie meinen Fragebogen aus, und teilen Sie mir mit, ob ich glücklich bin.«

Die Glücklichsten waren diejenigen, so Shaver und Freedman in ihrem Fazit, »die das Gefühl hatten, ihr Leben unter Kontrolle zu haben und ihre Fortschritte am Maßstab ihrer eigenen Normen statt der anderer festmachten«.

(Diese Schlußbemerkung scheint die in Kapitel 6, »Wer hat hier die Kontrolle?«, aufgezeigten Thesen hinsichtlich der Definition, was unter einer Ich-kontrolliere-mich-Persönlichkeit zu verstehen ist, zu erhärten.)

»Entsetzlich viele Leben werden Opfer von Depressionen.«

Joseph Schildkraut,
Psychiater, Harvard Medical School

Was »sie« über Ihre Depressionen wissen

Jedem, der es durchgemacht hat, fällt es schwer, jemandem, der es noch nicht erlebt hat, zu erklären, was eine Depression ist. Die Nichtbetroffenen nicken mitfühlend, wähnen sich in Erinnerung an eigene Unpäßlichkeiten, an Situationen, in denen sie am Boden zerstört waren, und lassen, selbstbeherrscht, kluge Worte vernehmen. Die Wand des Unverständnisses scheint den Betroffenen unüberwindlich, vorübergehend in ein Gewitter zu geraten, ist mitnichten das gleiche wie in ein bodenloses, unausweichliches schwarzes Loch zu fallen. »Sie wissen«, sagte jemand, der es durchgemacht hat, »was es heißt, traurig, aber nicht, was es heißt, gelähmt zu sein.«

Wahr ist, daß Unpäßlichkeiten zu Familienstreitigkeiten, zu Zerwürfnissen am Arbeitsplatz und zu Konflikten mit der Nachbarschaft führen können. Aber Depressionen werden für 60 Prozent aller Selbstmorde verantwortlich gemacht. Von den heute lebenden Amerikanern werden schätzungsweise rund 35 Millionen klinische Depressionen vor ihrem Tod erleiden. Für ein Drittel der Betroffenen wird es der zweite Fall ins schwarze Loch sein. Auf jeden Mann, der hineinfällt, kommen zwei Frauen. Von einhundert Erwachsenen und Jugendlichen in unserem Umfeld sind sechs akut klinisch depressiv.

Psychotherapie und Antidepressiva können, in der Kombination, den Betroffenen zwar helfen, Schätzungen zufolge erreicht diese Hilfe aber nur einen von fünf Patienten. Ein Grund ist, daß Depressive ihre Krankheit oft nicht erkennen. Sie »fühlen sich nur schlecht«.

Laut Angaben des National Institute of Mental Health ist das Durchschnittsalter der Depressiven in der letzten Generation von Ende Vierzig/Anfang Fünfzig auf Fünfundzwanzig bis Vierundvierzig gesunken. Entgegen der weitläufigen Meinung über ältere Menschen, sind die über Sechzigjährigen von Depressionen am wenigsten betroffen.

Die von Depressionen Betroffenen wissen oft nicht, wie krank sie sind, was die Kriterien sind und wie man die Depression von einer vorübergehenden Traurigkeit unterscheiden kann. Als Regel für die Diagnose einer *akuten* Depression gilt, daß ein Patient mindestens vier der nachfolgenden Symptome und bei einer *chronischen* Depression mindestens drei aufweist:

- Unfähigkeit Freude zu empfinden;
- Schlafstörungen;
- Gewichtsverlust;
- Appetitverlust;
- Energieverlust.

Eine detailliertere Bestandsaufnahme der Symptome könnte sich darüber hinaus erstrecken auf:

- Gefühle der Traurigkeit oder Hoffnungslosigkeit;
- Schlaflosigkeit, frühes Aufwachen;
- Selbstmord- und Todesgedanken;
- Ruhelosigkeit, Reizbarkeit;
- Dezidierte Schuld- oder Minderwertigkeitsgefühle;
- Müdigkeit und Erschöpfung;
- Eingeschränktes Denk- oder Konzentrationsvermögen;
- Interessenverlust an ehemaligen Lieblingsbeschäftigungen, insbesondere an Sexualität;
- Chronische, sich herkömmlichen Behandlungen widersetzende Schmerzen.

Hierbei ist das weite Spektrum der manisch Depressiven und derjenigen, bei denen gravierende chemische Ungleichgewichte vorliegen, die möglicherweise Behandlungen mit starken Arzneistoffen wie Lithium erfordern, nicht einmal berücksichtigt. Um mehr über diese Krankheit zu erfahren, muß man nicht auf für den Laien schwerverständliche Lehrbücher zurückgreifen; durchaus zweckdienlich sind gut und in einer klaren Sprache verfaßte Zeitschriftenartikel zum Thema wie auch eine Vielzahl der im Handel erhältlichen Sachbücher.

Finden Sie sich selbst

Depressionen, die zur Weihnachtszeit auftreten:

Sie mögen depressiv werden, das aber hat wahrscheinlich nichts mit Weihnachten zu tun.

Rochelle Semmel Albin, Psychologin und Journalistin, untersuchte diesen Mythos während ihres klinischen Praktikums am Harvard Medical School's McLean Hospital. Erste Mutmaßungen, daß Depressionen insbesondere während der Weihnachtszeit auftreten, tauchten erstmals in den 1940ern sporadisch in psychiatrischen Fachzeitschriften auf, ins Bewußtsein der Öffentlichkeit drang dieses Thema jedoch erst 1957 infolge eines im *New York Times Magazine* erschienenen Artikels, »Singing Those Christmas Holiday Blues« (Etwa: Die Stimme der Melancholie während der Weihnachtszeit). Bis 1980 hatte sich diese Vorstellung so fest verankert, daß niemand sich veranlaßt sah, die These der angesehenen *Times*-Autorin zu Gesundheitsfragen, Jane Brody, in Frage zu stellen, als sie behauptete, daß »für Millionen« Weihnachten »die deprimierendste Zeit des Jahres« ist. Psychiater, fügte sie hinzu, »haben dann am meisten zu tun«, und »die Selbstmordrate steigt.« Ebenfalls 1980 hatten sich auch erstmals Therapeuten in Boston zu einer explizit der Weihnachtsdepression gewidmeten Konferenz versammelt. »Statistiken«, so verkündete eine Konferenzbroschüre, »weisen einen Anstieg von Selbstmorden und Selbstmordversuchen während dieser Zeit des Jahres aus.« Als dann aber irgendein neugieriger Reporter in Boston Einsicht in diese Statistiken erbat, erhielt er seitens des Konferenzleiters die vertrauensselige Antwort: »Wir konnten konkret keine finden, aber jeder weiß, daß es so ist.«

Jeder weiß es? Aus Meldungen des National Center for Health Statistics geht hervor, daß von 1950 bis 1978 mehr Menschen sich im April als in irgendeinem anderen Monat umbrachten. Dezember? Die wenigsten Selbstmorde während des ganzen Jahres. In den Vereinigten Staaten, in Europa und Japan werden mehr Menschen während der Sommermonate als zu irgendeiner anderen Jahreszeit in psychiatrische Kliniken eingewiesen.

Untersuchungen, die George Cerbus und Robert Dallara, beide Psychologen, anhand der Aufzeichnungen aller in einer staatlichen psychiatrischen Klinik in Ohio Anfang der 1970er Jahre neueingelieferten Patienten durchführten, erbrachten keinerlei Erkenntnisse hinsichtlich eines Zusammenhangs zwischen einer Aufnahme wegen Depressionen und der Jahreszeit. Was sie hingegen feststellten, war, daß Patienten, die bereits in der Klinik waren, am häufigsten im Oktober, und nicht in der Weihnachtszeit, von depressiven Gefühlen berichteten.

Kann es sein, daß »jeder«, der »es weiß«, sich einfach nur gewaltig irrt? Nicht ganz. Richtig ist, daß Therapeuten einhellig ein verstärktes Maß an Telefonanrufen während der Weihnachtstage und ebenso einen saisonalen Anstieg von Stimmungstiefs (oder »Unpäßlichkeiten«) vermelden, die bei jedem Menschen gelegentlich auftreten, aber mitnichten mit einer Depression, einer schwerwiegenden Krankheit, vergleichbar sind. Dr. Anthony Rothschild von der Harvard Medical School trifft den Kern, wenn er sagt: »Unglücklichsein ist Teil des Lebens. Aber eine Person, die klinisch depressiv ist, kann nicht aufgemuntert werden.«

Jene kurzfristigen weihnachtlichen oder vorweihnachtlichen Stimmungstiefs sind für gewöhnlich das Ergebnis überhöhter Erwartungshaltungen oder übermäßiger Belastungen. Durchaus typisch in diesem Zusammenhang der Anruf, den Dr. Myrna Weissmann, eine Yale-Psychiaterin, vor nicht allzulanger Zeit in ihrer Praxis erhielt. Eine Anruferin flehte unter Tränen, sie wisse nicht, wie sie Weihnachten überstehen solle.

Was war konkret das Problem? – erkundigte sich Dr. Weissmann und erfuhr, daß die Schwiegereltern der Anruferin gerade zu einem mehrtägigen Besuch über die Weihnachtstage eingetroffen waren.

War es ihr nicht möglich, eine Zeitlang mit den Schwiegereltern zurechtzukommen?

Sie sind in Ordnung, aber sie haben zehn Pfund Garnelen mitgebracht.

Mochte denn ihre Familie keine Garnelen?

Doch, wir lieben Garnelen, sagte die Anruferin. Aber Geschenkekaufen und -einpacken, das Planen der Mahlzeiten und Herrichten der Gästezimmer hatten sie bereits an die Grenzen ihrer Belastungsfähigkeit gebracht. Und jetzt sollte sie auch noch zehn Pfund Garnelen schuppen, säubern und kochen. Irgend etwas in ihr rastete einfach ein. Diese Frau fühlte sich, ja, überfordert, traurig, überwältigt, meinte Dr. Weissmann. Aber depressiv? Das ist etwas völlig anderes.

Rochelle Albins Untersuchung des Mythos von der Weihnachtsdepression ließ auf viele »wissenschaftliche« Erkenntnisse über menschliches Verhalten, auch über die Korrelation von Weihnachten und Depressionen hinaus, einen ersten Schatten des Mißtrauens fallen. Einbezogen in eine Reihe psychologischer Tests, die Albin annähernd zweihundert College-Studenten und -Studentinnen absolvieren ließ, war auch ein vom National Institute of Mental Health entwickelter Standardtest zur Messung von Depressionen. Sie testete eine Gruppe im Oktober und Dezember, eine andere im März und Mai. Der Test bestätigte zweifelsfrei, daß die Studenten sich im Dezember am schlechtesten fühlten. Was aber andere Studien nicht erbracht hatten, weil sie wahrscheinlich nicht danach gefragt hatten, war, daß sie sich gleichermaßen elend im Mai fühlten. Also mußte etwas anderes als Weihnachten sie »deprimieren«.

Was haben die Monate Dezember und Mai im Leben eines Studenten gemeinsam? Natürlich: *Examen!* Eine kleine, aber nichtsdestoweniger tückische Fehlerquelle, die zeigt, zu welchen Fehlschlüssen die Forschung über »menschliches Verhalten« geleitet werden kann, wenn Studenten als repräsentative Gruppe (wie dies aus Bequemlichkeitsgründen für die Forscher so oft der Fall ist) für die menschliche Rasse insgesamt zu Versuchszwecken herangezogen werden.

Albin konnte noch mit einem weiteren faszinierenden Ergebnis zum Thema ›Weihnachten und melancholische Stimmungstiefs‹ aufwarten: Personen mit einem ausgeprägten Gefühl, »Herr« der Situationen und Ereignisse in ihrem Umfeld zu sein (jene Ich-kontrolliere-mich-Typen; siehe Kapitel 6), scheinen weniger anfällig für das Dezember-Stimmungstief als jene zu sein, bei denen dieses Gefühl weniger oder nur durchschnittlich ausgeprägt ist (die Sie-kontrollieren-mich-Typen). [Albin; auch Saft]

Und schließlich: Aufgrund seiner Untersuchung von 180000 Selbstmordberichten wartete ein Soziologe der University of California (San Diego) mit der Nachricht auf, daß die Selbstmordrate sowohl vor als auch nach Weihnachten, Thanksgiving (dem amerikanischen Erntedankfest) und dem Memorial Day (dem Heldengedenktag am 30. Mai) sowie unmittelbar vor dem Neujahrstag, dem Unabhängigkeitstag (am 4. Juli) und dem Tag der Arbeit (1. Montag im September) *sinkt*. Und wie ist es *während* der Festtage selbst? An den Feiertagen, einschließlich Weihnachten, war der landesweite Durchschnitt an Selbstmorden um 102 Fälle *geringer* als der Durchschnitt an anderen Tagen des Jahres. [Phillips, Wills]

Sie leiden an Depressionen:

Es ist doppelt wahrscheinlich, daß Sie in einer Stadt und nicht in einer ländlichen Region leben. (Andererseits, wenn Sie auf dem Land leben, ist die Gefahr größer, daß Ihre Depression Sie zu Alkoholismus oder Drogenkonsum verleitet.) Das ist das Ergebnis einer vom National Institute of Mental Health geförderten und in fünf Regierungsbezirken North Carolinas mit insgesamt 3921 Einwohnern durchgeführten Erhebung. Oberflächlich betrachtet scheint dies im Widerspruch zu dem im vorherigen Abschnitt stehenden Bericht über Glück zu stehen, demzufolge man in Großstädten, von der Wahrscheinlichkeit her, ebenso glücklich wie auf dem Land leben kann. Dem ist aber nicht so. Eine größere Wahrscheinlichkeit, depressiv zu werden, ist nicht das gleiche wie eine geringere Wahrscheinlichkeit, Glück zu erfahren. [Blazer]

Ihr Denkvermögen ist wahrscheinlich im Vergleich zu einer nicht-depressiven Person – oder auch im Vergleich zu Ihrer prä-depressiven Verfassung – eingeschränkt.

Eine entsprechende Studie der University of California zeigte, daß meßbar klinisch depressive Personen drastisch unterdurchschnittliche Testwerte mit Blick auf ihr abstraktes Denkvermögen, ihr Differenzierungsvermögen und die Geschwindigkeit, mit der sie Informationen verarbeiteten, erzielten. Feststellbar auch, je meßbar depressiver der Betreffende war, desto niedriger waren seine Werte bei allen drei Tests. (Die Autoren warnen jedoch vor voreiligen Rückschlüssen, ohne daß die Frage, ob die Depression Ursache der Denkstörung ist oder eine zuvor bestehende Denkstörung eine Person gegenüber einer Depression prädisponiere, in weiteren Studien untersucht und geklärt werde.) [Braff, Sprock, Saccuzzo]

Sie haben oft das Gefühl, daß die Menschen, die Sie um sich haben, lieber mit jemandem anderen zusammen wären.

Und die schlechte Nachricht ist, daß Sie damit möglicherweise recht haben. James Coyne, Psychologe an der University of California (Berkeley), unterzog Collegestudentinnen einem Standardtest zur Messung von Depressionen. Für sein Experiment wählte er dann dreißig aus, die zu den depressiven zählten, und teilte diese, zu Vergleichszwecken, mit dreißig weiteren Frauen, die keinerlei Anzeichen von Depressionen aufwiesen, in Zweiergruppen auf. Darüber hinaus wählte er sechzig zusätzliche nicht-depressive Frauen aus, die er willkürlich paarweise gruppierte und den übrigen dreißig Gruppen gegenüberstellte. In der Folge wurden alle Paare gebeten, fünfzehn Minuten lang über jedes beliebige Thema »mit dem Ziel, sich gegenseitig kennenzulernen«, miteinander zu sprechen. Sodann nahmen die Teilnehmerinnen in einem Fragebogen dazu Stellung, inwieweit sie willens und bereit seien, ihre Partnerin nochmals zu treffen und wiederzusehen, und wie sie, umgekehrt, diese Bereitschaft auf seiten ihrer Partnerin einschätzten. Die Zweiergruppen mit depressiven Partnerinnen waren im Endeffekt weniger bereit als die anderen, (1) ihre Partnerin um Rat zu bitten, (2) während einer dreistündigen Busfahrt mit ihr zusammenzusitzen, (3) sie nach Hause einzuladen oder (4) mit ihr zusammenzuarbeiten. Die depressiven Frauen rechneten, umgekehrt, jedoch mit dieser Ablehnung – und konnten, indem sie damit rechneten, die Gefühle ihrer Partnerin präziser als die durchschnittliche nicht-depressive

Frau einschätzen. Sie wußten diese Ablehnung sogar zu »kompensieren«, indem sie ihre nichtdepressiven Partnerinnen häufiger als unangenehm statt angenehm, als schwach statt stark, als kalt statt warm und unfreundlich statt freundlich bewerteten. Um in einem gewissen Sinne das letzte Wort zu haben, sagten die depressiven Frauen häufiger als die nicht-depressiven, daß sie mit ihren Partnerinnen nichts mehr zu tun haben wollten. [Coyne, Strack]

Mit überdurchschnittlich hoher Wahrscheinlichkeit ist Ihr Arbeitsplatz durch ein feindseliges soziales Klima geprägt, und Sie arbeiten für einen normalerweise übelgelaunten und nörglerischen Vorgesetzten.

Eine Psychologin der University of Southern California, Rena Repetti, stellte in ihrem Bericht anläßlich der Jahresversammlung der American Psychological Association fest, daß die Art und Weise, wie Menschen von ihrem Arbeitsumfeld sprechen, ein guter Indikator dafür sei, wie sie bei einem Standardtest zur Messung von Depressionen abschneiden. Repettis Erhebung berücksichtigte 302 Angestellte bei siebenunddreißig Banken, die sie gebeten hatte, das soziale Klima ihres Arbeitsplatzes zu beurteilen. Mit bemerkenswerter Konsistenz stellte sich heraus, daß, wenn das Gros der Arbeitnehmer es als fürsorglich und freundlich beschrieb, der einzelne bei Tests im allgemeinen weniger depressive Neigungen und Nervosität und ein höheres Selbstwertgefühl zeigte als Personen, die in einem weitestgehend feindselig geprägten Klima arbeiteten.

Außerdem kam sie in ihrer Untersuchung zu dem Ergebnis, daß ein übelgelaunter und nörglerischer direkter Vorgesetzter mehr Qualen und Mißstände verursachte als feindselige Kollegen und ein unterstützender Chef dem psychischen Wohlbefinden mehr Auftrieb als freundliche Kollegen gab. [Repetti]

Eine depressive Frau neigt erheblich mehr als ein depressiver Mann zum Weinen. Ebenso neigen Sie als Frau mehr als ein Mann dazu, im Vergleich zu nicht-depressiven Personen mehr zu essen wie auch mehr Zigaretten zu rauchen oder reizbar zu werden. Sie neigen mehr als ein depressiver Mann dazu, sich Ihren Gefühlen zu stellen – und sich selbst die Schuld für Ihre Probleme anzulasten.

Sind Sie ein depressiver Mann, so neigen Sie beachtlich mehr als eine depressive Frau dazu, aggressiv zu werden, sich verstärkt sexuell zu betätigen, sich alleine zurückzuziehen und sowohl stimulierende Drogen als auch Beruhigungsmittel zu verwenden. [Kleinke, Staneski, Mason]

Als Frau tendieren Sie wesentlich mehr als ein Mann dazu, Ihren depressiven Gefühlen nachzuhängen, mit der Konsequenz, wie diese Forscherin der Stanford University meint, daß bei Ihnen die Gefahr, einer schwerwiegenden Depression zu verfallen, doppelt so groß wie bei einem Mann ist. Sofern Sie ein Mann sind, scheint die Wahrscheinlichkeit, so ihr Fazit, geringer, daß Sie von Depressionen heimgesucht werden, weil Sie bereitwilliger bemüht sind, sich abzulenken und so depressive Stimmungen abzuschütteln. [Nolen-Hoeksema]

Bei einer nicht berufstätigen verheirateten Frau ist die Wahrscheinlichkeit, depressiv zu werden, dreimal größer als bei einer berufstätigen Frau. Die Forscherin interviewte mehr als eintausend Männer und Frauen im Alter zwischen achtzehn und zweiundneunzig Jahren. [Aneshensel]

Sie sind dabei, in ein katholisches Kloster einzutreten:

Einer Studie, die vor mehreren Jahren durchgeführt wurde, zufolge sind Sie wahrscheinlich »fehlangepaßter und neurotischer« als die durchschnittliche Collegestudentin. Im Rahmen dieser Studie wurden die Persönlichkeiten von Frauen, die in ein Kloster eintraten, anhand eines Standardtests zur Beurteilung der psychischen Gesundheit und psychologischer Abnormalitäten (der Minnesota Multiphasic Personality Inventory) bewertet.

Aber langsam. Vielleicht sind Sie nichtsdestotrotz weniger fehlangepaßt und neurotisch und schneiden sogar besser ab als jene College-Gruppe. In einer jüngeren Studie, die auf der Grundlage anderer Bewertungskriterien, anhand des Cattell 16 Personality Factor Questionnaire zur Bestimmung von Persönlichkeitszügen bei normalen Personen, durchgeführt wurde, untersuchte ein Forscher die Postulantinnen von sechs katholischen Klöstern. Sie erwiesen sich als gewissenhafter als eine Vergleichsgruppe von Collegestudentinnen wie auch als selbstdisziplinierter, realistischer, entspannter, anpassungsfähiger und selbstsicherer; ebenso als weniger neurotisch und weniger nervös und ängstlich und zeichneten sich durch ein höheres Führungspotential aus. [Rooney]

Streßfaktoren: Ihre Ängste, täglichen Ärgernisse und Frustrationen

Der Tod des Ehepartners ist 100. Eine Gefängnisstrafe ist 63, aber ein Strafzettel im Straßenverkehr ist nur 11. Erinnern Sie sich?

Fast jeder hat schon einmal von der von zwei Psychologen der University of Washington zur Messung des Effektes persönlicher Rückschläge auf die physische Gesundheit entwickelten Holmes-Rahe-Skala gehört. Thomas Holmes und Richard Rahe interviewten Tausende von Personen, untersuchten deren Krankengeschichten und registrierten im Laufe der nächsten ein bis zwei Jahre deren »Lebensereignisse«. Anschließend warteten die Forscher mit sogenannten »lebensverändernden Einheiten« auf, wonach der zu erwartende gesundheitliche Effekt eines belastenden Ereignisses mit einem numerischen Wert eingestuft wurde. Zu den mit hohen Zahlen versehenen Ereignissen zählten Scheidung (73), (berufliche) Entlassung (47) und Probleme mit den Schwiegereltern (29). Zwei etwa gleichzeitig erfahrene streßintensive Ereignisse wie Arbeitsplatzverlust eine Woche vor einem schweren Unfall oder, etwas weniger zeitgleich, das Scheitern einer Ehe und die Notwendigkeit, den Wohnort zu wechseln, können, so Holmes und Rahe, einen kumulativen gesundheitlichen Effekt haben.

Die Skala war für auflagenstarke Zeitschriften so attraktiv, daß diese begannen, ihren Lesern und Leserinnen – nach Schema F – »Streßtests« und auf der Grundlage der Auswertungen Vorhersagen anzubieten, wonach Werte von über 300 – oder was auch immer – mit einer 80- oder 50prozentigen Chance, krank zu werden, gleichzusetzen war, so daß Psychologen sich schon bald genötigt sahen, vor allzu übereilten Schlußfolgerungen hinsichtlich eines direkten kausalen Zusammenhangs zwischen streßintensiven Ereignissen und Krankheiten zu warnen.

Denn was offenkundig und schon bald von neuen Studien unterstützt wurde, war, daß niemand eine direkte Linie von schlechten Erfahrungen zu Krankheiten ziehen konnte (siehe auch »Wer hat hier die Kontrolle?«, Kapitel 6). Manche mit niedrigen Lebensstreßwerten wurden krank, und andere mit hohen Werten erfreuten sich einer blühenden Gesundheit. In der Tat leben manche Menschen bei Herausforderungen und Streß förmlich auf und wähnen darin neue Chancen und potentielle Belohnungen. Für diese, in Kapitel 6 als »Ich-kontrolliere-mich«-Personen beschrieben, käme die Streßmeidung möglicherweise einem Vorenthalten von lebensverbessernden Chancen gleich.

Nicht genug damit. Inzwischen nun trugen Richard S. Lazarus und Anita DeLongis von der University of California in Berkeley mit Kollegen neue Beweislasten zusammen, wonach die »täglichen Ärgernisse...« noch weitaus mehr als die Schicksalsschläge des Lebens »unsere Stimmungen und unsere Gesundheit beeinflussen«. Sie baten einhundert weiße Männer und Frauen mittleren Alters und aus der Mittelschicht, ein Jahr lang ihre »Ärgernisse« zu notieren. Die ersten zehn Plätze in der Reihenfolge der Häufigkeit der Nennung nahmen ein:

1. Gewichtsprobleme;
2. Gesundheit der Familienmitglieder;
3. Steigende Preise;
4. Rein- und Instandhaltung des Hauses;
5. zuviel zu tun;
6. Verlegen oder Verlieren von Dingen;
7. Pflege der Außenanlagen oder des Hofes;
8. Vermögensfragen, Investitionen und Steuern;
9. Verbrechen;
10. Aussehen.

Finden Sie sich selbst

Der Streß in Ihrem Leben erzeugt physische Symptome, unter anderem hohen Blutdruck:

Sich entspannen – und Ihren Blutdruck senken – können Sie, wenn Sie den Fischen in einem Aquarium zuschauen. Zwei Forscher der University of Pennsylvania beobachteten bei drei verschiedenen Beschäftigungen den Blutdruck von zwanzig Universitätsangestellten und Studenten. Jede Versuchsperson mußte jeweils laut aus einem Lehrbuch vorlesen (eine altbewährte Methode moderater Streßerzeugung), zwanzig Minuten lang auf eine leere Wand schauen und in Zeitspannen von zwei bis zwanzig Minuten ein Aquarium betrachten, in dem Fische und Pflanzen und ein andermal nur Pflanzen waren.

Beim Vorlesen aus den Lehrbüchern stieg der Blutdruck wie erwartet. Beim Betrachten der leeren Wand fiel er, und er fiel noch weiter, wenn sie sich den Betrachtungen eines leicht sprudelnden Aquariums hingaben. Enthielten die Aquarien jedoch nur Pflanzen, schienen die Versuchspersonen bald ihr Interesse daran zu verlieren, meßbar an der Konsequenz, daß ihr Blutdruck wieder zu steigen begann. Diejenigen, die den Fischen zusahen, blieben hingegen entspannt.

Einige der Versuchspersonen litten unter chronisch hohem Blutdruck. Bei ihnen hatte das Beobachten der Fische einen deutlich entspannenderen Effekt als bei anderen. [Beck, Katcher]

Ihr häusliches Leben ist durch häufige Ehestreitigkeiten gestreßt:

Was Sie brauchen, ist möglicherweise nicht einen Familientherapeuten, sondern ein zweites Badezimmer. Eine Studie der Purdue University stellte fest, daß Ehepaare, die über mehr als ein Badezimmer verfügen, ungeachtet der Frage, ob sie Kinder haben oder nicht, weniger gestreßt und zufriedener als andere sind. [Inman]

Sie glauben, Sie fühlen sich weniger gestreßt, wenn Sie nur weniger Lärm ausgesetzt wären:

Viele andere glauben das auch, und sie haben damit möglicherweise recht. Schätzungen der US-Umweltschutzbehörde zufolge leben mehr als 70 Millionen Amerikaner in einem Umfeld mit einem Lärmpegel, der so hoch ist, daß er die Kommunikation erschwert und Streß verursacht. Über ein Drittel der von einem Meinungsforschungsinstitut Befragten klagten über Lärm und nannten Lärmbelästigungen als ihr häufigstes Nachbarschaftsproblem. Ein Problem, das, wie aus einem jüngst veröffentlichten Bericht des National Research Council hervorgeht, zwölf Millionen Menschen dazu veranlaßt, an einen Umzug zu denken.

Wo hören *Geräusche* auf, und wo beginnt *Lärm*? Durch den Geräuschpegel einer Klimaanlage fühlt sich kaum jemand belästigt. Wenn Sie hingegen einen Staubsauger anstellen, werden sich viele gereizt oder zumindest in ihrer Aufmerksamkeit abgelenkt fühlen. Eine Bohrmaschine empfindet fast jeder als störend, und ebenso sind Flugzeugstarts oft Gegenstand von Beschwerden.

Eine geläufige Definition von Lärm ist: *unerwünschtes* Geräusch. Schließlich sind Karten für ein Symphonieorchester sehr begehrt, das letzten Endes wesentlich lauter als ein als störend empfundener Staubsauger ist. Eine Rockband kann die Dezibel einer Bohrmaschine bei weitem überbieten, dennoch vermag sie mit ihrem harten, für manche unerträglichen Beat Rockfans in ekstaseähnliche Zustände zu versetzen.

Ausschlaggebender als der Lärm selbst können bei lärmbedingtem Ärger und Verdruß subjektive Gefühle oder Assoziationen sein:

– Im Rahmen ihrer nahe dem Heathrow Airport in London und Kennedy Airport in New York durchgeführten Studie stellten die Soziologen Aubrey McKennell und Paul Borsky fest: Den größten Verdruß bereitete das Dröhnen der Flugzeuge denjenigen, die der Auffassung waren, Piloten und Flugbediensteten seien die zwangsläufig vom Lärm Betroffenen völlig egal. Personen, die hingegen der Überzeugung waren, daß diesem Aspekt sehr wohl Rechnung getragen würde, fühl-

ten sich weitaus weniger gestört. Der Ärger war darüber hinaus auch bei denjenigen besonders hoch, die den Lärm als unnötig betrachteten oder glaubten, er schade ihrer Gesundheit, oder Flugzeugzusammenstöße fürchteten oder sich sowieso bereits über Umweltbedingungen in anderer Hinsicht ärgerten.
– An der Penn State University stellten die Soziologen Craig Humphrey und John Krout fest, daß die Personen, die sich durch den Lärm eines nahegelegenen Superhighway hochgradig gestört fühlten, auch diejenigen waren, die eine Wertminderung ihrer Grundstücke durch die Straße fürchteten; diejenigen, die sich hingegen aufgrund des Highways eine Wertsteigerung ihrer Grundstücke versprachen, fühlten sich am wenigsten belästigt. Ein durchgängiges Ergebnis, ganz gleich, wie weit die betreffenden Personen von dem Highway entfernt lebten. Die sich weniger gestört Fühlenden waren zudem oftmals der Ansicht, die Straße habe den Vorteil, daß man schneller zur Arbeit, zur Kirche und zum Einkaufen komme.

Sind es nicht in erster Linie und maßgeblich nörglerische Alte, überkandidelte Snobs oder verwöhnte Reiche, die über Lärm klagen? Untersuchungen aus Deutschland und den Vereinigten Staaten zeigen überraschenderweise, daß lärmbedingter Streß statistisch nichts mit dem Alter, Einkommen oder der Schulbildung zu tun hat.

Letzte Erkenntnis: Starker Lärm kann Ihre impulsive Hilfsbereitschaft hemmen. Zwei Psychologen, Kenneth E. Mathews von der Seattle City Light und Lance Canon von der University of New Hampshire, veranlaßten eine Mitarbeiterin, in einer ruhigen Vorstadtstraße von einem Stapel Bücher, den sie auf dem Arm trug, »zufällig« einige fallen zu lassen, wenn sich ein Passant oder eine Passantin näherte. Etwa 50 Prozent waren behilflich, die Bücher aufzuheben – wenn die Straße ruhig war. Wenn dabei jedoch, als Teil des Experiments, ein Rasenmäher ohne Schalldämpfung in unmittelbarer Nähe auf Hochtouren lief, erwiesen sich nur 12,5 Prozent als hilfsbereit. [Cohen]

Sie sind hauptberuflich Hausfrau:

Sie fühlen sich in Zusammenhang mit Ihrer Rolle gestreßter als eine Teilzeit-Hausfrau – weil Sie wahrscheinlich das Gefühl haben, daß der Beruf der Hausfrau heutzutage in den Augen vieler als minderwertig gilt.

Sie sind eine berufstätige Hausfrau und Mutter:

Sie verdienen einen Preis dafür, vielleicht mehr als jeder andere Gesellschaftsveränderer dieses Jahrhunderts Theoretiker aller Couleur zu vorschnellen Schlußfolgerungen inspiriert zu haben. Sie sind, so sagen sie, gestreßt, weil Sie sich: 1. schuldig fühlen, Ihre Kinder und Ihren Ehemann zu »vernachlässigen«; 2. Sie Schuldgefühle haben, daß Sie sich nicht so schuldig fühlen, wie Sie sich Ihres Erachtens fühlen sollten; 3. Sie fürchten, wenn Sie Ihre derzeitige Arbeit aufgäben, es nicht genügend Stellen gäbe, die eine Frau bekommen könnte; 4. Sie zwar festgestellt haben, daß es reichlich Arbeitsplätze, aber scheinbar nur für Verkäuferinnen, Sekretärinnen oder Fließbandarbeiterinnen gibt; 5. Sie mit Blick auf die attraktiven Stellen, die Ihnen angeboten werden, insgeheim glauben, daß es Ihnen hierfür an Erfahrung mangelt, so daß entsprechende Erfolgsängste geweckt werden; 6. Sie von den konkurrierenden Anforderungen durch leistungsorientierte Vorgesetzte auf der einen und unzufriedene, reizbare Kinder auf der anderen Seite überfordert sind.

In der Forschung findet sich kaum eine Bestätigung für diese »einleuchtenden« Erklärungen. Untersuchungen zeigen im Gegenteil, daß Ihre Arbeit, insbesondere wenn es sich um eine herausfordernde Arbeit handelt, womöglich die am wenigsten streßbehaftete Komponente Ihres Lebens ist. »Vorausgesagt wurde«, meinte Dr. Grace Baruch, Soziologin am Wellesley Center for Research on Women, »daß bei Frauen in gleichem Maße wie bei Männern Herzkranzgefäßerkrankungen aufträten wie bei Männern, wenn sie ins Berufsleben einträten. Das hat sich nicht bewahrheitet. Warum nicht? Weil sich zunehmend herausstellt, daß Heim und Herd nie so streß*los* waren. Der von den Frauen erfahrene Streß kann sogar mit der Aufnahme ihrer Berufstätigkeit nachgelassen haben.«

Ebenso scheinen die negativen Effekte der »Rollenteilung« – indem außerhäusliche Berufstätigkeit dem Hausfrauenleben gegenübergestellt wird – von seiten der »Experten« übertrieben worden zu sein. Die Studien von Dr. Denise Kandel, Soziologin an der Columbia University, lassen, im Gegenteil, den Schluß zu, daß eine Frau mit mehreren Rollen – etwa als Ehefrau, Mutter, Ernährerin, Kursteilnehmerin und Leiterin oder Mitarbeiterin einer Organisation – in der Regel besser funktioniert als eine Frau mit weniger Rollen. (Natürlich, räumt Dr. Kandel ein, könne es sein, daß Frauen, die mit all diesen Belastungen fertig werden, insofern außergewöhnlich sind, als daß sie von vornherein über mehr Fähigkeiten und ein höheres Maß an psychischer Gesundheit verfügten.) Dr. Peggy Thoits, Soziologin an der Princeton University, veranschlagt die Zahl der Rollen, die für ein offenkundiges Wohlbefinden ideal sei, mit fünf. Mehr würden, so das Ergebnis ihrer Studie, zu Überlastungserscheinungen führen. Demgegenüber seien nur drei Rollen – als Ehefrau, Mutter und Ernährerin – im allgemeinen mit einem hohen Maß an Ängsten verbunden, »einem wesentlich höheren Maß als bei den meisten Vätern«. [Darnton]

Ihre größte Streßquelle ist nicht, wie Sie vielleicht denken, Zeitmangel, sondern das Gefühl, von den anderen Familienmitgliedern nicht hinreichend bei den im Haushalt anfallenden Arbeiten unterstützt zu werden. [Ivancevich, Matteson]

Als berufstätige Mutter ist die Wahrscheinlichkeit, daß Sie über Magenschmerzen klagen, fast doppelt so hoch wie bei einer nichtberufstätigen Mutter. Mit einer 60prozentigen Wahrscheinlichkeit leiden Sie auch unter prämenstruellen oder Menstruationsbeschwerden, im Vergleich zu 39 Prozent der Nur-Hausfrauen. Das ist das Ergebnis einer von Dr. Yusoff Dawood, Gynäkologe an der University of Illinois, bei 1200 Amerikanerinnen durchgeführten Untersuchung.

Ein Schmerzforscher, Dr. Donald Stanton, Direktor der Michigan State University's Chronic Pain Clinic, erklärt, daß die Streßreduzierung »einer der Hauptansatzpunkte bei der Behandlung chronischer Schmerzen ist«, fügt jedoch hinzu: »Ich bin nicht sicher, daß Streß Schmerzen verursacht, definitiv steigert er jedoch die Wahrnehmung von Schmerzen.« [Harris]

Sie sind eine Frau und sorgen sich, daß die moderne hochgradig gestreßte Frau dabei ist, ihren Vorteil der höheren Lebenserwartung gegenüber Männern zu verlieren:

Diese Sorge ist, zugegebenermaßen, durchaus berechtigt; der Grund ist dieser Studie zufolge jedoch nicht erhöhter Streß. Der Grund ist, daß Frauen mehr rauchen und, im Vergleich zu Frauen, doppelt so viele ältere Männer das Rauchen aufgeben. Das ist das Ergebnis einer Untersuchung von Gus H. Miller, einem Statistiker, der die vom National Center for Health Statistics registrierten Todesfälle von über Dreißigjährigen von 1920 bis 1983 analysierte. Miller, Direktor von Studies on Smoking, Inc., einem gemeinnützigen Verein in Pennsylvania, prognostiziert, daß die durchschnittliche Lebenserwartung von Frauen seit 1920 zwar länger als bei Männern gewesen sei, »die Lebenserwartung von Männern und Frauen während der nächsten vierzig bis fünfzig Jahre jedoch in etwa gleich sein wird«, sofern der gegenwärtig bei den Rauchgewohnheiten ablesbare Trend anhalte. [Miller]

Sie sind der Ehemann einer berufstätigen Frau:

Die häufigste rollenspezifische Streßquelle ist, daß Sie sich außerstande wähnen, den Ihnen zufallenden Anteil an Hausarbeit und Versorgung der Kinder zu bewältigen. [Ivancevich, Matteson]

Sie haben einen höchstanstrengenden Job und fragen sich, ob der damit verbundene Streß Sie überfordert:

Ihre Fähigkeit, berufsbedingten Streß zu bewältigen, hängt, praktisch unabhängig von Ihrer spezifischen Beschäftigung, davon ab, wie gut Sie bei einem Selbstwertgefühltest abschneiden – es sei denn, Sie sind Polizist. Als Polizist hängt Ihre arbeitsspezifische Fähigkeit der Streßbewältigung nur von einem Faktor ab: dem Zustand Ihrer Ehe. [Ivancevich, Matteson]

Ein Polizist hält Sie wegen einer Übertretung der Straßenverkehrsordnung an:

Sofern der Polizeibeamte eine Sonnenbrille mit Spiegelglaseffekt trägt, steigen in Ihnen, wie bereits in Kapitel 1 erwähnt, merklich Gefühle von Streß, Angst und Mißtrauen auf. Sie beurteilen ihn als weniger freundlich, weniger höflich und aggressiver als Sie es bei dem gleichen Polizisten tun würden, dessen Augen Sie sehen können.

Nähert der bußgeldverdächtige Beamte sich Ihnen mit einer sichtbar getragenen Pistole, so steigen bei Ihnen Gefühle der Aggression und Wut auf, und Sie sind eher geneigt, aggressiv zu antworten. Für den Fall, daß Sie selbst bewaffnet sind, so warnen die Autoren dieser Studie, ist die Wahrscheinlichkeit größer, daß Sie Ihre eigene Waffe ziehen und das Leben des Polizisten gefährden.

Das ist das Ergebnis einer Studie, bei der 87 Autofahrer und 46 Autofahrerinnen wegen Regelverletzungen von kanadischen »Mounties« angehalten wurden. Bei der Hälfte der Fälle trug der Polizeibeamte eine Sonnenbrille und bisweilen, dann in Augenhöhe des Autofahrers, eine Pistole. Eine jeweils hinter dem Beamten stehende Forscherin vermerkte – auf der Grundlage eines Standardbewertungssystems – die am Gesicht der Fahrer ablesbaren Emotionen. Während der Polizist zu seinem Wagen zurückging, stellte die Forscherin jedem Fahrer eine Reihe von Fragen zu dieser Begegnung. [Boyanowsky, Griffiths; kanadische Studie]

Sie wurden von Expertenseite als Neurotiker diagnostiziert:

Aller Wahrscheinlichkeit nach haben Sie einen höheren IQ, eine höhere Bildung, eine höhere Beschäftigungsrate und ein um 23 Prozent höheres Einkommen als jemand, der als psychisch gesund beurteilt wird. (Zumindest trifft dies zu, wenn Sie ein Mann sind. Frauen wurden in dieser Studie nicht erfaßt.) [Benham, Benham]

Sie neigen eher als jemand, der nicht neurotisch ist, dazu, Ihr Horoskop zu lesen und daran zu glauben. [Fichten, Sunerton]

Auf Umgebungslärm reagieren Sie eher gereizt als jemand, der nicht neurotisch ist. So das Ergebnis einer mit 129 Pädagogik-Studenten, meistenteils Frauen, in Japan durchgeführten Untersuchung. [Iwata; japanische Studie]

Wenn Sie abrutschen und in einer psychiatrischen Klinik landen, so ist es keine Frage, daß das Pflegepersonal und Ihre Familie Sie wahrscheinlich von sogenannten ›ab 18‹ gekennzeichneten Filmen mit übermäßigen Gewalt- und Sexanteilen fernhalten. Statt dessen werden Sie mit süßen ›ab 16‹ oder gar ›ab 6‹-Filmen, die die Herzen von Großmüttern und Kindern erweichen, Ihre Nerven zu beruhigen versuchen.

Nun, vielleicht wissen sie nicht, was gut für Sie ist. Im Rahmen einer Studie wurde zumindest festgestellt, daß solche zuckersüßen Filme auf Psychiatriepatienten negativere Auswirkungen als Peng-Peng- oder Tutti-Frutti-Streifen haben. Dieses Ergebnis sucht die Studie damit zu erklären, daß bei psychisch Kranken, wenn sie »gewöhnliche Liebesgeschichten, eingebunden in ein häusliches und Familienleben« sehen, der Hang, sich mit den Filmcharakteren zu identifizieren, bewirkt, daß sie sich »durch den krassen Kontrast zu ihren eigenen Lebensumständen, begrenzt durch die Kliniksituation und die psychische Krankheit, frustriert und verbittert fühlen«. [Cory]

Als Patient einer psychiatrischen Klinik sind Sie weitaus weniger als die Mehrzahl der anderen gefährdet, an Krebs zu erkranken. Das gilt insbesondere, wenn Sie als schizophren diagnostiziert wurden.

Die von einem griechischen Psychiater in einem Zeitraum von zwanzig Jahren in zwei psychiatrischen Kliniken in Griechenland gesammelten Daten zeigten, daß nur 4,9 Prozent der Patienten, verglichen mit 15 Prozent der allgemeinen Bevölkerung, an Krebs starben. Andere Zahlenerhebungen aus psychiatrischen Kliniken in England, Wales und Schottland offenbarten in etwa das gleiche Verhältnis. Demgegenüber konnten jedoch keine Unterschiede zwischen den innerhalb und außerhalb der Klinik zu verzeichnenden durch Herzkranzgefäßerkrankungen oder Diabetes verursachten Todesraten festgestellt werden.

In einer griechischen Klinik, wo 250 Personen innerhalb des Untersuchungszeitraumes starben, starben nur beachtlich wenige – nur vier – Schizophreniekranke an Krebs. Vergleichbare Feststellungen wurden im Moskauer Kahsenko Hospital mit einer jährlichen Belegung von 2500 Patienten gemacht. Auch hier waren erstaunlich wenige krebsbedingte Todesfälle, nur ein bis zwei pro tausend, unter den Schizophreniekranken zu verzeichnen.

Warum? Niemand weiß es (noch nicht). [Rassidakis]

Als Kind im schulpflichtigen Alter:

Nochmals kurz zu den Auswirkungen von Lärm: Ein Junge des ersten bis fünften Schuljahres schneidet im Vergleich zu Mädchen bei einem Test besser ab, wenn der Test in einem lauten Raum zu absolvieren ist. Ist der Raum allerdings leise, so übertreffen Mädchen Jungen im allgemeinen. Das ist das Ergebnis einer Studie einer Ohio State University, in die 156 Jungen und Mädchen einbezogen waren. [Christie, Glickman]

Die Chance, daß Lehrer, Schulpsychologen und Betreuerinnen sich bei der Beurteilung, welche Art von Ereignissen für ein Kind Streß bedeuten und wie streßintensiv sie tatsächlich sind, irren, ist durchaus hoch. Das trifft zumindest für amerikanische, japanische oder philippinische Kinder zu.

Einer Gruppe von 197 Versuchspersonen – 97 Lehrer, 39 Psychologen und 61 angehenden Pädagogen – wurde eine Liste mit zwanzig möglichen Erfahrungen, die für ein Kind belastend sein könnten, mit der Bitte vorgelegt, diese anhand einer Skala von eins bis sieben zu bewerten. Darüber hinaus wurden sie gebeten anzugeben, wie Kinder ihres Erachtens ebendiese Ereignisse bewerteten und inwieweit Kinder real von diesen Erfahrungen betroffen sein würden. Die Ergebnisse wurden mit den entsprechenden, von den Kindern selbst vorgenommenen Bewertungen wie auch mit vergleichbaren Studien des Forschungsprojektleiters mit japanischen und philippinischen Kindern verglichen.

Recht präzise beurteilten die Versuchspersonen die hohe Bedeutung, die Kinder einem »Erblinden« oder dem »Wiederholen eines Schuljahres« beimaßen. Drastisch überbewerteten sie hingegen das Gewicht, das Kinder dem »Gang zum Zahnarzt« oder der »Geburt eines Brüderchens oder Schwesterchens« beimaßen. Sie unterbewerteten die Empfindungen der Kinder, wenn sie »ein schlechtes Zeugnis erhielten«, »beim Stehlen gefaßt würden«, »einen elterlichen Streit mitanhören müßten«, »zum Direktor geschickt würden« und »als letzter für ein Team ausgewählt zu werden«. [Yamamoto, Felsenthal]

Eine sich bei Vorstadtkindern verbreitende emotionale Störung (gemäß eines Berichtes schwedischer Psychiater anläßlich einer Konferenz der Vereinten Nationen zur menschlichen Umwelt): Gefühle meßbarer Unsicherheit, sofern eine U-Bahnlinie in die City, die als »Lebensader« betrachtet wird, außer Sichtweite ist. [*Behavior Today*: schwedische Studie]

Ebenso weckt die saubere, ordentliche, perfekte Vorstadt, in der ein Kind lebt, bei ihm Erstickungsgefühle und Langeweile, so daß es losschreien und sich losreißen möchte – eine Untersuchung, die einige deutsche Forscher erstaunte.

Ende der 1960er Jahre beauftragte die Bundesregierung in Bonn einen Troß avantgardistischer Architekten, Stadtplaner, Freizeitexperten und Ästhetiker, Konzeptionen möglichst kinderfreundlicher »wissenschaftlich geplanter Gemeinden« zu entwerfen. So sprossen allenthalben Reihenhäuser inmitten maßstabsgerechter, weitläufiger Rasenflächen, schattiger Spazierwege, umzäunter Kinderspielplätze sowie freier und ruhiger, sämtlich spielgerechter Plätze aus dem Boden.

Das Bundesministerium für Raumordnung, Bauwesen und Städteplanung untersuchte in der Folge zusammen mit dem Psychologischen Institut der Universität Erlangen-Nürnberg das Befinden von 5450 Kindern, die jeweils zur Hälfte in jenen wissenschaftlich geplanten Gemeinden und in natürlich gewachsenen Großstädten und Städten lebten. Als Bewertungsgrundlage dienten die von den sechs- bis vierzehnjährigen Kindern zu Themenvorgaben wie »Mein Lieblingsspielplatz«, »Meine Mutter schickt mich zum Einkaufen« oder »Mein Nachhauseweg von der Schule« angefertigten Zeichnungen und Malereien.

Die Experten waren schockiert, daß die aus Kindersicht glücklichsten Darstellungen sich fast ausschließlich auf die alten traditionellen Städte bezogen. Weitestgehend waren auf den Bildern Kinder zu sehen, die zwischen Mülltonnen und Gullis und Pfützen, auf Baustellen, Abstellgleisen, Straßen voller Unrat und im Schatten von Fabrikschornsteinen herumtollten. Was von den Modellgemeinden übrigblieb, waren düstere, Verzweiflung ausdrückende Bilder betongepflasterter, eingezäunter Gefängnisse der Sauberkeit, Ordnung und Langeweile. [Dittrich; westdeutsche Studie]

Sie sind ein Student, der einen langen Multiple-choice-Test absolvieren muß:

Sofern Sie zu den (nach dem Standard-Persönlichkeitstest) ängstlichen Typen gehören, ändern Sie Ihre Multiple-choice-Antworten wesentlich häufiger um als jemand, der weniger ängstlich ist. Außerdem: wenn sie *sowohl* als depressiv als auch als zynisch gelten, neigen Sie wesentlich stärker dazu, Ihre Antworten von richtigen in falsche zu ändern, als jemand, der weder depressiv ist noch ein negatives Menschenbild hat. [Range, Anderson, Wesley]

Ihre Stimmungsreaktionen auf Jahreszeiten, Wetter, Tageszeiten und Licht

Finden Sie sich selbst

Sie sind jedes Jahr etwa zur gleichen Zeit, für gewöhnlich beim Wechsel der Jahreszeiten zum Herbst und Winter, aus unerklärlichen Gründen depressiv:

Sie sind möglicherweise von einem als Saisonale Affekt-Störung (SAD, Seasonal Affective Disorder) bezeichneten Syndrom betroffen. In einer manifesteren Erscheinungsform bedeutet SAD, daß die kürzeren Tage des Herbstes und Winters Ihr Leben mit Trägheit, Pessimismus, Angst, Weinanfällen, Rückzug aus Geselligkeit, Interessenverlust an der Arbeit, an spielerischen Vergnügungen und Sexualität sowie einer Sucht nach Kohlenhydraten, mit Eßanfällen, Gewichtszunahme, übermäßigem Schlafen und Selbstmordgedanken verdüstern.

»Das ist etwas, das über ein allgemeines winterliches Unwohlsein hinausgeht«, betont Dr. Thomas A. Wehr, Psychiatrischer Forscher am National Institute of Mental Health und Mitentdecker von SAD. »Die auftretende Depression ist recht auffällig (und) funktionshemmend.«

Noch weiß niemand genau, wie viele Personen von SAD betroffen sind. Allein in den Vereinigten Staaten wird die Zahl der Opfer auf Hunderttausende geschätzt. Einiges spricht dafür, daß die Rate der Betroffenen in den nördlicheren Breitengraden, wo die Wintertage kurz sind, möglicherweise höher ist.

Ohne das Problem weiter zu vertiefen, die gute Nachricht zu SAD: Dr. Wehr und sein Partner, Dr. Norman E. Rosenthal, ebenfalls am NIMH, offerieren eine Behandlung, welche die SAD-Opfer schnell und effektiv aus ihrer Winterdunkelheit befreit. Keine Psychotherapie. Keine stimmungsverändernden Pillen. Das Heilmittel ist, das Licht anzuschalten. Helle, sehr helle Lampen. Am effektivsten scheinen starke Vollspektrum-Leuchtstoffröhren zu wirken.

Schon bald, nachdem sie SAD als Phänomen erkannt hatten, unternahmen sie einen ersten Versuch, eine Gruppe von SAD-Opfern, die neun oder zehn Winter in Folge an Depressionen gelitten hatten, zu therapieren. Es handelte sich dabei meistenteils um Frauen in den Dreißigern. Sie wurden von Dr. Wehr und Dr. Rosenthal angewiesen, sich jeweils vor Tagesanbruch und neuerlich in der Abenddämmerung vor ein Vollspektrumlampenaggregat zu setzen, das die Helligkeit des Sonnenlichtes imitierte. Innerhalb von nur zwei oder drei Tagen waren dramatische Verbesserungen bei den Versuchspersonen bemerkbar. Erheblich schnellere Ergebnisse, als sie mit Antidepressiva erzielt werden könnten. Dann, mit der Beendigung der Lichttherapie, fielen die Versuchspersonen ebenso prompt wieder in ihren Dämmerzustand zurück. Einige wiederholten nun nochmals die Lampentherapie und setzten sie den ganzen Winter über fort. Wiederum verschwand ihre Depression.

Wie kann man derartige drastische, mit so einfachen Mitteln erreichbare Ergebnisse erklären?

Rosenthal, davon nicht ganz so überrascht, erklärt: »Bei den meisten Spezies unterliegen die saisonalen Rhythmen, welche etwa das Paarungsverhalten, die Nahrungsaufnahme, den Winterschlaf und Migrationen steuern, im wesentlichen dem Helligkeit/Dunkelheit-Zyklus, der von Jahr zu Jahr relativ konstant ist.« Aber gibt es irgendwelche fundierten Beweise dafür, daß auch der Mensch von diesen tiefgreifenden biologischen Rhythmen betroffen ist? Nur ein Beispiel: Die in die Untersuchungen des NIMH-Teams einbezogenen SAD-Opfer hatten insgesamt 219 Kinder. Davon, so stellten die Forscher fest, waren doppelt so viele in den Monaten Mai oder Juni wie im August oder September geboren worden. Jeder, der bis zehn zählen kann, kann daraus ablesen, daß der Höhepunkt der Zeugung in den Monaten August oder September, dann also erreicht war, wenn alle SAD-Betroffenen »in Schwung« und voller Leben waren.

Das Auftreten von SAD hängt, so wird vermutet, im wesentlichen von der Melatoninproduktion der Zirbeldrüse ab. Von diesem Hormon ist bekannt, daß es das saisonale Verhalten von Tieren, insbesondere mit Blick auf den Winterschlaf und die Paarung, steuert. Beim Menschen wurde dem Melatonin weder eine Bedeutung noch irgendeine Funktion oder ein Effekt beigemessen. Bei Einbruch der Dunkelheit, in der Dämmerung, beginnt die Zirbeldrüse mit ihrer Melatoninproduktion und setzt diese bis zum Anbruch des Tageslichts fort. Am Tag, unter dem Einfluß von Licht, wird kein Melatonin ausgeschüttet. Bedingt durch die beruhigende Wirkung des Melatonins schalten etwa Tiere in den langsameren Gang winterlicher Verhaltensweisen zurück. Um diesen auch beim Menschen vermuteten Effekt zu bestätigen, wurden SAD-Betroffene im Rahmen eines Experiments zunächst mittels Lichttherapie aus ihren Depressionen herausgeholt, dann wurde ihnen, während sie ihre täglichen Lichtrationen weitererhielten, Melatonin injiziert. Das Ergebnis war zweifelsfrei: die Hormoninjektion ließ die Patienten neuerlich in partielle Depressionen zurückfallen.

Eine weitere wichtige Entdeckung machte Alfred J. Lewy, Psychiater und im Bereich der Forschung an der Oregon Health Sciences University tätig. Er stellte fest, daß mittels morgendlicher Lichtanwendungen die Stimmungen von SAD-Opfern praktisch auf das Niveau von Nichtbetroffenen angehoben werden konnten. Abendliche Lichtbehandlungen blieben demgegenüber mehr oder weniger wirkungslos. Kombinierte, morgendliche und abendliche Lichttherapien hatten gewisse nutzbringende Effekte, aber bei weitem nicht so weitreichende, wie wenn diese nur am Morgen verabreicht wurden.

Lewy ist überzeugt, daß intensive Lichtdosen hilfreich beim Umstellen der biologischen Uhr, etwa zur Minimierung von Problemen bei flugbedingten Zeitverschiebungen und Wechselschichten wie auch bei der Behandlung anderer Schlaf- und Stimmungsstörungen, sein können. [Rosenthal, Wehr; auch Lewy]

Nun noch zu einem modernen jahreszeitwechselähnlichen Stimmungsveränderer, den wir allerdings nicht Mutter Natur, sondern der Technologie zu verdanken haben:

Jeden Herbst, wenn Sie Ihre Uhr von Sommerzeit wieder auf die normale Zeit zurückstellen (und so zusätzlich eine Stunde Schlaf gewinnen), gehen Sie in der Regel zur gewohnten Uhrzeit ins Bett und schlafen ebenso rasch ein, wie dies normalerweise der Fall ist. Aber fast eine Woche lang profitieren Sie von einer verbesserten Aufwachstimmung, und möglicherweise behaupten Sie auch, besser als sonst zu schlafen. Die einfache Erklärung ist wohl, daß Sie sich durch die zusätzliche Stunde Schlaf ausgeruhter fühlen.

Anders im Frühling. Nach dem Zurückstellen der Uhr auf die Sommerzeit (mit dem Verlust von einer Stunde in einer Nacht) müssen Sie Ihre Einschlaf- und Zubettgehgewohnheiten zwar nicht korrigieren, und dennoch ist es wahrscheinlich, daß Sie den Rest der Woche weniger glücklich aufwachen.

Und, sofern Sie sich nach dem Aufwachen einem Rechentest unterziehen, schneiden Sie dabei im Herbst erheblich besser als im Frühling ab. [Monk, Aplin; britische Studie]

Etwa eine Woche lang nach der Umstellung zur Sommer- oder Winterzeit ist die Wahrscheinlichkeit, verglichen mit anderen Zeiten des Jahres, höher, daß Sie mit Ihrem Auto einen Unfall haben. Während dieser beiden fraglichen Wochen liegen die Autounfälle 4 Prozent über dem Jahresdurchschnitt. [Hicks]

Sie haben zwar nicht sonderlich viel für alte Volksweisheiten übrig, aber dennoch haben Sie festgestellt, daß sich, unabhängig von der Jahreszeit, mit einer Änderung der Witterung auch Ihre Stimmung (und die Ihrer Mitmenschen) verändert:

Bleiben Sie dabei. Ihre Meinung ist wissenschaftlich abgesichert.

»Wetterempfindliche Personen«, etwa eine von fünf, so Dr. Michael A. Persinger, Autor von *The Weather Matrix and Human Behavior*, »haben ein sehr instabiles autonomes Nervensystem. Die meisten Personen sind, was wir für gewöhnlich ›höchst angespannt‹ oder ›nervös‹ nennen.«

Richtig ist zwar, daß das die vegetativen Aktionen kontrollierende autonome Nervensystem bis zu einem gewissen Grad fast bei jedem Menschen auf Wetterveränderungen reagiert, sei es in der Richtung einer erhöhten Reizbarkeit oder einer gesteigerten Lethargie, aber bei »wetterempfindlichen Personen« sind diese Effekte geradezu überdeutlich – wie und in welcher Intensität sie sich äußern, hängt von der individuellen psychologischen Verfassung ab. Studien zufolge neigen aggressive Personen, beispielsweise, zu gesteigerten Aggressionen, und zwar insbesondere mit dem Einfall kalter Luftmassen, sagt Persinger. Demgegenüber intensiviere sich die Depression bei depressiven Personen im allgemeinen mit dem Einzug warmer Luftmassen. Tendenzen, die sich vor allem in streßintensiven Phasen des Lebenszykluses, etwa während der Adoleszenz und der Midlife-crisis, verstärkten. Sie können sich als wetterempfindlich einstufen, wenn Sie an regnerischen, stark bewölkten oder stürmischen Tagen feststellen, daß Sie leicht ausrasten oder öfter als üblich die Zähne zusammenbeißen müssen, oder wenn Sie extrem in die andere Richtung reagieren und sich schläfrig oder müde fühlen, obwohl kein wirkliches Ruhebedürfnis besteht. [Persinger]

Die bei dreißig Studenten der Towson State University, mit einem Durchschnittsalter von siebenundzwanzig, über einen Zeitraum von fünf Wochen während des Sommersemesters angestellten Beobachtungen hinsichtlich deren Stimmungsverhalten zeigten eine deutliche Parallele zwischen dem Anstieg der Luftfeuchtigkeit und einem Stimmungsabfall. Allmorgendlich wurde den Studenten um 9 Uhr, unmittelbar nach ihrem Eintreffen im Psychologieseminar, von ihrem Professor ein Standardtest, eine sogenannte Stimmungsspezifische Prüfliste (›Mood Adjective Check List‹) mit der Bitte ausgehändigt, die jeweils ihre augenblicklichen Gefühle am treffendsten beschreibenden Worte anzukreuzen. Ihnen war nicht bekannt, daß er in der Folge die Ergebnisse den täglichen offiziellen Wettermeldungen des National Weather Service gegenüberstellen würde. Die konsistenteste Korrelation war, daß hohe Luftfeuchtigkeit jeweils bei drei spezifischen Stimmungszuständen mit niedrigen Bewertungen zusammenfiel: »Elan«, »Neigung zu Geselligkeit« und »Begeisterung«. [Sanders, Brizzolara]

Sie liegen nach einer Operation in einem Krankenhauszimmer, das Ausblick auf eine trübselige Backsteinmauer bietet:

Sie brauchen länger für Ihre Rekonvaleszenz, bitten um mehr Schmerzmittel und haben mehr Komplikationen, als wenn Sie in einem Zimmer mit einem angenehmen Ausblick auf Parkanlagen lägen. Dies ist das Ergebnis einer zehnjährigen Studie von Patienten, die sich in einem Hospital in Paoli, Pennsylvania, von einer Gallenblasenoperation erholten. [Paoli]

Ihre Stimmung wird maßgeblich davon beeinflußt, ob der Raum, in dem Sie sich aufhalten, kalt oder warm oder gerade richtig ist:

Kein Zweifel, daß dem so ist. Es wäre kaum der Rede wert, gäbe es nicht diese Entdeckung:

Um das Wohlbefinden einer Person mit der Raumtemperatur zu verändern, müssen Sie nicht unbedingt den Thermostaten bemühen. Es mag reichen, davon zu *sprechen*:

105 in zwei unterschiedlichen Hörsälen untergebrachte Studenten wurden von den Forschern gebeten, auf einer Skala von +3 (zu warm) bis −3 (zu kalt) anzugeben, wie wohl sie sich mit Blick auf die gegebene Raumtemperatur fühlten. Ungefähr zwei Wochen später wurde die Raumtemperatur in einem der Hörsäle um 5 Grad erhöht. Nochmals wurden die darin untergebrachten 47 Studenten um eine Bewertung ihres Wohlbehagens gebeten. Den übrigen 58 im anderen Hörsaal wurde demgegenüber lediglich gesagt, die Temperatur sei nunmehr höher als vor zwei Wochen, und sie wurden gebeten, ein zweites Mal eine Bewertung abzugeben. Tatsächlich blieb die Raumtemperatur unverändert.

In beiden Fällen wurde die Raumtemperatur als höher bewertet.

Die Konsequenz: Sollte sich das herumsprechen, könnte dies der Ruin der OPEC sein. [Stramler, Kleiss, Howell]

»Man ist auch bei den Menschen einsam.«

Saint-Exupéry,
Der kleine Prinz

Einsamkeit

»Einsamkeit«, sagt Warren Jones, Psychologe an der University of Tulsa, »ist die gewöhnliche Erkältung der Psychopathologie.« In diesem (wie in jedem) Monat fühlt sich ein Viertel der amerikanischen Bevölkerung extrem einsam, schätzt der »Vater der Einsamkeitsforschung«, Robert Weiss, von der University of Massachusetts. Studien aus anderen Ländern bestätigen diesen Trend.

Einsame Menschen stimmen in ihrer Beschreibung, wie sich Einsamkeit im Gefühl äußert, geradezu frappierend überein: wie eine Leere im Bereich des Zwerchfells oder Brustkorbs, die ein mäßiges Unbehagen bis hin zu intensiven Schmerzen verursacht. Einsam sein heißt, so antworteten einsame Personen im Rahmen einer Studie, niemanden zu haben, dem man die intimen Details des eigenen Lebens offenbaren kann. (Mehr über dieses Thema finden Sie im nächsten Kapitel, »Ihre Bereitschaft sich zu offenbaren«.)

Weiss beschreibt zwei verschiedene Typen der »Einsamkeit«: die *emotional* einsame Person, die viele soziale Beziehungen, aber nur wenige oder keine intimen hat; und die *sozial* einsame Person, die einige wenige enge Beziehungen, aber keinen weitergehenden Freundeskreis hat.

Einsamkeit muß nicht schädlich sein. Sie kann sehr wohl, meint Albert Cain von der University of Michigan, »als eine Zeit der Regenerierung, des Kraftschöpfens und der Hinwendung zu und Stärkung von inneren Ressourcen dienen.« Viele Phasen der Einsamkeit sind temporärer oder situativer Natur: Nach einem Umzug in eine andere Stadt oder nach einer Scheidung sind Gefühle der Einsamkeit, die bis zu einem Jahr anhalten, beispielsweise, nichts Außergewöhnliches. In Fällen, wo jedoch kein offensichtliches Ereignis erkennbar ist und die Gefühle zwei Jahre oder länger fortbestehen, sprechen Psychologen von einer »chronischen Einsamkeit«.

Weiss bezweifelt die allgemeine Auffassung, daß, wenn man sich nach dem Verlust eines intimen Partners in soziale Aktivitäten stürze oder neue Bekanntschaften schließe, die Einsamkeit sich verflüchtige. Seinen Feststellungen zufolge kann nur eine neue intime Beziehung den Schmerz heilen. Gelingt es, eine solche neue Beziehung aufzubauen, schwindet die Einsamkeit fast automatisch, ohne irgendwelche negativen Spuren zu hinterlassen.

Psychologen unterscheiden strikt zwischen Einsamkeit und *Alleinsein*, einem Zustand selbstgewählter Abgeschiedenheit, wie er typisch für Forscher auf Expeditionen, für Einmannsegler, Mystiker und andere religiöse und meditierende Personen ist. Ebenso kann dies für Personen bestimmter Berufsgruppen, Personen, die an bestimmten Krankheiten leiden, und viele andere gelten, die sich entschließen, nicht zu heiraten oder wieder zu heiraten. Selbst eine ungewollte Abgeschiedenheit kann positive Konsequenzen haben. So kann eine aus kriminellen oder politischen Gründen verhängte Einzelhaft für manche im Gefängnis zu einer Phase der inneren Erneuerung oder der religiösen Rückbesinnung werden. In manchen Kulturen schließen Initiationsrituale eine Phase des Alleinseins mit ein, die für den Betroffenen als wichtige und nutzbringende Erfahrung betrachtet wird.

> *»Gewollte Vereinsamung, Fernhaltung von den anderen ist der nächstliegende Schutz gegen das Leid, das einem aus menschlichen Beziehungen erwachsen kann.«*
>
> Sigmund Freud (1856–1939),
> Das Unbehagen in der Kultur

Finden Sie sich selbst

Sie fühlen sich recht oft und jeweils längere Zeit einsam:

Ihre Einsamkeit bedeutet nicht, daß Sie viel allein sind. Personen, die nach den Kriterien psychologischer Tests über das Maß ihrer Einsamkeit »sehr einsam« sind, verbringen möglicherweise ebensoviel Zeit in der Gesellschaft anderer wie diejenigen, die als »wenig einsam« bewertet werden, ihre Gesprächsinhalte sind allerdings merklich weniger intim. [McCormack, Kahn]

Nicht nur, daß Sie mit anderen ebensoviel sprechen und zusammen sind wie die wenig Einsamen, Sie zählen wahrscheinlich ebenso viele Personen zu Ihrem engeren Freundeskreis wie Menschen, die nicht einsam sind. Dennoch trifft Ihr subjektives Gefühl, einsam zu sein, aller Wahrscheinlichkeit zu. Ihre besten Freunde fühlen sich Ihnen nicht so nahe wie anderen Freunden. Das bedeutet, daß die Liste Ihrer »besten Freunde« womöglich Personen enthält, in *deren* Liste der besten Freunde Sie nicht vorkommen.

Im Rahmen der Studie, die zu diesen Schlußfolgerungen führte, hatten zweiundvierzig Studenten und Studentinnen einen Fragebogen zum Thema Einsamkeit ausgefüllt und eine Liste über ihren Freundeskreis erstellt. In der Folge waren dann die so benannten Freunde gebeten worden, im Gegenzug eine Liste *ihrer* Freunde zu erstellen, um zu sehen, ob sie die Listen der Versuchspersonen bestätigten oder widerlegten. [Williams, Solano]

Sofern Sie ein Mann sind, der, gemessen an Standardskalen, als einsam bewertet wird, ist nicht anzunehmen, daß Sie Ihre Einsamkeit gegenüber Ihren Freunden eingestehen. Der Grund ist vielleicht, daß Sie (wie es bei dieser Studie war) feststellten, wenn Sie es zugaben, Sie weniger Mitgefühl als eine einsame Frau erhielten.

Sind Sie demgegenüber eine Frau, die vielleicht sogar als weniger einsam als ein einsamer Mann bewertet wird, so sind Sie dennoch eher als er bereit, Ihre Einsamkeit einzugestehen und darüber zu sprechen. Die Erklärung ist möglicherweise, daß Sie aus Erfahrung wissen, daß die Einsamkeit einer Frau auf weniger negative Reaktionen stößt. [Borys, Perlman]

Möglich, daß Sie, ohne es zu wissen, Ihre Einsamkeit durch einen den Einsamen typischen Gesprächsstil verstärken und so, entgegen Ihrer Intentionen, potentielle Freunde abstoßen.

Wenn Sie beispielsweise mit jemandem sprechen, den Sie nicht kennen, halten Sie in der Regel weniger Augenkontakt als die durchschnittliche nichteinsame Person. Außerdem geben Sie weniger Kommentare zu dem, was die andere Person gerade sagte, ab, Sie stellen weniger Fragen und neigen verstärkt zu Themenwechsel. Unbehagen und zusätzliche Verwirrung stiften Sie überdies dadurch bei Ihrem Gesprächspartner, daß Sie ihm mitnichten signalisieren, daß Sie ihm zuhören – einfache Signale wie zustimmendes Nicken oder Kommentare wie »oh« oder »oh, wirklich«. Ihre Beschäftigung mit sich selbst bewirkt zudem, daß Sie für die Körpersprache Ihres Gegenübers blind sind und so Schlüsselsignale, wie diese Person sich fühlt, nicht wahrnehmen. So entgeht Ihnen, zum Beispiel, die durch die Körpersprache zum Ausdruck gebrachte Bitte, etwas mehr Distanz zu wahren.

Wenn Sie über andere sprechen, neigen Sie, besonders wenn Sie ein Mann sind, dazu, feindselige oder ablehnende Kommentare abzugeben. Die so vermittelte Botschaft ist, daß Sie anderen Menschen im allgemeinen nicht trauen – oder sie nicht einmal mögen.

Diese Beobachtungen legen den Schluß nahe, daß Sie sich, statt sich über Ihre Einsamkeit zu grämen, vielleicht vorrangig auf Ihren Konversationsstil konzentrieren sollten. Der Lohn für Ihre Mühe kann am Ende durchaus sein, daß Sie weniger einsam sind.

Dieses Fazit stützt sich auf die Auswertungen eines Standardtests über Einsamkeit, der achtundvierzig Studenten (24 Männer und 24 Frauen) ausgehändigt worden war; anschließend waren die Versuchspersonen paarweise zusammengeführt und ihre Gespräche per Videofilm aufgezeichnet worden. Die Auswertung der »dem Gesprächspartner oder der Gesprächspartnerin geschenkten Aufmerksamkeit« wurde jeweils individuell und im Detail von Experten vorgenommen. Im Rahmen einer Folgeuntersuchung einer Gruppe, die man zuvor instruiert hatte, wie dem jeweiligen Gesprächspartner eine angemessene Aufmerksamkeit gezeigt werden könne, wurde demgegenüber ein geringeres Maß an Einsamkeit und Schüchternheit und ein höheres Selbstwertgefühl festgestellt. [Jones, Hobbs, Hockenbury]

In Gesprächen mit Freunden und Bekannten geben Sie in der Regel weniger als ein nichteinsamer Gesprächspartner von sich preis – und dennoch sind Sie sich im allgemeinen nicht bewußt, wie wenig andere Menschen von Ihnen wissen.

Sie fühlen sich freier, sich Fremden gegenüber zu öffnen, und wenn Sie sich öffnen, sprechen Sie über intime Dinge – oft zu intim, zu früh – mit Personen des eigenen Geschlechts. (Wären Sie nicht einsam, so würden Sie sich wohl zuerst mit Personen des anderen Geschlechts über intimere Dinge unterhalten.) Das trifft insbesondere auf Frauen zu. Sie sind nicht nur nicht bereit, sondern *absolut* nicht bereit, einem Mann gegenüber über sich selbst zu sprechen. Ein einsamer Mann wie eine einsame Frau neigen, sobald sie ihren Gesprächspartner oder ihre Gesprächspartnerin etwas näher kennen, aus unerklärlichen Gründen dazu, zu weniger intimen Themen zu wechseln. Ihr Gegenüber nimmt diesen Wechsel durchaus wahr, sie selbst jedoch nicht. Diese beiden gegebenen Extreme – Intimitäten in aller Ausführlichkeit einem Fremden (etwa einem Mitreisenden in einem Flugzeug) anzuvertrauen *und* die Nichtbereitschaft, mit Personen, insbesondere andersgeschlechtlichen Personen gegenüber, die Sie kennen, über sich selbst zu sprechen – sind ein unverkennbares Symptom dezidierter Einsamkeit.

Hintergrund der Untersuchung: 75 Studenten und Studentinnen absolvierten Standardtests über Einsamkeit und die Bereitschaft, über sich selbst zu sprechen (der Selbstoffenbarung, wie es in der Psychologensprache heißt). Von den Versuchspersonen, die sich selbst als einsam bezeichnet hatten, wurden 24 jeweils paarweise mit nichteinsamen Personen zu Gesprächen zusammengeführt, die in der Folge von beiden Partnern beurteilt wurden. [Solano, Batten, Parrish]

Je vertrauensseliger und offenherziger Sie sind, desto weniger einsam werden Sie sich fühlen. (Diese und die nachfolgenden Schlußfolgerungen sind das Ergebnis einer Studie, im Rahmen derer die von 96 Collegestudenten und -studentinnen des letzten Semesters geführten Tagebücher über ihre »sozialen Interaktionen« analysiert wurden. Zudem hatten die Versuchspersonen eine Reihe von Persönlichkeitstestbögen, einschließlich der UCLA-Einsamkeitstabelle (Loneliness Scale), ausgefüllt.

Ob Sie ein Mann oder eine Frau sind, Sie fühlen sich wahrscheinlich weniger einsam, wenn Sie mehr Zeit mit Frauen verbringen. Frauen sind häufiger die Qualitäten zu eigen, die Einsamkeit vertreiben helfen – Verständnis, Mitgefühl und gesprächsbezogene Intimität. Sollten Sie jedoch den relativ selten anzutreffenden Mann finden, der zu Intimität und Nähe fähig ist (Kapitel 6 über Männlichkeit, Weiblichkeit und Androgynie), so kann er sich bei der Bekämpfung Ihrer Einsamkeit sogar noch wertvoller als eine Frau erweisen.

Sofern Sie ein einsamer Mann sind, sind Sie in Ihrer Freizeit wahrscheinlich wesentlich mehr mit anderen Männern als mit Frauen zusammen, die Gespräche, die Sie mit ihnen führen, sind aber nicht sehr intim. Überdies scheint die Zeit, die Sie mit ihnen verbringen, wenig dazu beizutragen, Ihre Einsamkeit zu bannen. Sie sind anderen Männern – einschließlich Ihren besten Freunden – in der Regel weniger nahe als die meisten Frauen ihren Freunden und Freundinnen. Wenn Sie an Beziehungen mit einem emotionalen Gehalt nicht allzusehr interessiert sind, ist es um so wahrscheinlicher, daß Sie kaum soziale Kontakte mit Frauen suchen. Sofern Sie aber Gespräche über Gefühle schätzen, sind Sie eher als die meisten Männer mit Frauen zusammen – und Sie stellen möglicherweise fest, daß nicht viele solcher Gespräche erforderlich sind, um Einsamkeit zu vermeiden.

Wenn Sie eine Frau sind, die einen Großteil ihrer Freizeit mit Männern verbringt – und Sie sich als einsam beschreiben –, gilt, je mehr Zeit Sie mit Männern verbringen, desto einsamer fühlen Sie sich.

Wenn Sie, ob Mann oder Frau, einen Mann kennen möchten, mit dem man auch intime Gespräche führen kann, den es aber in Ihrem Freundeskreis nicht gibt, so ist die nächstbeste Hoffnung vielleicht die, daß Sie einem Mann *Nachhilfe* in Sachen Nutzen von und Umgang mit Offenheit geben. Der beste Weg, sein diesbezügliches Potential zu testen, ist, dieser Forschungsstudie zufolge, daß Sie das Risiko auf sich nehmen, ihm *eigene* Intimitäten zu offenbaren und so die Vorleistung erbringen, die ihn ermutigen kann, auch seinerseits offenherzig zu sein.

Nicht zuletzt fühlen Sie sich wahrscheinlich weniger einsam, wenn andere die Initiative ergreifen und Kontakt mit Ihnen aufnehmen. Das gilt inbesondere, wenn Sie ein Mann sind und eine Frau die Initiative zum Kontakt ergreift. [Wheeler, Reis, Nezlek]

Sie neigen mehr als die meisten Personen dazu, introvertiert oder schüchtern zu sein, und Sie sind weniger bereit, soziale Risiken auf sich zu nehmen. [Peplau, Perlman]

Ihre Einsamkeit wird höchstwahrscheinlich von Ängsten, Depressionen, Langeweile, einer feindseligen Haltung gegenüber anderen (vor allem wenn Sie ein Mann sind) und der Neigung begleitet, sich selbst schlechtzumachen. [Jones, Freemon, Goswick; Russell, Peplau, Ferguson]

Sie sind ein berufstätiger Ehemann / berufstätige Ehefrau:

Als Ehemann haben Sie gute Chancen, daß Sie sich selten einsam fühlen. Die Wahrscheinlichkeit, daß Sie sich einsam fühlen, nimmt jedoch – zumindest leicht – mit der wachsenden Zahl Ihrer Kinder zu.

Als Ehefrau laufen Sie eher als Ihr Mann Gefahr, sich einsam zu fühlen. Die Wahrscheinlichkeit, daß Sie sich einsam fühlen, ist am geringsten, wenn Sie ein oder zwei Kinder, die mit Ihnen zusammenleben – und einen Job – haben. (Sofern Sie nicht berufstätig sind, liefert die Frage, ob und wie viele Kinder Sie haben und wie alt sie sind, keinen eindeutigen Anhaltspunkt über die Wahrscheinlichkeit, ob Sie sich einsam fühlen oder nicht. Das ausschlaggebende Moment ist die Berufstätigkeit.) [Gove, Geerken]

Sie sind eine nichtberufstätige Ehefrau:

Sie laufen wesentlich eher als berufstätige Ehefrauen oder Ehemänner Gefahr, sich einsam zu fühlen. In erkennbarem Widerspruch zur vorherigen Studie besagt diese, daß die Gefahr, sich einsam zu fühlen, um so größer ist, wenn Sie ein oder zwei Kinder haben, insbesondere wenn diese Kinder noch sehr jung oder schon alt genug und damit relativ unabhängig von Ihnen sind. [Gove, Geerken]

Sie haben einen angemessenen Freundeskreis:

Je mehr Menschen Sie Ihres Erachtens vertrauen oder an die Sie sich in Notfällen hilfesuchend wenden können, desto weniger einsam werden Sie sich im allgemeinen fühlen. Die Gefahr, daß Sie sich einsam fühlen, ist sogar noch geringer, wenn diese Freunde miteinander freundschaftlich oder aufgrund familiärer Beziehungen verbunden sind. [Stokes]

Setzt dieser Kreis sich im wesentlichen jedoch vornehmlich aus Verwandten zusammen, so daß Sie sozial außerhalb der Verwandtschaft mehr oder weniger isoliert sind, so ist die Wahrscheinlichkeit sehr hoch, daß Sie relativ unglücklich sind. [Fischer, Phillips]

Sie verbringen als Frau einen gut Teil Ihrer Zeit mit Männern:

Sie haben in der Regel »regelmäßigere« Menstruationszyklen (29 Tage, plus/minus drei) als eine Frau, die weniger Zeit mit Männern verbringt. (»Zeit verbringen« ist nicht zu verwechseln mit »Gesellschaft leisten« in einem sozialen Sinne. Es heißt buchstäblich, mit ihnen zusammensein.) Der mit dieser Studie identifizierte, für die Regelmäßigkeit der Zyklen verantwortliche Auslöser scheint etwas mit der Ausdünstung, Schweißabsonderung der Männer zu tun zu haben.

Die Forscher nahmen von drei Männern getragene Schweißblätter und tränkten sie mit Alkohol. Mit dieser Lösung betupften sie dann dreimal wöchentlich über die Dauer von drei Monaten die Oberlippen von sieben Frauen. Zu Vergleichszwecken betupften sie die Lippen von neun anderen Frauen mit reinem Alkohol. Die Frauen beider Gruppen hatten unregelmäßige Menstruationszyklen (weniger als 26 Tage oder mehr als 32 Tage); sie waren unverheiratet, kinderlos, nahmen keine Antibabypillen und nutzten weder Spiralen noch andere vergleichbare Verhütungsmittel. Nach dem Experiment war bei einem Teil derjenigen, die das Schweißextrakt erhalten hatten, ein Rückgang in der Abnormalität der Zyklen zu verzeichnen. In der Vergleichsgruppe, die nur mit Alkohol betupft worden war, waren keine Veränderungen feststellbar.

Daß Frauen, die mehr Zeit mit Männern verbringen, regelmäßigere Menstruationszyklen haben, ist bereits aus früheren Forschungen bekannt, neu an dieser Stelle ist jedoch, daß dieser Umstand erstmals mit Schweißabsonderungen in Zusammenhang gebracht wird. Andere Studien assoziierten regelmäßigere Zyklen mit Frauen, die regelmäßig Geschlechtsverkehr haben oder regelmäßig von Männern masturbiert werden. Bei Frauen, die allein masturbieren, wurde dieser Effekt nicht festgestellt.

Während die Regelmäßigkeit der Menstruationszyklen scheinbar von der körperlichen Präsenz von Männern beeinflußt wird, so kann das spezifische *Timing* der Zyklen sich durch die häufige Präsenz anderer Frauen verschieben. Frühere Forschungsarbeiten zeigten, daß Frauen, die sehr viel Zeit miteinander verbringen, auch dazu neigen, daß ihre Menstruationszyklen synchron beginnen. Um diese Ergebnisse weiterzutesten, rekrutierten die Autoren dieser Studie Frauen mit normalen Menstruationszyklen, teilten die Gruppe in zwei Hälften auf und betupften die Lippen der einen Hälfte mit dem Schweißextrakt von Spenderinnen, die der anderen Hälfte mit purem Alkohol. Mit dem dritten Zyklus stellte sich bei 80 Prozent der Frauen, die das Extrakt erhalten hatten, eine Synchronizität mit den Zyklen der Schweißspenderinnen ein. Bei der anderen Hälfte, die nur mit Alkohol betupft worden war, war keine Veränderung feststellbar. Ob die auf den Schweiß zurückzuführenden Effekte durch Geruch oder Absorption der Haut bewirkt werden, ist, wie die Forscher sagen, nicht bekannt. [Cutler, Preti]

»Wie dürftig ist doch die Phantasie der Menschen. Sie wähnen immer, man begehe Selbstmord aus einem Grund. Aber man kann sich das Leben sehr wohl aus zwei Gründen nehmen ...«

Albert Camus (1913–1960),
Der Fall

»Was schwerfällt, ist nicht, das Leben zu lassen, sondern das, was ihm einen Sinn gibt.«

Raymond Radiguet,
Den Teufel im Leib

Selbstmord

Finden Sie sich selbst

Ein lieber und Ihnen nahestehender Mensch hat Selbstmordgedanken erkennbar werden lassen:

Mit einfachen Mitteln können Sie helfen, die Hoffnungslosigkeit eines Menschen zu zerstreuen und ihn so zu retten.

»Es ist der Schmerz, dem die suizidgefährdete Person entfliehen möchte«, sagt Dr. Edwin Shneidman, UCLA, ein Pionier der Suizidforschung, Autor von *Definition of Suicide,* Mitbegründer des ersten Suizidpräventionszentrums Amerikas und Vater eines landesweiten Netzwerks derartiger Zentren. »Das erste und unmittelbare Ziel eines Therapeuten, Ratgebers oder jeder Person, die mit einem höchst selbstmordgefährdeten Menschen zu tun haben, sollte sein, auf jede nur denkbare Weise den Schmerz zu reduzieren. Helfen Sie ihm, indem Sie mit wem oder was auch immer – dem Auslöser des Leides – intervenieren: dem Geliebten, den Eltern, Universitätsprofessoren, Arbeitgebern oder sozialen Hilfsorganisationen. Ich habe die Erfahrung gemacht, wenn nur der Druck und das Ausmaß des Leidens reduziert wird, und sei es auch nur ein wenig, daß Selbstmordgefährdete sich für das Leben entscheiden.«

»Bedürfnisse der Sicherheit, Leistung, des Vertrauens und der Freundschaft prägen im wesentlichen die Landschaft unseres inneren Lebens ... Sprechen Sie diese psychologischen Bedürfnisse an, und der Selbstmord wird ausbleiben ... Das gefährlichste Wort im Wörterbuch des Selbstmordes ist ›nur‹. Es impliziert, daß die Optionen auf eine einzige, die des Todes, begrenzt wurden. Wie verengt und willkürlich die hier greifende Logik ist, läßt sich am Beispiel des ›Springers‹ verdeutlichen. Selbstmord ist die ›einzige‹ Lösung, und Springen ist die ›einzige‹ Methode ... Ziel des Therapeuten oder eines potentiellen Helfers ist, die Perspektive der selbstmordgefährdeten Person zu erweitern.«

Um den Schmerz in erster Instanz zu lindern, schlägt Shneidman folgendes vor:

- »Stellvertretend in die Rolle des Ombudsmannes zu schlüpfen.« Das kann bedeuten, den Ehepartner, Geliebten, Vorgesetzten oder wen auch immer hinzuzuziehen, der eine *konkrete Änderung,* die den *unmittelbaren* Druck wegnähme, bewirken könnte.
- »Auf leere Versprechungen und auch darauf zu verzichten, ihn aufzumuntern – er würde Sie sehr wohl durchschauen. Statt dessen vorzuschlagen, über seine Probleme zu sprechen und sie gemeinsam mit ihm anzugehen. Selbstmordge-

fährdete Menschen haben das Gefühl, daß es niemanden gibt, an den sie sich hilfesuchend wenden können.«

- »Ihre Entweder-Oder-Logik nicht zu akzeptieren. Statt dessen alle möglichen Alternativen, einschließlich Suizid, aufzulisten und jeden einzelnen Punkt zu diskutieren. Diese Liste allein kann genügen, die verengte Sicht aufzubrechen.«
- »Zu versuchen, irgend etwas zu finden, das die Dinge etwas besser macht, und sei es nur eine Winzigkeit besser. Das kann heißen, dem Betreffenden einfach nur die Möglichkeit zu geben, seine aufgestauten Gefühle rauszulassen. Die kleinste Verbesserung kann lebensrettend sein.« [Shneidman]

Sie sind ein/e Selbstmordkanditat/in:

Damit werden Sie nicht als depressiv eingestuft, obgleich diese beiden Zustände oft miteinander verwechselt werden. Was Sie von den meisten depressiven Personen unterscheidet, ist, daß Sie von einem Gefühl der *Hoffnungslosigkeit* überwältigt sind. Und Hoffnungslosigkeit ist ein konkret meßbarer Zustand.

In einem Standardtest, dem Beckschen Depressionsfragebogen (Beck Depression Inventory), sind eine Reihe von Aussagen enthalten, die es der Testperson ermöglichen, Gefühle übermäßiger Verzweiflung zu erkennen zu geben (oder sich davon zu distanzieren); Beispiele aus der Reihe dieser Aussagen sind: »Ich könnte ebensogut aufgeben, weil ich die Dinge für mich nicht zum Besseren wenden kann« oder »Ich bekomme nie, was ich möchte, also ist es doch idiotisch, überhaupt was zu wollen.« Derartige verzweifelte Aussagen werden, nachdem sie von den übrigen isoliert wurden, in einer »Hoffnungslosigkeitstabelle« erfaßt und verbucht.

Der Autor dieser Studie beobachtete über einen Zeitraum von mehr als fünf Jahren 207 Personen, die, aufgrund psychiatrischer Krankheiten hospitalisiert, nach eigenen Aussagen an Selbstmord gedacht, aber noch nie einen Versuch unternommen hatten. Binnen zwei Tagen nach ihrer Aufnahme in die psychiatrische Klinik testete der Forscher jeden Patienten anhand des Beckschen Fragebogens. Von den 207 Versuchspersonen brachten sich schließlich vierzehn Patienten, für gewöhnlich Jahre nach dem Test und ihrer Aufnahme in die Klinik, selbst um. Von diesen vierzehn Opfern hatten ganze dreizehn hohe Punktwerte auf der Hoffnungslosigkeitstabelle erzielt.

So könnte ein entsprechender Test auch Ihnen signalisieren, ob Sie ein/e Suizidkanditat/in sind. Das Ergebnis sollte allerdings nicht im verhängnisvollen Sinne einer sich selbst erfüllenden Prophezeiung verstanden werden. Von den 207 Patienten hatten 89 hohe Punktwerte der Hoffnungslosigkeit erzielt. Dennoch war nach fünf bis sieben Jahren die große Mehrzahl von ihnen, 76 von den 89, noch immer am Leben. [Beck]

Wenn Sie ein Mann und etwas älter sind (eine Gruppe, die besonders selbstmordgefährdet ist), ist die Wahrscheinlichkeit dreimal höher, daß Sie sich umbringen, wenn Sie weiß und nicht schwarz oder Mexiko-Amerikaner oder indianischer Abstammung sind. Der Grund hierfür ist, so die Theorie Richard H. Seidens, Forscher der University of California (Berkeley), »daß Schwarze und andere Minderheiten wesentlich eher in die Kinderversorgung, Hausarbeiten, finanzielle Beiträge zur gemeinsamen Haushaltskasse, die Zubereitung der Mahlzeiten oder was auch immer einbezogen werden« – Aktivitäten, die den Älteren das Gefühl geben, gebraucht zu werden und einen Beitrag zu leisten, Gefühle, die Seiden als Antagonismus des Selbstmordes beschreibt. Im Gegensatz dazu genießen viele weiße Familien »den ökonomischen Wohlstand, der es ihnen erlaubt, ihre Eltern in dubiose Rentnergettos abzuschieben, um dort, Tauben fütternd und gegen Langeweile und Einsamkeit ankämpfend, die restlichen Jahre ihres Lebens zu verbringen«.

Seiden belegt mit Daten, daß die Suizidraten in Gemeinschaften niedrig sind, in denen der Alterungsprozeß seinen Stellenwert hat und geachtet wird – ganz im Gegensatz zu den wesentlich höheren Raten in Kulturen, in denen Jungbleiben und Jungaussehen den höchsten Stellenwert hat. Die von seiten der Kirche und der Großfamilie vermittelten Werte, denen eher die Minoritäten als die Weißen folgen, betonen den Respekt vor den Älteren, denen aufgrund ihrer längeren Lebenserfahrung eine besondere Weisheit zugestanden wird. Das Leben in den schwarzen Gemeinschaften fördert zudem einen persönlichen Stolz, der mit dem Überleben der durch Armut und Rassismus bedingten Widrigkeiten des Alltags erwächst.

Nicht zuletzt sind weiße Männer im Alter, Seiden zufolge, aufgrund ihrer – oft mit dem Alter verbundenen – mangelnden Beschäftigung und finanziellen Versorgung weitaus depressiver als Nichtweiße. Weiße zerbrechen an dem Verlust von Macht und Einfluß, während nichtweiße Männer und Frauen seit jeher an den durch Rassismus und Sexismus bedingten niedrigeren Status gewöhnt sind.

Seiden propagiert mitnichten, man solle sich als Gegenmittel zum Suizid der Armut oder dem Elend rassistischer Diskriminierung unterwerfen, sondern vielmehr, die von diesen Minderheiten entwickelten Bewältigungsqualitäten zu studieren, die ihnen helfen, mit tiefgreifenden Frustrationen fertig zu werden. [Seiden]

Die drei Ereignisse, die Sie am ehesten kippen lassen, sind: (1) eine Scheidung oder Trennung; (2) ein Arbeitsplatzverlust, ohne innerhalb von zwölf Wochen einen neuen zu finden; (3) die ersten süßen Frühlingsdüfte.

(1) Obgleich Scheidungen klar die Wurzel vieler Selbstmorde sind, wird die gelegentliche Selbstzerstörung vielleicht doch erst lange nach dem Scheidungsakt vollzogen. Oder vor dem Richterspruch: Die Frühphase der Trennung ist ebenfalls eine gefährliche Zeit.

(2) Im Falle von Arbeitslosigkeit sind zwölf Wochen in etwa die im Durchschnitt erforderliche Zeit, um eine neue Stelle zu finden. Es ist auch die Zeit, in der ein merklicher Anstieg von Selbstmorden unter den fortgesetzt Arbeitslosen zu verzeichnen ist – und je länger die Arbeitslosigkeit dauert, um so mehr wächst die Wahrscheinlichkeit, es zu tun.

(3) Was auch immer die Ursache sein mag, die Gefahr, daß Sie sich umbringen, ist im Frühjahr größer als in jeder anderen Jahreszeit. Dr. Steven Stack, Soziologe an der Penn State University, der diese Selbstmordfallstudie erstellte, führt dieses Phänomen auf »eine Kluft zwischen den depressiven Realitäten der suizidgefährdeten Bevölkerung und dem Wunderland des Frühlings zurück. Die suizidgefährdete Bevölkerung fühlt sich ausgegrenzt und ferngehalten von der Freude...«

Am bemerkenswertesten an dieser Suizidfallstudie ist vielleicht, daß sie schließlich die Frage auf den Punkt bringt, ob Fernsehberichte über Selbstmorde andere zur Nachahmung anregen. Dies ist eindeutig der Fall – dennoch eindeutig nicht der Fall. Dr. Stack verglich die von acht Jahren verfügbaren nationalen Suizidstatistiken (1972–1980) mit den in den Abendnachrichtensendungen von ABC, NBC und CBS ausgestrahlten Selbstmordberichten, die er im Vanderbilt University Television News Archive ausgrub. Etwa um die Zeit einer landesweit ausgestrahlten Meldung, die von Selbstmord berichtete (oder in der das Thema diskutiert wurde), ja, da war in der Tat ein merklicher Anstieg der Selbstmorde feststellbar. Demgegenüber ließ die *monatliche* landesweite Rate von ungefähr zweitausend Selbstmorden allerdings kein Muster erkennen, das in Korrelation mit diesen Sendungen hätte gebracht werden können. So kann also eine Fernsehnachrichtensendung zur Wahl des Zeitpunktes, wann jemand sich umbringt, beitragen, sie hat aber offensichtlich keinen Einfluß auf die globale Rate der Selbsttötungen. »Die Theorie, daß die thematische Vorgabe einen Selbstmord auslöst, wurde«, so Dr. Stack zusammenfassend, »durch meine Forschungsarbeit nicht bestätigt.« [Stack]

Mehr über die durchschlagende Wirkung von Nachrichtensendungen: Als der ehemalige Verteidigungsminister James Forrestal 1949 aus dem Fenster eines Krankenhauses sprang, war infolge dieser Nachricht ein 4prozentiger Anstieg der Selbstmordraten zu verzeichnen. Später, als der Komiker Freddie Prinze sich auf dem Höhepunkt seiner Popularität umbrachte, schnellte die landesweite Rate um 8 Prozent in die Höhe. Marilyn Monroe bewirkte einen sprungartigen Anstieg von 12 Prozent. »Es kann durchaus sein«, vermutet Ira Wasserman, Soziologin an der Eastern Michigan University, »daß die Menschen sich mehr mit den Unterhaltungskünstlern als mit anderen Suizidopfern identifizieren.« [Wasserman]

Wie hoffnungslos und abgeschnitten von der Welt Sie sich auch fühlen mögen, die Wahrscheinlichkeit, daß Sie sich selbst töten, ist während der Hochphase des Präsidentschaftswahlkampfes erheblich geringer. Ein Forscher der Brown University (selbst engagierter Wahlkämpfer) überprüfte die in den vierzehn Wahljahren zwischen 1912 und 1972 in den entscheidenden Vorwahlmonaten – September und Oktober – registrierten Selbstmorde und verglich diese mit den gleichen Monaten in den jeweils vorhergehenden und nachfolgenden Jahren. Während dieser Wahlkampfhochphasen fiel die Selbstmordrate um 21 Prozent. Vielleicht unterstreicht dies den Punkt, daß nur ein wenig Verbundenheit erforderlich ist, etwas Besonderes, dem man sich zuwenden kann, wie irrelevant es auch für die unmittelbare persönliche Krise sein mag. [Boor]

Wenn Sie sich selbst töten, und Sie sind ein Mann, dann greifen sie aller Wahrscheinlichkeit nach (57 Prozent) zu einer Pistole.

Auch bei Frauen nimmt die Selbsttötung durch Erschießen rapide zu (bis zu 39 Prozent im Jahr 1980). Als Frau neigen Sie jedoch eher als ein Mann dazu, Gift oder Tabletten zu nehmen. [Centers for Disease Control]

Sie sind ein Teenager:

Wenn Sie männlichen Geschlechts und weiß sind, sind Sie selbstmordgefährdeter als der Rest der Bevölkerung. Von 1970 bis 1980 stieg die Suizidrate bei Männern im Alter von fünfzehn bis vierundzwanzig Jahren um 50 Prozent, während bei der Rate der Frauen in der gleichen Altersgruppe ein Anstieg von weniger als 5 Prozent zu verzeichnen war. »Früher waren diejenigen, die Selbstmord begingen, die älteren weißen Männer«, sagt Dr. Mark Rosenberg, Spezialist auf dem Gebiet Selbstmord und Gewalt am Center for Disease Control. »Während es vor wenigen Jahren noch Ihr Großvater, der krank, verwitwet und depressiv war, gewesen sein könnte, ist es heute Ihr Sohn.« [Center for Disease Control]

Aber das mit diesem Ergebnis vermittelte Bild – das starke Übergewicht von Selbstmorden bei weißen Jugendlichen männlichen Geschlechts – ist nicht so eindeutig, wie es erscheinen mag. Etwa 90 Prozent aller Selbstmord*versuche* gehen auf das Konto von Jugendlichen weiblichen Geschlechts. Konkreter, wenn Sie eine junge Frau sind, zeigen die Statistiken, daß bei Ihnen die Wahrscheinlichkeit viermal höher als bei einem Mann ist, daß Sie einen Selbstmordversuch unternehmen –

dieser aber fehlschlägt. Suizidversuche sind möglicherweise eine Art Hilferuf der verzweifelten jungen Frau, den Männer vielleicht vermeiden möchten, bis ihr Schmerz dann unerträglich wird. [Eron, Huesmann]

Die Wahrscheinlichkeit, daß Sie Selbstmord begehen, ist erheblich höher, wenn sich bei Ihrer Mutter oder bei Ihnen Komplikationen während der Geburt einstellten, oder wenn Ihre Mutter während der Schwangerschaft chronisch krank war. Von jugendlichen Suizidopfern waren, im Vergleich zu einer Gruppe noch lebender Teenager, mehr als die Hälfte bei der Geburt einem oder mehreren Komplikationsfaktoren ausgesetzt gewesen: 19 Prozent hatten während der ersten Stunde ihres Lebens oder auch länger Atemprobleme, verglichen mit nur 4 bis 8 Prozent der Teenager der anderen Gruppe. Bei 21 Prozent hatten die Mütter während der Schwangerschaft an chronischen Krankheiten gelitten, der Anteil in der Vergleichsgruppe lag nur bei 0 bis 6 Prozent; und bei 31 Prozent hatten die Mütter während der ersten zwanzig Wochen ihrer Schwangerschaft auf Vorsorgeuntersuchungen verzichtet, in der Vergleichsgruppe traf dies nur auf 4 bis 12 Prozent zu. [Salk]

Sie sind zudem zehnmal selbstmordgefährdeter, wenn mindestens ein Elternteil während Ihrer Kindheit chronisch depressiv war; keine Rolle spielt, ob dieser Elternteil auch selbstmordgefährdet war. Von einer Gruppe jugendlicher Psychiatriepatienten des New Yorker Hospital-Cornell Medical Center in White Plains hatten 50 Prozent derjenigen, die einen Suizidversuch unternommen hatten, zumindest ein Elternteil, das an chronischen Depressionen litt; bei der nicht selbstmordgefährdeten Vergleichsgruppe lag der entsprechende Anteil nur bei 5 Prozent. [New York-Cornell]

Sie leben nahe San Francisco, und als letzte Lebenshandlung entschließen Sie sich, von einer Brücke zu springen:

Sie haben Klasse bis zum bitteren Ende.

Mit mehr als einer 85prozentigen Wahrscheinlichkeit wählen Sie die Golden Gate Bridge statt die Bay Bridge. Selbst wenn Sie östlich von der San Francisco Bay wohnen, stehen im alles entscheidenden Augenblick Ihrer Not und Hoffnungslosigkeit die Chancen 50:50, daß Sie die Mühe auf sich nehmen, die Bay Bridge in ihrer vollen Länge und die gesamte Strecke quer durch die City bis zur Golden Gate zu fahren, um allem mit angemessenem Stil ein Ende zu machen. Und niemand, *niemand,* wählte jemals den anderen Weg, um von der Bay Bridge zu springen (zumindest nicht bis zum Abschluß dieser 1983 erstellten Studie).

Warum? Von den beiden Brücken ist die eine ungefähr so alt wie die andere, beide wurden in den 1930er Jahren für den Verkehr freigegeben. Beide bieten grob die gleiche Höhe, rund 60 Meter. Was ist also die Erklärung? Nach Meinung der Suizidforscher Richard Seiden und Mary Spence von der University of California, Berkeley (nahe besagter Bay Bridge), hat die Golden Gate, in Touristenführern als der weltweit führende Selbstmordort angepriesen, einfach Glamour und Klasse, die ansonsten unerreicht sind. [Seiden, Spence]

Ihre erotischen Reaktionen

Das, was »sie« über uns wissen, einmal außen vorlassend, gibt es zumindest etwas, das wir über »sie« sagen können – wenn denn die schiere Fülle von Studien uns etwas über die Forscher und Wissenschaftler verrät, dann doch wohl, daß die Verhaltensforscher, was Sexualität angeht, äußerst neugierig sind.

Finden Sie sich selbst

Sie glauben, Ihr Sexualleben sei weniger befriedigend als das der meisten anderen Menschen, so daß Sie insgesamt weniger glücklich sind, als Sie sein könnten:

Schließen Sie sich dem Club an – ein wesentlich größerer Club, als Sie glauben.

Ihr Glücksproblem hat vielleicht weniger damit zu tun, daß Sie etwas in Ihrem Sexualleben vermissen, als vielmehr mit Ihrer Überzeugung, daß es bei den meisten anderen befriedigender sei. Diese Überzeugung schmerzt, natürlich – und Sie sind ihr wahrscheinlich zum Opfer gefallen.

Ein nicht unerheblicher Anteil der Frauen – 34 Prozent – und mehr als die Hälfte aller Männer – 55 Prozent – beurteilen ihr Sexualleben als nicht befriedigend. Im Vergleich wozu? Im Vergleich zu dem der meisten anderen Menschen. Und was glauben sie hinsichtlich des Sexuallebens der anderen? Natürlich, daß es wundervoll ist – oder, zumindest, wesentlich aufregender als ihr eigenes. Und wie realistisch ist ihr Vergleich? Während jene 55 Prozent von sich selbst sagen, daß sie weniger als befriedigt sind, gehen 19 Prozent der Männer und 29 Prozent der Frauen davon aus, daß ihre Freunde sexuell unbefriedigt sind.

Weiteres Material zum weitverbreiteten Irrglauben über das Sexualleben von Freunden: Von den 52000 Singles, die auf diese breitangelegte Umfrage zum Thema ›Glück‹ antworteten (mehr hierzu finden Sie im ersten Abschnitt dieses Kapitels, »Was ›sie‹ über Ihr Glück wissen«), neigten 99 Prozent der Männer und 98 Prozent der Frauen zu der Annahme, daß andere Singles, die sie kannten, sexuell erfahren seien. Aber von diesen unverheirateten Einsendern im Alter von fünfzehn bis fünfundneunzig Jahren gaben tatsächlich 22 Prozent der Männer und 21 Prozent der Frauen an, niemals Geschlechtsverkehr gehabt zu haben.

Spezifische Hemmnisse der sexuellen Lust werden häufiger von Frauen als von Männern genannt:

- 10 Prozent der Frauen berichten von Schmerzen beim Geschlechtsverkehr. Bei den Männern ist dies nur einer von hundert.
- 20 Prozent der Frauen klagen, daß sie nur langsam oder gar nicht erregbar seien; das ist nur bei 6 Prozent der Männer der Fall.
- Schwierigkeiten, einen Orgasmus zu erreichen: 38 Prozent der Frauen; 8 Prozent der Männer.
- Depressive Gefühle nach dem Geschlechtsverkehr: 8 Prozent der Frauen; 4 Prozent der Männer.

Darüber hinaus gibt es unglückliche, spezifische männliche oder weibliche Erfahrungen, die den sexuellen Genuß beeinträchtigen oder im Keim ersticken können:

- 5 Prozent der Männer leiden, nach eigener Aussage, an Impotenz. 19 Prozent an vorzeitigen Ejakulationen.
- 18 Prozent der Frauen geben an, Opfer von Vergewaltigungen gewesen zu sein, und 17 Prozent haben abgetrieben. Viele Frauen führen spätere sexuelle Ängste und Hemmnisse auf diese Erfahrungen zurück.

Schließlich sagt der Volksmund Männern noch nach, daß »sie nur an einem interessiert sind«. Dem ist entgegenzuhalten, daß Männer, die angeben, irgendeines der zuvor genannten Probleme zu haben, im Trend allgemein ebenso glücklich sind, wie diejenigen, für die dies nicht zutrifft. Frauen, die von irgendeinem dieser Probleme betroffen sind, sind demgegenüber allerdings nicht nur in ihrem Sexualleben, sondern darüber hinaus im allgemeinen weniger glücklich. [Shaver, Freedman]

Sie sind eine Frau mittleren Alters oder älter:

Sie dürften relativ verwirrende Zeiten hinter sich haben.

Sofern es Ihnen wie Ihren Zeitgenossinnen erging, so lernten Sie wahrscheinlich früh, was traditionellerweise von Ihrer Rolle im Schlafzimmer erwartet wurde: für Sex verfügbar zu sein, ohne unbedingt selbst zu genießen. Wie inzwischen allenthalben zu vernehmen, haben sich diese traditionellen Erwartungen geändert. Traditionelle Erwartungen? Wann und wie änderten sie sich? Was beinhalten sie jetzt? Wer setzte die Maßstäbe?

Eine Möglichkeit, den »Fortschritt« mit Blick auf traditionelle Schlafzimmererwartungen im Wechsel der Jahre zu messen, ist, den Trend in den vorrangig von Frauen gekauften und gelesenen führenden Sex- und Eheratgebern laufend zu verfolgen und zu untersuchen. Das ihnen als Maßstab beigemessene Gewicht liegt nicht so sehr darin, daß sie die Meinung von Frauen und Beratern *beeinflussen*, als vielmehr, daß ihre Marktakzeptanz das *reflektiert*, was modern geworden ist – was jetzt und heute eine Frau zu denken, zu fühlen und wonach sie zu streben hat.

Drei Forscher der Indiana University untersuchten neunundvierzig in den Jahren 1950 bis 1980 in den Vereinigten

Staaten publizierte Ratgeber und ebenso Berichte über Ratgeber von 1830 bis 1970.

1869: »Als allgemeine Regel gilt, daß die moderne Frau selten nach sexueller Befriedigung strebt. Sie unterwirft sich ihrem Ehemann, aber nur ihm zu Gefallen; und, abgesehen von dem Wunsch der Mutterschaft, wäre sie so weitaus eher von seiner Aufmerksamkeit entbunden.«

1875–1950: »Während des letzten Viertels des 19. Jahrhunderts«, sagen die Indiana-Forscher, »begannen die Ratgeber, Sexualität als in sich erfüllend darzustellen... (dann) während der ersten Hälfte des 20. Jahrhunderts... als potentielle lustvolle Erfahrung für beide, Ehemann und Ehefrau.« Dennoch wurden alte Verhaftungen fortgeschrieben. »Erstens wurde von den Frauen der Mittelschicht, an die diese Ratgeber adressiert waren, erwartet, kaum ein offenes Interesse an Sexualität zu haben. Zweitens ging man davon aus, daß die Sexualität der Frauen grundlegend anders sei... Drittens wurde strikt vorausgesetzt, daß sexuelle Erfahrungen der Frauen ausschließlich der Ehe vorbehalten waren. Drei Voraussetzungen, aus denen sich eine vierte ableitet: daß das sexuelle Potential der Frauen nur abhängig von den Männern geweckt werden kann.«

1965: »Männer können Sex quasi auf animalische Weise, ohne Liebe, genießen. Frauen können das nicht...«

1970: »Wahrscheinlich ist die Erregung der Leidenschaft bei Frauen enger als bei Männern mit emotionalen Faktoren verknüpft...«

1971: »Die ersten sexuellen Erfahrungen einer Frau sind buchstäblich nie mit einer leidenschaftlichen Lust verbunden, und es braucht oft Jahre, bis diese sich entwickelt.«

1972: »Sexualität spielt im Leben der meisten Frauen eine weit bedeutsamere, tiefgreifendere Rolle als bei Männern.«

1972: Daß Frauen sexuell schlafen und naturgemäß passiv sind, »ist einer der destruktivsten Mythen, die Männern und Frauen eingehämmert wurden. Die praktische durchgängige kulturelle Akzeptanz der Propaganda, wonach Männer per se aggressiv und Frauen per se passiv sind, zwang die Frauen, um ihrer Selbstbehauptung willen, zu abwegigen, manipulativen Mitteln zu greifen... Ein für die Frauen extrem entwürdigender Prozeß, der zunehmende Ressentiments weckt, derer sie sich oft nicht einmal aufgrund ihrer gründlichen Gehirnwäsche bewußt sind.«

1973: »Die Klimax, gekoppelt mit der Freude, die sie erhält, wenn sie sich ihrem Mann hingibt, läßt eine Frau emotionale Erfüllung finden.« (Auch hier wird wiederum unterstellt, daß ihr Sexualpartner ihr Ehemann sein muß.)

1973: »*Es ist eine höchst egozentrische Erfahrung* (Hervorhebungen aus den Ratgebern) . . . Sie müssen sich voll und ganz auf *Ihre sexuellen Stimuli*, und was immer sie steigert, konzentrieren . . . Um ihr Potential zu wecken, müssen Sie die Verantwortung für *Ihre eigene* sexuelle Lust und wie Sie *Ihren eigenen* Orgasmus erreichen übernehmen . . . Er kann Ihnen seinen Penis zum Genuß geben, aber das Ausmaß des Genusses liegt in *Ihrer Verantwortung*.«

1974: »Sex sollte der vollendetste, uns bekannte Ausdruck der Liebe sein. Auf seinem Höhepunkt findet eine wahrhaft transzendentale Verschmelzung von Geist und Körpern statt.«

1974: »Sex ist nicht länger eine Sache der Männer.«

1975: »Nur (mit einer lebendigen, befriedigenden Sexualität) . . . ist man imstande, verborgene Ressourcen kreativer Energie und der Liebe freizulegen, die das Leben ultimativ in jeder Hinsicht neu beleben . . . Damit Männer und Frauen Sex genießen können, müssen sie . . . lernen, ihre neurotischen Ketten zu durchbrechen und sich von inneren Schranken und angepaßten Vorstellungen zu befreien. Wesentlich für eine lebendige und befriedigende Sexualität ist, daß die Emotionen frei, spontan und nicht in moralischen Vorbehalten oder vorurteilsbehafteten Haltungen gefangen sind . . . Vor Jahren . . . wartete eine ›gute‹ und moralische Frau darauf, daß ihr Ehemann um sie warb und sie verführte. Petting und sexuelle Spiele wurden voll und ganz dem Geschick und der Phantasie des Mannes (oder deren Nichtvorhandensein) überlassen. Es war ein Soloakt. Durch die Befreiung der sexuellen Ideen wurde Sex mehr zu einem Duett. In mehr oder weniger gleichberechtigten Rollen sind beide Partner daran beteiligt, sich selbst und dem jeweils anderen ähnliche Erfahrungen höchsten Genusses zuteil werden zu lassen.«

1976: »Ein altes Sprichwort besagt, daß es keine frigiden Ehefrauen, nur unfähige Männer gibt. Obwohl es sich aus weiblicher Sicht gut und beruhigend anhören mag, stammt es doch wahrscheinlich von irgendeinem Mann, der von sich überzeugt war, jede Frau befriedigen zu können. Inzwischen gefällt Frauen der Gedanke, daß sie selbst etwas mit ihrem eigenen Orgasmus zu tun haben, und daß sie für ihre sexuelle Erfüllung nicht von einem Mann abhängig sind.«

1977: »Und sobald wir sexuell unabhängig und glücklich geworden sind, können wir das, was wir in anderen Lebensbereichen gelernt haben, auch hier anwenden ... Die sexuelle Macht der Frauen und die Macht der Frau insgesamt sind untrennbar und ergänzen sich wechselseitig. Wenn wir lernen, auch sexuell die Dinge selbst in die Hand zu nehmen, werden wir in einem Bereich unseres Lebens unabhängig, der seit jeher traditionell von Männern abhängig war.«

1978: »Wenn du dich entscheidest, dich mehr als sexuelle Person zu bejahen, mußt du für diese Entscheidung die Verantwortung übernehmen. Es ist *deine Entscheidung*.« [Weinberg, Swensson, Hammersmith; die Ratgeber, aus denen diese Zitate entnommen wurden, sind in der Studie angegeben.]

Sie sind eine junge (oder nicht so junge) Frau:

Drei große Zeitschriften für junge Frauen untersuchten Ihr Sexualleben – Ihre sexuelle Geschichte, Ihre sexuellen Praktiken und Präferenzen –, sofern Sie in das Profil deren typischen Leserinnenkreises passen. (Sollten Sie etwas älter sein, so wurde im Rahmen von mindestens drei umfangreichen Studien auch praktisch alles Wissenswerte über Ihr Sexualleben erfaßt.)

Die erste dieser Zeitschriften, die eine solche Untersuchung (1981) startete, war *Cosmopolitan*, deren Leserinnen in der Regel jung und single sind (oder »single denken«) gefolgt von *New Woman* (1986) mit ihrer mehr oder weniger karriereorientierten Leserschaft; und zuletzt *Redbook* (1987), die in erster Linie von weltläufig interessierten, gebildeten jungen Müttern gelesen wird. In seinem von *Consumer Reports* veröffentlichten Buch, *Love, Sex and Aging*, berichtet Edward Brecher über seine große Umfrage, in die 1844 Frauen in den Fünfzigern bis Siebzigern und einige darüber einbezogen waren. Untersucht wurden auch Männer in dieser Altersspanne. Die Ergebnisse Brechers decken sich weitestgehend mit früheren Erkenntnissen über die Sexualität älterer Menschen, wie sie etwa von Shere Hite im *Hite-Report* und in dem bahnbrechenden *Kinsey-Report* wiedergegeben sind. (Männerzeitschriften scheinen weniger geneigt, ihren Lesern intime Fragen zu stellen, vielleicht weil Männer auch weniger geneigt sind, diese zu beantworten.) Wie bei den meisten, sich auf den freiwilligen Impetus stützenden Umfragen stammen auch alle diese Antworten von Personen, die bereit waren, detaillierte Fragebogen zu einem auch in ihren Augen interessanten Thema auszufüllen. Durch diese Selbstselektion können die Ergebnisse, statistisch gesehen, »unwissenschaftlich« sein. Wie dem auch sei, die Zahl der eingehenden Antworten war in allen Fällen beeindruckend – und sie waren interessant.

Abhängig davon, welcher Leserinnenkategorie Sie am ehesten ähneln, finden Sie nachfolgend, was diese Umfragen zu Ihren Neigungen sagen:

Das erste Mal. Es kann bei Ihnen ganz anders als bei einer Frau vor noch nicht allzuvielen Jahren gewesen sein. 1953 stellte der Kinsey-Report fest, daß nur 3 Prozent der Frauen ihren ersten Geschlechtsverkehr vor Erreichen ihres fünfzehnten Lebensjahres hatten.

Wenn Sie der typischen *Cosmopolitan*-Leserin aus dem Jahr 1981 entsprechen, haben Sie mit 21prozentiger Wahrscheinlichkeit Ihre Jungfräulichkeit im Alter von 15 Jahren verloren. Wenn Sie damit nicht länger als bis zum Erreichen Ihres zwanzigsten Lebensjahres warteten, so fallen Sie in eine große, 69 Prozent starke Gruppe. Bleiben 10 Prozent übrig. Sofern Sie in diese kleine Gruppe gehören, haben Sie sie mit 90prozentiger Wahrscheinlichkeit mit fünfundzwanzig verloren. Hatten Sie beim erstenmal einen Orgasmus? Wenn nicht, stehen Sie damit nicht allein – 90 Prozent der Einsenderinnen teilten Ihr Schicksal.

Wenn Sie der typischen *New Woman*-Leserin des Jahres 1986 gleichen, begannen Sie Ihr Sexualleben wahrscheinlich etwas vorsichtiger – aber nur etwas. Sofern Ihr »erstes Mal« vor Erreichen des sechzehnten Lebensjahres lag, gehörten Sie einer Gruppe von nur 19 Prozent an. Bei der Mehrzahl, 56 Prozent, war es mit neunzehn; bei weiteren 21 Prozent mit vierundzwanzig, und bei 2 Prozent zwischen fünfundzwanzig und neunundzwanzig. Genau wie die *Cosmopolitan*-Frauen, erreichten auch 90 Prozent der *New Woman*-Leserinnen beim erstenmal keinen Orgasmus.

Wenn Sie in die Kategorie der typischen *Redbook*-Leserin von 1987 fallen, sind die Chancen genau 50 : 50, daß Sie Ihre erste sexuelle Erfahrung mit siebzehn oder früher machten. (Warum siebzehn und nicht sechzehn oder fünfzehn, wie in den anderen Umfragen? Einfach, weil *Redbook* so ihre Frage stellte.)

In Beantwortung einer anderen Frage gaben nur 6 Prozent derjenigen, die beim Ausfüllen des Fragebogens noch unter fünfundzwanzig waren, an, bis zu ihrer Hochzeitsnacht jungfräulich gewesen zu sein. Im Gegensatz dazu gaben 33 Prozent derjenigen, die bei Abgabe ihrer Antworten bereits über vierzig waren, an, bis zu ihrer Heirat Jungfrauen gewesen zu sein. 32 Prozent aller Einsenderinnen hatten sechs oder mehr Liebhaber, ehe sie ihre Ehemänner »kennenlernten« – ein Prozentsatz, der sich seit einer *Redbook*-Umfrage dreizehn Jahre zuvor mehr als verdoppelt hatte.

Häufigkeit des Geschlechtsverkehrs. Erinnern Sie sich an die Auffassung, wonach Frauen die sich den »Bedürfnissen« ihrer Ehemänner widerstrebend Hingebenden sein sollten? In krassem Widerspruch dazu meinten ganze 63 Prozent der *Cosmopolitan*-Frauen, daß sie gerne häufiger Sex hätten, als sie bekommen. Nur 1 Prozent erklärte, ein weniger häufiger Geschlechtsverkehr wäre ihnen lieber. Glückliche 36 Prozent fanden die Häufigkeit »genau richtig«. Und wie sieht es konkret mit dieser Häufigkeit aus? 8 Prozent der *Cosmopolitan*-Einsenderinnen haben einmal – oder mehrmals – täglich Sexualität; weitere 36 Prozent drei- bis fünfmal in der Woche; 32 Prozent ein- oder zweimal wöchentlich; 15 Prozent ein- oder zweimal im Monat; 9 Prozent weniger als einmal pro Monat.

2 Prozent der *New Woman*-Leserinnen gaben an, sie *möchten* zweimal täglich Sex haben. 10 Prozent meinten, sie möchten Sex jeden Tag, aber nur einmal haben. 8 Prozent plädierten für vier- bis sechsmal wöchentlich; 37 Prozent für zwei- oder dreimal wöchentlich; 9 Prozent für einmal wöchentlich.

Die Antworten der *Redbook*-Leserinnen bezogen sich auf die reale Häufigkeit und darauf, was sie sich »wünschten«. »Fast«

jeden Tag gaben 7 Prozent an; drei- bis fünfmal pro Woche, 24 Prozent; zweimal wöchentlich, 28 Prozent; einmal wöchentlich oder weniger, 40 Prozent. Von den Frauen, die angaben, nur einmal wöchentlich oder weniger Sexualität zu haben, erklärten ganze 71 Prozent, daß sie gerne häufiger Geschlechtsverkehr hätten.

Von den im Rahmen der Brecher-Studie befragten älteren verheirateten Frauen berichteten 28 Prozent, mehr als einmal pro Woche Geschlechtsverkehr zu haben. 77 Prozent waren mit ihrer Häufigkeit des Geschlechtsverkehrs glücklich. 18 Prozent meinten, ihre Häufigkeit genüge ihnen nicht, und 5 Prozent, daß sie mit weniger glücklich wären.

Vorspiel. Wenn *Cosmopolitan*-Leserinnen Sex entsprechend ihren Idealvorstellungen haben könnten, so wählten 14 Prozent ein einstündiges oder noch längeres Vorspiel; 48 Prozent sprachen sich für ein Vorspiel von bis zu einer halben Stunde aus; 36 Prozent für fünfzehn Minuten. 2 Prozent bevorzugten fünf Minuten oder weniger.

Eine stattliche Mehrheit (72 Prozent) der *New Woman*-Leserinnen erklärte, daß sie sich manchmal nur den Austausch von Zärtlichkeiten und sexuelle Spiele, ohne anschließenden Geschlechtsverkehr, wünschten. 19 Prozent waren bereit, es beim sexuellen Spiel, ohne Klimax, zu belassen, sofern das dem Wunsch ihrer Partner entsprach, aber 8 Prozent waren mit einem unvollendeten Spiel nicht einverstanden.

Stellungen. Nur *Cosmopolitan* fragte und erfuhr, daß 61 Prozent der Einsenderinnen die »Missionarsstellung« bevorzugten. 26 Prozent der Frauen war es am liebsten, wenn sie oben waren; 8 Prozent Seite-an-Seite, und 8 Prozent der Frauen in Positionen, die dem Mann die Penetration von hinten ermöglichten.

Orgasmus. Von den *Cosmopolitan*-Einsenderinnen hatten 20 Prozent immer einen Orgasmus während des Liebesaktes; 50 Prozent normalerweise; 20 Prozent manchmal, und 10 Prozent selten oder nie. Zwei von drei Frauen erfuhren gelegentlich multiple Orgasmen; weitere 10 Prozent immer; 23 Prozent nie.

Von den *Redbook*-Leserinnen erklärten 22 Prozent, jedesmal einen Orgasmus zu erreichen. 61 Prozent erreichten ihn »fast« jedesmal; 5 Prozent nie. 50 Prozent hatten »oft« multiple Orgasmen.

Von den in der Brecher-Studie erfaßten älteren Frauen, die sagten, sie seien glücklich verheiratet, kamen 93 Prozent für gewöhnlich zum Orgasmus. Von den Frauen, die sich selbst als unglücklich verheiratet bezeichneten, hatten nur 7 Prozent normalerweise einen Orgasmus.

Oraler Sex. Bei 84 Prozent der *Cosmopolitan*-Leserinnen gehörten Cunnilingus und Fellatio zu ihren »regelmäßigen« Sexualpraktiken.

Ähnlich das Ergebnis der *New Woman*-Umfrage. 84 Prozent der Frauen berichteten von Fellatio. 64 Prozent erklärten, daß sie es mochten; 9 Prozent, daß sie es nicht mochten. Cunnilingus: 72 Prozent, wovon 65 Prozent diese Art des Liebesspiels genossen, und 5 Prozent nicht. [*Cosmopolitan* fragte nicht nach Vorlieben und Abneigungen.]

Bei 45 Prozent der *Redbook*-Frauen gehört Cunnilingus bei der Hälfte ihrer sexuellen Begegnungen zum Liebesspiel. Davon meinten 84 Prozent, daß sie es genießen. Bei 50 Prozent gehörte Fellatio mindestens bei der Hälfte aller Fälle zu den Liebespraktiken.

Es scheint zwar, daß oraler Sex bei den jungen Zeitschriftenleserinnen beliebter als bei den älteren Versuchspersonen Brechers ist, aber dennoch ist er keine neue Modeerscheinung. Brechers Feststellungen zufolge »praktizierten« 43 Prozent der älteren Frauen Fellatio, und drei Viertel von ihnen gaben an, dies gerne zu tun. 49 Prozent erfuhren Cunnilingus, und 82 Prozent davon mit Genuß.

Masturbation. Eine *Cosmopolitan*-Leserin neigt eher zur Masturbation als eine *New Woman*-Leserin (das einzig andere Magazin, das danach fragte). 89 Prozent der *Cosmopolitan*-Einsenderinnen masturbierten gelegentlich. Von dieser satten Mehrheit masturbierten 37 Prozent mehrmals im Monat; 25 Prozent mehrmals in der Woche; 3 Prozent täglich und 35 Prozent »selten«. 26 Prozent verwendeten einen Vibrator.

Den *New Woman*-Leserinnen wurden anders formulierte

Fragen gestellt, so daß ein direkter Vergleich schwierig ist, nichtsdestoweniger scheinen sie aber weniger aktiv als die *Cosmopolitan*-Leserinnen gewesen zu sein: 18 Prozent der *New Woman*-Leserinnen masturbierten »oft«, 48 Prozent »manchmal«, 21 Prozent »selten« und 13 Prozent nie. Aber ein höherer Prozentsatz der *New Woman*-Einsenderinnen – 43 Prozent – verwendete Vibratoren und andere Hilfsmittel.

Gefragt, ob sie Masturbation bei älteren Menschen »gutheißen«, antworteten 62 Prozent der im Rahmen Brecher-Studie erfaßten älteren Frauen mit ja, und 53 Prozent sagte, sie masturbierten selbst.

Erotische Videos. 22 Prozent der *Cosmopolitan*-Einsenderinnen empfanden entsprechende Videofilme als stimulierend.

Die *New Woman*-Leserinnen wurden demgegenüber gefragt, ob derartige Videofilme ihre sexuelle Lust beeinträchtigten, wenn sie als Stimulans auf Wunsch ihres Partners gezeigt wurden. Von denjenigen, die sie sich während des Liebesspiels anschauten, fühlten 59 Prozent sich nie beeinträchtigt, 13 Prozent meinten »manchmal« oder »selten«; 1 Prozent »oft«.

Nach dem Ergebnis der Brecher-Studie waren 37 Prozent der älteren Frauen mit erotischer Literatur vertraut, und 81 Prozent mochten sie. [*Sex Over Forty*]

Wenn Sie den 327 Frauen ähneln, die im Rahmen einer unter *Mensa*-Mitgliedern durchgeführten Studie erfaßt wurden – um sich als Mitglied zu qualifizieren, müssen Sie über den IQ der obersten 2 Prozent der Bevölkerung verfügen –, geben Sie sich mit 39prozentiger Wahrscheinlichkeit bei sexuellen Betätigungen Phantasien hin. Aller Wahrscheinlichkeit nach handelt es sich bei Ihrem Phantasieobjekt um einen anderen Mann als Ihren Sexualpartner. Andere Phantasien, in der Reihenfolge ihrer Wahrscheinlichkeit, sind Teilnahme an Gruppensex, Szenen aus pornographischen Büchern oder Filmen, Sex mit Tieren, anderen beim Sex zuschauen, sich selbst exhibitionieren, selbst Prostituierte zu sein, Sex mit Schwarzen (wenn Sie selbst weiß sind), lesbische Praktiken, masochistische Handlungen und Vergewaltigung. [DeMartino]

Sie haben sich die Nacktfotos im Playboy, Playgirl und Penthouse angeschaut:

Nachdem Sie sich diesen Fotos gewidmet haben, ganz gleich, ob Sie ein Mann oder eine Frau sind, ist davon auszugehen, daß Sie Ihren eigenen Partner oder Ihre Partnerin sexuell weniger attraktiv als noch unmittelbar vorher finden, ehe Sie die Fotos betrachteten, und ebenso, daß Sie weniger Liebe für sie oder ihn empfinden. [Arizona State]

Sie schauen sich einen romantischen oder sexy Film an:

Sofern Sie Studentin sind, ist die Wahrscheinlichkeit hoch (39 Prozent), daß ein solcher Film Sie bisweilen zu sexuellen Aktivitäten anregt. Diese Aktivitäten münden in mehr als 50 Prozent aller Fälle in Geschlechtsverkehr, in oral-genitalen Betätigungen (25 Prozent) oder Masturbation (20 Prozent). Welcher Art von Film könnte das erreichen? Anfang der 1980er, als diese Erhebung durchgeführt wurde, zählten in dieser Hinsicht die Filme *Offizier und Gentleman* und *Endlose Liebe* zu den Spitzenreitern.

Sofern Sie Student sind, ist es sehr wahrscheinlich – 64 Prozent, fast doppelt wahrscheinlich im Vergleich zu den Studentinnen –, daß derartige Filme Sie gelegentlich sexuell anregen. Die Formen der Sexualität sind, nach ihrer Wahrscheinlichkeit, genau die gleichen wie bei Frauen: Geschlechtsverkehr bei mehr als 50 Prozent; oral-genitale Aktivitäten, 25 Prozent; Masturbation, 20 Prozent. Der Film, der Sie Anfang der 80er am meisten in dieser Hinsicht erregt hätte, wäre *Zehn – Die Traumfrau* gewesen.

Um zu diesen Antworten zu gelangen, hatten die Forscher im Laufe eines Jahres Studenten verschiedener Semester gebeten, einen Fragebogen auszufüllen, der Auskunft gab, inwieweit bekanntere Filme, aus einer Liste von 603 ausgewählt, ihre sexuellen Praktiken beeinflußten. [Wilson, Liedtke]

Sie haben gerade einen hocherotischen Film gesehen:

Seit Jahrzehnten wird ebenso heftig wie ergebnislos diskutiert, ob Sex auf der Leinwand oder auf dem Bildschirm Männer zu Gewalttätigkeiten gegenüber Frauen anregt.

Das Ergebnis einer Studie der Iowa State University besagt, daß, wenn Sie ein Mann sind, ein Film mit einem ausgesprochen erotischen Gehalt Ihre Aggressivität erhöht, insbesondere, wenn Sie vor dem Film bereits wütend waren. Ihre Aggressivität ist aber wahrscheinlich gleichermaßen gegen Männer wie gegen Frauen gerichtet. Hat der Film demgegenüber nur einen mäßig erotischen Charakter, wird er Sie eher beruhigen und aggressive Gefühle dämpfen, selbst wenn Sie vorher wütend waren. [Donnerstein, Barrett]

Ob Sie ein Mann oder eine Frau, verheiratet oder single sind, dieser Studie zufolge wirken Filmszenen über Sex zwischen Fremden, die sich gerade, per Zufall, erst kennenlernten, auf Sie erregender als exakt die gleichen Szenen, wenn das Paar vermeintlich Ehemann und Ehefrau oder eine Prostituierte mit ihrem Kunden darstellt.

Um dies herauszufinden, wurden 62 Psychologiestudenten und 32 per Zeitungsanzeige rekrutierte verheiratete Paare in kleine Gruppen geteilt, und ihnen wurden von den Forschern als »nicht für Jugendliche, aus Dänemark« »angepriesene« Stummfilme gezeigt. In den Szenen waren sexuelle Liebesspiele bis hin zum Geschlechtsverkehr zu sehen. Die Akteure wurden den Zuschauergruppen jeweils abwechselnd als ein Ehepaar, eine Prostituierte mit ihrem Kunden oder ein Paar beschrieben, das sich gerade beim Tanzen kennengelernt hatte. Nach jedem Film wurden die Versuchspersonen gebeten, über ihre Reaktionen – Erektionen und Vaginalsekretionen – zu berichten. Die stärksten Reaktionen waren durchgehend bei den »Fremden« zu verzeichnen. [Fisher, Byrne]

Mehr oder weniger zufällig stießen drei Soziologinnen der University of Wisconsin auf ein Studienthema, nachdem sie als Einführung zum Thema ›Menschliche Sexualität‹ in einem Semester zwei sexuell erregende Filme gezeigt hatten. Der erste Film, *Soma Touch*, den die Professorinnen zeigten, handelte von männlicher Masturbation. Während das Licht aus war, konnten sie beobachten, daß Studenten vereinzelt den Vorführungsraum verließen, nicht aber Studentinnen. Das nächste Mal zeigten die Professorinnen den Film *Susan*, in dem die Masturbation von Frauen dargestellt wurde. Nach etwa der

Hälfte des Films verließ eine »Kolonne junger Frauen« den Raum, Männer waren hingegen nicht dabei.

Diese Reaktionen gaben den Anstoß zu einer formaleren Studie über männliche und weibliche Reaktionen auf männliche und weibliche Masturbation und Homosexualität. Als erstes zeigten die Professorinnen die gleichen Filme, *Soma Touch* und *Susan*, einer anderen Gruppe von 58 Studenten und Studentinnen und erfaßten auf der Grundlage zweier Meßtabellen deren Reaktionen.

Anhand der ersten, der Byrne-Sheffield-Gefühlstabelle (Byrne-Sheffield Feeling Scale), konnten die Versuchspersonen aus einem Spektrum die Worte ankreuzen, die ihre Reaktionen auf die Filme am treffendsten beschrieben: *angeregt, belustigt, sexuell erregt, neugierig, befremdet, nicht gelangweilt, angeekelt, Brechreiz hervorgerufen, wütend, depressiv.*

Anhand der Griffitts Physiologischen Erregungstabelle (Griffitt's Physiological Arousal Scale) bewerteten die Versuchspersonen dann nach einer Skala von null bis sechs ihre spezifischen Reaktionen: bei Männern – »keine Erektion« (0) bis »Ejakulation« (6); bei Frauen – »keinerlei genitale Regungen« (0) bis »Orgasmus« (6). Darüber hinaus wurden sie gefragt: »Insgesamt, inwieweit waren Sie während des Films physisch angeregt oder physisch erregt?« und gebeten, entsprechende Antworten von »überhaupt nicht physisch angeregt« (1) bis »physisch sehr angeregt« (5) anzukreuzen. Als nächstes zeigten die Professorinnen als Einführung über die menschliche Sexualität einem anderen Semester, dieses Mal einer weitaus größeren Gruppe von 556 Studenten und Studentinnen, über den Zeitraum von zwei Wochen eine Reihe ausgesuchter Filme, um ein weiteres Spektrum von Stimulanzien oder Anti-Stimulanzien zu messen: *Vir Amat* über männliche Homosexuelle, die sich aktiv betätigten, und *Holding* über weibliche Homosexualität; *Auto-American Dreams* über männliche Masturbation und *Shirley* über weibliche Masturbation. Dann *Rich and Judy*, in dem zwei junge, attraktive Heterosexuelle die Hauptrollen spielten, und *A Ripple in Time*, der das heterosexuelle Liebesspiel einer 50jährigen Frau und eines 63jährigen Mannes zeigte.

Das Ergebnis der ersten zwei Filme, *Soma Touch* und *Susan*:

»Sowohl Männer als auch Frauen wurden sexuell erregt, wenn sie die sexuellen Aktivitäten andersgeschlechtlicher Personen beobachteten; beide fühlten sich etwas abgestoßen, wenn sie den sexuellen Aktivitäten gleichgeschlechtlicher Personen zuschauten... Die Reaktionen der Männer und Frauen auf die Masturbationsfilme waren Spiegelbilder.«

Die Reaktionen auf Homosexualität: »Männer fanden weibliche Homosexualität höchst erregend; männliche Homosexualität fanden sie in höchstem Maße anti-erregend. Die Reaktionen der Frauen waren ähnlich, aber weitaus weniger intensiv. [Hatfield, Sprecher, Traupmann]

Von dem zuvor Gesagten trifft praktisch nichts auf Sie zu. Die meisten dieser künstlichen erotischen Stimulanzien wie heiße Schlafzimmerszenen in Filmen langweilen Sie und stimulieren Sie sexuell ganz bestimmt nicht. Von einem Forscher gefragt, würden Sie gestehen, daß Sex, einschließlich Gedanken an Sex, zumindest leichte Schamgefühle, Gefühle der Unsauberkeit und ein gewisses Unbehagen in Ihnen weckt (Gefühle, die man auch als sexuelle Schuldgefühle bezeichnen könnte). Alles in allem glauben Sie weder, daß Sex sehr wichtig ist, noch, daß er soviel Spaß macht, wie andere vorgeben:

Vielleicht kennen Sie sich selbst nicht so gut – Ihre tatsächlichen meßbaren Reaktionen –, wie Sie glauben.

So stellte Dr. Patricia J. Morokoff von der Uniformed Services University of the Health Sciences, Bethesda, Maryland, unlängst im Rahmen ihrer Pionierstudie fest, daß eine Frau, die ein hohes Maß an sexuellen Schuldgefühlen aufweist (ermittelt anhand der Antworten auf die vielfältigsten Fragen einer von D. L. Mosher entwickelten Standardmeßtabelle von sexuellen Schuldgefühlen), von erotischen Videofilmen wahrscheinlich weniger als die meisten Frauen erregt wird. Erstmalig für derartige Studienzwecke brachte Dr. Morokoff jedoch eine relativ neue Technologie, die vaginale Photoplethysmographie, bei den Frauen zum Einsatz, die mittels spezieller Sensoren bei sexueller Erregung den gesteigerten Blutfluß zu den genitalen Regionen überwachen kann. Ein Instrument, das nach zahlreichen Studien inzwischen als präzises und zuverlässiges Gerät zu physiologischen Messungen sexueller Erregung bei Frauen akzeptiert ist. So macht die Technologie es denn erstmals möglich, den subjektiven Berichten der Frauen über ihre sexuelle Erregtheit deren physiologische Reaktionen zum Vergleich gegenüberzustellen.

Im Rahmen ihres Experimentes testete Dr. Morokoff 62 Frauen mit Blick auf negative Haltungen zu Sex und »sexuelle Schuldgefühle«. Die Gruppe wurde willkürlich geteilt; die eine Hälfte sollte sich einen erotischen Videofilm, die andere einen nichterotischen Film anschauen. Anschließend wurden alle Frauen gebeten, sich einer sexuellen Phantasie hinzugeben, diese aufzuschreiben und zum Schluß den Grad ihrer sexuellen Erregung zu bewerten. Während der ganzen Zeit wurden mittels der vaginalen Photoplethysmographie kontinuierlich Messungen durchgeführt.

Natürlich berichteten die Frauen, bei denen ein hohes Maß an »sexuellen Schuldgefühlen« ermittelt worden war, von einer geringeren Erregung als die Frauen, die kaum sexuelle Schuldgefühle hatten. Demgegenüber zeigten jedoch die *physiologischen* Messungen bei diesen mit starken sexuellen Schuldgefühlen behafteten Frauen, trotz Leugnens ihrer Gefühle, eine weitaus stärkere Erregung als bei den Frauen, die nur geringe sexuelle Schuldgefühle hatten. Diejenigen Frauen, die die ausgeprägtesten sexuellen Schuldgefühle äußerten, weigerten sich, die Videofilme anzuschauen und die physiologischen Messungen der Erregung durchführen zu lassen, erklärten sich aber bereit, die Fragebögen über ihre sexuellen Erfahrungen und Haltungen auszufüllen. Im Vergleich zu den übrigen Teilnehmerinnen verfügten sie insgesamt über erheblich weniger Erfahrungen. [Morokoff]

Sie fühlen sich von den Praktiken des »Swinging« (wechselnde Sexpartner) abgestoßen und können sich kaum vorstellen, jemals mit einem Swinger in sexuellen, moralischen oder gesellschaftlichen Fragen einer Meinung zu sein:

Swinger erscheinen Ihnen möglicherweise als so abartig, daß »praktisch alles an (ihnen) befremdlich oder unmoralisch wird«. Diese These exakt wollte Richard J. Jenks, Soziologe an der Indiana University Southeast, auf den Prüfstand bringen. Er rekrutierte 134 Männer und Frauen (größtenteils weiße

Collegestudenten und -studentinnen), die Swinging, wie sie sagten, ablehnten, und bat sie, auf der Grundlage eines Fragebogens ihre Vorstellungen von Swingern zu beschreiben: deren Durchschnittsalter, Einkommen und andere demographische Details, einschließlich einer Einschätzung deren Drogenkonsums. Darüber hinaus sollten sie ihre eigene Meinung zu Prostitution, Homosexualität und einer Vielzahl kontroverser sozialer Fragen äußern – und die von ihnen bei Swingern vermuteten Meinungen zu den gleichen Fragen einschätzen.

In der Folge machte Jenks – bei einem Swingertreffen und unter der Leserschaft eines Swingermagazins – 342 erklärte Swinger ausfindig und händigte ihnen einen korrespondierenden Fragebogen aus.

Sofern Sie zu den typischen, von der Studie befragten Nichtswingern gehören, glauben Sie, daß es sich bei »einem großen Prozentsatz« der Swinger um Nichtweiße handelt. Von den Swingern, die Jenks antworteten, waren 93 Prozent Weiße. Sie gehörten zudem überwiegend der Mittelschicht an und verfügten über eine durchaus gute Bildung.

Typisch auch für die Haltung der Nichtswinger, daß sie den Konsum von Alkohol, Marihuana und »harten Drogen« bei Swingern drastisch überschätzten. Überschätzt wurde ebenso deren moralische Akzeptanz von Prostitution, Homosexualität und vorehelicher Sexualität. Bei anderen wichtigen sozialen Fragen konnten *keine gravierenden Meinungsunterschiede* zwischen Swingern und Nichtswingern festgestellt werden – mit einer Ausnahme: Swinger bejahten Swinging, und Nichtswinger nicht. [Jenks]

Sie sind Stammkunde eines Massagesalons:

Wenn Sie dem typischen Bild des Mannes der 183 Stammkunden eines Massagesalons in Illinois entsprechen, die für diese Studie interviewt wurden, sind Sie fünfunddreißig Jahre alt und weiß, mit etwas Collegebildung und einem Unter- oder Mittelschichtjob. Sie haben ein relativ hohes Selbstwertgefühl, gehen sonntags zur Kirche und leben nicht in der Stadt, in der der Massagesalon ist. Sie betrachten sich als sexuell und persönlich angepaßt, haben eine liberale Einstellung, sind der Frauenbewegung gegenüber aufgeschlossen, und die Massage bringt Sie zum Orgasmus. [Simpson, Schill]

Kapitel 3

Ihre innersten Geheimnisse

Ihre intimsten Gedanken

Die menschliche Verhaltensforschung lernt einfach durch Beobachtung eine Menge über unsere Verhaltensweisen. Meinungsforscher erfahren unsere Meinungen zumeist, indem sie uns ansprechen. Aber wie kann jemand herausfinden, was wir insgeheim, in unseren intimsten Augenblicken *denken*? Man kann nur Fragen formulieren und diese so stellen, daß sie uns nicht automatisch in die Defensive treiben – in der Hoffnung, daß unsere Antwort so etwas wie die Wahrheit ist. Die richtigen Fragen zu stellen, ist eine Kunst, die die Neugier der Forscher der menschlichen Natur bisher aber nicht davon abzuhalten vermochte, in den finstersten Ecken unseres abgeschirmtesten Ichs zu graben.

Finden Sie sich selbst

Sie scheuen keine Mühe, um Entscheidungen auszuweichen:

Dieser Forscher, ein Princeton-Philosoph, gab diesem weitverbreiteten Hang einen Namen: *Decidophobie*. Er beobachtete, daß Sie sich wahrscheinlich eine oder mehrere von zehn möglichen Grundstrategien zur Meidung von Entscheidungen zu eigen gemacht haben. Jede dieser Strategien baut auf *einer großen Entscheidung* auf, die dann viele zukünftigen Wahlmöglichkeiten automatisch »mit abdeckt«. »Die beliebteste von allen, eine, die dann oft die totale Lösung bedeutet«, meint er, ist die Ehe – »fast ähnlich einer Lobotomie.« Andere strategische Wege, hinter denen man sich vor Entscheidungen verbarrikadieren kann, sind die Religion, ein ungebundenes, sinnloses Sich-Treibenlassen, ein verbindliches Engagement (sich etwa einer Bewegung anschließen oder für eine Sache eintreten), sich einer Philosophie unterwerfen, Interpretationen und Erklärungen mit Absolutheitsanspruch wie etwa wörtliche Bibelinterpretationen oder Manichäismus (ein altes Religionsverständnis, aufbauend auf den widerstreitenden Prinzipien von Gut und Böse, beispielsweise Gott versus Satan, Geist versus Fleisch). Die beiden letztgenannten philosophischen Standpunkte helfen, möglichst einfache Denkstrukturen zu wahren und so Entscheidungen zu meiden, die im Umgang mit der Komplexität der Widersprüche und den Unwägbarkeiten des täglichen Lebens eigentlich unabdingbar sind. [Kaufmann]

Sie sind ein Teenager:

Die Ängste, von denen Sie sich am meisten in Ihrem Leben gejagt fühlen, haben wahrscheinlich nichts mit den an Sie geknüpften Erwartungen Ihrer Eltern zu tun. Im Rahmen dieser Studie wurden die Geschehnisse ermittelt, die Sie insgeheim am meisten fürchten, zumindest wenn Sie dem typischen Bild jener 27 Teenager (im Alter von dreizehn bis achtzehn Jahren) entsprechen, die in dem einkommensschwachen Crotona-Park-Mietshauskomplex der Bronx wohnen und 1983 für diese Studie interviewt wurden. (Zu beachten ist die besondere gesellschaftliche Gruppe der Teenager. Eine repräsentative Vergleichsstudie von Teenagern im allgemeinen wurde nicht erstellt.)

Wenn Sie ein Junge sind, sind Ihre schlimmsten Ängste in der Reihenfolge ihrer Gewichtung:

- ins Gefängnis zu kommen;
- in der Schule nicht versetzt zu werden;
- ein Mädchen zu schwängern;
- von einem Mädchen abgelehnt zu werden, an dem Sie interessiert sind.

Wenn Sie ein Mädchen sind, sind Ihre schlimmsten Ängste:

- daß Ihre Eltern sterben;
- schwanger zu werden;
- in der Schule zu versagen.

Was bei Jungen im Teenageralter das größte Unbehagen hervorruft, ist, in Gesellschaft älterer männlicher Homosexueller zu sein.

Das Unangenehmste für Mädchen ist, mit einem Elternteil oder beiden über Sexualität zu sprechen. Unbehagen empfinden Mädchen auch oft, wenn Freunde oder Freundinnen mit ihnen zusammen sind, die Marihuana rauchen oder andere Drogen nehmen.

Sowohl Mädchen als auch Jungen fürchten mehr den Tod ihrer Eltern als ihren eigenen.

Gefragt, was sie am wenigsten mochten, nannten Mädchen oft das Aufwachen am Morgen. Bei Jungen war dies, nicht genügend Geld zu haben. [Beale, Baskin]

Sie sind beruflich außerordentlich erfolgreich:

Schon bald nachdem Ihr Erfolg erkennbar wurde, fürchteten Sie insgeheim, zumindest wenn Sie so wie ganze 70 Prozent der Supererfolgreichen sind, daß Sie so etwas wie ein Betrüger, Schwindler, Hochstapler wären – und Sie konnten die Angst nicht abschütteln, als solcher entlarvt zu werden.

Seltsam? Nun: Ganz gleich, wie lange Sie nahe oder an der Spitze sind, mit 40prozentiger Wahrscheinlichkeit werden Sie *noch immer* von diesen Ängsten gejagt.

»Trotz guter Noten, Zertifikaten, Auszeichnungen, Belohnungen oder Beförderungen«, sagt Dr. Joan Harvey, Psychologin an der University of Pennsylvania Medical School, »können die Opfer des Hochstaplerphänomens nicht von der Überzeugung ablassen, sie seien weniger qualifiziert als ihre Kollegen und Kolleginnen, und leiden unter der Furcht, dies könne erkannt werden.« Konfrontiert mit einer neuen Herausforderung, seien diese Gefühle normal, meint sie, sie schwänden für gewöhnlich aber in dem Zuge, wie man die mit dem neuen Status verbundenen Aufgaben meistere. So ist, zum Beispiel, einer vorhergehenden Studie zufolge bei Studenten des ersten Semesters das Gefühl weitverbreitet, sie hätten den Umstand, es bis dahin geschafft zu haben, Schwindeleien oder Glück zu verdanken; sie lernten es dann jedoch später, dies eher als selbst erarbeitet und verdient zu empfinden. Dem Gefühl des Was-tue-ich-hier-eigentlich begegnete Dr. Harvey oft bei jungen Anstalts- und Krankenhausärzten während ihres ersten Berufsjahres, in dem sie eigenverantwortlich, ohne Aufsicht tätig waren.

Das Beeindruckende an Dr. Harveys Untersuchungsergebnissen sind jedoch nicht ihre Erkenntnisse über die Anfänger, sondern die erfolgreichen, oft berühmten Personen, die sich insgeheim während ihrer ganzen Karriere als Schwindler betrachten. Je mehr diese von Selbstzweifeln geplagten Supererfolgreichen erreichen, desto mehr schreiben sie jeden neuen Erfolg insgeheim einem glücklichen Zufall oder außerordentlichen Anstrengungen statt besonderen Qualifikationen zu oder sehen ihn gar nur als das Ergebnis guten Aussehens oder Charmes, nicht aber ihrer Fähigkeiten. So verstärkt und vertieft der Erfolg, der stets als im *Kontrast* zum natürlichen Können stehend empfunden wird, Selbstzweifel, statt zum Selbstvertrauen beizutragen. Dennoch zeigen Dr. Harveys Untersuchungen, daß es diesen Selbstzweiflern für gewöhnlich keineswegs an einem allgemeinen Selbstwertgefühl mangelt. Mangelnde Fähigkeiten – und ihr »Schwindeln« – sind eine Frage, die sie ausschließlich mit ebenjener beruflichen Aktivität in Verbindung bringen, die ihnen ihren Erfolg beschied.

Besonders anfällig für derartige Gefühle sind die Arrivierten der ersten Generation. »Wenn Personen das Gefühl haben, sie hätten sich von ihren eigenen Wurzeln entfernt«, erklärte Dr. Harvey in einem *New York Times*-Interview, »... setzen sie ihren Erfolg unbewußt mit einem Betrug an der Loyalität gegenüber ihrer Familie gleich.«

Besonders gefährdet, in diese »Hochstapler«-Falle zu geraten, sind Dr. Harvey zufolge folgende Personengruppen:

– Arbeitssüchtige, die normalerweise so sehr unter Versagerängsten leiden, daß sie jede neue Aufgabe zu einer Frage von Leben oder Tod machen, um dann anschließend zu sagen: »Was für eine Arbeit war das! Ich mußte mich fast umbringen, um es zu schaffen.« Nur selten geben sie sich die Chance zu versuchen, ob sie auch, im Vertrauen auf ihre eigenen Fähigkeiten, mit einem normalen Maß des Sich-Mühe-Gebens über die Runden gekommen wären.
– Personen, die, ständig getrieben von der Vorstellung zu ver-

sagen, sich fortwährend extreme Sorgen machen. Da sie in Regel erfolgreich sind, verstärken sie mit jedem Mal durch diese Kombination ihre Sicht der Dinge, wonach Sorgen und Erfolg im wesentlichen untrennbar mit einander verbunden sind.
– Charmeure, die so sehr an ihrer wahren Kompetenz zweifeln, daß sie ihren Vorgesetzten unentwegt schmeicheln, um dann, natürlich, wenn ihnen der gewohnte Erfolg beschieden ist, sich selbst ob ihres verschlagenen sozialen Geschicks »bezichtigen« zu können. [Harvey]

Sie denken oft, wenn Sie irgendwo entlanggehen, an nichts Bestimmtes – oder glauben das zumindest:

Wenn Sie auf der Straße von einem Forscher angehalten werden, der Sie fragt, worüber Sie in den letzten fünf Minuten nachdachten...

... ist die Wahrscheinlichkeit doppelt so hoch, daß Sie sagen, Sie hätten über Religion statt über Sex nachgedacht.
... ist die Wahrscheinlichkeit sechsmal höher, wenn Sie jung als wenn Sie älter sind, daß Sie sagen, sie hätten an Sex gedacht.
... ist die Wahrscheinlichkeit doppelt so hoch, wenn Sie älter als wenn Sie ein junger erwachsener Mensch sind, daß Sie sagen, Sie hätten über den Tod nachgedacht. [Cameron]

... und wenn der Forscher Ihnen in einer schmucken Einkaufsstraße begegnet, ist es wahrscheinlicher, daß Sie behaupten, sie wären mit der unmittelbaren Szene statt mit irgendeinem anderen Thema beschäftigt. Die nächst wahrscheinlichen Themen sind: Arbeit, dann Liebe.
... und wenn er in einer gewöhnlichen Einkaufsstraße auf Sie trifft, ist es wahrscheinlicher, daß Sie – in der Reihenfolge der Nennung – vorgeben, an Geld, materielle Dinge, Zukunftspläne und Liebe gedacht zu haben.
... und wenn Sie eine Frau sind, die sich in einer dieser beiden Straßen aufhält, geben Sie eher als ein Mann an, an Ihre Arbeit gedacht zu haben. [Shaw, Francois, Filler, Sciarillo]

Im Rahmen der Cameron-Studie waren 3416 Personen in fünf Großstädten gefragt worden, was ihnen in den letzten fünf Minuten durch den Kopf gegangen sei.

Bei der zweiten Studie (Shaw) waren 187 Personen auf zwei New Yorker Straßen gebeten worden, die Gedanken aufzuschreiben, die sie gerade gehabt hatten. Dabei handelte es sich einmal um die Prachtstraßen New Yorks, 57th Street und Fifth Avenue, und zum anderen um eine weniger exklusive Gegend (Union Square).

Kann man sich wirklich darauf verlassen, daß diese Personen wahrheitsgetreue Antworten auf derart intime Fragen geben, nur weil ein völlig Fremder behauptet, eine Umfrage zu machen? Vielleicht nicht. Um dem Rechnung zu tragen, wurden denn auch bewußt die Ergebnisse der Umfrage so formuliert, daß die Befragten *sagten* oder *behaupteten,...* gedacht zu haben. Ebenso wurden die Orte genannt, um mögliche Implikationen in bezug auf die »Wahrheitsliebe« schichtenspezifischer Aspekte zu berücksichtigen.

Sie glauben, oft an Ihre Gesundheit zu denken:

Das tun Sie mit Sicherheit (glauben Sie). Von den 25000 Zeitschriftenlesern im Alter von 14 bis 87 Jahren, zwei Drittel davon Frauen, gaben ganze 42 Prozent derjenigen, die auf die Umfrage antworteten, an, daß sie häufiger an ihre Gesundheit als an irgendein anderes Thema dächten – sei es Liebe, Arbeit und Geld.

Jenseits des Punktes, wieviel Sie an Ihre Gesundheit denken, neigen Sie dazu, sich, wenn Sie jung sind, weniger gesund als die meisten älteren Menschen zu *fühlen*.

Zudem fühlt sich ein Erwachsener, der vor Erreichen seines siebzehnten Lebensjahres eine traumatische Erfahrung sexuellen Mißbrauchs machte, wahrscheinlich weniger gesund als die meisten anderen Erwachsenen. Außerdem wird er häufiger und länger als die meisten anderen krankheitsbedingt aus dem Verkehr gezogen.

Wenn Sie ein Mann sind, der einst in einer High-School- oder College-Mannschaft spielte, fühlen Sie sich – und sind – wahrscheinlich höchst gesund. Diese Korrelation konnte bei Frauen nicht festgestellt werden.

Gut möglich, mit einer Chance von eins zu fünf, daß Sie glauben, über hundert Jahre alt zu werden. Sollten Sie nicht zu diesen herausragenden Optimisten gehören, so gibt es dennoch die weitere Chance von eins zu fünf, daß Sie glauben, mindestens Ihr 86. Lebensjahr zu erreichen.

Wenn Sie eine Frau sind, ist mit ziemlicher Wahrscheinlichkeit (zwei zu drei) davon auszugehen, daß Sie gegenüber einem Freund oder Verwandten schon einmal äußerten, man möge Sie im Ernstfall lieber sterben lassen, als mit irgendeiner Maschine künstlich am Leben erhalten. Sofern Sie ein Mann sind, stehen die Chancen 50 : 50, daß Sie diesen Wunsch schon einmal äußerten. [*Psychology Today*]

Was intime Gedanken angeht, so gibt es einige, von denen Sie wünschten, Ihre Mitmenschen würden sie für sich behalten:

Dazu zählt alles, was mit Menstruation zu tun hat.

Etwa einer von drei Amerikanern ist der Auffassung, daß der Menstruationszyklus der Frau ein unpassendes Gesprächsthema im Büro oder bei gesellschaftlichen Anlässen ist. Rund zwei Drittel sind der Meinung, daß eine Frau weder an ihrem Arbeitsplatz noch in gesellschaftlichen Situationen erwähnen sollte, daß sie ihre Periode hat. Entsprechend tabu ist auch, daß sie erkennen läßt, daß sie Krämpfe oder Beschwerden hat, oder daß sie es hinnimmt, daß ihr, sichtbar für andere, Tampons oder Binden gereicht werden.

8 Prozent der Befragten – insgesamt 1034 Personen, die alle Altersgruppen ab 14 Jahren, sowohl Männer als auch Frauen, sowie alle ethnischen, bildungsspezifischen und ökonomischen Komponenten der Bevölkerung laut dem vom Tampon-Hersteller durchgeführten »Tampax Report« abdeckten – sagten, daß ihres Erachtens Frauen, die die Regel haben, Kontakte mit anderen meiden sollten.

»Es wird zwar allgemein die Ansicht vertreten, daß hier ein Aufklärungsbedarf besteht«, sagt Vera Milow, Vizepräsidentin, Bereich Information und Aufklärung, der Tampax Inc., »aber jeder glaubt, er sollte dieses Thema jemand anderem überlassen. Mütter schieben es oft auf, ihre Töchter aufzuklären. In den Lehrplänen der Schulen kommt es zwar vor, viele Lehrer wissen es aber zu vermeiden, dieses Thema tiefer zu behandeln.«

Obwohl Mütter sich nachweislich davor drücken, über die Menstruation zu sprechen, gaben 64 Prozent der befragten Frauen an, erstmals von ihren Müttern darüber aufgeklärt worden zu sein. Hier waren jedoch deutliche Verschiebungen erkennbar. So war es bei Frauen unter zweiundzwanzig Jahren wahrscheinlicher als bei älteren, daß sie hierüber von ihren Lehrern aufgeklärt worden waren. Nur eine von hundert gab an, von einem Gesundheitsexperten informiert worden zu sein. Im Gegensatz dazu war es bei Männern wahrscheinlicher (31 Prozent), daß sie von der Menstruation durch Freunde erfahren hatten, was dann wohl mit »auf der Straße« übersetzt werden kann; 21 Prozent wurden hierüber in der Schule und in etwa die gleiche Zahl von ihren Müttern aufgeklärt.

Was ist nur aus der einst starken Opposition gegen die Sexualaufklärung in den Schulen geworden? Nur 9 Prozent der Befragten sprachen sich gegen die Behandlung des Themas ›Menstruation‹ im Unterricht aus. 25 Prozent legten jedoch Wert darauf, daß dieses Thema nicht in gemischten Klassen behandelt werden sollte.

Das Tabu nimmt zwar ab, ist aber nicht vollends verschwunden. Von den Frauen über fünfunddreißig sagten erstaunliche 39 Prozent, sie hätten nicht gewußt, was ihnen widerfahre, als sie das erste Mal menstruierten. Selbst von den unter Fünfunddreißigjährigen wußten ganze 19 Prozent nicht, wie ihnen geschah. Mehr als zwei von fünf Frauen – 43 Prozent – äußerten, sie hätten Angst oder Panik empfunden, seien verwirrt gewesen oder hätten sich krank gefühlt.

Und was ist zu dem emotionsgeladenen Thema, ob Frauen um die Zeit ihrer Periode emotionaler werden, zu sagen? Ein, nicht erwartetes, Ergebnis der Umfrage war die in dieser Frage weitgehende Meinungsübereinstimmung zwischen Männern und Frauen, daß Frauen, ja, emotionaler würden: 85 Prozent der Frauen waren dieser Auffassung und 89 Prozent der Männer. [Tampax]

Sie haben soeben eine öffentliche Toilette benutzt:

Und Ihr erster Gedanke ist, natürlich, sich die Hände zu waschen, richtig?

Das stimmt dann sicherlich, wenn noch eine andere Person

zugegen ist, die Sie beobachten könnte. Es ist allerdings höchst unwahrscheinlich, daß Sie diesen Gedanken haben, wenn niemand dabei ist.

Ein Psychologe der Brigham Young University ließ 39 Benutzerinnen einer Damentoilette beobachten. (Eine Vergleichsstudie über Männer wurde nicht durchgeführt.) Bei zwanzig der Besucherinnen gab seine Mitarbeiterin ihre Anwesenheit offen zu erkennen, indem sie sich beispielsweise die Haare kämmte. Sobald sie aus ihrer Toilettenkabine herauskamen, wuschen sich achtzehn dieser zwanzig Frauen ordnungsgemäß die Hände. Bei den übrigen neunzehn hielt sich die Mitarbeiterin in einer Kabine, an die sie ein Schild »Außer Betrieb« gehängt hatte, mit hochgezogenen Beinen, um nicht gesehen zu werden, versteckt. Jedesmal, wenn Wasser am Waschbekken laufengelassen wurde, zählte sie als Händewaschen. Von diesen neunzehn Toilettenbenutzerinnen (die sich allein wähnten) blieben nur noch drei, die sich die Hände wuschen. [Pedersen]

Auf den Damentoiletten an den Hochschulen einer Großstadt trifft man in der Regel auf siebenmal mehr Graffiti als auf den Herrentoiletten. Das ist das verblüffende Ergebnis einer Untersuchung von jeweils zwei Damen- und zwei Herrentoiletten an vier großen Schulen in Cincinnati, die aufgrund ihrer jeweils gegensätzlichen sozioökonomischen und ethnischen Zusammensetzung der Studenten ausgewählt worden waren. (Da an einigen Schulen die Wände der Toilettenräumlichkeiten oft gereinigt wurden, um unzulässige Schmierereien zu beseitigen, hatten die Forscher für die Dauer von drei Wochen, die dann auch der Stichtag für den Graffiti-Vergleich waren, einen einstweiligen Stopp dieser Säuberungsmaßnahmen veranlaßt.)

Und was schreiben die Studenten und Studentinnen? Die Forscher teilten die Niederschriften in sechzehn Kategorien ein – unter anderem: rassistische Beschimpfungen, sexuelle Unflätigkeiten, sexuelle Witze, sexuelle Aufforderungen, Obszönitäten, romantische, politische, auf Drogen bezogene, religiöse und moralische Bemerkungen – und kamen zu folgendem Ergebnis:

Die Niederschriften junger Frauen hatten vorrangig einen romantischen Inhalt (»Mary loves John«), was sie aber auf die

Wände schmierten, variierte erheblich, abhängig von der sozialen Zusammensetzung der Studentenschaft einer Schule. Je »klassischer« die Schule, desto größer die Wahrscheinlichkeit, daß die erotischen Inhalte gegenüber den romantischen überwogen.

Die männlichen Graffiti waren demgegenüber zu 86 Prozent sexuellen oder erotischen Inhalts, ungeachtet irgendwelcher Schichtenzugehörigkeiten.

An Schulen, die rassisch wie auch vor dem Hintergrund des Einkommens und Bildungsniveaus der Eltern am gemischtesten waren, wurden doppelt so viele Graffiti wie an homogener strukturierten Schulen – mit beispielsweise mehrheitlich Armen und Schwarzen oder Reichen und Weißen – produziert. Bei einem abschließenden Vergleich der mehrheitlich weißen und mehrheitlich schwarzen Schulen traten kaum oder keinerlei Unterschiede zutage, weder mit Blick auf die Quantität der Graffiti noch in bezug auf deren Inhalte. [Wales, Brewer]

Und wie sieht es in den Toilettenräumlichkeiten eines Colleges aus? Eine »inhaltliche Analyse« der Graffiti auf den Damen- und Herrentoiletten der University of Cincinnati erbrachte, daß der »Großteil der Frauenniederschriften« Ratschläge über die Liebe, das Leben, die Ehe und das Glück beinhaltete. Die Männer schienen demgegenüber eher eine Vorliebe für erotische Sprüche oder Kommentare über Politik und »Konkurrenzprobleme« zu haben. [Loewenstine, Ponticos, Paludi]

Sie lesen Buchrezensionen:

Sie neigen dazu, einen Kritiker, der eine negative Buchrezension schreibt, für intelligenter, kompetenter und fachkundiger als jemanden zu halten, der eine positive Rezension verfaßt – das ist zumindest der Fall, wenn Sie den an dieser Studie beteiligten Studenten der Brandeis University gleichen. Gleichzeitig beurteilen Sie den negativen Rezensenten als erheblich weniger liebenswert als den positiven Kritiker. [Amabile]

Ihre verborgensten Gedanken über das Altern

Als Erwachsener werden Sie von jemandem gefragt, für wie alt Sie sich selbst nach eigenem Empfinden halten:

Sie nennen wahrscheinlich ein Alter, wonach Sie fünf bis sieben Jahre jünger sind, als Sie tatsächlich sind. Dem wird so sein, bis Sie sich dem Rentenalter nähern oder darüber hinaus sind; dann kann die Diskrepanz sogar so weit gehen, daß Sie im Vergleich zu Ihrem tatsächlichen Alter nach eigenem Empfinden bis zu fünfzehn Jahre jünger sind. [Cadwell Davis]

Sie werden als Erwachsener gefragt, wie alt Sie sich fühlen:

Sie antworten aller Wahrscheinlichkeit nach, daß Sie sich so zwischen dreißig und fünfunddreißig fühlen. Sagen Sie, daß Sie sich im Vergleich zu Ihrem tatsächlichen Alter älter fühlen, so sind Sie wahrscheinlich unter dreißig oder, was aber etwas weniger wahrscheinlich ist, über sechzig. [Cadwell Davis]

Sie sind Rentner/in und fühlen sich älter, als Sie tatsächlich sind:

In diesem Fall ist die Wahrscheinlichkeit größer, daß Sie ein Mann als eine Frau sind. [Cadwell Davis]

Sie sind eine Frau, und die Vorstellung, daß Sie wesentlich jünger als tatsächlich sind, ist ein mehr oder weniger fester Bestandteil Ihrer Phantasiewelt:

Damit verbunden ist wahrscheinlich ein hohes Maß an Streßgefühlen, insbesondere wenn sie unverkennbare Zeichen Ihres Alterns erkennen. [Rossi]

Sie sorgen sich manchmal, wie Ihr Leben mit siebzig sein wird:

Hören Sie auf, sich Sorgen zu machen. Schauen Sie sich einfach an, wie es mit dreißig war (sein wird oder ist). An Ihrem Verhalten – und Ihren Gefühlen – wird sich wahrscheinlich kaum etwas ändern. Das ist das Ergebnis einer Studie, in deren

Rahmen 1928 142 der Mittelschicht angehörige Einwohner San Franciscos erstmalig befragt und die dann 1968/69 nochmals ausfindig gemacht und befragt worden waren. Diejenigen, die von diesen nochmals befragten, nunmehr gealterten Personen am kränksten waren, waren in der Regel auch identisch mit denjenigen, die sich mit dreißig am meisten über ihre Gesundheit gesorgt und am meisten darüber gesprochen hatten. Die älteren Frauen, die mit dreißig am depressivsten, ängstlichsten, mit den stärksten Selbstzweifeln Behafteten und am wenigsten aktiv gewesen waren, waren jetzt auch diejenigen, die am depressivsten, ängstlichsten, mit den stärksten Selbstzweifeln Behafteten und am wenigsten aktiv waren. Die mit siebzig glücklichsten und aktivsten Männer und Frauen waren gleichzeitig identisch mit denjenigen, die auch mit dreißig glücklich und aktiv gewesen waren. [Maas, Kuypers]

Sie haben manchmal Angst, daß Altwerden bedeute, Sie würden als Persönlichkeit in der eintönigen großen Masse der anderen älteren Menschen untergehen:

Sie irren sich wahrscheinlich. Mit zunehmendem Alter nimmt auch die Komplexität und Distinguiertheit der Persönlichkeit eher zu, als daß sie farbloser und »eintöniger« wird. [Maas, Kuypers]

Sie sind über fünfundsechzig und haben das Gefühl, arm zu sein:

Höchst wahrscheinlich machen Sie sich etwas vor. Zumindest sehen Forscher den Hauptgrund, daß Sie sich arm fühlen, darin, daß Ihr aktuelles Einkommen etwas geringer als während der Hochphase Ihrer Verdienstmöglichkeiten ist und Sie sich schwertun, nun den Gürtel vermeintlich etwas enger schnallen zu müssen. Das Durchschnittseinkommen der über Fünfundsechzigjährigen liegt jedoch bei 92 Prozent des Durchschnittseinkommens der Gesamtbevölkerung und entspricht damit dem Durchschnittseinkommen der Fünfundzwanzig- bis Vierundvierzigjährigen. (Jene jüngeren Menschen sind tatsächlich sogar ärmer, weil sie Hypotheken für ihr Haus abzuzahlen und ganze Familien zu ernähren haben.) [Davis, van den Oever]

Sie sind Witwe, deren erwachsene Kinder aus dem Haus sind:

Sofern die Familie im Mittelpunkt Ihres Lebens stand, ist davon auszugehen, daß Sie ein geringes Maß an Befriedigung aus Ihrem Leben erfuhren – und wahrscheinlich Phasen länger anhaltender Depressionen hinter sich haben. Wenn Sie demgegenüber berufstätig waren und Ihre gesellschaftlichen Kontakte pflegten, war die durch den Verlust von Mann und Kindern bedingte Depression wesentlich kürzer. [Maas, Kuypers]

Sie sind älter und stehen vor der Entscheidung,
wo Sie Ihren Lebensabend verbringen:

Vor die freie Wahl gestellt, ist es am wenigsten wahrscheinlich, daß Sie sich für ein Hochhaus-Altenghetto entscheiden. [Maas, Kuypers]

Sie sind älter, und Ihre erwachsenen Kinder besuchen Sie:

Sie wünschen sich eher, sie gingen früher nach Hause, wenn Sie verwitwet sind, als wenn Sie nach wie vor verheiratet wären. [Davidson, Cotter]

Sie sind älter und nicht sehr glücklich und führen den Grund darauf zurück, daß Ihre Kinder Sie vernachlässigen:

Sie haben wahrscheinlich unrecht. Der einzige Faktor, der mit dem Gefühl des Wohlbefindens bei älteren Menschen korreliert, ist offenbar die Zahl der Freunde, die sie haben, und nicht die Zuwendung ihrer Söhne und Töchter. Mehreren Studien zufolge macht es dabei keinen Unterschied, ob die Betroffenen verheiratet oder verwitwet sind. [Davidson, Cotter]

»Laß jeden den sein, der er ist,
so bleibst auch du, der du bist.«

Sprichwort

»Ach, wär uns doch die Gabe gegeben,
Uns so zu sehn, wie andre uns sehen!«

Robert Burns (1756–1796),
An eine Laus, in: Liebe und Freiheit

Ihr Selbst-Gefühl

W. H. Auden gestand einst, daß sein Selbstbild sich insgeheim sehr von dem Bild unterschied, daß er in den Köpfen anderer zu schaffen versuchte, um von ihnen geliebt zu werden.

Auden wußte sehr wohl, daß er dieses »Geheimnis« im Grunde mit jedem anderen Menschen teilte. »In einem gewissen Sinne sind wir wie Schauspieler auf einer Bühne, die vor unterschiedlichem Publikum unterschiedliche Rollen spielen«, sagt Steven Penrod, Sozialpsychologe an der University of Wisconsin.

Bereits 1890 kam William James uns auf die Schliche, wie wir versuchen, die Welt zu überzeugen, uns so zu sehen, wie wir gesehen werden möchten. Nach seiner Definition ging das »Selbstbild« über den eigenen Körper hinaus und schloß den individuellen Besitz, die Reputation, Familie und soziale Beziehungen mit ein. Entsprechend dividierte er das »Selbst« in drei Kategorien:

1. Das materielle Selbst: die physische Person.
2. Das soziale Selbst: die von anderen wahrgenommene Identität. Eine Person habe, schrieb James, so viele soziale Selbst wie es Individuen gebe, die sie kennten und ein Bild von ihr in ihren Köpfen hätten: das Selbst, das zur Schule geht oder dort lehrt; das Selbst, das tanzen geht oder das Familienoberhaupt ist; das Selbst, das der Sprößling von Eltern ist oder das selbst Elternteil von Sprößlingen ist – und viele andere mehr. In jeder Rolle verändert sich das soziale Selbst.
3. Das spirituelle Selbst: der innere Kern der Identität, einschließlich der individuellen Ziele, Ambitionen und Überzeugungen.

Ein anderer Experte, R. H. Turner, meinte, um uns selbst und andere verstehen zu können, sei es notwendig, das »Selbst« noch in anderer Hinsicht zu dividieren. So zog er eine starke Trennungslinie zwischen dem *Selbstbild* und dem *Selbstkonzept*. Das Selbstbild, wie es Audens Theorie entspricht, verändert sich opportunistisch, wobei das eine oft gegen ein anderes ausgetauscht wird. Wir können sogar mehrere Selbstbilder gleichzeitig haben. Demgegenüber versteht Turner unter Selbstkonzept das Bild, das eine Person von ihrem »wirklichen Ich« hat. Es ist das in unserem tiefsten Innern wurzelnde Bild von dem, wer wir sind, und das relativ stabil bleibt. Roger W. Brown bezeichnet in seinem Buch *Social Psychology* dieses Selbstkonzept als die »Theorie des eigenen Lebens«.

1922 verhalf C. H. Cooley uns aus einer Mischung des James'schen *sozialen Selbst* und Turners *Selbstkonzept* zu einem neuen Verständnis mit historischem Charakter. Er definierte das Selbstkonzept als eine Reflexion, wie wir *glauben*, daß andere uns wahrnehmen und sehen. Dieser *Glaube*, ob zutreffend oder nicht, hat seines Erachtens tiefgreifenden Einfluß auf unser Selbstverständnis, wer wir sind. Cooley prägte den Begriff des »Spiegelselbst«, das seiner Theorie zufolge durch drei Elemente geformt wird:

1. Was wir denken, wie wir anderen erscheinen.
2. Was wir denken, wie andere diese Erscheinung beurteilen.
3. Was wir mit Blick auf das von uns vermutete Urteil fühlen.

Den vermeintlich letzten Schritt vollzog dann 1934 G. H. Mead in seinem Buch *Geist, Identität und Gesellschaft*. Er behauptet, daß mit dem Erkennungsprozeß, wie andere uns wahrnehmen, unser »Spiegelselbst« oder Selbstkonzept zu einem dauerhaft gerahmten Selbst-Porträt wird. Wir neigen dazu, das zu werden, was *wir* denken, *sie* dächten, daß wir es sind.

Das zuvor Gesagte wurde noch anders von Tom Wolfe in einem *New York Times*-Interview unmittelbar nach Veröffentlichung seines Romans über die Komplexitäten des Lebens in New York, »Fegefeuer der Eitelkeiten«, formuliert: »Meine Überzeugung ist, daß das Umfeld, insbesondere in einer Großstadt – wohl überall, aber besonders in einer Großstadt –, sehr tiefgreifend die individuelle Psychologie einer Person bestimmt, und es wäre verrückt, die individuelle Psychologie verstehen zu wollen, ohne den vollständigen sozialen Kontext einer Person zu verstehen. Das Selbst ist unser Beziehungsgeflecht zu anderen Menschen. Und das versuche ich, in dem Roman verständlich zu machen.«

Diese faszinierenden Wahrnehmungen und Beobachtungen können nicht mit allzuvielen wissenschaftlichen Beweisen verifiziert werden. Es sind intuitive Theorien, die von herausragenden Vordenkern aufgestellt wurden. Einige Forscher versuchten, diese und jene Komponenten dieser Theorien »wissenschaftlich« zu verifizieren, und unternahmen einige Anstrengungen in dieser Richtung. Sie kamen aber nicht allzuweit, und was sie erreichten, war nicht allzu überzeugend. Das besagt nicht, daß die Theorien nicht fundiert und stichhaltig sind, sondern nur, daß sie sich statistischen Maßstäben widersetzen.

Derweil wir uns nun vielleicht sorgen, wie unser Verhalten von anderen aufgefaßt wird, definierte Mark Snyder von der University of Minnesota spezifische und höchst unterschiedliche Arten von Ängsten und Sensitivitäten, die offenkundig wesentlich dazu beitragen, uns zu der Person zu machen, die wir sind. Was wir tun, um das, wie wir bei unseren Mitmenschen »davonkommen«, zu *beobachten* und, wichtiger noch, zu *kontrollieren*, bezeichnete Snyder als *Selbstüberwachung*.

1972 publizierte Snyder seinen – wie er von vielen genannt wird – »Wer-bin-ich?«-Test, eine auf den ersten Blick denkbar einfach erscheinende Selbstüberwachungstabelle (Self-Monitoring Scale) mit insgesamt fünfundzwanzig Aussagen, die jeweils mit zutreffend oder nicht zutreffend zu bewerten sind. Von 1972 bis 1981 machten mehr als zehntausend Personen diesen Test. Identifiziert mit dem Test werden Persönlichkeitsstrukturen, die sich, wie Snyder es nennt, durch eine »extreme Selbstüberwachung« oder eine »geringe Selbstüberwachung« auszeichnen. Snyder und andere testeten in der Folge die Möglichkeiten – prognostizierbarer – kategorischer Vergleiche zwischen den als solche ermittelten, durch eine »extreme Selbstüberwachung« oder eine »geringe Selbstüberwachung« geprägten Persönlichkeiten – mit Erfolg, bei einem erstaunlich weitreichenden Spektrum von Verhaltensweisen und Meinungen, wie die nachfolgenden Studien zeigen.

Ehe Sie weiterlesen, haben Sie vielleicht Lust, Snyders sogenannten »Wer-bin-ich?«-Test zu machen. Entscheiden Sie bei jeder Aussage, ob diese in Ihrem Fall eher *richtig* oder *falsch* ist (und bewerten Sie jede einzelne Aussage entsprechend mit »R« oder »F«). Wie Sie Ihr Testergebnis ermitteln, finden Sie am Schluß dieses 25-Punkte-Katalogs.

Zu beachten ist, daß die vermeintliche Simplizität der Fragen nicht dazu verleiten sollte, diesen Test verächtlich mit den gemeinhin bekannten Sofort-Selbstanalysetests in gängigen Zeitschriften gleichzusetzen. Es handelt sich hierbei vielmehr um einen von einem bedeutenden Psychologen entwickelten und seitens seiner Kollegen akzeptierten Maßstab zur Ermittlung von Persönlichkeitsprofilen.

1. Es fällt mir schwer, das Verhalten anderer Personen zu imitieren.
2. Mein Verhalten ist normalerweise Ausdruck meiner wahren inneren Gefühle, Haltungen und Überzeugungen.
3. Bei Partys und gesellschaftlichen Zusammenkünften versuche ich nicht, Dinge zu tun und zu sagen, um anderen zu gefallen.
4. Ich kann argumentativ nur Ideen und Positionen verfechten, die meine eigenen sind.
5. Ich kann aus dem Stegreif Reden halten, selbst zu Themen, über die ich kaum informiert bin.
6. Vermutlich ziehe ich eine Show ab, um andere zu beeindrucken oder zu unterhalten.
7. Wenn ich in gesellschaftlichen Situationen unsicher bin, wie ich mich zu verhalten habe, orientiere ich mich am Verhalten anderer.
8. Ich würde wahrscheinlich einen guten Schauspieler abgeben.
9. Ich benötige selten den Rat von Freunden, um Filme, Bücher oder Musik auszuwählen.
10. Andere haben manchmal den Eindruck, daß Dinge mich tiefer bewegen, als es tatsächlich der Fall ist.
11. Über eine Komödie lache ich mehr, wenn ich mit anderen zusammen als wenn ich allein bin.

12. In einer Gruppe von Personen stehe ich selten im Mittelpunkt der Aufmerksamkeit.
13. In unterschiedlichen Situationen und in Gegenwart unterschiedlicher Personen agiere ich selbst oft wie höchst unterschiedliche Personen.
14. Ich bin nicht sonderlich gut, wenn es darum geht, die Zuneigung anderer zu gewinnen.
15. Auch wenn ich keinen Spaß habe, tue ich oft so, als ob es mir gut ginge.
16. Ich bin nicht immer die Person, als die ich erscheine.
17. Ich würde meine Meinung (oder meine Verhaltensweisen) nicht ändern, um jemandem zu gefallen oder jemandes Gunst zu gewinnen.
18. Ich habe mich gefragt, ob ich ein Entertainer bin.
19. Um über die Runden zu kommen und geliebt zu werden, neige ich mehr als alles andere dazu, so zu sein, wie andere es von mir erwarten.
20. Ich war noch nie gut bei Gesellschaftsspielen wie Scharade oder im improvisierten Schauspielern.
21. Es fällt mir schwer, mein Verhalten zu verändern, um mich unterschiedlichen Personen und unterschiedlichen Situationen anzupassen und ihnen gerecht zu werden.
22. Bei einer Party überlasse ich anderen das Witzemachen und Geschichtenerzählen.
23. Ich fühle mich in Gesellschaft etwas unbeholfen und linkisch und präsentiere mich nicht einmal annähernd so vorteilhaft, wie ich sollte.
24. Ich kann jedem offen in die Augen schauen und, ohne mit der Wimper zu zucken, lügen (wenn es um eine gute Sache geht).
25. Gelegentlich täusche ich andere, indem ich freundlich bin, wenn ich sie in Wirklichkeit nicht mag.

Zur Ermittlung Ihres Testergebnisses zählen Sie für jede als »falsch« bewertete Antwort zu den Aussagen 1, 2, 3, 4, 9, 12, 14, 17, 20, 21, 22 und 23 jeweils einen Punkt. Ebenso zählen Sie jeweils einen Punkt für jede als »richtig« bewertete Antwort zu den Aussagen 5, 6, 7, 8, 10, 11, 13, 15, 16, 18, 19, 24 und 25. Je höher die Punktzahl ist, die Sie erreichen, um so ausgeprägter ist Ihre Selbstüberwachung. Eine »extreme Selbstüberwachung« ist bei einem Punktwert von siebzehn und mehr erreicht; eine »geringe Selbstüberwachung« liegt vor, wenn nicht mehr als acht Punkte erreicht werden.

Durch eine extreme Selbstüberwachung geprägte Persönlichkeiten sind, so das Fazit Dr. Snyders, in gesellschaftlichen Konstellationen pragmatische, mitunter chamäleonhafte Schauspieler. Im Gegensatz dazu, sagt er, »ist es für Personen mit einer geringen Selbstüberwachung typisch, Situationen zu meiden, in denen sie gezwungen wären, etwas zu sein, was sie nicht sind«. Sie sind stets um Konsistenz zwischen ihrem innern und äußeren Selbst bemüht.

»Personen mit einer extremen Selbstüberwachung porträtieren sich mit den Rollen, die sie spielen. Typische Antworten sind etwa: ›Ich bin Student‹, ›Ich bin Postangestellter‹, ›Ich bin erster Violinist in einem Kammerorchester‹. Personen mit einer geringen Selbstüberwachung verwenden demgegenüber verstärkt Adjektive, um bestimmte Charakteristika zu beschreiben: ›Ich bin freundlich‹, ›Ich bin zuverlässig‹, ›Ich bin ausgeglichen‹.«

Der Unterschied, so die Beobachtung des Psychologen Daniel Goleman, »scheint nicht nur tiefgreifenden Einfluß auf den gesellschaftlichen Erfolg und das soziale Geschick (einer Person), sondern auch auf die Qualität ihrer intimen Beziehungen zu haben«. So verdeutlichen wissenschaftliche Untersuchungen, beispielsweise, daß diejenigen, denen es am besten gelingt, einen guten Eindruck zu machen, paradoxerweise im allgemeinen weniger stabile und befriedigende intime Beziehungen haben – weil es ihren Freundschaften an Qualität und ihren romantischen Beziehungen an Stabilität mangelt.

»Andererseits lassen Untersuchungen jedoch auch erkennen, daß diejenigen, die zu dem anderen Extrem neigen, die unter keinen Umständen um der Anpassung willen bereit sind, sich zu beugen, durchaus ihre eigenen Probleme haben. Zwar ist ihr Selbstgefühl weitaus stärker als bei Personen, die Eindruck schinden können, sie können aber unter dem sozialen Tribut, den ihre unnachgiebige Haltung fordert, leiden.«

Personen mit einer extremen Selbstüberwachung sind für bestimmte Berufe geradezu prädestiniert, wie Snyder feststellte: »Hervorzuheben sind hier vor allem Schauspieler wie auch viele der eher agilen Prozeßanwälte. Aber ebenso viele erfolgreiche Verkäufer, Diplomaten und Politiker.«

»Diejenigen, die sich durch eine äußerst extreme Selbstüberwachung auszeichnen, sind Soziopathen, vermeintliche ›Lebenskünstler‹, die stets das sagen und tun, womit sie jeweils das erreichen und bekommen, was sie gerade haben wollen. Demgegenüber sind diejenigen mit einer extrem geringen Selbstüberwachung, wie etwa Zwangsneurotiker, geradezu verbissen unnachgiebig in ihrer Haltung, koste es, was es wolle. Entspricht eine Situation nicht ihrem Sinne, so sind sie dennoch absolut nicht bereit, sich in irgendeiner Form zu ändern und darauf einzustellen. Sie handeln, wie sie nach ihrem Gefühl handeln sollten, ganz gleich, wie andere damit zurechtkommen.«

Was ist nun »am besten«? Bei Personen, die sich im mittleren Spektrum bewegen, stellt sich die Frage der Wahl eigentlich nicht. Den Erkenntnissen Snyders zufolge sind aber weder Personen, die zu einer extremen, noch diejenigen, die zu einer geringen Selbstüberwachung neigen, sonderlich anfällig für psychologische Probleme, es sei denn, diese Neigungen sind jeweils äußerst extrem.

Finden Sie sich selbst

Mit einer sozialen Gruppe oder Situation konfrontiert, ändern Sie deutlich Ihr Verhalten – sogar Ihre Selbstsicht –, um sich der Gruppe anzupassen:

Sie zeichnen sich wahrscheinlich durch ein hohes Maß an *Selbstüberwachung* aus und sind fast zwanghaft bemüht (mit ausgesprochenem Geschick), sich nahtlos in eine soziale Gruppe oder Situation einzufügen. Etwa 40 Prozent der Bevölkerung teilen mit Ihnen eine in dieser Hinsicht nennenswert ausgeprägte Tendenz. (Im Gegensatz dazu verhält sich eine Person mit einer »geringen Selbstüberwachung« nicht sehr viel anders – geradezu unbeugsam und störrisch –, nicht bereit, in wessen Gesellschaft sie auch sein mag, auch nur einen Zentimeter von ihren Wertmaßstäben, Meinungen oder Gewohnheiten abzuweichen.)

Psychologen neigten einst dazu, sehr selbstbewußte Personen als zerbrechliche Seelen zu betrachten, als »soziale Chamäleons«, die sich durch Erheischen der Zustimmung anderer selbst Halt und Auftrieb zu verschaffen versuchten. Mark Snyders Konzept der Selbstüberwachung bewirkte jedoch eine Änderung dieser Sicht. Inzwischen setzte sich zunehmend die Erkenntnis durch, daß Personen mit einer ausgeprägten Selbstüberwachung, wie Sie, über ein Einfühlungsvermögen verfügen, wodurch das gesellschaftliche Leben sowohl für andere als auch für Sie leichter und lohnender wird. [Snyder]

Im Beisein anderer Personen sind Sie als jemand mit einem hohen Maß an Selbstüberwachung bestrebt, freundlich, aufgeschlossen und extrovertiert zu erscheinen. Sie sondieren, was Sie und eine neue Bekanntschaft an Gemeinsamkeiten haben, als ob es darum ginge, das Potential für eine Freundschaft zu erforschen. Sie ergreifen normalerweise die Initiative zum Gespräch und übernehmen die Gesprächsführung. Ihr Gesprächspartner wird Ihr gesteigertes Sprechbedürfnis zwar wahrscheinlich spüren, Sie in der Regel aber dennoch gewähren lassen. Sie sind jedoch so flexibel, wenn es Ihnen situativ dienlich erscheint, in die Rolle des ruhigeren, passiveren Gesprächspartners zu schlüpfen. Von dem ganzen intensiven Gespräch behalten Sie jedoch im allgemeinen nicht soviel wie die meisten anderen Menschen von dem, was Ihr Gegenüber Ihnen von sich erzählte, es sei denn, Sie gehen davon aus, weiterhin in der Zukunft Umgang mit dieser Person zu pflegen. Sie entwickeln schnell ein Gespür, wie Sie in der Sprache der anderen Person, nicht nur in bezug auf das Vokabular, sondern auch emotional, sprechen können. Und sie haben ein ausgesprochenes Talent, über sich selbst in der Sprache der anderen Person und mit dem ihr eigenen Grad an Intimität zu sprechen. Von Ihrem Gesprächspartner auf dieses besondere Talent hingewiesen, weichen Sie wahrscheinlich mit Erklärungen über die Situation, in der Sie leben, aus, statt über Ihre Persönlichkeit zu sprechen. (Wenn Sie zu einer geringen Selbstüberwachung neigen, sind Sie eher bereit, für Ihr Handeln mit Ihrer Persönlichkeit einzustehen – »Ich gehöre zu den Personen, die...« – oder in bezug auf Ihre Wertmaßstäbe – »Ich gehöre zu denen, die glauben...«) Sie scheinen ein Auge darauf zu haben, inwieweit Ihre Freude an einer fortdauernden Beziehung dadurch beeinflußt werden könnte, wie Sie sich heute präsentieren. (Diejenigen mit einer geringen Selbstüberwachung scheinen sich demgegenüber über die morgigen Konsequenzen ihres heutigen geradlinigen Verhaltens nicht allzuviel zu sorgen.) [Shaffer, der Studien von Davis, Ikkes, Barnes, Berscheid und anderen zitiert.]

Sie registrieren eher als die meisten Menschen eine Lüge oder einen Schwindel.

In gesellschaftlichen Konstellationen haben Sie ein ausgeprägtes Gespür dafür, wie andere Personen sich verhalten und was Sie sagen oder tun können, um deren Handeln oder Meinungen zu beeinflussen. Nachdem Sie, ausgehend von ihrem Verhalten, ein Gespür für Ihre eigene Verhaltensweise entwikkelten, verfügen Sie über eine herausragende Fähigkeit zu beurteilen, wie gut Sie Ihrer Aufgabe gerecht werden. [Ickes]

Wenn Sie fettleibig sind, ist die Wahrscheinlichkeit höher als bei Personen, wo dies nicht zutrifft, daß bei Ihnen ein hohes Maß an Selbstüberwachung gegeben ist. Psychologen rätseln, ob die Ursache hierfür Ihr Gewicht ist, das Sie empfindsamer für die Möglichkeit sozialer Ablehnung sein läßt, oder ob Sie, ebenso wie Sie dicker, einfach auch empfindsamer sind. [Ickes]

Mit einer überdurchschnittlich hohen Wahrscheinlichkeit sind Sie ein geschickter Redner, auch aus dem Stegreif heraus und sogar zu Themen, über die Sie kaum informiert sind. [Sobol]

Bei aller Aufgeschlossenheit errichten Sie dennoch subtile Barrieren, die es anderen schwermachen, Sie wirklich kennenzulernen. Oft verleiten Sie Personen, die Sie nicht mögen, zu dem Glauben, Sie seien ihnen freundlich gesonnen.

Sie reagieren mehr als die meisten auf eine Werbung, die auf das eigene Image und nicht so sehr auf die Produktqualität abzielt.

Ihre Neigung, sich jeweils entsprechend den unterschiedlichen Situationen zu verändern, haben Sie möglicherweise bereits in einem Alter von nur sieben Jahren demonstriert.

Wenn Sie das Gefühl haben, Ihr soziales Verhalten war nicht so, wie Sie sein wollten, neigen Sie dazu, depressiv zu werden. (Was demgegenüber Personen mit einer geringen Selbstüberwachung depressiv werden läßt, ist das Gefühl, ihren eigenen Wertmaßstäben dadurch untreu geworden zu sein, daß sie situativ, um anderen zu gefallen, ihr Verhalten änderten.)

Sie lieben es, einen großen Freundeskreis zu haben, wobei jeder einzelne um eines spezifischen Charakteristikums oder eines gemeinen Interesses willen Ihre Wertschätzung genießt: ein Tennisprofi-Freund für Tennis (und um ihn mit anderen Tennisfreunden zu teilen), ein Musik-Freund für musikalische Partys oder für Konzertbesuche.

Bei Ihren romantischen Beziehungen sind Sie, was emotionale Intimitäten angeht, vorsichtig. Sie neigen dazu, wirkliche Bindungen zu meiden, und sind wahrscheinlich eher als Ihr Partner bereit, eine Beziehung zu beenden. Bei sexuellen Begegnungen geben Sie sich eher als die meisten anderen Phantasien über andere Personen als Ihren Partner hin. (Personen mit geringer Selbstüberwachung neigen bei all diesen Dingen zu gegenteiligen Verhaltensstrukturen.) [Snyder, Goleman]

In der Regel können Sie präziser als die meisten anderen Menschen Personen identifizieren, die Sie einmal gesehen haben (eine Eigenschaft, die aus Ihnen einen zuverlässigeren Augenzeugen, etwa bei einem Verbrechen, macht oder Ihnen im Bereich des Sicherheitsdienstes oder in einem Job zugute kommt, wo es von Vorteil ist, daß sich Personen dadurch, daß sie erkannt wurden, geschmeichelt fühlen). Das ist das Ergebnis eines Feldexperimentes mit insgesamt 86 Verkäufern und Verkäuferinnen in Warenhäusern. Sie waren gebeten worden zu versuchen, »Kunden« (Mitarbeiter) zu identifizieren, die zwei Stunden zuvor in dem Warenhaus gewesen waren. Anschließend machten die Angestellten den ›Selbstüberwachungstest‹. Ein hohes Maß an Selbstüberwachung und eine hohe Wiedererkennungsrate gingen dabei weitestgehend Hand in Hand. [Hosch, Platz]

Wenn Sie als Mann sich mit einer Frau zu einem Rendezvous verabreden möchten, legen Sie als jemand, der sich durch eine ausgeprägte Selbstüberwachung auszeichnet, bei der Wahl der Frau, im Vergleich zu einem Mann mit geringer Selbstüberwachung, gesteigerten Wert auf das Aussehen der Frau. (Im Gegensatz dazu schenkt ein Mann mit geringer Selbstüberwachung den inneren persönlichen Attributen einer Frau mehr Beachtung.) [Snyder, Berscheid, Glick]

Wie die meisten Menschen verändern und bewerten Sie Ihre Persönlichkeit entsprechend dem Bild, von dem Sie glauben, daß andere es von Ihnen haben. Mit Sicherheit sind aber einige »andere« wichtiger für Ihr Selbstkonzept als andere »andere«. Sie fragen sich nun, welche »anderen« – von den Freunden, Eltern und Lehrern beispielsweise – am meisten zählten:

Wenn Sie eine Frau sind, so waren es Ihre *Freunde und Freundinnen* (mehr als die Eltern oder Lehrer), die am nachhaltigsten Ihr Selbstgefühl in der Zeit der Sie prägenden Hochschuljahre durch das, was Sie dachten, daß sie dächten, beeinflußten.

Wenn Sie ein Mann sind, waren Ihre *Eltern* (mehr als Ihre Freunde oder Lehrer) in dieser Hinsicht ausschlaggebend.

Das ist das Ergebnis von Tests und Interviews mit insgesamt 1367 Studenten und Studentinnen des letzten Hochschulsemesters. [Hoelter]

»Ein Mensch, auf dem ein Geheimnis lastet, sollte vor allem den vertrauten Umgang mit seinem Arzt vermeiden.«

Hawthorne,
Der scharlachrote Buchstabe

»Alles, was geheim ist, degeneriert; nichts ist sicher, das sich nicht der Diskussion und Öffentlichkeit stellt.«

Lord Acton,
englischer Historiker (1834–1902)

Ihre Bereitschaft sich zu offenbaren

Sicherlich haben Sie schon einmal die Bekanntschaft mit einer Person jenes unangenehmen Persönlichkeitstypus gemacht, die, auch ohne daß man ihr den kleinen Finger reicht, die Türen und Fenster der Seele aufreißt und mehr über ihr Innenleben preisgibt, als Ihnen lieb ist. So sehr Ihnen diese Art der Offenbarung mitunter auf die Nerven gehen mag, so hat sie auch ihr Gutes. In seinem hochgeschätzten Buch *Die Kunst des Liebens* schrieb der Psychologe Erich Fromm: »Wenn zwei Menschen, die einander fremd waren... plötzlich die trennende Wand zwischen sich zusammenbrechen lassen, wenn sie sich eng verbinden, wenn sie sich eins fühlen, so ist dieser Augenblick des Einsseins eine der freudigsten, erregendsten Erfahrungen im Leben...« – womit die Voraussetzungen für eine romantische Liebe geschaffen wären.

Aber auch wenn eine Romanze nicht auf der Agenda steht, kann eine Offenbarung den Forschern zufolge etwa folgendes enthüllen:

Eine Person, die ihr »wirkliches Selbst« zumindest einer anderen Person »von Bedeutung« offenbart, erfüllt eine wichtige »Voraussetzung für eine gesunde Persönlichkeit«. Diejenigen, die sich *einigen* anderen, in ihrem Leben wichtigen Personen »öffnen« und bis zu einem »hinlänglichen Grad« einigen weiteren gegenüber, geben damit ein wichtiges Signal einer »positiven psychischen Gesundheit«. Diejenigen aber, die von sich unendlich viel *oder* sehr wenig praktisch jedem gegenüber offenbaren, sind wahrscheinlich sehr einsam oder, weniger spezifisch, »mangelhaft angepaßt«.

Was ein »normales« Maß an Selbstoffenbarung ist, ist äußerst schwer zu sagen – was in der einen Situation zuviel sein kann, kann in der anderen zuwenig sein. So erwartet vielleicht Ihre Zimmergenossin, als normales Zeichen der Freundschaft, ein Maß an Informationen über Ihre Rendezvous, das, würde es Ihrem Vorgesetzten gegenüber offenbart, ihn peinlichst berührte.

Jeder von uns braucht, darin gehen die Forscher einig, mehr oder weniger dauerhaft jemanden, dem er sich offenbaren kann, oder er zahlt einen hohen Preis in puncto Einsamkeit. Eine Konsequenz, die sich ergibt, wenn der Grad unserer Offenbarung in einer bestimmten Situation unterhalb des »erwarteten« Niveaus blieb, ist, daß wir uns einsam und allein fühlen. Ein Prinzip, das offensichtlich auch umgekehrt zutrifft: In Phasen der Einsamkeit oder Isolation, sei es gesellschaftlich oder physisch, neigen wir am bereitwilligsten dazu, uns spontan Fremden anzuvertrauen. (Mehr hierzu in Kapitel 2, »Einsamkeit«.)

Schneller als die meisten Menschen vertrauen Sie einem Fremden oder neuen Bekannten persönliche, intime Dinge an:

Entsprechend werden Sie eher als die meisten als »mangelhaft angepaßt« gesehen.

Es ist wahrscheinlich der Versuch, Ihrer Einsamkeit zu entfliehen, und Sie sind wahrscheinlich eher eine Frau als ein Mann.

Eher als die meisten anderen Menschen beschreiben Sie Ihre Mutter als kalt, nicht vertrauenswürdig und egoistisch. (Wenn Sie demgegenüber Ihre Eltern als nahestehend, warm, freundlich und annehmend beschreiben, haben Sie in der Regel weniger das Bedürfnis, sich anderen Menschen, einschließlich Ihren Freunden, zu offenbaren.)

Sie sind eher ein Spätgeborener oder der Letztgeborene als der Erstgeborene in Ihrer Familie.

Sie sind eher amerikanischer als deutscher oder mexikanischer Abstammung. (Verglichen mit anderen nationalen Gruppen offenbaren Amerikaner viel über die eigene Person und schließen leicht Freundschaften, entwickeln aber keine allzu intimen Beziehungen, wie die Forscher behaupten.)

Wenn Sie ein Mann sind, sind Sie eher Jude als Baptist, Methodist oder Katholik.

Es ist wahrscheinlicher, daß Sie weiß sind und der Mittelschicht angehören, als daß Sie schwarz oder weiß sind und der Arbeiterklasse angehören.

Je enger Sie bei intimen Gesprächen mit Ihrem Gesprächspartner zusammensitzen oder -stehen, desto länger sprechen Sie.

Je sicherer Sie sind, daß Sie Ihren Zuhörer niemals wiedersehen oder mit ihm zu tun haben werden, desto mehr offenbaren Sie ihm im allgemeinen über Ihre Person. [Cozby, in einem Bericht über andere Studien]

In Ihrer Bereitschaft, mit anderen Personen, die Sie kennen, über sich zu sprechen, entsprechen Sie dem Durchschnitt:

Wenn Sie eine Frau sind, ist es wahrscheinlicher, daß Sie mehr von sich preisgeben, als wenn Sie ein Mann sind.

Wenn Sie weiß sind, neigen Sie dazu, mehr von sich preiszugeben, als wenn Sie schwarz sind.

Als Mann ist davon auszugehen, daß Sie Ihrer Mutter mehr als irgendeiner anderen Person von sich erzählen. Als nächstes kommt Ihr Vater, dann Ihre Freunde und schließlich Ihre Freundinnen.

Von allen Themen zögern Sie am wenigsten, über Ihren Geschmack und Ihre Interessen, Ihre Haltungen und Meinungen und über Ihre Arbeit zu sprechen. Am meisten widerstrebt es Ihnen, über Geld, Fragen der Persönlichkeit oder Ihren Körper zu sprechen.

Diese Tendenzen gelten allgemein, ob Sie verheiratet oder single sind; die einzige Ausnahme ist, daß Sie als Single Ihren Eltern und gleichgeschlechtlichen Freunden gegenüber mehr als eine verheiratete Frau offenbaren. Sofern Sie verheiratet sind, werden Sie nicht überrascht sein zu erfahren, daß Sie Ihrem Partner oder Ihrer Partnerin eher als irgendwem sonst »alles sagen«; es ist sogar davon auszugehen, daß Sie Ihrem Partner oder Ihrer Partnerin mehr erzählen, als eine alleinstehende Person *irgendwem*, einschließlich ihrer Mutter, erzählen würde.

Im Rahmen dieser Studie wurde eine mit Blick auf Rasse und Geschlecht paritätische Gruppe von Studenten und Studentinnen, die ein geisteswissenschaftliches Collegestudium absolvierten beziehungsweise eine Krankenpflegeschule besuchten, befragt. [Jourard, Lasakow]

Eine völlig fremde Person spricht Sie an und bittet um ein Interview für eine Studie, »wie Personen sich selbst beschreiben«:

Als Mann erklären Sie sich dazu weniger bereit, wenn der Interviewer ebenfalls ein Mann als wenn er eine Frau ist. Sofern Sie zustimmen, neigen Sie, selbst wenn diese Person bemüht ist, durch die Preisgabe persönlicher Informationen die Distanz zwischen Ihnen zu überbrücken, dazu, vergleichsweise wenig zu offenbaren.

Ist der Interviewer, ob Mann oder Frau, attraktiv, sind Sie

geneigt, mehr von sich zu intimeren Themen preiszugeben, als es bei einem weniger attraktiven Interviewer der Fall wäre. Am meisten offenbaren Sie, wenn es sich bei dem Interviewer um eine Frau und zudem um eine sehr attraktive handelt.

Auch als Frau lehnen Sie eher einen männlichen als einen weiblichen Interviewer ab. Wenn Sie sich jedoch zu einem Interview bereit erklären, geben Sie allerdings wahrscheinlich sowohl einem Mann als auch einer Frau gegenüber mehr preis, als ein Mann es in beiden Fällen täte. Und, so widersprüchlich es auch erscheinen mag, Sie offenbaren einem männlichen Interviewer wahrscheinlich mehr als einem weiblichen. Bei einer Frau geben Sie mehr preis, wenn sie unattraktiv als wenn sie attraktiv ist. Zudem ist bei Ihnen die Wahrscheinlichkeit geringer als bei einem Mann, daß Sie Ihren Namen preisgeben.

Ob Mann oder Frau, gilt, je höher Ihre Schulbildung ist, um so weniger sind Sie geneigt, Ihren Namen preiszugeben. Die Bereitschaft, den eigenen Namen preiszugeben, ist hingegen bei einem jungen Erwachsenen wesentlich größer als bei einer älteren Person. Und wer Sie auch sind, es ist wahrscheinlicher, daß Sie Ihren Namen einem weiblichen Interviewer als einem männlichen gegenüber preisgeben.

(Um einige der nachfolgenden Ergebnisse besser einordnen zu können, sei angemerkt, daß für diese Studie zehn Studenten und Studentinnen auf dem Logan Airport in Boston Passagiere mit der Bitte ansprachen, sich zur Teilnahme an einem »Klassenforschungsprojekt« über das Thema »Wie Personen sich selbst beschreiben« oder einer handschriftlichen Analyse bereit zu erklären. Von 534 angesprochenen Personen erklärten sich 360 Männer und Frauen zur Teilnahme bereit.)

Ob Sie nun ein Mann oder eine Frau sind, Sie sind bereit, mehr von sich zu offenbaren, wenn Sie nicht in der Stadt wohnen, in der Sie am Flughafen befragt werden. Als Mann, der einmal monatlich oder öfter fliegt, gilt, je mehr Sie reisen, desto weniger geben Sie von sich preis. Sind Sie eine Frau, die einmal monatlich oder öfter reist, so gilt im Gegensatz zu den Männern bei den Vielfliegerinnen, daß sie im allgemeinen *mehr* von sich preisgeben als Frauen, die weniger reisen. [Rubin]

Sie geben im allgemeinen anderen gegenüber nicht sehr viel von sich preis:

Sie betrachten sich wahrscheinlich als relativ beständig und ausgeglichen, als jemanden, der auch in wechselnden Situationen im wesentlichen die gleiche Person ist. [Shaffer, Smith, Tomarelli]

Als Erstgeborener geben Sie in der Regel, wie in vorhergehenden Studien gezeigt wurde, weniger von sich preis als später geborene Schwestern und Brüder. Daraus ist jedoch nicht zu schließen, daß Sie andere Menschen weniger als später Geborene benötigten. Sogar umgekehrt, Sie brauchen andere womöglich mehr, tun sich aber wahrscheinlich schwerer als Ihre Brüder und Schwestern, wirkliche Nähe zu anderen zu finden.

Höchst unwahrscheinlich ist, daß Sie an Ihrem Arbeitsplatz in Gesprächen mit einem Untergebenen oder gleichgestellten Kollegen sonderlich viel offenbaren. So zurückhaltend Sie mit Selbstoffenbarungen auch sein mögen, seltsamerweise neigen Sie gegenüber Vorgesetzten zu einer größeren Offenheit als gegenüber Kollegen und Untergebenen.

Wenn eine Person Ihnen in einem Gespräch wesentlich mehr erzählt, als dies bei Fremden üblich ist, mutmaßen Sie im allgemeinen, daß es sich bei dieser Person um jemanden handelt, der Probleme hat – womit Sie wahrscheinlich recht haben. Als Ergebnis dessen geben Sie während des Gespräches noch weniger preis, als Sie es normalerweise täten.

Ganz allgemein gilt für Gespräche, je intimer das Thema ist, desto weniger sind Sie geneigt, sich zu offenbaren. [Cozby, Bericht über Studien]

Je intimer der Gesprächsgegenstand wird, desto unwahrscheinlicher ist, daß Sie den Augenkontakt halten. [Amerikaner]

Sie haben gerade eine neue interessante Bekanntschaft gemacht, von der Sie glauben, daß sich daraus eine Freundschaft entwickeln könnte:

Mit jedem neuen Treffen werden die Gesprächsthemen, verglichen mit dem vorhergehenden Treffen, zunehmend intimer.

Jedem von Ihnen gelingt es, mit einer wechselseitig mehr oder weniger gleichen Intimitätssteigerung auf die sich jeweils bruchstückhaft aneinander fügenden persönlichen Informationen des anderen zu reagieren. Sofern Sie die Person sind, der es leichter fällt, über Intimitäten zu sprechen, übernehmen Sie die Führung als »Schrittmacher«. Sind Sie diejenige Person, die sich bei intimen Gesprächen eher schwertut, so übernimmt Ihr Partner die Gesprächsführung und Sie die »reziproke« Rolle. In diesem Fall kann dann Ihre relativ gesehene Zurückhaltung den fortschreitenden Intimitätsprozeß einfach dadurch kontrollieren, daß Sie Ihren Partner hemmen.

Das ist das Fazit einer Studie mit 96 Studenten und Studentinnen eines Psychologie-Erstsemesters, die, zu gleichgeschlechtlichen Paaren zusammengeführt, gebeten worden waren, in jeweils einminütigen Gesprächen – zwölf verschiedene Themen standen zur Auswahl –, möglichst viel über den jeweils anderen zu erfahren. Ihre Themen wählten sie aus einer langen Liste möglicher Optionen, die – nach dem Urteil einer anderen Gruppe – sowohl sehr als auch weniger intimer Natur waren. [Davis]

Sie merken beide relativ präzise, wer mehr und wer weniger preisgibt und welchen Fortschritt die wechselseitigen Offenbarungen machen. Entscheidend für die sich anbahnende Freundschaft ist, daß das Niveau wachsender Intimität in einem wechselseitigen Gleichgewicht bleibt. Wird dieses nicht gewahrt, beginnt die Person, die mehr von sich preisgibt, an der Vertrauenswürdigkeit des Gegenübers, der weniger offenbart, zu zweifeln. Entsprechend können sich bei der zurückhaltenderen Person angesichts des von ihrem Gegenüber vorgelegten Tempos Gefühle, allzusehr bedrängt zu werden, breitmachen, die dann allmählich in Aversionen umschlagen. Mit unserer Weigerung, auf das von seiten der anderen Person in ersten Gesprächen vorgelegte Tempo und Maß an Selbstoffenbarung einzugehen, signalisieren wir unser deutliches Desinteresse, die Beziehung fortzusetzen.

Später, wenn gegenseitige Achtung und gegenseitiges Vertrauen und eine wohltuende Freundschaft gewachsen sind, schwindet auch der Druck, ein wechselseitiges Gleichgewicht zu wahren. In der Freundschaft sind dann stereotype Regeln überwunden. In der Folge können Ihre Gespräche, je nach Situation, intimer oder weniger intimer Natur sein. Ein Partner mag schweigend zuhören und einfach Anteilnahme zeigen oder auch, wenn es angebracht scheint, situativ passende persönliche Dinge preisgeben. So können ältere Beziehungen, auch wenn sie scheinbar lange Zeiten einer Wechselseitigkeit entbehren, überaus intensiv und fruchtbar sein. [Derlega, Wilson, Chaikin, Auszüge aus einer Gruppe vorhergehender Studien]

Sobald der »Tanz der Reziprozität« beginnt, können Sie davon ausgehen, daß das Intimitätsniveau steigt, bis einer von Ihnen Angst vor zuviel Intimität bekommt.

Ihr Interesse an einer engeren Beziehung können Sie am besten mit einem mittleren Maß an persönlichen Informationen signalisieren. Zu wenig signalisiert Desinteresse. Zuviel signalisiert, daß es Ihnen an Diskretion mangelt.

Sie hinterlassen am ehesten den Eindruck, offen, interessiert und es wert zu sein, daß man Sie kennenlernt, indem Sie etwas Intimes, aber nicht zu früh in einem ersten Gespräch, von sich preisgeben. Die gleiche Information, zu früh preisgegeben, weckt dagegen den Eindruck, daß Sie unreif und unausgeglichen, »plapperhaft und unsicher« sind.

Sie sind am stärksten motiviert, mit dem vorgelegten Tempo an Intimitäten Schritt zu halten, wenn Sie ein tieferes Vertrauen gewonnen haben und eine enge Freundschaft anstreben. Sobald Sie enge Freunde oder Freundinnen geworden sind, ist, wie gesagt, die Notwendigkeit hinfällig, Freunden, Geliebten oder Ehepartnern gegenüber ständig mit Blick auf das Maß an intimen Offenbarungen gleichzuziehen. Für diese Studie wurden 28 Studenten Experimentatoren gegenübergestellt, die im Laufe eines zehnminütigen ersten Gespräches »offenbarten«, daß ihre Freundinnen schwanger waren. Diejenigen, die sich früh offenbart hatten, stießen bei den Versuchspersonen auf erheblich weniger Gegenliebe als jene, die sich zu einem späteren Zeitpunkt offenbart hatten. [Wortman, Altman, Won-Doornink]

Die Person, mit der Sie es riskieren, den »Tanz« der gegenseitigen Selbstoffenbarung zu eröffnen, verfügt aller Wahrscheinlichkeit nach bei alledem, im Vergleich zu Ihnen, nicht über allzuviel Macht. [Cozby]

Die Freundlichkeit von (und gegenüber) Fremden

An der Harvard University forderte der Psychologe David McClelland zu Beginn einer Vorlesung jeden Studenten zur Abgabe einer kleinen Speichelprobe auf. Dann, vermeintlich ohne jeden Zusammenhang mit der Speichelprobe, zeigte er den Studenten einen Film über Mutter Teresa und deren gute Werke unter den Kranken und Armen Kalkuttas. Unmittelbar nach Beendigung des Films bat er die Studenten neuerlich um eine Speichelprobe. Eine Analyse zeigte bei der zweiten Probe erheblich erhöhte Immunglobulin A-Werte, ein Antikörper, der unter anderem vor Atemwegserkrankungen schützt.

Vielleicht könnte man daraus den Schluß ziehen: Geh ins Kino, und du erkältest dich nicht. McClellands Theorie (von der viele Wissenschaftler noch nicht überzeugt sind) ist jedoch verblüffender: Gutes tun kann Ihrem Wohlbefinden förderlich sein.

In Tecumseh, Michigan, wurden im Rahmen einer zehnjährigen Studie 2700 Personen in zwei Gruppen geteilt: solche, die sich ehrenamtlich engagierten, und solche, bei denen dies nicht der Fall war. Von den untersuchten Männern war bei denjenigen, die keiner ehrenamtlichen Betätigung nachgingen, die Sterberate zweieinhalbmal höher als bei jenen, die anderen ihre Dienste zugute kommen ließen. Richtig ist, daß selbst manche Skeptiker glauben, daß Personen, die sich engagieren, glücklicher und gesünder sind, viele Engagierte – und Forscher – beharren darauf, daß Gutes tun die *Ursache* ihres Wohlbefindens ist. So verordnet Dr. Dean Ornish, Herzspezialist an der University of California Medical School in San Francisco, seinen Patienten denn auch, anderen zu helfen – als Medizin zur Reduzierung ihrer Selbstbeschäftigung und Feindseligkeit, die beide zu erhöhten Cholesterinspiegeln und Anginaerkrankungen beizutragen scheinen.

Finden Sie sich selbst

Als Elternteil hoffen Sie, daß Ihre Kinder uneigennützig, generös und hilfsbereit anderen gegenüber heranwachsen:

Niemand hat in dieser Hinsicht einen größeren Einfluß als Sie.
Achtzig Fünftkläßler, zu gleichen Anteilen Jungen und Mädchen, waren gebeten worden, ihre gegenseitige Generosität und Fürsorge zu beurteilen. Darüber hinaus wurden die Mutter und der Vater jedes einzelnen Kindes separat interviewt. Bei den Kindern, die als am »altruistischsten« bewertet wurden, um den Begriff der Forscher zu verwenden, war eine deutliche Korrelation zum Verhalten ihrer Eltern erkennbar. Bei Mädchen schien ein starker Zusammenhang zwischen ihrer Generosität und altruistischen Haltungen bei ihren Müttern zu bestehen, ein Zug, der noch deutlicher zum Tragen kam, wenn ihren Vätern ähnliche Haltungen zu eigen waren. Deutlich hingeleitet zu einem fürsorglichen Verhalten anderen gegenüber wurden Mädchen auch, wenn ihre Väter, über das Bestrafen und Schimpfen bei unliebsamen Verhaltensweisen hinaus, das Kind auf die schlimmen, dem anderen zugefügten Folgen hinwiesen und es aufforderten, sich die Gefühle des Opfers vorzustellen. Altruismus bei den Jungen schien mehr durch das väterliche als das mütterliche Vorbild bewirkt zu werden; eine wichtige Rolle in dieser Hinsicht spielte auch der Hinweis ihrer Mütter auf den dem Opfer zugefügten Schaden (wichtiger als von seiten der Väter) und die ihnen regelmäßig von ihren Müttern gezeigte Zuwendung. [Hoffman]

Manchmal sind Sie voll des Geistes des Barmherzigen Samariters – ein andermal nicht:

Zwei Princeton-Professoren glauben, entdeckt zu haben, warum. Der Psychologe John M. Darley und der Theologe C. Daniel Batson steckten die biblische Geschichte vom Barmherzigen Samariter in ein modernes Gewand. In dem Gleichnis nach Lukas erzählt Jesus von einem Priester und einem Leviten, die einen niedergeschlagenen, halbtoten Mann achtlos am Wegrand liegenließen, während ein Samariter sich seiner erbarmte und anhielt, um ihm zu helfen. Die Princeton-Professoren starteten ihr Experiment nicht zwischen Jerusalem und Jericho, sondern zwischen Princetons Green Hall und Green Hall Annex, unweit der Washington Road. Vierzig freiwilligen Versuchspersonen, alle männlich, Protestanten und Studenten des Princeton Theologischen Seminars, wurde vorgeschwindelt, es ginge um die berufliche Standortbestimmung der Seminaristen und jeder solle einen Redebeitrag vorbereiten, der aufgezeichnet würde. Die eine Hälfte wurde angewiesen, einen Beitrag über berufliche Möglichkeiten vorzubereiten, und die andere Hälfte einen Text über das Gleichnis vom Barmherzigen Samariter. Dann wurde einem nach dem anderen jeweils eine genaue Anleitung ausgehändigt, wie sie Green Hall zu verlassen hatten, von der Eingangstür aus rechts, rechts die Allee hinunter, dann die erste Straße rechts bis zum Annex, wo ihr Beitrag aufgezeichnet werden sollte. Einer Gruppe der Versuchspersonen, die jeweils in fünfzehnminütigen Abständen losgeschickt wurden, hatte man gesagt, sie könnten sich Zeit lassen, da sie für die Aufzeichnungen früh dran wären. Eine weitere Gruppe wurde mit der Anweisung losgeschickt: »Es ist jetzt Zeit loszugehen.« Der dritten und letzten Gruppe war gesagt worden, sie müßten sich beeilen, da es schon reichlich spät für die Aufzeichnungen sei.

Auf ihrem Weg durch die Allee kam jeder Seminarist an einem jungen Mann vorbei, der hustend und wie vor Schmerzen stöhnend in einem Türeingang lag. Das »Opfer« war natürlich ein Mitarbeiter der Professoren Darley und Batson. Von den vierzig Seminaristen hielten sechzehn an, um dem Schmerzgeplagten zu helfen. Vierundzwanzig gingen einfach vorbei, als ob sie ihn nicht sähen. Einer stolperte sogar über das »Opfer«, als er den falschen Eingang wählte, weil er seine Instruktionen nicht richtig gelesen hatte. Die Ergebnisse hatten offensichtlich wenig mit den altruistischen Haltungen der Seminaristen als mehr etwas mit der simplen Frage zu tun, ob der betreffende Student es eilig hatte oder nicht. Von denjenigen, die »wenig in Eile« waren, hielten 63 Prozent an, um sich zu erkundigen, ob sie dem »Opfer« helfen könnten. Von denen, die »etwas in Eile« waren, hielten 45 Prozent an. Und nur 10 Prozent derjenigen, die in »großer Eile« waren. (In allen Fällen lehnte das »Opfer« die Hilfe mit dem Hinweis ab, er habe gerade eine ärztlicherseits verabreichte Medizin genommen und wolle sich nur einen Moment erholen. Schließlich war alles eine Frage der Zeit, das »Opfer« mußte sich für den nächsten, in fünfzehn Minuten eintreffenden Seminaristen bereithalten.)

Eine andere Erkenntnis: Ob die Versuchsperson nun auf dem Weg war, eine Rede über berufliche Möglichkeiten oder über den Barmherzigen Samariter aufzeichnen zu lassen, schien nicht den geringsten Unterschied zu machen.

»Die üblichen Interpretationen des Gleichnisses«, sagte Dr. Batson zu Israel Shenker von *The New York Times*, »stellen immer wieder die Persönlichkeitstypen in den Vordergrund, was bei unseren Ergebnissen nicht der Fall ist. Man kann sich den Priester und den Leviten, prominente Figuren der Öffentlichkeit, gut vorstellen, wie sie mit kleinen schwarzen Büchern, voll mit Terminen und Verabredungen, verstohlen nach der Sonnenuhr spähend, den Weg entlanghasten. Im Gegensatz dazu sind es bei dem Samariter, einem Mann mit wesentlich geringerem öffentlichen Ansehen, weitaus weniger und weniger wichtige Personen, die darauf zählen, daß er zu einer bestimmten Zeit an einem bestimmten Ort ist.« [Darley, Batson]

Je mehr Opfer Sie zur Erreichung eines Zieles bringen, desto eher werden Sie sagen, daß sich das Opfer lohnte. Aber nur bis zu einem bestimmten Punkt.

Zwei kanadische Psychologen beobachteten die 47 zehn- bis fünfzehnjährigen Teilnehmer eines Marathons, der anläßlich einer Wohltätigkeitsveranstaltung durchgeführt wurde. Je länger sie marschierten, desto größer wurde die Zahl derer, die den Wohltätigkeitscharakter als Rechtfertigung für ihre Qualen nannten – zumindest während der ersten siebenundzwanzig Meilen der Strecke. Nur an einem bestimmten Punkt ließ die Zahl derer, die sich auf die Wohltätigkeit beriefen, merklich nach. Es war auf der Ziellinie nach fünfunddreißig Meilen. [Barefoot, Strickland, Guild, Turnbull]

Wenn ein Spendensammler an Ihre Tür kommt und Geld für einen guten Zweck erbittet, hängt die Frage, wie großzügig Sie sind, vom Alter der Sammler, wie sie gekleidet sind und ob sie allein oder paarweise arbeiten, ab.

Zwei Ohio State-Forscher schickten zweiunddreißig freiwillige Helferinnen los, um, von Tür zu Tür gehend, Spenden für die Leukemia Society of America zu sammeln. Sechzehn der Sammlerinnen waren Mitglieder der League of Women Voters, sie trugen Kleider und hatten ein Durchschnittsalter von achtunddreißig Jahren. Die übrigen waren Studentinnen, im Durchschnitt neunzehn Jahre alt, und trugen Jeans. Von diesen beiden Gruppen arbeitete jeweils die eine Hälfte paarweise, die übrigen gingen allein. Die älteren Sammlerinnen erhielten in 58 Prozent der Fälle Spenden, im Durchschnitt 90 Cents. Die Jüngeren hatten nur bei 46 Prozent aller Fälle mit 60 Cents im Durchschnitt Erfolg. Die in Teams auftretenden Gruppen waren in 58 Prozent der Fälle mit einer Durchschnittsspende von 88 Cents erfolgreich; die allein arbeitenden hatten eine Erfolgsquote von 46 Prozent und durchschnittlich 62 Cents. 32mal waren sie von Hausbewohnern um Umschläge für eine »spätere« Einsendung ihrer Beiträge gebeten worden. Niemand löste sein Versprechen ein. [Jackson]

Sie vertrauen Fremden im allgemeinen, bis diese Ihnen einen triftigen Grund für einen Sinneswandel geben:

Sie neigen weniger zum Lügen als mißtrauische Personen, und wissenschaftlicherseits gibt es Belege, daß Sie auch seltener betrügen und stehlen. Zu diesem Ergebnis gelangte ein Forscher der University of Connecticut, der ein breites Spektrum bereits vorliegender Studien zur Frage der Vertrauenswürdigkeit analysierte. Seine Untersuchung kam darüber hinaus zu dem Schluß, daß Sie, im Vergleich zu mißtrauischen Personen, eher bereit sind, jemandem eine zweite Chance zu geben, und eher die Rechte anderer respektieren. Sie haben in der Regel weniger Probleme mit sich selbst, sind seltener unglücklich oder unausgeglichen. Sie sind bei mißtrauischen wie auch vertrauensseligen Personen beliebt, und sie suchen mit Ihnen eher eine Freundschaft zu schließen als mit Personen, die in Ihren Augen mißtrauisch sind.

Sind vertrauensselige Personen oft die etwas trotteligen Dummen – naiv, leichtgläubig, einfältig? Nein, behauptet Julian B. Rotter, der Forscher (der auch den in Kapitel 6 unter »Wer hat hier die Kontrolle?« beschriebenen Fragebogentest zur Ortung der Kontrolle [selbstkontrolliert/fremdkontrolliert], Locus of Control Scale, entwickelte). Seines Erachtens kann mit einer ganzen Reihe bereits vorliegender Studien belegt werden, daß Personen mit hohen Vertrauenswerten nicht häufiger als mißtrauische Personen für dumm verkauft werden. [Rotter]

Ihr IQ, Ihr Gedächtnis und Ihre Kreativität

Bei der in Washington, D. C., abgehaltenen zweitägigen Konferenz der fünfhundert aus dem Osten der USA zusammengekommenen Pädagogen und Erziehungswissenschaftler war es plötzlich vorbei mit der ansonsten gewohnten Ruhe der Gelehrten. Der Redner, der dies bewirkte, war Dr. Henry S. Dyer, Autor des College Entrance Examination Board-Tests und Vizepräsident des Educational Testing Service. Er erklärte, Intelligenzquotienten – »IQs« –, der gemeinhin üblichste Bewertungsmaßstab, um das geistige Vermögen einzelner mit dem anderer zu vergleichen, seien »psychologische und statistische Ungeheuerlichkeiten... die womöglich praktischste Handhabe, die jemals erfunden wurde, um Menschen«, was die Lernfähigkeiten von Kindern angeht, »zu Fehlinterpretationen zu verleiten«.

Der unermeßliche Schaden, der Kindern – in der Tat oft – durch irrige Interpretationen von Intelligenztests zugefügt werden kann, wurde in Kalifornien deutlich. Das Landesministerium für Bildung und Erziehung hatte eine ganze Reihe mexiko-amerikanischer Kinder aufgrund der bei ihnen ermittelten niedrigen IQ-Werte in Klassen für geistig Zurückgebliebene gesteckt. Staatlicherseits wurde eine Wiederholung des Tests mit einer repräsentativen Gruppe der als »hoffnungslos unerziehbar« eingestuften Schüler und Schülerinnen angeordnet, bei denen es sich mehrheitlich um Kinder von Wanderarbeitern handelte. Die Kinder hatten die Tests ursprünglich in Englisch absolviert, die Wiederholung erfolgte in Spanisch. Von den 47 Kindern der repräsentativen Gruppe wurden in der Folge 37 nicht mehr als »geistig zurückgeblieben« klassifiziert. Was den Unterschied machte, war *nicht* allein das sprachliche Verständnis, es war auch in bestimmten Bereichen das Verständnis der lebensspezifischen Erfahrungen dieser Kinder. So lautete, zum Beispiel, eine Frage: »In welcher Art von Geschäft kaufen wir Zucker?« Den lokalen Umständen Rechnung tragend, fiel es bei der Wiederholung des Tests nicht negativ ins Gewicht, wenn ein Kind »im Spirituosenladen« antwortete. Nachdem man festgestellt hatte, daß an dem geistigen Vermögen der meisten dieser Kinder absolut nichts auszusetzen war, wurden sie in reguläre Schulklassen übernommen. Manche Wissenschaftler und Pädagogen fragen sich jedoch, welche nachhaltigen Schäden womöglich in diesen jungen Köpfen als Ergebnis ihrer ungerechten Strafe – die bei einigen bis zu drei Jahren dauerte – durch die verdummende Atmosphäre der speziellen für die Zurückgebliebenen eingerichteten Räumlichkeiten angerichtet wurde.

»Wo sind wir eigentlich hingekommen?« fragte Dr. Robert M. Coles, Forscher und Psychiater an der Harvard University, provozierend anläßlich einer anderen Konferenz von Erziehungswissenschaftlern und Pädagogen. »Was ist die Magie, die diese Zahlen, diese Werte auf unseren gesunden Menschenverstand ausüben? IQ-Tests sind in meinen Augen eine ungeheuer naive und einfältige Methode, einen Menschen zu betrachten ... zu beurteilen, was ein Kind lernen soll, in welcher Klasse, an welcher Schule, welchen ›Weg‹ ein Kind einschlägt und welche Art der Bildung und Erziehung ihm zukommt.«

Unterprivilegierte und etwas zurückhaltendere Kinder sind nicht die einzigen Opfer. Der einfache IQ-Wert täuscht oft über versteckte Probleme und die wahren Potentiale aufgeweckter, wißbegieriger Kinder aus hochgebildeten Elternhäusern hinweg. So werden viele Kinder mit einem hohen Intelligenzquotienten, die infolge aller möglichen psychologischen Gründe, für die der Test weder Anhaltspunkte noch Erklärungen liefert, in der Schule nicht gut zurechtkommen, als – im Vergleich zu den in sie gesetzten Erwartungen – »leistungsschwach« deklassiert, womit ihnen dann und nicht etwa der Schule dafür die Schuld zugeschoben wird, sie nicht erreicht zu haben. Derweil vollbringen Kinder mit einer eher bescheidenen »Intelligenz« geradezu außergewöhnliche Leistungen. Vor nicht allzu langer Zeit wurde in England an der Cambridge University eine Untersuchung mit 148 Professoren und wissenschaftlichen Gelehrten durchgeführt, um Intelligenzquotienten – die einzig zum Zwecke der Vorhersehbarkeit ihrer akademischen Karrieren ermittelt worden waren – mit ihren tatsächlichen Leistungen zu vergleichen. Bei einigen dieser Universitätsgelehrten bewegten sich die IQs in der wenig rühmlichen Nachbarschaft von 110. Der Mann, der unter seinen Fachbereichskollegen als der beste Wissenschaftler galt, hatte hinterher den niedrigsten IQ aufzuweisen. Um es mit den Worten eines britischen Psychologen, Liam Hudson, zu sagen: »Das Feld der Intelligenzmessung befindet sich nach wie vor in einem prä-kopernikanischen Stadium.«

Wie kann Intelligenz mit einem Test gemessen werden, so eine oft gestellte Frage, wenn niemand bisher mit einer gemeinhin akzeptierten Definition aufwarten konnte, was Intelligenz überhaupt ist? Was *ist* ein IQ? Die einzige soweit weitestgehend akzeptierte Antwort ist: Ein IQ ist ein Meßwert, was auch immer darunter bei dem, was ein IQ-Test mißt, zu verstehen ist.

Wenn Robert Coles fragt, wo wir hingekommen sind, müßten wir eigentlich alle fragen, wie wir dahingekommen sind. Wer kam auf die Idee, Intelligenz zu testen – und was sollte damit erreicht werden?

Bereits 1905 beauftragten die öffentlichen Schulen Frankreichs den in jenen Tagen gefeierten Psychologen Alfred Binet, einen Test zu entwerfen, der einem einfachen Zweck dienen sollte. Die Auftraggeber wollten eine Handhabe haben, binnen ein oder zwei Stunden entscheiden zu können, ob ein sechs oder sieben Jahre altes Kind aufgeweckt genug war, um den Ansprüchen des recht rigiden französischen Schulsystems gerecht zu werden, oder ob es beiseite und in eine Sonderklasse für Dumme geschoben werden sollte.

Binet wandte sich an Lehrer mit der Bitte, sowohl, nach ihrer subjektiven Beurteilung, »aufgeweckte« als auch »dumme« Kinder zu ihm schicken. Ausgehend von seiner Bestandsaufnahme der von Lehrern bevorzugten geistigen Charakteristika, konzipierte er Testmethoden, mit denen mehr oder weniger mühelos feststellbar war, ob ein Kind hinreichend über ebendiese Merkmale verfügte. Da das erfolgreiche Abschneiden eines Kindes davon abhängig war, ob es den Anforderungen eines unbeugsamen Systems gerecht wurde, und nicht etwa, ob sich das System dem Kind beugte, also anpaßte, verwundert es nicht, daß es den Erziehern »effizient« erschien, den »richtigen Typus« von Kind frühestmöglich zu identifizieren.

Der für ein sechsjähriges Kind konzipierte Binet-Test wurde 1916 für die Amerikaner von Lewis H. Terman übersetzt und seither lediglich zweimal minimal überarbeitet und inzwischen in Stanford-Binet-Test umbenannt. Er stellt zweifelsfrei eine denkbar einfache und geradlinige Methode dar festzustellen, ob ein schulpflichtiges Kind über ein bestimmtes Allgemeinwissen und allgemeine Fertigkeiten verfügt: Wortschatz, Zahlenreihen, die Fähigkeit, Zusammenhänge zu erkennen oder Dinge zu unterscheiden (»Was ist der Unterschied zwischen einem Vogel und einem Hund?«) und einfache Rätselaufgaben zu lösen (»Was ist an diesem Bild falsch?«).

Wichtig ist aber, und das ist nicht zu vergessen, daß Binets Aufgabe einzig darin bestand, einen Weg zu finden, um jene Kinder, die eine bestimmte Art der Schule nicht schaffen konnten, von solchen zu unterscheiden, die dazu sehr wohl imstande waren – in einer Nation, in der buchstäblich alle Schulkinder einen homogenen kulturellen Hintergrund hatten und eine Schule im Prinzip genauso wie eine andere war. Entweder bestand ein Kind Binets Test, oder es fiel durch.

Das Problem – wenn man es so nennen will – begann, als der Binet-Test amerikanisiert wurde. Terman fügte seiner Übersetzung des Binet-Tests das Konzept des »Intelligenzquotienten« hinzu – ein numerisches Maß für die Bestimmung der intellektuellen Leistungsfähigkeit. Nachdem er seinen Test mit vielen Kindern erprobt hatte, legte er anhand der ermittelten Ergebnisse fest, welche Werte ein *durchschnittliches* Kind in einem bestimmten Alter erreichen sollte, und bezeichnete diese ordnungsspezifische Fähigkeit als »Intelligenzalter«. Der IQ eines Kindes wird errechnet, indem sein Intelligenzalter durch sein Lebensalter dividiert und mit 100 multipliziert wird. Das Ergebnis wird dann als »Quotient« und nicht einfach als Wert bezeichnet. Nach dieser Definition hat ein Durchschnittskind einen IQ von 100. So glaubte Terman denn, nunmehr einen effektiven Maßstab zur Einordnung des intellektuellen Leistungsvermögens *aller* Kinder auf der Grundlage einer Vergleichsskala verfügbar zu haben, der es ihm ermöglichte zu sagen, daß das eine in so vielen Punkten »klüger« sei als das andere – anstelle von Binets einfacherer Zielsetzung, sagen zu können, das eine ist tauglich für einen bestimmten Schultypus, das andere nicht.

Trotz Termans eindringlicher Warnung, ein IQ sei nur ein Näherungswert, und daß 100 in Wirklichkeit im Bereich zwischen 90 und 110 läge, vergessen Schulpsychologen und Lehrer allzuoft diese Warnung. So ist es in einigen Schulen fraglos gang und gäbe, daß ein Kind mit einem ermittelten IQ von 81 einer regulären Klasse und ein anderes mit 79 der der Hoffnungslosen zugeführt wird, oder daß ein Kind mit 131 einer »Sonderbegabten«-Klasse zugeordnet wird, seinem Schulkameraden mit 129 dieser Zugang aber verwehrt wird.

Die Amerikanisierung des Binet-Tests war jedoch mit der Erfindung des numerischen IQ nicht beendet. Ein Jahr, nachdem Terman sein Konzept vorgelegt hatte, 1917, griffen die Vereinigten Staaten in den Ersten Weltkrieg ein, und was man brauchte, war eine schnelle und billige Methode, das Ausbildungspotential der eingezogenen Landser bewerten und abstecken zu können. Weder personell noch zeitlich war es zu leisten, daß ein Psychologe sich mit jedem einzelnen Rekruten zusammensetzte, wie es in der Praxis bei jedem Schulkind bei Binets und Termans Tests üblich war. So entwickelten Terman und andere einen neuen Test mit Multiple-choice-Antworten zu den gleichen Arten von Fragen, der gleichzeitig von großen Gruppen junger Männer absolviert werden konnte. Von diesen Papier-und-Bleistift-Gruppentests wurde zwar nicht erwartet, daß sie ebenso zuverlässig wie die im Vis-à-vis-Verfahren ermittelten Ergebnisse waren, aber im großen und ganzen genügten sie den personellen Anforderungen der Army.

Diese Papier-und-Bleistift-Tests mit den Attributen schnell und billig waren für die Behörden der schnellwachsenden, überfüllten öffentlichen Schulen bald ebenso verlockend, wie sie es für die Army waren. 1929 hatten Gruppentests – und die Vorstellung von Intelligenz als einer einzelnen geistigen Einheit, die mit einer einzigen Zahl beschreibbar war – sich endgültig in Amerika durchgesetzt und etabliert, und *nur* in Amerika. Fast alle Kinder wurden solchen Gruppentests unterzogen und ihre Quotienten als Ausweise ihrer Intelligenz akzeptiert.

Nichtsdestoweniger taten viele Psychologen sich mit dem einzigen numerischen Wert schwer, angefangen von Charles

Spearman, der die Testergebnisse seit 1906 kontinuierlich analysierte. Er war der erste, der den Beweis antrat, daß zwei Personen mit dem gleichen IQ über höchst unterschiedliche geistige Fähigkeiten verfügen können. So kann eine Person ihre ausgesprochenen Stärken in wissenschaftlichen, arithmetischen und räumlich-konzeptionellen Bereichen, aber in Sprachen ihre Schwächen haben; bei der anderen ist exakt das Gegenteil der Fall. Eine kategorische Untersuchung fast aller IQ-Tests zeigt, daß das Hauptgewicht bei der Messung der sprachlichen Fähigkeiten liegt.

Jean Piaget, der prominente schweizerische Beobachter und Theoretiker der kindlichen Entwicklung, kam zu dem Schluß, das Wesen der Intelligenz liege in den *kognitiven* Fähigkeiten einer Person und sei mitnichten eine Frage der Beherrschung von Worten und Sätzen. Für ein sprachliches Geschick sei zwar die Entwicklung einer bestimmten Form der Intelligenz notwendig, meinte Piaget, dies sei aber nicht die Essenz der Intelligenz.

Piagets Sicht entsprach keineswegs dem Standpunkt, den amerikanische Schulen sich während der ersten Hälfte dieses Jahrhunderts zu eigen machten, als »Intelligenz«-Tests ihren bis heute gültigen Status erwarben. Schulen sind seit jeher Tempel der Worte und Sprache. Kaum etwas, das im Rahmen des traditionellen schulischen Werdegangs sonderlich auf die Entwicklung kognitiver Fähigkeiten, ganz zu schweigen von solchen individueller Natur, abzielte. Ebenso wie der erste Binet-Test schulische Eignung mit den von den Lehrern bevorzugten Merkmalen definierte, legen auch die modernen »Intelligenz«-Tests nach wie vor ihr Hauptgewicht auf das, was die Lehrer am meisten schätzen – sprachliches Talent.

Vor einiger Zeit untersuchte Dr. Herman A. Witkin, Professor der Psychiatrie an der Princeton University, die IQs von Jungen in Letchworth Village, einer New York State-Einrichtung für die »hoffnungslos« Zurückgebliebenen, indem er die einzelnen Testwerte aufschlüsselte, um ihre verbalen Fähigkeiten mit ihren mathematischen und kognitiven Fähigkeiten vergleichen zu können. Die bei diesen Jungen ermittelten Gesamtwerte bewegten sich zwischen 60 und 80, womit sie aufgrund ihrer vorrangig verbalen Schwächen vom regulären Unterricht ausgeschlossen waren. Dabei hatten viele dieser »dummen«

Jungen in ihren mathematischen und kognitiven Zwischentests sogar besser als manche Regelschulkinder mit überdurchschnittlich hohen IQs abgeschnitten. Dennoch waren sie auf Lebenszeit durch ein altes schulisches Wertesystem verdammt, das Worte mehr als Fähigkeiten vernunftmäßiger Wahrnehmung schätzt.

Ein anderer Psychologe, Ernest A. Haggard von der University of Chicago, untersuchte die Persönlichkeiten von Kindern mit hohen Intelligenzquotienten, die mit verbalen Talenten glänzten. Unter denjenigen, die sich durch besondere Leistungsstärken in Rechtschreibung und Grammatik auszeichneten – oft die ausgesprochenen Lieblinge der Lehrer –, ermittelte er erstaunlich viele Kinder, die er als intellektuell passiv bezeichnete, die gehorsam Pflichten und Regeln befolgten und durch konformes Verhalten mit Blick auf elterliche Maßstäbe und Erwartungshaltungen nach Akzeptanz strebten. Haggard identifizierte eine weitere Gruppe, die sich durch eine besondere Leistungsstärke im Lesen hervortat, wobei kein Wert auf eine gute Rechtschreibung oder Interpunktion gelegt wurde. Eine Gruppe, die sich bei den Persönlichkeitstests als unabhängiger erwies.

Im Unterschied zu diesen beiden Gruppen stellte Haggard bei den mathematisch Begabten fest, daß sie ihr Umfeld »neugierig und wißbegierig betrachteten und sich imstande fühlten, jedes nur denkbare Problem, mit dem sie konfrontiert werden könnten, zu meistern... (Sie) waren emotional kontrolliert und flexibel... In ihren Beziehungen mit autoritativen Figuren und Gleichgestellten waren sie selbstsicherer, unabhängiger und selbstbewußter im Vergleich zu Kindern der anderen Untergruppen.«

Eine kleine Zahl von Psychologen wagte sich auf ein völlig neues Feld vor, von dem Millionen schulpflichtiger Kinder betroffen sind. Ihr Interessengegenstand sind nicht die geistigen Fähigkeiten, sondern *Lernschwächen*. Zum Beispiel der neunjährige Jimmy, der beeindruckend spricht, wie ein Fachmann ein Fahrrad reparieren kann, aber über einfaches Lesen stolpert. Er verwechselt *b* mit *d*, *war* mit *was*. Jimmy ist offensichtlich intelligent; dennoch erzielt er bei einem schriftlichen Multiple-choice-Test eine geringe Punktzahl, die sowohl seine Lernschwächen als auch seine Stärken verbirgt. Jimmys Problem hat inzwischen einen Namen, *Dyslexie* (Lesestörung), darüber aber, wie sie ihm helfen können, wissen die Forscher noch nicht allzuviel. Noch interessanter ist vielleicht, daß eine große Zahl von Kindern grundlegende räumliche Konzepte wie oben und unten, rechts und links, nicht erfassen kann, aber so geschickt im Umgang mit Worten und in der Manipulation von Sätzen ist, daß sie oft beeindruckend hohe IQ-Werte aufzuweisen haben.

Sinn und Zweck der Intelligenzquotienten ist nicht, wie die IQ-Verteidiger verdeutlichen, die Krankheiten eines bestimmten Kindes zu diagnostizieren, das möglicherweise einer besonderen schulischen Förderung bedarf. Sie dienten der Messung der schulischen Eignung »normaler« Kinder. In welchem Maße werden sie diesem Anspruch gerecht? Robert L. Thorndike vom Teachers College an der Columbia Unversity, Autor eines herausragenden Lehrbuches über psychologische Testverfahren, zufolge ist die Zuverlässigkeit von IQs zur Vorhersage der schulischen Leistungen im Bereich der Elementarschulen »beachtlich«. Weniger zuverlässig für prognostische Zwecke seien sie im Bereich der Hochschulen und noch weniger für den Collegebereich. Für die Vorhersehbarkeit schulischer Leistungen auf allen Ebenen gibt es jedoch, nach Auffassung Thorndikes, eine wesentlich zuverlässigere Richtschnur: die vorherigen Noten.

Lewis Terman, dem »Übersetzer« des IQ für das amerikanische Leben, haben wir noch einen weiteren historischen Beitrag, unser Wissen über den superintelligenten Menschen zu verdanken. Aufgewachsen in einer kleinen Farmer-Stadt Indianas, hatte der Stanford-Psychologe wiederholt festgestellt, daß die Mehrzahl der klügsten Kinder seiner Heimatstadt später Karriere in führenden Positionen gemacht hatten.

An den öffentlichen Schulen Kaliforniens identifizierte er 1921 1528 Kinder (857 Jungen und 671 Mädchen) mit IQs zwischen 135 und 200, die damit die führenden 1 Prozent aller Schüler und Schülerinnen Kaliforniens repräsentierten. Er hegte insbesondere die Hoffnung, weitverbreitete Mythen über superkluge Kinder widerlegen zu können, einschließlich der Auffassung, wonach mit einer an Sicherheit grenzenden Wahrscheinlichkeit psychische oder physische Krankheiten,

Exzentrizität oder soziale Fehlanpassungen bei ihnen vorprogrammiert waren.

»Es gab einen Mythos, der besagte, ›Früh reif, früh verfault‹«, erklärt Robert Sears von der Stanford University, der die Forschungsarbeiten nach Termans Tod 1956 fortführte, in einem Interview mit Carole Rafferty von *The New York Times*. »Wenn man ein sehr kluges Kind war, ein Genie, war man mit dem Stigma behaftet, später verrückt zu werden.«

Termans ehrgeiziges Ziel war, den Werdegang dieser Kinder ihr Leben lang zu verfolgen, in periodischen Abständen Aufzeichnungen fortzuschreiben über ihre Befriedigungen, Hoffnungen, Erfolge und Enttäuschungen, ihre Religion und politischen Einstellungen, ihre Ehen, Krankheiten, emotionale Entwicklung, Familiengeschichte, Karrieren und Kinder. Nunmehr in ihrer achten Dekade – und wahrscheinlich letzten, da nur wenige der Versuchspersonen sie überleben dürften – ist die Terman-Studie über die Sonderbegabten die längste psychologische Studie, die jemals durchgeführt wurde. Das Durchschnittsalter der verbliebenen Versuchspersonen – als die »Termiten« bekannt geworden – liegt inzwischen über achtzig, so daß im Mittelpunkt der Untersuchungen derzeit ihr Altern steht.

Als die Terman-Versuchspersonen in ihren Fünfzigern waren, konnten die Daten so manche falschen Thesen widerlegen. Sie verdienten viermal mehr als der Durchschnittsamerikaner. Viele der verheirateten Mütter unter den Versuchspersonen sagten, hätten sie noch einmal die Wahl und könnten ganz von vorne anfangen, würden sie sich für eine Karriere entscheiden.

Die Namen der »Termiten« wurden nie veröffentlicht, aber Professor Sears, selbst eine der Versuchspersonen der Terman-Studie, sagt, daß zu der Gruppe ein prominenter Filmemacher aus den 1950er Jahren gehörte, drei Kinderfilmstars aus den 1920ern, ein Atomwissenschaftler, zwei Dutzend medizinische »Spitzen«-Wissenschaftler, acht Berufungsrichter, ein erfolgreicher Science-fiction-Autor und eine Metallurgin. Zwei Versuchspersonen hatten irgendwann einmal Sozialhilfeleistungen in Anspruch genommen – und keine von ihnen hatte einen Nobelpreis gewonnen.

Finden Sie sich selbst

Sie haben ein besonders intelligentes Kind:

Als Vater eines ungewöhnlich intelligenten Kindes sind Sie wahrscheinlich, im Vergleich zu der Mehrzahl der übrigen Männer, intelligenter, unabhängiger, reservierter, selbstsicherer und nervöser. So lautet das Fazit einer Studie von 62 Eltern besonders begabter Kinder, die einen Standardpersönlichkeitstest, die *16-Punkte-Persönlichkeitsfaktoren-Analyse* (16 Personality Factor Questionnaire) absolvierten.

Sofern Sie die Mutter dieses besonders begabten Kindes sind, so sind auch Sie, analog dieser Untersuchung, wahrscheinlich intelligenter und unabhängiger als die meisten Frauen, aber auch gewissenhafter und beständiger, und Sie zeichnen sich durch eine kalkuliertere und kontrolliertere Lebenseinstellung aus.

Als Paar gesehen, sind Sie im Vergleich zur übrigen Bevölkerung wahrscheinlich intelligenter als die meisten anderen Paare, prinzipientreuer, selbstsicherer, unabhängiger, selbstkontrollierter und beständiger. [Fell, Dahlstrom, Winter]

Im Vergleich zu seinen Klassenkameraden ist Ihr Kind eher ein Pessimist. Aber Ihr Kind ist, gemäß dieser Untersuchung von besonders begabten Fünft- und Sechskläßlern einer südlich gelegenen Stadt auch eher in der Lage, Probleme vorherzusehen und entsprechende Lösungen zu finden.

Zwei Schulpsychologen hatten die Kinder gebeten, Prognosen abzugeben, »ob unser Leben in fünfzig Jahren besser oder schlechter sein wird«, und ihre Meinung zu begründen. Mehr als die Hälfte der begabten Schüler und Schülerinnen äußerten Bedenken hinsichtlich der zukünftigen Entwicklungen der Kriminalität und Inflation, sie sahen Nahrungsmittelknappheiten und Knappheiten natürlicher Ressourcen voraus; eine ähnlich pessimistische Sicht war nur bei 28 Prozent der weniger begabten Kinder erkennbar. Als nächstes wurden den Kindern zwanzig weitere mit ja oder nein zu beantwortende Fragen gestellt wie: »Im Jahr 2000 wird jeder, der arbeiten möchte, auch einen Arbeitsplatz finden.« Auch hier wiederum neigten die hochintelligenten Schüler und Schülerinnen zu einer pessimistischen

Sicht, vor allem in Fragen der Luftverschmutzung, Kriminalität und Qualität der Schulen. Schließlich wurden die Kinder gefragt, welche Konsequenzen sich möglicherweise aus den verschiedensten zukünftigen Entwicklungen ergeben könnten. So lautete beispielsweise eine Frage: »Was wäre, wenn jeder Mensch, der auf die Welt käme, exakt 100 Jahre alt würde?« Die Antwort eines »durchschnittlich« klugen Kindes war: »Die Bevölkerung wird schlechter« – ohne jeden weiteren Zusatz. Demgegenüber zeigten die sonderbegabten Kinder eher mögliche Lösungen auf – etwa: »Weil es mehr alte Menschen gibt, werden wir mehr Altenheime benötigen.«

In einem wichtigen Punkt ähnelten die begabten Kinder den meisten Erwachsenen (gestützt auf zahlreiche Meinungsumfragen und Erhebungen): Eine pessimistische Sicht der globalen Entwicklungen und eine optimistische Sicht der eigenen Zukunft. [George, Gallagher]

Ihr IQ ist so hoch, daß Sie als »Supergenie« gelten:

Während 140 nach dem Stanford-Binet-Intelligenztest allgemein als Schwellenwert zum Genie betrachtet wird, dürften Sie mit Ihren 180 oder mehr schon fast die Spitze der Pyramide erreicht haben. Wenn 40 Punkte der entscheidende Sprung zwischen der »Norm« von 100 und dem »Genie«-Wert von 140 sind, was bedeuten dann die 40 oder mehr Punkte für Sie?

Das war die Frage, die sich ein Forscher stellte, und er hoffte, anhand der Langzeitstudie, die Lewis Terman 1921 mit ursprünglich 1528 Elfjährigen an der Stanford University begonnen hatte, eine Antwort zu finden. Sechzig Jahre später, 1981, analysierte David Feldman von der Tufts University die Daten von 26 Überlebenden der ursprünglichen Terman-Gruppe, die die höchsten IQ-Werte, 180 und darüber, erreicht hatten, und verglich diese mit 26 »normalen« Genies, deren Werte sich zwischen 140–150 bewegten. Was er feststellte, war, daß es kaum einen Unterschied zwischen einem Super- und einem normalen Genie gibt. In den Bereichen Ehe, Familie und engere Beziehungen waren aus den Lebensdaten keinerlei auffallende Differenzen erkennbar. In der Frage beruflicher Erfolge hatten beide Gruppen mehrheitlich nennenswerte Karrieren gemacht. Die in beiden Gruppen erkennbaren nuancierten Karriereunterschiede klassifizierte Feldman als »herausragend« bei den einen und »relativ erfolgreich« bei *allen* übrigen Männern (ein Vergleich der Frauen fehlt, weil es nicht genügend Überlebende gab). Feldman kam zu dem Schluß, daß der IQ als zuverlässiger Indikator absehbarer schulischer Leistungen allgemein anerkannt sei, für die Vorhersage beruflicher und allgemeiner Lebenserfolge sei er jedoch nur »bedingt tauglich«. [Feldman]

Über diese leistungs- und erfolgsspezifischen Ergebnisse Feldmans hinaus sichtete James R. Flynn, ein neuseeländischer Politikwissenschaftler, IQ-Daten aus vierzehn Ländern, darunter Großbritannien, Japan, Frankreich, die Niederlande, Kanada und die Vereinigten Staaten. Seine erste überraschende Entdeckung war, daß die IQ-Werte von einer Generation zur nächsten einen »massiven« Anstieg zeigten. Innerhalb einer Generation (30 Jahre) lag die durchschnittliche Steigerung bei 15 IQ-Punkten. Wenngleich eine abschließende Erklärung fehlt, so wird doch vermutet, daß die Ursache in der verbesserten Schulbildung, verbunden mit dem umfassenderen geistigen Training zu suchen ist.

Diese Entdeckung veranlaßte Flynn, die Frage möglicher Konsequenzen aus diesem Gewinn aufzuwerfen. Wenn die traditionelle IQ-Sicht korrekt ist, mutmaßte Flynn, »müßte eine Generation mit einer massiven Steigerung die vorhergehenden eigentlich radikal übertreffen«. Dafür waren jedoch keinerlei Anzeichen erkennbar. Im Vergleich zu 1952 leben, zum Beispiel, in den Niederlanden heute fast sechzigmal mehr »Genies« (IQ von über 150). Eine von Flynn angeführte kürzlich veröffentlichte Studie zeigt demgegenüber keine nennenswerte Steigerung an Erfolgsleistungen im Bereich der wissenschaftlichen Forschung. Im Gegenteil, bei der Zahl der jährlich zugelassenen Patente war sogar ein Rückgang um ein Drittel zu verzeichnen. Insofern mißt Flynn den Generationenunterschieden auf den höheren Intelligenzebenen kaum eine Bedeutung bei. [Flynn]

Sie sind ein außergewöhnlich erfolgreicher Manager:

Sie haben wahrscheinlich einen mittelhohen oder auch etwas darüber liegenden IQ, er ist jedoch nicht das ausschlaggebende

Moment, das Sie von anderen, nicht so erfolgreichen Managern unterscheidet. Ausschlaggebend für Ihren Erfolg scheint vielmehr eine Frage des Stils, Probleme anzugehen und Entscheidungen zu finden, zu sein – eine subtile, aber zugleich komplexe Kombination von Denk- und Verhaltensstrukturen, die mit dem IQ nichts zu tun hat. Bezeichnend für diese Komplexität ist, den Forschungen Siegfried Streuferts vom Pennsylvania State University College of Medicine zufolge, unter anderem die Fähigkeit, strategisch zu planen, ohne sich auf einen einseitigen Verlauf der Ereignisse zu versteifen; außerdem die Fähigkeit, eine Fülle entscheidungsrelevanter Informationen einordnen und bewältigen zu können, ohne das Gefühl zu haben, davon erschlagen zu werden; und schließlich die Fähigkeit, inmitten sich schnell verändernder Ereignisse im Gleichgewicht zu bleiben, ohne dabei den Blick dafür zu verlieren, inwieweit diese Ereignisse sich gegenseitig beeinflussen. Die meisten Manager zeichnen sich zweifelsohne nicht durch derartige komplexe Denkweisen aus. Eher vorsichtig nähern sie sich Problemen, als ob diese isoliert voneinander zu betrachten seien, und oft haben sie nur ein einziges primäres Ziel vor Augen, etwa die zu erreichende Profitspanne. Sie sind in der Regel aber nicht diejenigen, die den Sprung an die Spitze schaffen. [Streufert]

Sie sind kurzsichtig:

Haben Ihre dicken Brillengläser dazu geführt, daß Sie als »Klugscheißer« verspottet werden?

Gut möglich, daß Ihre Spötter damit recht haben. Zwei Augenärzte testeten 157748 israelische Armeerekruten im Alter zwischen siebzehn und neunzehn Jahren und stellten eine signifikante Korrelation zwischen Kurzsichtigkeit und einem hohen IQ fest. In den *Archives of Ophthalmology* der American Medical Association berichteten sie, daß von den Rekruten mit einem IQ von mindestens 128 (der durchschnittliche IQ ist 100) 27,3 Prozent kurzsichtig waren. Diesem Wert steht eine allgemeine Rate von 15,8 Prozent der Rekruten gegenüber, die auf beiden Augen kurzsichtig waren (über mittellange Distanzen nicht klar sehen konnten). Von denjenigen mit einem IQ von 80 oder darunter waren nur 8 Prozent von Kurzsichtigkeit betroffen.

Zu vergleichbaren Ergebnissen gelangte eine mit achtzehnjährigen Rekruten in Dänemark durchgeführte Studie, die von Forschern der Kopenhagener Universität und dem dänischen Myopie-Forschungsinstitut unternommen wurde. [Rosner, Belkin, israelische Studie; Teasdale, dänische Studie]

Sie sind eine Frau und kennen Ihren IQ-Wert nicht:

Wenn Sie Ihren IQ schätzen sollten, würden Sie ihn aller Wahrscheinlichkeit nach unterschätzen. Bei vielen Männern ist das nicht anders, aber bedeutend seltener als bei Frauen, und wenn sie ihn unterschätzen, so ist bei ihnen die tatsächliche Differenzspanne geringer.

Im Vergleich zu einem Mann ist es bei Ihnen doppelt wahrscheinlich, daß Sie einem Fremden einen höheren IQ als sich selbst zuschreiben.

Mit kaum anzuzweifelnder Sicherheit messen Sie Ihrem Vater einen höheren IQ als Ihrer Mutter bei – ein Zug, mit dem Sie nichts von den Männern unterscheidet. Zudem vermuten Sie, wie buchstäblich alle Männer, bei Ihrem Vater einen höheren IQ als bei sich selbst.

Nach Meinung des Forschers ist diese bei Amerikanerinnen extrem ausgeprägte Tendenz (eine *ungebrochene* und *bleibende* Tendenz, wie die Studie überdeutlich zeigt), ihre eigene Intelligenz unterzubewerten, sie »in die lange Liste« vermeintlicher Defizite »der amerikanischen Frauen einzureihen«, eine Liste, die sowohl durch Vorurteile der Frauen selbst als auch seitens der Gesellschaft entstanden ist. Er zitiert P. L. Berger aus *Einladung zur Soziologie*: »Das Furchtbarste, was Vorurteile Menschen antun können, ist, daß sie werden, was man in sie hineinsieht.«

Diese Schlußfolgerungen sind das Ergebnis außergewöhnlich umfangreicher Studien – insgesamt elf Einzeluntersuchungen, die zwischen 1973 und 1976 in Louisiana und Tennessee mit 881 Männern und 1021 Frauen, alle Weiße, durchgeführt wurden. Davon waren 479 High School-Studenten und Studentinnen, 1311 College-Studenten und Studentinnen und 112 nichtstudierende Erwachsene. Im Rahmen eines längeren Fragenkatalogs wurde den Versuchspersonen die Frage gestellt: »Ausgehend von einem nationalen durchschnittlichen IQ von 100, wie schätzen Sie Ihren eigenen IQ-Wert?« [Hogan]

Sie sind homosexuell:

Sie haben wahrscheinlich einen höheren IQ als eine heterosexuelle Person, die einen Ihnen vergleichbaren Lebenshintergrund hat – es sei denn, Sie fallen in die Gruppe der Homosexuellen, die aufgrund homosexueller Verhaltensweisen schon einmal inhaftiert waren. Das ist das Fazit von insgesamt vierzehn Studien, im Rahmen derer Homosexuelle mit Heterosexuellen in gleichgelagerten Lebenssituationen und die Intelligenzquotienten beider Gruppen verglichen wurden. Typische homosexuelle und heterosexuelle Auswahlgruppen waren: 50 Homosexuelle, zu denen der Kontakt über Freunde hergestellt worden war, versus 50 verheiratete Personen; 35 homosexuelle studentische Aktivisten versus 35 Universitätsstudenten im ersten Studienjahr; 85 Homosexuelle und Transsexuelle, die Behandlung suchten, versus 85 verheiratete Männer ohne Spermaanomalien, die wegen ehelicher Sterilität eine Behandlung suchten; 100 wegen homosexueller Handlungen verurteilte Gefangene versus 100 wegen anderer als homosexueller Vergehen verurteilte Gefangene, und zahlreiche andere Vergleichsgruppen. Die Gesamtanalyse kommt zu dem Schluß: »Die Mehrzahl der Studien zeigte bei den homosexuellen Versuchsgruppen höhere Werte als bei den eher heterosexuellen Kontrollgruppen, und *sämtliche Ausnahmen* zu diesem Trend konzentrieren sich auf eine Untergruppe: Gefangene.« [Weinrich]

Sie kennen eine attraktive, kultivierte, klassisch gekleidete, charmante, sogar verführerische Frau, die in psychotherapeutischer Behandlung ist – eine Therapie, die nichts bewirkt:

Das ist nicht alles. Ihr Therapeut kann deutliche Symptome von Hysterie, Angstzuständen, Depressionen, Schizophrenie oder Persönlichkeitsstörungen festgestellt haben. Möglicherweise verabreichte ihr der Arzt Antidepressiva, Tranquilizer oder behandelte sie mit Elektroschocks, und dennoch gehen ihre Reaktionen nicht über die auf eine konventionelle »Gesprächstherapie« hinaus.

Wo der Arzt vielleicht versagte, was möglicherweise alles übrige erklärt, war, daß er sie keinen IQ-Test absolvieren ließ (was kaum ein Therapeut bei einem Patienten macht). Zu diesem Ergebnis kamen zwei australische Therapeuten, der Psychiater Norman Gold und die Psychologin Julie Shaw, beide an der Malvern Clinic, einer großen psychiatrischen Klinik nahe Melbourne, tätig. Gold und Shaw identifizierten sechzehn Frauen, auf die die zuvor beschriebene Kombination von Merkmalen zutraf – das typische Outfit der Erfolgreichen, verknüpft mit einem Oberschichtwerte vermittelnden Selbstausdruck auf der einen, und das anhaltende – von den beiden Klinikern so bezeichnete – »therapeutische Versagen« auf der anderen Seite. Auf Verdacht hin veranlaßten Gold und Shaw, die sechzehn therapieresistenten Patientinnen einen IQ-Test machen zu lassen, an dessen Ende festgestellt wurde, daß deren Werte sich zwischen 69 und 88 bewegten. Diese intellektuell funktionsgestörten Frauen blieben, so die Forscher, aufgrund ihrer physischen Attribute, ihres Charmes und ihres »richtigen« Verhaltens »gesellschaftlich schadlos«. Die geringe Intelligenz der Frauen, sagen Gold und Shaw, »war der unerkannte, aber alles entscheidende Faktor bei der Fehldiagnose und Fehlbehandlung«.

Was kann für sie getan werden? Was sie am dringendsten benötigen, meinen Gold und Shaw, ist, Ihnen zu helfen, realistische Ziele zu setzen und ihre Familien zu realistischen Erwartungen und entsprechenden Unterstützungen anzuleiten. [Gold, Shaw]

Sie wissen um die Beweislast, daß Intelligenz zumindest teilweise eine genetische Frage ist. Sie wissen auch, daß der durchschnittliche IQ bei einigen rassischen Gruppen in Amerika niedriger als bei anderen rassischen Gruppen ist – und Sie empfinden die sich aus diesen Forschungen ergebenden möglichen Implikationen als belastend:

Ein Gegengewicht zu dieser genetischen Seite der rassenspezifischen Erkenntnisse könnten sicherlich Erkenntnisse über umwelt-, lebensspezifische Hintergründe bilden. Ein gleichermaßen interessanter wie gewichtiger Beweis ist verfügbar:

Der Sozialpsychologe Richard Lynn präsentierte im *British*

Journal of Social and Clinical Psychology umfangreiches Datenmaterial, das für Großbritannien, wo rassenspezifische Vererbungen kein definierbarer Faktor sind, erhebliche regionale Unterschiede in bezug auf den durchschnittlichen IQ aufzeigte. Der nach den Erhebungen ermittelte durchschnittliche IQ-Wert war in London und im Südosten Englands am höchsten, und er fiel mit zunehmender Entfernung aus dieser Region. Die Entfernung zu London ist jedoch nicht der einzige Faktor. Der durchschnittliche IQ korreliert ebenfalls in starkem Maße mit dem durchschnittlichen Pro-Kopf-Einkommen, der Arbeitslosenquote, der Kindersterblichkeitsrate, dem Grad der Urbanisierung sowie mit den schulischen Leistungen. »Diese regionalen Unterschiede in bezug auf den Durchschnitts-IQ der Bevölkerung scheinen«, so Lynns Theorie, »auf historische, bis in das Jahr 1751 zurückreichende Unterschiede und selektive Migrationen aus den Provinzen in den Großraum Londons zurückzuführen sein.« [Lynn, britische Studie]

Ihr Gedächtnis

Ihr sechzigster Geburtstag liegt hinter Ihnen, und Sie haben das Gefühl, daß Ihre geistigen Fähigkeiten nachlassen:

Korrekter wäre vielleicht, daß Sie Ihre geistigen Fähigkeiten vernachlässigen. Eine Kapazität auf dem Gebiet des Alterns, K. Warner Schaie von der Pennsylvania State University, veröffentlichte nunmehr das Ergebnis seiner achtundzwanzigjährigen Studie, die 4000 Personen erfaßte, und das da lautet, daß Erwachsene ihren Scharfsinn infolge einer relativen langfristigen Nichtbeanspruchung ihres Intellekts verlieren – daß geistige Fähigkeiten aber wiederhergestellt und geschärft werden können.

»Nach einer gewissen Zeit«, sagt Dr. Schaie, der die Studie zusammen mit Sherry L. Willis durchführte, »sieht man sich einfach nicht mehr genötigt, bewußt etwas für das Hirn zu tun und es zu trainieren. Es ist genauso wie bei der körperlichen Beweglichkeit: Sobald man nichts mehr dafür tut, rostet man ein.«

Schaie demonstrierte das Problem, indem er Tutorensitzungen für alternde Personen anberaumte, bei denen er bestimmte intellektuelle Leistungsschwächen diagnostiziert hatte – Verfallserscheinungen, die von Person zu Person in unterschiedlichen Bereichen auftreten. Als Ergebnis stellten sich bei etwa zwei Drittel der Personen, die in ihrem räumlichen Wahrnehmungsvermögen, im Bereich der Problemlösungen sowie in ihren rechnerischen und verbalen Fertigkeiten nachgelassen hatten, deutliche Verbesserungen ein. Beeindruckender vielleicht noch, daß 40 Prozent sich soweit wiederherstellen konnten, daß sie neuerlich ihr vierzehn Jahre zuvor ermitteltes Testwertniveau erreichten. Hiervon ausgenommen sind natürlich Opfer der Alzheimer Krankheit oder anderer degenerativer Störungen.

Frauen lassen in ihrer Denkschärfe früher als Männer nach, wie Schaie beobachtete. Er erklärt dies mit der bei älter werdenden Frauen ausgeprägteren Tendenz, in geistige Untätigkeit zu verfallen, denn bei den Tutorensitzungen waren die Frauen diejengen, die am meisten davon profitierten.

»Bis in die Sechziger hinein kann von einem Nachlassen geistiger Fähigkeiten nicht die Rede sein«, sagt Schaie. »Daraus leiten sich wichtige politische Implikationen für eine anders geartete Behandlung älterer Menschen ab. Vielleicht sollten wir als Konsequenz dessen mehr Mittel für Weiterbildungsmaßnahmen gezielt für das letzte Drittel eines Arbeitslebens bereitstellen.«

Die Ergebnisse dieser Schaie-Willis-Untersuchungen sind deckungsgleich mit anderen, die zeigen, daß bestimmte geistige Fähigkeiten, insbesondere ein gesundes Urteilsvermögen, sich noch über das Alter von sechzig Jahren hinaus verbessern lassen, selbst wenn andere Fertigkeiten infolge von Nichtbeanspruchung nachlassen. [Schaie, Willis]

Sie sorgen sich, daß Ihr Gedächtnis Sie im Stich läßt – oder nicht richtig funktioniert:

Fast jeder glaubt das, und fast jeder übertreibt das Problem.

»Die meisten Menschen glauben, ein wesentlich schlechteres Gedächtnis zu haben als es tatsächlich erkennbarerweise ist, wenn man hingeht und sie beobachtet«, sagt ein Psychologe der Emory University, Ulric Neisser, der sich zusammen mit dem Psychologen Douglas Herrmann vom Hamilton College diese Mühe machte. Um festzustellen, welche Vergeßlichkeiten es sind, die den meisten am häufigsten Sorge bereiten, untersuchten sie zweihundert Personen. Vor allem anderen wurden genannt:

- Jemanden in gesellschaftlichem Kontext kennenzulernen und, nur Minuten später, sich nicht mehr an den Namen der Person erinnern zu können.
- Unter dem nachhaltigen Eindruck eines Traums aufzuwachen, aber außerstande sein, sich auch nur an ein einziges Detail erinnern zu können.
- Sich ganz bewußt vorzunehmen, die Heimfahrt während eines Gespräches anzusprechen, es dann aber doch, im Laufe des Gespräches zu vergessen.

Weniger häufig auftretende, aber bisweilen ebenso leidige Vergeßlichkeiten sind, irgendwo gewesen zu sein und vergessen zu haben, etwas mitzunehmen, von dem man wußte, daß man es brauchte, oder absolut keine Vorstellung vom aktuellen Datum zu haben, so daß man jemanden fragen muß.

Die populäre Vorstellung vom graduellen und kontinuierlichen Gedächtnisverlust wird von den Untersuchungen Harry Bahricks, eines Psychologen der Ohio Wesleyan University, widerlegt. »Wenn man fünf Jahre etwas behält«, so Dr. Bahricks Fazit, »behält man es, wie es scheint, auch weitere fünfundzwanzig Jahre.« Gestützt ist sein Ergebnis auf Untersuchungen von eintausend Personen, die an der High School oder am College Spanisch studiert hatten. Natürlich beherrschten sie ein Großteil dessen, was sie einmal gelernt hatten, nicht mehr, aber das meiste davon hatten sie bereits in den ersten drei bis fünf Jahren nach Abschluß ihres Studiums vergessen, während es im Laufe der folgenden fünfundzwanzig Jahre wenig war, das sie noch vergaßen.

Eine bestimmte Art der Erinnerung scheint dem Zahn der Zeit gegenüber besonders resistent zu sein. Dr. Bahrick stellte fest, daß die Betroffenen sich noch fünfunddreißig Jahre nach ihrem Abschluß in 90 Prozent der Fälle an die Namen und Gesichter ihrer Klassenkameraden an der High School erinnerten. Fünfzig Jahre nach ihrem Abschluß lag die Präzision, mit der sie Namen und Gesichter identifizierten, noch zwischen 70 und 80 Prozent. Ehemalige Professoren erinnerten sich mit fünfundsiebzig Jahren ebensogut an ihre früheren Studenten wie Professoren, die mit sechsunddreißig Jahren dahingehend getestet worden waren.

Bestimmte Erinnerungsbereiche verbessern sich mit zunehmendem Alter, vor allem wohl, weil der Reifeprozeß Vertrauen auf die Hilfe des Gedächtnisses lehrt. John Harris von der Cambridge University untersuchte, wie gut Personen sich daran erinnerten, eine Vereinbarung, zu einer bestimmten Zeit mit jemandem zu telefonieren, einzuhalten. Bei College-Studenten war die Wahrscheinlichkeit, es zu vergessen, vierzehnmal größer als bei Fünfundsechzig- bis Fündundsiebzigjährigen. Er fand, daß junge Leute »großspurig« mit ihrem Gedächtnis umgingen, was dann vielleicht auch erklärt, warum es sie im Stich läßt. »Bei denjenigen, die auf ihr Erinnerungsvermögen bauen und Kommentare abgeben wie ›Ich habe meine innere Uhr‹, sind«, so Harris, »Tendenzen erkennbar, daß sie eher eine Vereinbarung oder Verabredung verpassen.«

Personen, die in bezug auf ihre Gewohnheiten und ihr Umfeld Wert auf Ordnung legen, haben im allgemeinen weniger Gedächtnisprobleme als solche, die ein weniger geordnetes und ordentliches Leben führen. »Wir strukturieren unser Umfeld in weiten Teilen so, daß es als eine Gedächtnisstütze fungiert«, erklärt Donald Norman, Psychologe an der University of California in San Diego und Spezialist auf dem Gebiet des Erinnerungsvermögens. »Indem Dinge so angeordnet und plaziert werden, daß sie zu den individuellen Gewohnheiten passen, entsteht so etwas wie eine natürliche Karte der jeweils individuellen Welt. Passen sie nicht, so daß eine Lücke entsteht zwischen dem, wo die Dinge sind und wofür Sie sie benötigen, ist die Wahrscheinlichkeit größer, daß das Gedächtnis versagt.«

Aus Normans Sicht hat diese »natürliche Karte« in einer Welt einer zunehmend komplexeren Technologie weitreichende Konsequenzen für Produktdesigner und Erfinder. »Zu den Grundregeln eines guten Designs gehört, daß der Verbraucher sofort erkennt und weiß, wie ein Artikel zu gebrauchen ist, ganz gleich, ob es sich dabei um einen Mixer oder einen Computer handelt. Ich fahre einen recht flotten europäischen Wagen mit 112 verschiedenen Kontrolltasten, wenn man alle

Tastknöpfe des Radios, der Fenster und so weiter mitrechnet. Als ich ihn in der Fabrik abholte, setzte sich ein Verkäufer neben mich und zeigte mir alles nur einmal. Das genügte. Das ist gutes Design. Was ich dagegen immer noch nicht behalten kann, ist, wie ich die technischen Möglichkeiten meines Telefons voll nutzen kann, etwa das Speichern von Rufnummern. Das Design hat nichts, was meine Erinnerung stützt.« [Goleman]

Ihr Gedächtnisverlust kann auch real und auf eines der am häufigsten verschriebenen Medikamente – Valium (Wirkstoff: Diazepam) zurückzuführen sein. Dieser Tranquilizer, oft als Schlafmittel und/oder zur Muskelentspannung verabreicht, hat, so wurde festgestellt, spezielle Auswirkungen auf das Erinnerungsvermögen. Er beeinträchtigt nicht die Erinnerung an das Spanisch, das Sie auf der High School lernten, noch daß Sie sich daran erinnern, daß heute Dienstag ist und daß Sie dienstags nachmittags Ihre Mutter anrufen. Er scheint jedoch die Erinnerung daran zu verwischen oder zu beeinträchtigen, was Sie unmittelbar vor Einnahme des Medikamentes lernten oder erfuhren beziehungsweise während Sie unter seinem Eindruck stehen.

Steven Mewaldt von der Marshall University, verantwortlich für eine Reihe dieser Studien, schließt aus, daß die gedächtnisblockierende Wirkung von Diazepam etwa dem Umstand zugeschrieben werden könnte, daß die Konsumenten zu »gedämpft« seien, um sich die Mühe zu machen, sich zu erinnern. Die von ihm gewählten Testmethoden schließen diese Möglichkeit aus. Mewaldt konnte den Beweis erbringen, daß Diazepam hemmend auf einen Neurotransmitter, als GABA bezeichnet, wirkt, dem eine biochemische Schlüsselrolle im Rahmen des Erinnerungsvermögens beigemessen wird.

»Sofern Diazepam als Schlafmittel genommen wird«, sagt Dr. Mewaldt, »dürfte (die gedächtnisblockierende Wirkung) bis zum Aufwachen am Morgen verschwunden sein. Bedenklicher ist jedoch, wenn es tagsüber genommen wird ... Ich weiß von Studenten, die Diazepam als Beruhigungsmittel in der Phase der Examensvorbereitungen nehmen, was mit Sicherheit kontraproduktiv ist.« [Mewaldt]

Sie wissen, Sie haben ein zuverlässiges Gedächtnis und vertrauen darauf:

Sehr gut möglich, daß Sie sich etwas vormachen.

»Die meisten Menschen wären erstaunt zu erfahren, wie trügerisch ihr Gedächtnis ist – selbst mit Blick auf solche Erinnerungen, derer sie sich absolut sicher sind«, versichert David C. Rubin, Psychologe der Duke University und Gedächtnisforscher, der für die Cambridge University Press *Autobiographical Memory* herausgab. »Es sind offensichtlich die Erinnerungen an die eine Person prägende Lebensphase, die am lebendigsten sind: erstes Rendezvous, Ehe, Beruf, Kind. Nicht, daß das Leben von 40 bis 55 langweiliger als von 20 bis 35 wäre, die Muster sind jedoch stabiler, gleichförmiger, so daß weniger in der Erinnerung haften bleibt.«

Personen, die die mittleren Lebensjahre überschritten haben, neigen, wie Rubins Forschungen zeigen, dazu, sich an mehr Vorfälle aus ihrer Jugend und ihrem frühen Erwachsenenalter als aus der jüngeren Vergangenheit zu erinnern. Aber das Gedächtnis ist noch in ganz anderer Hinsicht selektiv. Das veranschaulichte eine weitere Studie, durchgeführt von Lee Robbins, einem Soziologen aus dem Fachbereich der Psychiatrie an der Washington University in St. Louis. Robbins beschäftigte sich mit den Aufzeichnungen über die frühe Lebensgeschichte von 310 Erwachsenen, deren Kindheit so problematisch verlaufen war, daß sie in einer psychotherapeutischen Kinderklinik hatten behandelt werden müssen. Dreißig Jahre nach dieser Behandlung konnten Forscher im Rahmen einer Untersuchung dieser Erwachsenen feststellen, daß diejenigen, die gut angepaßt waren und gut in ihrem Leben zurechtkamen, weniger Erinnerungen an ihre schmerzhaften Kindheiten als die Personen hatten, die nach wie vor von psychischen Problemen betroffen waren. Diejenigen, die inzwischen angepaßt sind, meint Robbins, »möchten auf ihr Leben zurückblikken, als ob es immer so gewesen wäre«. Seine Studie wurde im *American Journal of Orthopsychiatry* veröffentlicht.

Die Gedächtnisselektion funktioniert jedoch in beide Richtungen, verdeutlicht Robbins. So fördere zum Beispiel Schmerz in der Regel unsere Erinnerungen an Schmerz. So zeigte eine Studie, daß Arthritis-Patienten eher als Personen, die nicht von dieser Krankheit betroffen sind, sich an Einzelheiten erinnern, wie ein Elternteil unter dieser Krankheit litt. Verblüffender sind möglicherweise noch die Forschungsergebnisse von Gordon Bowers und anderen von der Stanford University, wonach depressive Personen sich, im Vergleich zu glücklichen Menschen, leichter an traurige Vorkommnisse erinnern – und umgekehrt, glückliche Menschen leichter an glückliche Ereignisse.

Ein Psychotherapeut, so verdeutlicht Dr. Robbins das Problem, »muß sich in starkem Maße auf die Fähigkeit seiner Klienten verlassen, von ihrer Vergangenheit zu erzählen. Dem entgegen steht jedoch, daß ihre Antworten womöglich stark durch ihre gegenwärtige Sicht gefärbt sind. Und je vager die Frage – zum Beispiel: ›Wie glücklich war Ihre Kindheit?‹ –, desto mehr sind Ungenauigkeiten in der Antwort vorprogrammiert.«

Theodore Shapiro, Professor der Psychiatrie an der Cornell Medical School, fügt dem hinzu: »Zwar handelt es sich bei einem Großteil des Vergessens um einfaches Vergessen, eine Faustregel ist jedoch, je psychodynamisch wichtiger eine Erinnerung ist, desto größer ist die Wahrscheinlichkeit, daß sie verzerrt oder vollends vergessen wird.« [Goleman]

Ihre Kreativität

Kreativität ist eines der Zauberworte, dennoch weiß niemand so recht, wie es zu definieren ist. Kreativität ist etwas, das Eltern für ihre Kinder ersehnen. Lehrer sprechen voller Bewunderung von Schülern, die sie haben, nichtsdestoweniger sind es oft gerade diese Kinder, die als erste wegen regelwidrigem Verhalten zum Direktor geschickt werden. Oft wird Kreativität mit dem definiert, was sie nicht ist. Und seit Beginn der 1950er Jahre, als Kreativität erstmals zum Gegenstand wissenschaftlicher Forschungen avancierte, kristallisierte sich zunehmend zumindest das heraus, was sie nicht ist, nämlich Intelligenz – oder wenigstens nicht identisch mit den per IQ-Test gemessenen geistigen Fertigkeiten ist.

Personen, die bei Tests zur Messung der Kreativität hohe Werte erzielen, erreichen für gewöhnlich auch bei IQ-Tests hohe Punktwerte. Umgekehrt trifft dies jedoch nicht zu. Ein hoher IQ signalisiert mitnichten ein gutes Abschneiden bei einem Kreativitätstest.

Kreativität ist Robert M. Goldenson in *The Encyclopedia of Human Behavior* zufolge »eine Form des Denkens, das gezielt auf die Entdeckung neuer Lösungen zu Problemen, neuer Techniken und Einrichtungen oder neue künstlerische Ausdrucksweisen gerichtet ist«. Im Unterschied dazu spricht er von dem »geschlossenen System« des Alltagsdenkens, das »vornehmlich Problemen gewidmet ist, die anhand der bereits verfügbaren Informationen und durch Anwendung geltender Regeln gelöst werden können«. So hilft uns diese Form des allgemein analytischen Denkens, beispielsweise, einen Rasenmäher zu reparieren, ein Ablagesystem zu organisieren oder eine Werbekampagne zu planen. Hin und wieder benötigen wir aber ein »offenes System«-Denken, das keine feststehenden Regeln kennt: um eine Erfindung, ein Design, eine Geschichte oder einen pfiffigen Witz oder, am schwierigsten vielleicht, eine neue Theorie zu »kreieren«. Niemand kennt wirklich jene Elemente des Genies, die Charles Darwin, Jahre nach Sammlung der Daten, mit seiner Evolutionstheorie, gestützt auf das Prinzip der natürlichen Selektion, explodieren ließen. Alle Welt bewundert und verehrt Beethoven und Shakespeare, aber wir wissen nur sehr wenig darüber, wie sie ihre Werke »ausdachten«.

Wenn von Darwins »Explosion« die Rede ist, heißt das nicht, daß seine Theorien einfach aus dem Nichts entstanden. »Um kreativ zu sein«, sagt Howard Gruber, Autor von *Darwin on Man: A Psychological Study of Scientific Creativity* und Biograph Jean Piagets, »muß man viel wissen und spezielle Fertigkeiten kultivieren. Darwin studierte acht Jahre lang Gänse, und so gelang es ihm, mehr über sie zu wissen als irgendwer sonst. Leonardo zeichnete Tausende von Händen ... Die treffendste Verallgemeinerung zu jedem kreativen Leben ist, daß man hart und wahrscheinlich lange arbeiten muß. Natürlich, was anderen schwerfiele, fällt Ihnen leicht. Freeman Dyson, der Physiker, beschreibt, wie er als Jugendlicher die Differentialrechnung entdeckte und den ganzen Sommer wie ein Verrückter arbeitete und jedes Problem in einem großen Rechenlehrbuch löste ... Für den kreativen Menschen ist die Arbeit das größte Vergnügen. Zu beachten ist schließlich, daß Darwin sagte, er lese Malthus ›zum Vergnügen‹.«

Der beste Weg, etwas mehr Klarheit in dieses verworrene Thema zu bringen, ist vielleicht zu umreißen, was bei den modernen Kreativitätstests auf den Prüfstand kommt. Ein solcher Maßstab, J. P. Guilford's Southern California Tests of Divergent Production, ist beispielsweise in folgende Einzeltests untergliedert:

Wortgewandtheit. Bei dieser Testaufgabe muß die Versuchsperson innerhalb einer festgelegten Zeit so viele Worte wie möglich schreiben, Worte, die etwa ein *s* oder ein *w* enthalten, mit einer bestimmten Vorsilbe beginnen oder sich mit *Buch* reimen. Die bei dieser Aufgabe erzielten Werte korrelieren, wie festgestellt wurde, relativ zuverlässig mit Leistungen auf dem Gebiet der Kunst und Wissenschaft.

Ideenreichtum. Hier muß die Versuchsperson alle Dinge aufzählen, die ihr nach bestimmten thematischen Vorgaben in den Sinn kommen, zum Beispiel Festkörper, die nicht brennen, oder mögliche Verwendungszwecke eines allgemeinen Gebrauchsgegenstandes, etwa eines Lineals oder eines Spachtels.

Assoziationsgeschick. Die Versuchsperson muß innerhalb einer bestimmten Zeit Worte auflisten, die von der Bedeutung her einem vorgegebenen Wort ähneln – etwa »ausgezeichnet« –, oder zur Vervollständigung eines Bildes ein Adjektiv einfügen – zum Beispiel: »so ... wie ein Feuerwerkskörper«.

Ausdruckstalent. Der Versuchsperson wird eine Kette von vier Buchstaben mit der Maßgabe vorgegeben, diese als Anfangsbuchstaben von Worten zu nutzen und jeweils möglichst viele Sätze zu bilden. Zum Beispiel: M-A-T-S (Mutter arbeitete tausend Stunden).

Flexibilität. Unter den hier verwendeten Puzzles sind Versteckte Bilder (versteckte Gesichter suchen), versteckte Figuren (einen Kreis, ein Rechteck oder eine 8 in einem komplizierten Muster suchen), Kombinationsaufgaben (eine bestimmte Anzahl von Streichhölzern entfernen, so daß ein bestimmtes Muster von Quadraten oder Dreiecken übrigbleibt).

Originalität. Eine Aufgabe ist der Freie Assoziationstest, bei dem die Versuchsperson auf ein Reizwort hin mit dem ersten Wort antwortet, das ihr in den Sinn kommt. Grundlage für die Bewertung ist die Ungewöhnlichkeit der Worte. Eine Studie zeigte, daß Wissenschaftler, Ingenieure, Künstler, Musiker und Schriftsteller in der Regel außergewöhnlichere Assoziationen nennen als Manager, Politiker, Lehrer oder Verkäufer. Eine zweite Aufgabe ist der Konsequenztest. So hat die Versuchsperson, zum Beispiel, auf die Frage, »Was geschähe, wenn jedes Telefon zur gleichen Zeit tot wäre?«, möglichst viele verschiedene Konsequenzen aufzulisten.

Sie sind ein / e kreative / r Künstler / in:

Wenn andere sich Ihnen nähern, als wären Sie leicht verrückt, so sind die Chancen überdurchschnittlich hoch, daß sie recht haben.

Um einen jahrhundertealten Argwohn zu verifizieren, demzufolge kreatives Künstlertum mit Verrücktsein verknüpft ist, interviewte Nancy C. Andreasen vom University of Iowa College of Medicine dreißig anerkannte Schriftsteller, die fünfzehn Jahre lang an der Fakultät des University of Iowa Writer's Workshop, einem hochgeschätzten akademischen Programm, tätig waren. Als Kontrollgruppe interviewte sie zudem dreißig Routiniers aus den Bereichen Krankenhausverwaltung, Rechtswesen und Sozialarbeit, die in bezug auf Alter, Geschlecht und Bildung mit den Schriftstellern vergleichbar waren. Ganze 80 Prozent der Schriftsteller berichteten, irgendwann in ihrem Leben mindestens eine Episode einer schweren Depression oder einer manischen Depression erfahren zu haben – wobei letztere entweder in Form einer Manie mit Symptomen von Euphorie, gesteigerter Energie und mangelndem Urteilsvermögen oder in Form einer weniger gravierenden »Hypomanie« zum Ausdruck kam. Bei keiner der Versuchspersonen war Schizophrenie, gekennzeichnet durch schwerwiegende Bewußtseinsstörungen, aufgetreten, aber 30 Prozent waren als Alkoholiker diagnostiziert worden. Zwei Schriftsteller begingen im Laufe der fünfzehn Untersuchungsjahre Selbstmord. Von der nicht schriftstellerisch tätigen Vergleichsgruppe hatten nur 30 Prozent (im Vergleich zu 80 Prozent bei den Schriftstellern) Depressionen oder manische Depressionen erfahren, und nur 7 Prozent waren Alkoholiker; wie bei den Schriftstellern lagen auch hier keine Fälle von Schizophrenie vor.

1983, anläßlich eines Besuches der Oxford University, wartete auch Kay Jamison, Professorin der Psychiatrie an der University of California in Los Angeles, als Fazit einer Studie von 47 führenden britischen Schriftstellern und Künstlern mit überzeugenden Resultaten auf. Alle gehörten der Königlichen Akademie der Künste an und waren mit der Queens Gold Medal ausgezeichnet worden. Jamison stellte eine »überwältigende Korrelation« zwischen manischen Depressionen und Kreativität fest. Ganze 38 Prozent hatten sich sogar wegen Depressionen oder manischen Depressionen behandeln lassen – die etwa dreißigfache Rate des Bevölkerungsdurchschnitts. Die Wahrscheinlichkeit, daß gravierende Stimmungsstörungen oder dramatische Stimmungsschwankungen auftraten, war nach den Feststellungen Jamisons bei der Untergruppe der Dichter am höchsten.

In einer weiteren, dritten, aber noch nicht abgeschlossenen Studie untersuchten die Psychiater Kareen und Hagop Akiskal von der University of Tennessee in Memphis und der Universität in Paris zwanzig französische Schriftsteller, Maler, Bildhauer und Musiker. Bei fast 70 Prozent der Gruppe lag, wie Hagop Akiskal berichtet, »irgendeine Form affektiver Störungen« vor, die am häufigsten in Form von moderaten oder leichten manischen Depressionen oder Stimmungsschwankungen zum Ausdruck kam. Eine darüber hinausgehende, schwerwiegendere Störung würde, so glaubt er, wahrscheinlich die Effektivität des Künstlers blockieren und damit seine Karriere beenden.

Die Frage aus einer anderen Richtung angehend, untersuchten die Akiskals unlängst 750 Psychiatriepatienten in Memphis und stellten bei denjenigen, die als leicht manisch depressiv oder stimmungsschwankend diagnostiziert worden waren, fest, daß diese eher als Patienten mit anderweitigen psychischen Störungen für ein kreatives Künstlerdasein prädestiniert waren. Sie stellten jedoch auch fest, daß leichte manische Depressionen und Stimmungsschwankungen darüber hinaus, im Vergleich zur breiten Masse der Patienten, häufiger bei Personen auftreten, die erfolgreich in der Geschäftswelt und in führenden Positionen sind, wenngleich nicht so oft wie bei kreativen Künstlern. [Andreasen, Kamison, Akiskal, Akiskal]

Die bei Ihnen vorliegenden magischen (oder präziser: undefinierten) Kräfte der Kreativität haben wenig mit Intelligenz, Talent oder erworbenem Fachwissen zu tun, bestätigt David N. Perkins, Co-Direktor der Harvard University's Project Zero-Studie über kognitive Fähigkeiten in den Geistes- und Naturwissenschaften. Zu den Merkmalen, die nach den Feststellungen Perkins' kreativen Menschen gemeinsam sind, gehört der Drang, »das Ästhetische aufzudecken« – oder was der Cellist Janos Starker als das zwanghafte Verlangen, Chaos zu reduzieren und Schönheit zu finden, bezeichnete. Ein weiteres kreatives Charakteristikum ist, sagt Perkins, eine gewisse innere Distanz, eine Losgelöstheit, die es dem schöpferisch Tätigen ermöglicht, seine Ideen, trotz kreativer Energieschübe, auszuprobieren und zu beurteilen. Linus Pauling, der zweifache Nobelpreisträger, erklärte einmal einem Studenten, der Schlüssel, mit erfolgreichen Ideen hervortreten zu können, läge darin, sich viele solcher Ideen auszudenken und sich einfach der schlechten zu entledigen.

Perkins vermutet bei Ihnen ein starkes Interesse sowohl daran, ungewöhnliche Probleme zu entdecken und zu formulieren, als auch entsprechende ungewöhnliche Lösungen zu finden. Zudem zeichnen Sie sich durch ein außergewöhnliches Geschick im Umgang mit Metaphern, im Aufzeigen ungewöhnlicher Verbindungen und im Herausfordern traditioneller Thesen und Überzeugungen aus. Sie sind risikofreudig und bereit, bis an die Grenzen Ihrer Fähigkeiten zu gehen. Und nicht zuletzt werden Sie, wie Perkins meint, als kreatives Individuum von »intrinsischen« Motivationen wie Neugier, dem Drang nach Schönheit, dem Verlangen nach Verständnis und Ordnung getrieben, die den meisten Menschen nicht zu eigen sind. Die Verlockungen von Geld, Status, Auszeichnungen und Beförderungen bewegen Sie, anders als die meisten, nicht. Pauling äußerte zu diesem Punkt: »Bereits in jungen Jahren war ich äußerst neugierig, was die Schöpfung dieser Welt anging. Ich denke aber nicht, daß ich ehrgeizig war.«

Perkins gelangte darüber hinaus zu der Überzeugung, daß Ihre Kreativität nicht ein Produkt Ihrer Gene, sondern Ihrer Lebenserfahrungen ist. Die konventionelle Schule fördere kreative Züge nicht. Im Gegenteil, nur selten werde Schülern die Freiheit zugestanden, ihre eigenen Probleme, daß diese gelöst werden, zu definieren, und noch seltener komme es gar vor, daß sie ermuntert würden, neue aufzudecken.

Wenn Künstler wie Janos Starker das Wort »Schönheit« und wissenschaftlich schöpferische Personen Worte wie »Ästhetik« oder »Eleganz« verwenden, dürften sie in etwa das gleiche meinen. In der Wissenschaft, sagt der Präsident der National Academy of Sciences, Frank Press, ist die ästhetische Lösung oft die korrekte Lösung. Der Drang nach ästhetischer Einfachheit war die schöpferische Quelle der Tabelle des periodischen Systems, die das mehr oder weniger unbrauchbare »Potpourri einer zusammengequälten Anordnung der Elemente« ersetzte. [Perkins]

Sie sind ein / e ausgebildete / r Sozialarbeiter / in:

Sie erzielen geringere Kreativitätswerte als jede andere zu Vergleichszwecken herangezogene Gruppe von College-Studenten, sofern Sie den vierundfünfzig Studenten der Sozialarbeit jener Universität im Mittelwesten der USA entsprechen, die für diese Studie die Torrance-Tests über kreatives Denken (Torrance Tests of Creative Thinking), Standardtests zur Messung der Kreativität, machten.

Noch entmutigender ist vielleicht, daß, je weiter sie in Ihrem vierjährigen Stadium fortgeschritten sind, Ihr Kreativitätswert um so mehr gefallen ist. Nehmen Sie dieses Ergebnis aber nicht zu persönlich. Vier Jahre vor dieser Studie, 1970, berichtete der Psychologe R. Eisenman von einem ähnlichen Rückgang der Kreativität bei Krankenpflegeschülern und -schülerinnen zweier verschiedener Fachschulen. Schlimmer noch, die auf dem Gebiet der Kreativität anerkannte Autorität E. P. Torrance, der die Torrance-Tests entwickelte, demonstrierte bereits 1965, daß, je länger ein Student in einer Schule bleibt, sein

Kreativitätswert – *ganz gleich, welches Studium er wählte* – zusehends tiefer sinkt. Der Autor dieser Studie, an der Baylor University tätig, kommt zu dem Schluß, daß diese Studenten der Sozialarbeit (und vielleicht die meisten College-Studenten) »zu einer nichtkreativen Orientierung sozialisiert zu werden scheinen«. [Johnson]

Sie sind ein / e graduierte / r Student / in:

Ungeachtet Ihres Studienbereiches, erreichen Sie bei Tests zur Messung von fünf Dimensionen des geistigen Funktionsvermögens im allgemeinen niedrigere Werte als Künstler oder intellektuell Begabte. Ein Team von drei Forschern testete bei zwei Gruppen talentierter Personen – Künstler und solche, die als intellektuell begabt gelten – fünf verschiedene Arten geistiger Funktionen: intellektuelle, imaginative, emotionale, sinnliche und »psychomotorische« (wie der körperliche Ausdruck von Erregung, etwa nervöse Bewegungen und nachdrückliches Sprechen). Die gleichen Arten geistiger Funktionen testeten sie bei graduierten Studenten unterschiedlichster akademischer Studiengänge. Als Gruppe schnitten die graduierten Studenten bei allen fünf Dimensionen erheblich schlechter ab. [Piechowski, Silverman, Falk]

Sie joggen und / oder treiben regelmäßig Sport:

Möglicherweise traktieren Sie Nichtsportler des öfteren mit der Behauptung, die körperliche Bewegung bewirke nicht nur, daß Sie sich besser fühlen, sondern auch, daß Ihr Hirn besser funktioniere. Sie möchten, wie Sie sagen, niemandem Vorhaltungen machen, sondern einfach die Wahrheit sagen.

Nun, Sie *sagen* wahrscheinlich die Wahrheit. Zwei Psychologen aus New York City und Florida testeten die Kreativität von zweiundvierzig College-Studenten aus dem Fachbereich Gesundheit und Sport, wo Joggen Teil des Programmes war. Genaugenommen wurden die Studenten zweimal, einmal zu Beginn und neuerlich am Ende des Semesters getestet. Die Studenten absolvierten jeweils zweimal wöchentlich ein zwanzigminütiges Laufprogramm. Eine Vergleichsgruppe nahm nur an den Vorlesungen teil, lief aber nicht. Die Standardkreativitätstests, die Ihnen gestellt wurden, beinhalteten beispielsweise, neue Verwendungsmöglichkeiten für alltägliche Gegenstände aufzuzeigen und sich eine Reihe von Konsequenzen vorzustellen, wenn die Erde von einem Meter Wasser bedeckt wäre. Die Läufer gewannen mit Abstand – in zweierlei Hinsicht. Sie erzielten höhere Werte als die Nichtläufer. Aber beeindruckender ist vielleicht noch, daß sie ihren eigenen beim ersten Test (ehe sie regelmäßig liefen) ermittelten Wert beim zweiten Test erheblich überboten. Sportstunden in der Schule, schlußfolgern die Forscher, »sind keine Kinkerlitzchen, sie sollten vielmehr bei unserem Lern- und Erziehungsprozeß eine zentrale Rolle spielen«. [Gondola, Tuckman]

Kapitel 4

Verbrechen, Gewalt und Aggression

Wie reagieren Sie auf Verbrechen und Gewalt?

Zu den Faktoren, die seit den 1960er Jahren die Lebensqualität in den meisten westlichen Nationen entscheidend mitbeeinflußten, zählt die Kriminalität – die Bewußtheit ihrer Allgegenwärtigkeit, die Angst davor. Eine Bewußtseinslage, die gleichermaßen real wie imaginär ist. Mit der Bezeichnung imaginär soll das Problem allerdings keineswegs verniedlicht werden. Die Angst, ausgeraubt, überfallen, vergewaltigt oder ermordet zu werden, ist ein Angriff auf den inneren Frieden und die Persönlichkeitsrechte eines Menschen, vergleichbar mit einem physischen Angriff.

Wie realistisch sind diese Ängste der meisten Menschen, von einem Verbrecher aus dem Hinterhalt angegriffen und überfallen zu werden? Die nachfolgenden Studien zeigen, daß die meisten die Gefahr in mancher Hinsicht übertreiben, in anderer Hinsicht zu unbedarft an das Problem herangehen und in noch anderer Hinsicht bemerkenswert realistisch sind. Die meisten dieser Studien messen unsere subjektiven Wahrnehmungen, was wir als kurzfristige Gefahren empfinden: Besteht die Gefahr, daß ich in meiner eigenen Nachbarschaft überfallen werde, wenn ich heute abend ausgehe? Kann ich mich vor einem körperlichen Angriff schützen, wenn ich ihm widerstandslos, ohne ihn auch nur anzublicken, mein Portemonnaie oder meine Brieftasche überlasse? Unmittelbar mit der Gefahr einer Vergewaltigung konfrontiert, kann ich den Angreifer abschrecken, wenn ich schreie oder ihm in die Leisten trete?

Bis vor kurzem wußte niemand, wie wahrscheinlich es ist, daß Sie *irgendwann* in Ihrem Leben das Opfer eines Verbrechens werden. Inzwischen legte das US-Justizministerium eine umfangreiche Studie, gestützt auf Zahlen, vor, die über einen

Zeitraum von zehn Jahren, 1975 bis 1984, vom National Crime Survey zusammengestellt wurden, um ebendiese Fragen zu beantworten. Die Ergebnisse dieser Studie sind zuverlässiger als die meisten Kriminalitätsstatistiken, die üblicherweise nur ein Spiegel der bei der Polizei angezeigten Verbrechen sind. Selbst die Polizei weiß, daß viele, vielleicht die meisten Verbrechen nicht zur Anzeige gebracht werden. Für diese Erhebung, National Crime Survey, befragten die Forscher ganze 101 000 Personen ab zwölf Jahren in mehr als 49 000 Haushalten zweimal jährlich über einen Zeitraum von zehn Jahren hinweg.

Ehe Sie die Antwort erfahren, möchten Sie eine Prognose abgeben, wie hoch prozentual die Wahrscheinlichkeit ist, irgendwann zwischen Ihrem zwölften Geburtstag und Ihrem Tod das Opfer eines tatsächlichen oder versuchten Überfalls, Raubs, einer Vergewaltigung oder eines Mordes gewesen zu sein?

Die Antwort, die wohl alle, außer den ärgsten Pessimisten verblüfft, ist: mit einer 83prozentigen Wahrscheinlichkeit. Sofern Sie ein Mann sind, steigt diese Wahrscheinlichkeit auf 89 Prozent; sind Sie eine Frau, sinkt sie auf 73 Prozent. Am gefährdetsten sind schwarze Männer, mit 92 Prozent; am wenigsten gefährdet weiße Frauen, mit 71 Prozent.

Ein Trost ist vielleicht, daß von 133 nur ein Amerikaner durch Mord stirbt, weniger als 1 Prozent. Demgegenüber wird aber eine von zwölf Frauen irgendwann Opfer einer versuchten oder tatsächlichen Vergewaltigung, was etwa 8 Prozent entspricht.

Die Chance, irgendwann in Ihrem Leben Opfer eines realen oder versuchten Raubüberfalls zu werden, liegt bei 30 Prozent. Bei Männern steigt diese Chance auf 37 Prozent, bei schwarzen Männern gar auf 51 Prozent.

Mit ziemlicher Sicherheit sind Sie irgendwann einmal einem realen oder versuchten tätlichen Angriff ausgesetzt. Die zu erwartende Gesamtquote liegt bei 74 Prozent und für Männer bei 82 Prozent. Schlimmer vielleicht noch die Aussicht, daß Sie mit 40prozentiger Wahrscheinlichkeit irgendwann einmal ausgeraubt oder überfallen und dabei verletzt werden.

Statistisch am sichersten ist, daß Sie mit 99prozentiger Sicherheit irgendwann Opfer eines tatsächlichen oder versuchten Diebstahls werden (ohne körperliche Gefahr für Ihre Person).

Je älter Sie sind, desto geringer ist die Wahrscheinlichkeit, in Ihrem Leben noch Opfer eines Verbrechens zu werden. Mit Zwanzig liegt die Gefahr bei 72 Prozent, daß Sie irgendwann einmal ausgeraubt, überfallen oder vergewaltigt werden, wobei die Wahrscheinlichkeit, Opfer eines persönlichen Diebstahls zu werden, davon unbenommen bei 98 Prozent bestehen bleibt. Mit Vierzig bleibt eine Wahrscheinlichkeit von 36 Prozent, Opfer eines Gewaltverbrechens zu werden; ein Prozentsatz, der sich in bezug auf Überfälle mit Verletzungsfolgen auf nur 11 Prozent reduziert, für persönlichen Diebstahl aber auch bei drastischen 82 Prozent liegt. Mit Sechzig reduziert sich die Wahrscheinlichkeit, Opfer eines Gewaltverbrechens zu werden, auf 14 Prozent; Opfer eines Raubes oder Überfalls mit Verletzungsfolgen zu werden, auf 4 Prozent; und Opfer eines persönlichen Diebstahls zu werden, auf 43 Prozent.

Finden Sie sich selbst

Sie gehen nachts durch eine einsame Straße einer Großstadt:

Die Art, wie Sie gehen, kann auf einen potentiellen Täter einladend – oder abschreckend – wirken.

Dr. Betty Grayson von der Hofstra University filmte mit versteckter Videokamera sechzig Personen, die eine Straße mit einer hohen Kriminalitätsrate in New York City entlanggingen. Diese Videoaufnahmen zeigte sie zwölf Gefangenen, die wegen Überfällen auf fremde Personen verurteilt worden waren, mit der Bitte, die Fußgänger anhand einer Skala von eins (»ein sehr einfacher Raub«) bis zehn (»zu gefährliche Situation, zu schwierig, würde darauf verzichten«) zu beurteilen. Quasi als Verifizierung des Ergebnisses wiederholte sie den Vorgang mit einer zweiten Gruppe von zwölf Straßenräubern.

Als nächstes ließ sie von den Aufnahmen eine Laboranalyse anfertigen, wo nach einem standardisierten System einundzwanzig verschiedene Körperbewegungen am Maßstab der nonverbalen Kommunikation identifiziert werden. Von diesen einundzwanzig isolierte Dr. Grayson fünf Bewegungen, die in drastisch verstärktem Maße bei solchen Personen auftraten, die von den Delinquenten als höchst gefährdet beurteilt worden waren. Die typischen Merkmale waren:

- Eine entsprechend der Körpergröße und Beinlänge unnormal lange oder kurze Schrittlänge.
- Eine Gangart mit gleichförmigen Arm- und Beinschwingungen auf der gleichen Körperseite statt diagonal versetzten Arm- und Beinschwingungen.
- Ein Gang, bei dem jeweils der ganze Fuß gehoben und gesetzt statt von der Ferse bis zu den Zehen abgerollt wird.
- Ein Gang mit »abgehackten« Bewegungsabläufen (als ob Hände und/oder Füße von der übrigen Körperbewegung abgekoppelt wären) statt »fließenden« Bewegungsabläufen (die den gesamten Körper in einen einheitlichen, anmutigen Bewegungsfluß integrieren).
- Eine offenkundige Trennung zwischen der oberen und der unteren Körperhälfte. Zum Beispiel, angespannte Haltung des Oberkörpers und freie schwingende Bewegungen der zweiten Körperhälfte.

Eine Frage, die die Studie nicht zu beantworten suchte: Könnte potentiellen Opfern – besonders älteren Menschen – beigebracht werden, ihre Körperhaltung soweit zu ändern, daß es ausreichend wäre, einen Täter abzuschrecken? [Grayson]

Permanent halten Zeitungen und Fernsehen Ihnen das Ausmaß von Gewaltverbrechen vor Augen:

Sie halten das Ausmaß von Gewaltverbrechen wahrscheinlich für schlimmer als es tatsächlich ist, mit dem Ergebnis, daß Ihre Ängste weit über die für Sie bestehende Gefahr hinausgehen. [Lichtenstein, Slovic, Fischhoff, Layman, Combs]

Unter Umständen kann der Bericht über ein Gewaltverbrechen Sie auch beruhigen statt aufschrecken. Daß Sie sich beruhigt fühlen, ist dann am wahrscheinlichsten, wenn das Opfer als jemand beschrieben wurde, der sich drastisch von Ihnen unterscheidet, oder aus einem besonderen, auf Sie nicht zutreffenden Grund gewählt wurde, oder Sie das Gefühl haben, sich gegebenenfalls anders als das Opfer verhalten zu haben. Das ist das Fazit einer Untersuchung, im Rahmen derer die Forscherin in sechsundzwanzig Städten sechsunddreißig Zeitungen nach den Anteilen ihrer Kriminalitätsberichterstattung, darunter lokale Verbrechen, Sensationsverbrechen und Zufallsdelikte, klassifizierte und nach einem willkürlichen Auswahlverfahren bei 335 Lesern dieser Zeitungen eine Telefonumfrage über deren Ängste vor Verbrechen durchführte. Im zweiten Teil der Untersuchung wurden College-Studenten gebeten, Berichte über Verbrechen (lokale und überregionale, zufällige oder vorsätzliche) zu lesen und anschließend das Ausmaß ihrer Ängste vor Verbrechen zu kommentieren. Die von den Studenten offenbarten Angstmuster vor Verbrechen waren identisch mit denen der Zeitungsleser. [Heath]

Sie überschätzen möglicherweise die Wahrscheinlichkeit außergewöhnlicher oder spektakulärer Katastrophen wie Mord, Hotelbrände, Polio oder die Legionärskrankheit. Aber sie unterschätzen womöglich die Häufigkeit weniger dramatischer Ein-Opfer-Katastrophen wie Selbstmord oder Ertrinken. Unter dem Strich schätzen Sie die Risikoraten aber fast so gut wie die Profis mit ihren Statistiken ein. [Slovic, Fischhoff, Lichtenstein]

Wenn Sie einen Zeitungsbericht über ein besonders schokkierendes Verbrechen lesen, steigert (aus keinerlei faktisch fundierten Gründen) die Aufregung darüber Ihre allgemeinen Ängste vor Überfällen, Vergewaltigungen, Kidnapping, einem Atomkrieg, Autounfällen, Vergiftungen, Blitzeinschlägen, Orkanen und Leukämie – einschließlich aller denkbaren anderweitigen lebensbedrohenden Katastrophen. [Johnson, Tversky]

Sie fühlen sich in einer großen Stadt weniger sicher als in einer kleinen:

Ihre Ängste basieren auf guten Informationen. In einer Stadt mit mehr als einer Million Einwohner laufen Sie zwanzigmal eher Gefahr, ausgeraubt zu werden, als in einer Stadt mit 10000 bis 25000 Einwohnern. Ein Drittel der 1982 in Amerika registrierten Raubüberfälle wurden in den sechs größten Städten verübt, obwohl diese Städte nur 8 Prozent an der Gesamtbevölkerung stellen. 18 Prozent der Raubüberfälle konzentrierten sich allein auf New York City. [Cook]

Das Thema ›Verbrechen‹ ist Ihnen bei Vollmond gegenwärtiger:

Ihre Gefühle trügen nicht. Bei Vollmond steigt die Kriminalitätsrate um 19 Prozent. [Jarmon]

Ähnlich gegenwärtig ist es Ihnen im heißesten Sommer, im tiefsten Winter, an Feiertagen und an Wochenenden:

Wieder richtig. Auch zu diesen Zeiten steigen die Kriminalitätsraten. Und das ist nicht alles. Selbst Luftverschmutzungen geben Anlaß, mehr auf der Hut zu sein: Bei einer in Newark, New Jersey, durchgeführten Studie wurde, gültig für alle Monate des Jahres, mit Ausnahme des Dezembers, festgestellt, daß die Quote der Überfälle parallel zu den gemessenen Schadstoffbelastungen der Luft stieg und fiel. [Jarmon]

Um sich selbst und Ihre Familie zu schützen, haben Sie einen geladenen Revolver oder ein Gewehr zu Hause griffbereit:

Es ist dreiundvierzigmal wahrscheinlicher, daß die Waffe Sie oder ein Familienmitglied tötet, als daß sie Sie vor einem Einbrecher schützt.

Zwei Ärzte – Dr. Arthur Kellermann von der University of Tennessee und Dr. Donald Reay vom King County Medical Examiner's Office in Seattle – überprüften die von 1978 bis 1983 in Seattle und Umgebung bei der Polizei registrierten und durch Waffengewalt herbeigeführten Todesfälle. 743 Personen waren durch Schußwaffen zu Tode gekommen und 398 davon in dem Haus, wo die Waffe aufbewahrt worden war.

Nur bei 9 von diesen 398 Todesfällen war Selbstschutz als Grund angegeben worden.

Von den verbleibenden 389 hatten 333 Selbstmord verübt. (Suizidexperten argumentieren seit langem, daß die Verfügbarkeit der Mittel bei Suizid ein wichtiger Begünstigungsfaktor ist.) Weitere 41 waren als Mordopfer eines Verbrechens (nicht durch einen Einbrecher) angeführt, und 12 waren als Unfalltote vermerkt. Bei drei weiteren, auf selbst zugefügte Schußwunden zurückzuführenden Todesfällen waren die Motive unklar. [Kellermann, Reay]

Sie werden plötzlich Opfer eines Raubüberfalls:

Die Chancen, daß der Täter Sie tötet, sind weniger als eins zu hundert. Diese Chancen reduzieren Sie weiter, wenn Sie unmißverständlich akzeptieren, daß der Angreifer die Oberhand hat und Sie ihm das, was er haben will, widerstandslos geben. Möchten Sie dagegen die Möglichkeit reduzieren, daß er Ihnen irgend etwas von Ihren Besitztümern wegnimmt, so können Sie zurückschlagen, schreien oder versuchen wegzulaufen. Aber jede dieser Möglichkeiten bedingt, daß Sie damit die Chance erhöhen, daß er schießt, zusticht oder Sie schlägt. [Cook]

Sie sind als Frau in Gefahr, vergewaltigt zu werden:

Sie können die Vergewaltigung am ehesten abwenden, wenn Sie schreien und zurückschlagen. »Vergewaltiger glauben oft, die Vergewaltigung werde einfach sein, weil die Frau keinen Widerstand leistet, oder sie glauben, die Frau möchte vergewaltigt werden«, schlußfolgert Pauline Bart, Professorin der Soziologie im Fachbereich Psychiatrie an der University of Illinois in Chicago, die zusammen mit der Doktorandin Patricia H. O'Brien eine dreijährige Studie durchführte. Sie interviewten 94 Frauen, von denen 51 erfolgreich eine Vergewaltigung abgewehrt und 43 es nicht geschafft hatten, dem Täter zu entgehen.

Bei Frauen, die in der Selbstverteidigung geübt waren und die regelmäßig Sport trieben, war die Wahrscheinlichkeit höher, daß sie die Vergewaltigung abwenden konnten.

Die meisten Frauen, die darauf verzichtet hatten, sich der Vergewaltigung zu widersetzen, trugen schwere Verletzungen, psychische wie physische, davon. Diejenigen, die dagegen durch Schreien, Fliehen oder tätliches Erwehren Widerstand geleistet hatten, berichteten von nur minimalen Verletzungen, selbst wenn der Angreifer bewaffnet gewesen war.

Die Fragebogenerhebung förderte eine weitere Überraschung zutage: Bei den meisten der Frauen, die den Vergewaltiger erfolgreich hatten abwehren können, handelte es sich jeweils um die ältesten Töchter in der Familie, die, eingebunden in Haushaltspflichten und Verantwortlichkeiten, aufgewachsen waren. Die meisten gaben von sich zu verstehen, daß sie es gewohnt waren, ihre Kämpfe selbst auszufechten. [Bart, O'Brien]

Vielleicht können Sie eine Vergewaltigung abwehren, wenn Sie bereit sind, in Kauf zu nehmen, geschlagen zu werden. Eine Studie des National Institute of Justice zeigt, daß Frauen, die Widerstand leisten, »eher in nichtsexueller Weise mißhandelt oder geschlagen, aber mit einer geringeren Wahrscheinlichkeit vergewaltigt werden«. [Block, Skogan]

Sie werden von einem Räuber oder Vergewaltiger bedroht:

Gut möglich, daß die Waffe, die der Täter benutzt, um Sie gefügig zu machen, nur in Ihrer Vorstellung existiert. Bei 40 Prozent aller Raubüberfälle und mehr als 50 Prozent aller sexuellen Angriffe und Vergewaltigungen hat der Täter keine Waffe. [Block, Skogan]

Sie sind eine Frau und wurden von Ihrem Mann oder Liebhaber geschlagen:

Damit sind Sie ein Opfer der häufigsten Form der Gewalt, die Frauen erfahren. Laut Richard J. Gelles, einem Soziologen und Experten zu Fragen familiärer Gewalt, zugleich Dekan des College of Arts and Sciences der University of Rhode Island, werden 1,8 Millionen Amerikanerinnen jedes Jahr von ihren Partnern geschlagen.

Vielleicht hatten Sie schon einmal den Gedanken, Ihren Arzt zu den Schlägen und deren Konsequenzen zu konsultieren, da aber Ihr Arzt darauf verzichtete, die Art Ihrer Verletzungen zu hinterfragen, waren Sie zu beschämt oder zu ängstlich, das Thema anzusprechen. So fehlt Ihnen oft die moralische Unterstützung, die Sie bräuchten, um rechtliche Konsequenzen durchzusetzen. Aber selbst, wenn Ärzte darauf zu sprechen kommen, erklärte Dr. Gelles den 3500 Mitgliedern des American College of Obstetricians and Gynecologists anläßlich ihrer 33. Jahresversammlung, »stellen sie, aus Angst vor der Antwort der Patientin, oft zu allgemeine Fragen. Obwohl diese Form der Gewalt, daß Frauen geschlagen werden, in jeder sozioökonomischen Schicht vorkommt, sind doch vor allem junge schwangere Frauen, die sich nicht wehren können oder wollen, am ehesten Opfer solcher Gewalttätigkeiten.«

Einem hohen Risiko ausgesetzt sind auch Frauen, die zwei Kinder oder mehr und wenige Freunde oder Verwandte haben, Frauen, die unglücklich mit ihrem Lebensstandard sind, Frauen, deren Ehemänner Teilzeit arbeiten, und Frauen, die als Kinder in ihren Familien Opfer oder Zeugen von Gewalttätigkeiten waren, wie aus den Studien Dr. Gelles' hervorgeht. [Gelles]

Sie sind ein Quäker-Kind:

So sehr dies auch im Kontrast zu dem herkömmlichen pazifistischen, gewaltfreien und »friedfertigen« Quäker-Image stehen mag, fest steht, daß Ihr Vater eher gewalttätig Ihnen gegenüber wird und Ihre Brüder und Schwestern erheblich gewalttätiger miteinander umgehen, als dies in der durchschnittlichen amerikanischen Familie der Fall ist.

Dies ist das erstaunliche Ergebnis einer Umfrage bei 288 Quäkern (130 Männern und 158 Frauen), den Mitgliedern von siebzehn Gemeinschaften in Michigan, Ohio, Pennsylvania und West Virginia, die in einem regionalen Verband, dem Lake Erie Yearly Meeting, zusammengeschlossen sind. Die beiden Forscher, die mit der Genehmigung der Quäker-Gemeinschaft (Friends Organization) diese Studie durchführten, warnen allerdings, diese Ergebnisse seien mit Vorsicht zu interpretieren. Zum einen waren 78 Prozent der Befragten nicht in Quäkerfamilien großgeworden und hatten so möglicherweise in der allgemeinen Bevölkerung erworbene Verhaltensmuster übernommen. Zum anderen ist es möglich, daß die Quäker-Pflicht der Wahrhaftigkeit mehr ehrliche Antworten als bei der Vergleichserhebung unter der durchschnittlichen Bevölkerung erbrachte. [Brutz, Ingoldsby]

Sie wurden Zeuge eines Gewaltverbrechens:

Die Chancen, daß Sie den Täter korrekt beschreiben oder identifizieren können, stehen nur eins zu vier. Geht es um mehr als nur einen Täter, sind die Chancen sogar noch geringer. Selbst wenn Sie den Täter »identifizieren«, ist die Wahrscheinlichkeit, daß Sie sich nicht irren, nicht größer als bei einem Zeugen, der sich seiner Sache nicht sicher ist. Nichtsdestoweniger halten Anwälte und Gerichte nach wie vor an dem Mythos fest, daß als Zeuge eines dramatischen Verbrechens Ihr Bewußtsein geschärft und Ihre Zeugenaussage zuverlässig ist. [Clifford, Hollin]

Je mehr Einzelheiten es sind, an die Sie sich präzise erinnern können, desto *geringer* ist die Wahrscheinlichkeit, daß Sie das Gesicht des Richtigen in einer Reihe von Verdächtigen bei der Polizei identifizieren. Dennoch akzeptieren die Geschworenen die Präzision der Beschreibung der szenischen Einzelheiten durch einen Zeugen als Beweis, daß die durch ihn vorgenommene Identifizierung des Täters »richtig sein muß«. [Wells, Leippe]

Wenn ein Anwalt Sie im Vorfeld der Gerichtsverhandlung befragt und Sie das Ganze für Ihr Erscheinen vor Gericht nochmals berichten und durchspielen läßt, ist Ihre Zeugenaussage nicht präziser als die anderer, die dieses Briefing nicht absolvierten. Sie gewinnen nur mehr Sicherheit in Ihren Antworten, besonders wenn Ihre Antworten falsch sind. [Wells, Ferguson, Lindsay]

Sie sind Mitglied der Geschworenen bei einem Vergewaltigungsprozeß:

Obwohl Sie, ausgehend von den Fakten, fair urteilen möchten, wird Ihre Entscheidung, wem Sie glauben, der Klägerin oder dem Beklagten, in starkem Maße von der persönlichen Attraktivität der Betroffenen beeinflußt. So neigen Sie, zum Beispiel, auf der Grundlage der gleichen Fakten dazu, einen unattraktiven Mann eher als einen attraktiven zu verurteilen. In Prozessen, in denen Männer der Vergewaltigung angeklagt waren, lag die Verurteilungsquote von Beklagten, die als attraktiv bewertet wurden, bei 57 Prozent. Dem entgegen stand eine Verurteilungsquote von 82 Prozent von Männern, die als unattraktiv beurteilt worden waren. Darüber hinaus votieren Sie bei einem überführten Mann wahrscheinlich für eine längere Gefängnisstrafe, wenn es sich bei dem weiblichen Opfer um eine attraktive Frau handelt. [Jacobson]

Wenn Sie als Frau Mitglied der Geschworenen sind, sind Sie wahrscheinlich bestrebt, im Vergleich zu einem Mann, dem Vergewaltiger eine längere Gefängnisstrafe beizumessen. [Feldmann-Summers, Lindner]

Wenn die Aussage, die äußere Erscheinung und das Verhalten des Vergewaltigungsopfers Sie und Ihre Mitgeschworenen veranlassen, ihre Respektabilität in Frage zu stellen, ist die Wahrscheinlichkeit größer, daß Sie sie für die Vergewaltigung verantwortlich machen und die Folgen des Verbrechens für sie als weniger gravierend empfinden. [Feldmann-Summers, Lindner]

Wenn das Opfer der vorgeblichen Vergewaltigung emotional reagiert, sind Sie und Ihre Mitgeschworenen geneigter, ihrer Aussage zu glauben, als wenn sie emotional kontrolliert bliebe. Darüber hinaus werden Sie und die übrigen Geschworenen dem emotional kontrollierten Opfer möglicherweise eine geringere Aversion gegen die Vergewaltigung unterstellen, und Sie empfinden weniger Sympathie für sie. [Calhoun, Cann, Selby, Magee]

Sofern das Opfer sich im Zeugenstand weigert, über ihre sexuellen Erfahrungen zu sprechen, schließen Sie und Ihre Mitgeschworenen daraus, daß sie sexuell aktiv ist. Unterbindet der Richter die Aussagen über ihr sexuelles Vorleben, sind Sie geneigt, sie weniger verantwortlich für die Vergewaltigung zu machen, als wenn sie sexuelle Aktivitäten eingesteht oder keine Informationen gibt. [Cann, Calhoun, Selby]

Als weibliches Mitglied der Geschworenen sind Sie weniger als ein männliches Mitglied geneigt, der Aussage eines beschuldigten Mannes zu glauben und votieren eher für seine Verurteilung. Im Widerspruch zu den zuvor genannten Feldmann-Summers- und Lindner-Studien neigen Sie jedoch dazu, für eine kürzere Strafe als männliche Geschworene zu votieren. [Thornton]

Wenn Sie ein männliches Mitglied der Geschworenen sind und die Zeugenbefragung erbringt, daß zwischen Klägerin und Beklagtem eine enge persönliche Beziehung bestand, ist es wahrscheinlicher, daß Sie zu der Überzeugung gelangen, die Frau sei für die Tat verantwortlich. Als weibliche Geschworene bewirkt die Aussage bei Ihnen jedoch, daß es weniger wahrscheinlich ist, daß Sie glauben, sie sei verantwortlich.

Sofern das Opfer der vorgeblichen Vergewaltigung den Geschworenen sexy erscheint und Sie ein männliches Mitglied der Geschworenen sind, neigen Sie dazu, die Glaubwürdigkeit der Frau anzuzweifeln, und Sie sind geneigter zu glauben, daß sie für die Vergewaltigung verantwortlich war. Als weibliche Geschworene reagieren Sie jedoch genau umgekehrt. [Wyer, Bodenhausen, Gorman]

Ihre Neigung zu Verbrechen, Gewalt und Aggression

Wenn man die Zeit nimmt, als sich die Sozialarbeit etwa Anfang des zwanzigsten Jahrhunderts als Beruf durchsetzte, so waren damals bestimmte Erklärungen für die Ursachen von Verbrechen weithin als korrekt akzeptiert: Personen, die raubten und vergewaltigten und mordeten, taten dies, weil sie in Armut oder in zerrütteten Verhältnissen aufgewachsen waren oder ihre Arbeit verloren hatten oder als Opfer von Diskriminierungen wütend waren. In jüngerer Zeit werden manche Verbrechen mit psychischen Krankheiten und Verzerrungen erklärt. Warum Menschen Böses tun, ist ein Dauerthema der Forschung, und je mehr gute Fragen gestellt und erforscht werden, desto schwieriger gestaltet sich die Suche nach Erklärungen.

Rätsel gaben insbesondere die Ursachen des sprunghaften Anstiegs der Straßenkriminalität vor allem in den Großstädten

– zuvorderst den amerikanischen, dann erst in den Großstädten weltweit – Mitte der 1960er Jahre auf. Vordem war ein Abendspaziergang im Central Park ein Vergnügen, ein relativ sicheres. U-Bahnen waren für Polizisten nur interessant, um zu ihrer Arbeit und wieder nach Hause zu kommen. In ruhigen Nachbarschaften der Stadt und in kleineren Städten blieben die Türen unverschlossen.

Dann kam der Babyboom. Und der Vietnamkrieg. Und die Studentenunruhen. Und die Jugendlichen instruierten sich gegenseitig: »Trau keinem über Dreißig.«

Und mit all dem kam die Kriminalität in den Straßen.

Hatte das eine etwas mit dem anderen zu tun? Korrelation ist nicht gleich Ursache, obwohl beides oft verwechselt wird.

1985 gab das National Institute of Justice, das Hauptforschungsinstitut des US-Justizministeriums, einen Bericht über die Entwicklung der Kriminalität heraus, den der zuständige Direktor, James K. Stewart, mit den Worten kommentierte: »Die Forscher waren erstaunt über die Ergebnisse«. Was sie insbesondere erstaunte, war die Feststellung, daß mehr als 50 Prozent all der in New York City und Washington, D. C., wegen schwerer Delikte verhafteten Männer und Frauen Konsumenten einer oder mehrerer illegaler Drogen waren. Die im Rahmen der Studie bei vierzehntausend Beklagten vorgenommenen Urintests erbrachten, daß mehr als 25 Prozent unmittelbar vor ihrer Verhaftung mehr als eine Droge konsumiert hatten. Die beliebteste Droge bei den Verhafteten war in New York Kokain, in Washington Phencyclidin. Marihuana- und Alkoholanalysen wurden nicht vorgenommen. Diejenigen mitgerechnet, die zwar unmittelbar vor ihrer Verhaftung keine Drogen genommen hatten, sich selbst aber als gelegentliche Konsumenten zu erkennen gaben, waren fast zwei Drittel der in Washington Verhafteten Drogenkonsumenten – doppelt so viele, wie Experten vor der Studie geschätzt hatten.

»Amerika hat ein bizarres Interesse an Gewalt. Dieses Erbe der Gewalt wurde seit Generationen bis in die heutige weitergegeben. Und wenn ein Mann es ab seinem sechsten Lebensjahr gewohnt war, den Großteil seiner Probleme mit dem Faustrecht zu lösen, ist es unwahrscheinlich, daß er mit Fünfundzwanzig plötzlich beginnt, Akzeptanz oder Lösungen auf dem Diskussions- und Verhandlungswege zu suchen.«

Robert T. Armstrong, 46 Jahre alt, leistet in Tennessee eine siebenjährige Haftstrafe wegen Scheckbetrugs ab

Finden Sie sich selbst

Sie waren als Kind aggressiv, schubsten, drangsalierten und schikanierten andere Kinder herum und nahmen ihnen ihre Sachen weg:

Wenn Sie ein Mann sind, ist mit 25prozentiger Wahrscheinlichkeit davon auszugehen, daß Sie bis zum Erreichen Ihres dreißigsten Lebensjahres straffällig geworden sind. Ihre Delikte können von einfachen Vergehen, Übergriffen gegen Personen bis hin zu bewaffneten Überfällen gehen. Im übrigen ist anzunehmen, daß Sie Ihre Frau mißhandeln und auf der Straße so etwas wie gemeingefährlich sind, hupend und wild herumkurvend um andere Autos im Verkehr herumfahren und sich in trunkenem Zustand ans Steuer setzen.

Wenn Sie eine Frau sind, neigen Sie dazu, Ihre Kinder hart zu bestrafen, und es ist davon auszugehen, daß Sie im Vergleich zu einer nichtaggressiven Frau eine minderbezahlte Arbeit haben.

Mit Ihrer Aggressivität bekamen (oder bekommen) Sie nicht das, was Sie sich wünschten. Sie vermochte nur, daß Sie gesellschaftlich ins Abseits gerieten, sie behinderte Ihr Lernen und brachte Ihre Lehrer dazu, Sie als Unruhestifterin zu schmähen.

In Columbia County, New York, verfolgten die Forscher die Entwicklung von 875 Drittkläßlern bis in ihr Erwachsenenalter. Sie interviewten jeweils im Alter von neunzehn und dreißig Jahren mehr als die Hälfte der Versuchspersonen und sprachen auch mit deren Ehepartnern und Kindern. Zu den ernüchternden Fakten, welche die Forscher zutage förderten, gehört, daß aggressive Verhaltensmuster vor Erreichen des achten Lebensjahres grundgelegt und etabliert werden. [Eron, Huesmann]

Sie neigten (und neigen vielleicht nach wie vor dazu), zum Beispiel, ein harmloses Anrempeln als bewußten Angriff zu interpretieren und reagieren mit Feindseligkeit. »Schläger und ähnliche Typen sehen Bedrohungen, wo keine existieren«, sagt Kenneth Dodge, Psychologe an der Vanderbilt University. »Sie nehmen diese imaginären Bedrohungen als Provokation, um zurückzuschlagen... Sie betrachten die Welt mit den Augen eines Paranoikers. Sie fühlen sich im Recht, sich für Dinge zu rächen, die in Wirklichkeit nur imaginärer Natur sind.« Dieses von Fehlinterpretationen geleitete Verhaltensmuster wird, Dodges Untersuchungen zufolge, im Alter von etwa sieben Jahren zum integralen Bestandteil der Persönlichkeit. [Dodge]

Sie sind ein Mörder:

Die Wahrscheinlichkeit ist groß (über 80 Prozent), daß Sie irgendwann seit Ihrer Kindheit eine schwere Kopfverletzung erlitten. Diese kann Ihnen durch die Hände Ihrer Eltern oder anderer Verwandten zugefügt worden sein, denn mit einer fast ähnlich hohen Wahrscheinlichkeit (rund 66 Prozent) ist davon auszugehen, daß Sie als Kind geschlagen wurden. Selbst wenn dem nicht so war, so ist zumindest anzunehmen, daß Sie Zeuge extremer Gewalttätigkeiten in Ihrer Familie waren. Mit fast 100prozentiger Sicherheit trügt Ihr Gedächtnis Sie oft, ebenso wie Erinnerungslücken keine Seltenheit sind. Mit nahezu 50prozentiger Wahrscheinlichkeit erfahren Sie Blackouts, verlieren gelegentlich das Bewußtsein, und Ihr EKG ist abnormal. Obwohl es Ihnen ausgesprochen gut gelingt, nach außen hin normal zu erscheinen, neigen Sie mit fast 100prozentiger Wahrscheinlichkeit zu kurzen psychotischen Anfällen, die sich in Form von Selbstmorddrohungen bis hin zu unlogischem Denken, bizarren Vorstellungen, visuellen und auditiven Halluzinationen und extremen Stimmungsschwankungen äußern können. [Lewis]

Eher als an einem anderen Tag haben Sie Ihr Opfer an einem Wochenende oder Feiertag getötet. Vor der Tat haben Sie wahrscheinlich getrunken, obwohl Sie nicht unbedingt ein Alkoholiker sind. Nicht unwahrscheinlich ist auch, daß das Opfer ebenfalls getrunken hatte und Sie beide möglicherweise sogar zusammen getrunken hatten. [Lunde]

Ihre Bereitschaft zu morden kann, zumindest teilweise, durch Ihr kulturelles Umfeld beeinflußt worden sein. Diesen Schluß läßt das Ergebnis einer Untersuchung zu, derzufolge im Süden der Vereinigten Staaten die höchste und im Nordosten die niedrigste Zahl von Morden zu registrieren ist. Im Vergleich zu Weißen ist die Mordrate bei Schwarzen achteinhalbmal höher. Wer diesen Unterschied nun allerdings rein auf die Frage der Rasse oder des Einkommensniveaus zurückführen will, übersieht den kulturellen Einfluß des Umfeldes, in dem der Mörder groß wurde, der als der ausschlaggebendste Faktor überhaupt erscheint. Unabhängig, wo sie zum Zeitpunkt des Verbrechens lebten, wiesen Schwarze, die im Norden großgeworden waren, die niedrigsten Mordraten und Schwarze, die im Süden großgeworden waren, die höchsten auf. [Lunde]

Sofern Sie Ihren Mord in Boston begingen, wo diese Studie mit 243 angeklagten Mördern im Alter von vierzehn bis siebenundsechzig Jahren durchgeführt wurde, sind die Chancen neun zu zehn, daß Sie ein Mann sind, und sie sind hoch, daß es sich bei Ihrem Opfer um einen Bekannten, einen Freund oder Verwandten handelte. Ihr Tatmotiv war aller Wahrscheinlichkeit nach finanzielle Bereicherung. [Rizzo]

Sie sind ein Mitglied der Gebusi, eines kleinen, im Regenwald Neuguineas lebenden Stammes:

Gemäß westlichen Erwartungen bietet Ihr Lebensstil alle denkbaren Elemente der Ruhe und Harmonie. Der Großteil Ihrer täglichen Beschäftigung dreht sich um *kog-wa-yay*, »gute Gesellschaft«, gute Gespräche und einen kurzweiligen Humor. Ihr Volk hat, mit seinen rund 450 Mitgliedern, keine politische Struktur und kennt damit keine Obrigkeit. Die Starken unter Ihnen konkurrieren nicht um Macht miteinander. Alle die Gemeinschaft betreffenden Entscheidungen werden einvernehmlich in »Palaver«-Versammlungen gefällt. Die im Überfluß wachsenden Bananen werden ebenso wie die Jagdbeute redlich miteinander geteilt. Kriegerisches Verhalten, Gewalt und Wut gehören traditionell nicht zum Spektrum der akzeptierten Verhaltensweisen.

Dennoch morden die Gebusi sich gegenseitig – und weisen in der Tat die höchsten jemals ermittelten Mordraten auf – vierzigmal höher als die 1980 in den USA registrierte Rate. Zwischen 1940 und 1982 war fast ein Drittel der Todesfälle von Erwachsenen auf Mord zurückzuführen. Bei vier von fünf Fällen war das Mordmotiv, das jemand beschuldigt wurde, ein Zauberer zu sein oder über magische Kräfte des Bösen zu verfügen oder durch eine Krankheit den Tod eines anderen Gebusi verschuldet zu haben. Infektionen und Parasiten sind bei den Gebusi allgegenwärtig, dennoch wird die Übertragung einer Krankheit auf ein anderes Stammesmitglied als ein Zauberakt angesehen. Die Tötung der jeweils beschuldigten Zauberer wird ausschließlich von Männern vorgenommen, »darunter manche, die selbst nach Gebusi-Maßstäben zu den zurückhaltendsten und am wenigsten aggressivsten zählen«, sagt der Forscher. »Der Charakter des Tötens scheint in einfachen Gemeinschaften, die unter den Erwachsenen weder eine Hackordnung noch eine herrschende Hierarchie kennen, ein anderer zu sein«, erklärt Bruce M. Knauft von der Emory University, der während einer fast zweijährigen Feldarbeit die Mordraten der Gebusi dokumentierte. »Gerade in diesen Gesellschaften kann ein Muster gesellschaftlichen Lebens vorherrschen, das im allgemeinen durch ein friedliches und ruhiges Miteinander geprägt, punktuell aber durch eine Aggression gekennzeichnet ist, die, wenn sie auftritt, schrankenlos und oft mörderisch ist.« [Knauft]

Sie haben eine Vergewaltigung begangen:

Sie können weitaus besser, wie diese Studie zeigt, Signale positiver Reaktionen von Frauen wahrnehmen; Signalen gegenüber, daß eine Frau nicht interessiert ist, sind Sie buchstäblich blind. Im Rahmen dieser Untersuchung zeigte der Psychologe David Lipton elf verurteilten Vergewaltigern eine Reihe von

Videoaufnahmen und zu Vergleichszwecken zwei weiteren Gruppen von elf anderen Gewalttätern sowie elf nichtgewalttätigen Kriminellen. Die Aufnahmen zeigten einen Mann und eine Frau, die sich miteinander unterhielten; Hintergrund des Gespräches war entweder ein erstes Rendezvous oder eine intimere Szene. Während eine Person stets positive Gefühle erkennen ließ, offenbarte die andere jeweils eine von fünf möglichen Gefühlslagen: sehr positiv, extrem negativ oder eine der dazwischen liegenden Varianten. Die Bitte an die Gefangenen war, die Gefühle, die sie sahen, zu beschreiben.

Alle Kriminellen erwiesen sich relativ unempfänglich für die sowohl von Männern als auch von Frauen signalisierten Gefühle. Aber die meisten Probleme, auf die Gespräche zu reagieren, die ein erstes Rendezvous simulierten, hatten die Vergewaltiger. Gefühle, die bei einem ersten Treffen zum Ausdruck kommen, sind oft negativ, verdeutlicht Lipton, und die Vergewaltiger waren negativen Signalen gegenüber praktisch blind, insbesondere wenn diese von Frauen kamen. »Es ist, als trügen Vergewaltiger einen Filter«, sagt Lipton. »Sie scheinen immer nur das Positive aufzugreifen und das Negative zu ignorieren.« Lipton geht sogar soweit zu sagen, daß, wenn eine Frau einen Vergewaltiger unmißverständlich beschimpfte, er nach wie vor Schwierigkeiten hätte zu begreifen, daß sie damit versuchte, »nein« zu sagen. Diese Studie ist die erste, die nach Meinung Liptons zeigt, daß kennzeichnend für Vergewaltiger spezifische Defizite an sozialen Umgangsformen sind. [Lipton]

Mit großer Wahrscheinlichkeit (59 Prozent) wurden Sie als kleiner Junge von einer älteren Frau sexuell belästigt. Darüber hinaus ist, wie diese Studie von 83 Gefängnisinsassen im Alter von mindestens siebzehn Jahren, die alle wegen Vergewaltigung von Frauen verurteilt waren, zeigt, mit einer Wahrscheinlichkeit von eins zu sieben davon auszugehen, daß Sie, unabhängig voneinander, von zwei oder mehreren Frauen belästigt wurden. Mehr als drei Viertel der Opfer wurden mehrmals als Jungen von der gleichen Frau belästigt bzw. mißbraucht. Diese Akte fanden statt, als die Jungen zwischen vier und sechzehn Jahren alt waren.

Von den 49 Opfern wurden die meisten zum Geschlechtsverkehr verleitet (in insgesamt 60 Fällen und in 34 dieser Fälle einschließlich Cunnilingus und Fellatio). Fünf dieser Frauen veranlaßten die Jungen nur zum Cunnilingus, vier von ihnen masturbierten den Jungen, zwei initiierten Fellatio und akzeptierten Cunnilingus, eine initiierte Fellatio und eine bewegte den Jungen zur gegenseitigen Masturbation. Bei fast der Hälfte der Frauen (bei 23) handelte es sich um ältere Nachbarinnen, bei 22 um Freundinnen der Familie, bei sieben um Babysitter, bei fünf um Tanten, bei vier um Lehrerinnen der Jungen, bei vier um Fremde, bei zwei um die Mütter der Jungen, bei zwei um ihre Großmütter und bei einer jeweils um eine Schwester, eine Pflegemutter, eine Kollegin und eine Bewährungshelferin. (Nach der unpräzise anmutenden Rechnung der Forscher zu urteilen, dürfte bei manchen Frauen mehr als nur eine der genannten Kategorien zutreffen.)

»Diese Ergebnisse über heterosexuelle Belästigungen sind erstaunlich«, meinen die Forscher, »nicht nur wegen der Häufigkeit, in der sie vorkommen, sondern auch aufgrund der Art der sexuellen Handlungen und der Beziehungen zwischen Kind und älterer Frau.« In einer früheren Studie hatte A. N. Groth, Autor von *Men Who Rape: The Psychology of the Offender*, von einem weit geringeren Verbreitungsgrad von sexuellen Übergriffen gegenüber männlichen Kindern, die später zu Vergewaltigern wurden, berichtet. [Petrovich, Templer]

Sie sind College-Student/in und gehen zu Rendezvous:

Mit einer Wahrscheinlichkeit von über 50 Prozent sind Sie einer Person gegenüber, mit der Sie verabredet waren, mindestens schon einmal körperlich gewalttätig geworden. Das gilt für einen Mann wie für eine Frau. Sofern diese Erhebung von 504 College-Studenten und -Studentinnen repräsentativ ist, ist, sofern Sie ein Mann sind, die Wahrscheinlichkeit etwas höher als bei einer Frau, daß Sie berichten, *Opfer* einer solchen Gewalttätigkeit gewesen zu sein.

Sofern Sie mit den Versuchspersonen vergleichbar sind, die entweder selbst gewalttätig oder Opfer von Gewalttätigkeiten wurden, ist mit über 50prozentiger Wahrscheinlichkeit davon auszugehen, daß Sie sowohl selbst schon einmal zu Gewalttätigkeiten gegriffen als auch welche eingesteckt haben. Wenn Sie als Frau gewalttätig werden, verteilen Sie meistens Ohrfeigen, treten, schlagen, beißen oder werfen irgend etwas. Als Mann schubsen und stoßen Sie in erster Linie, können aber auch irgend etwas werfen, Ihre Partnerin ohrfeigen oder versuchen, sie mit etwas zu schlagen.

Gewalt ist mitnichten ein gewöhnlicher Teil Ihres Lebens, weil mit großer Wahrscheinlichkeit davon auszugehen ist, daß Sie, abgesehen in Zusammenhang mit Ihrem Rendezvouspartner oder Ihrer -partnerin, noch keine Gewalt erfahren haben – und Gewalt flackerte zwischen Ihnen beiden auch erst auf, als Ihre Beziehung einen gewissen Grad der Intimität erreicht hatte, als Sie vielleicht angefangen hatten, zusammenzuleben. Sie haben wahrscheinlich das Gefühl (oder sagen das zumindest), daß die zutage getretene Gewalt nicht schwerwiegend und isoliert zu betrachten war und keine nachhaltigen Auswirkungen für Ihre Beziehung hatte.

Sofern Sie der gewalttätige Mann sind, dürften Sie jung, aus einer Familie mit einem geringen Einkommen, einem traditionellen Frauenbild verhaftet und als Kind mißhandelt worden sein. Sofern Sie die gewalttätige Frau sind, schneiden Sie wahrscheinlich schlecht bei einem Test über gesellschaftlich projizierte und akzeptierte Wunschbilder (gemäß der Social Desirability Scale) ab, mit dem Ihr Hang gemessen wird, sich selbst in einem günstigen oder gesellschaftlich erwünschten Licht darzustellen, selbst wenn Ihre diesbezüglichen Äußerungen nicht der Wahrheit entsprechen; außerdem wurden auch Sie als Kind wahrscheinlich mißhandelt. [Sigelman, Berry, Wiles]

Sie wurden eines Sexualvergehens überführt:

Sie können möglicherweise »geheilt« werden, wenn der richterliche Urteilsspruch Sie an einen Psychiater überweist. Aber ebenso positiv wird der Verweis an einen Bewährungshelfer sein. Wie eine fünfjährige Studie zeigt, vermochten beide Formen der »Behandlung« bei 70 Prozent der ehemals Straffälligen einen Rückfall bis zu drei Jahren zu verhindern. Der Erfolg ist am wahrscheinlichsten, wenn der Richter Sie zur Gruppentherapie überweist *und* Sie zu denjenigen gehören, die am ärgsten darüber klagen, daß Sie in die »Gruppe« müssen. [Peters]

Sie sind schizophren und in einer psychiatrischen Einrichtung und haben die Wahl, sich entweder den Film »Rambo« oder »Love Story« anzuschauen:

Wenn Ihnen an einem längerfristigen Seelenfrieden gelegen ist, entscheiden Sie sich für *Rambo*. Entgegen Untersuchungen, die eine Verbindung zwischen Gewaltfilmen und aggressivem Verhalten sehen, stellten diese Forscher bei Schizophreniekranken stärkere Aggressionen fest, wenn diese gewaltfreie Filme (Komödien, Abenteuerfilme, Liebesfilme) als wenn sie Gewaltfilme mit Grausamkeiten, Schlägereien und Mordszenen gesehen hatten. 1978 zeigten die Forscher etwa dreihundert Patienten des Veterans Administration Medical Center 43 Gewalt beinhaltende und 38 gewaltfreie Filme. Binnen vierundzwanzig Stunden nach der Vorführung eines Gewaltfilmes ereigneten sich 26 Störfälle einschließlich Schlägereien, Fenstereinschlagen und Selbstmordversuchen. Innerhalb der gleichen Zeitspanne nach einem gewaltfreien Film waren 57 Störfälle zu registrieren. Die Forscher ziehen daraus den Schluß, daß Patienten in psychiatrischen Einrichtungen sich über die Vorführungen des normalen Lebens mehr als über das Chaos erregen. [Johnston, Lundy]

Sie möchten nicht straffällig werden:

Bleiben Sie zu Hause, wenn die Temperaturen steigen. Je heißer es wird, desto wahrscheinlicher ist es, daß Sie aggressive Delikte begehen (Vergewaltigung und Mord) – im Gegensatz zu nichtaggressiven Delikten (Raub und Brandstiftung). Die Forscher stellten auch eine Verbindung zwischen aggressiven Delikten und den einzelnen Tagen der Woche her. Wahrscheinlicher als an jedem anderen Tag ist, daß Sie ein solches Delikt an einem Sonntag oder Montag begehen. [Anderson]

Sie sitzen in einem Gefängnis ein:

Kaum jemand wird erstaunt sein, wenn bei Ihnen und 49 anderen, willkürlich ausgewählten Gefängnisinsassen bei einem Persönlichkeitstest zur Messung Ihrer Einstellung ein hohes Maß an Feindseligkeit, Entfremdung, Impulsivität und asozialen Trieben festgestellt wird. Aber die Überraschung war groß, als Alan Berman, ein Psychologe der University of Rhode Island, anläßlich einer Versammlung der Eastern Psychology Association berichtete, daß er einhundert angehende Gefängnisbeamte ebendiese Tests hatte machen lassen mit dem Ergebnis, daß diese den Häftlingen in nichts nachstanden und gleich hohe Werte, mit einer Ausnahme, erzielten – nämlich bei der Messung der »Hysteriewerte«. Hier erreichten die Wärter *höhere* Werte. Für die angehenden Beamten, die getestet wurden, galt, je jünger sie waren, um so massiver war die bei ihnen meßbare Feindseligkeit. Und welcher Art der Arbeit sollten diese jungen Männer nachgehen? Mehrheitlich hatten sie eine Arbeit im Umgang mit Jugendlichen gewählt. [*Behavior Today*]

Statt ins Gefängnis zu müssen, wurde Ihre Strafe auf Bewährung ausgesetzt:

Wahrscheinlich, daß Sie neuerlich verhaftet werden.

In einer vom National Institute of Justice in Auftrag gegebene Studie wurden in Kalifornien über den Zeitraum von vierzig Monaten 1672 Fälle von Bewährung untersucht. Das Ergebnis: 65 Prozent der freigelassenen Delinquenten wurden neuerlich verhaftet, 51 Prozent wurden neuerlicher Delikte überführt und 34 Prozent endeten schließlich im Gefängnis. Bei den Straftaten der Wiederholungstäter handelte es sich zumeist um Einbruchsdelikte, Raubüberfälle und Diebstähle, und dennoch wurde bei etwa einem Drittel der Fälle die Strafe wiederholt auf Bewährung ausgesetzt. [Petersilia]

Sie sind Sportler in einem Team, das gegen eine andere Mannschaft spielt:

Wenn die Zuschauermenge dichtgedrängt ist, bringen Sie schlechtere Leistungen, als wenn sie zerstreuter wäre.

Sofern Ihr Team schon einmal früher in dieser Saison gegen die gleiche Mannschaft antrat, werden Sie dieses Mal aggressiver spielen.

Bei einem Spiel gegen eine Mannschaft Ihrer eigenen Spielklasse treten Sie aggressiver an, als wenn die gegnerische Mannschaft einer anderen Spielklasse angehört.

Sofern es sich um ein wichtiges Spiel handelt, hoffen Sie besser, daß es auf dem gegnerischen Platz ausgetragen wird; bei der Studie zeigten die Gastmannschaften bei wichtigen Spielen bessere Leistungen als bei Heimmannschaften. Und um Ihre Chancen bei einem Auswärtsspiel um ein Übriges zu erhöhen, beten Sie, daß die Zuschauermenge möglichst dürftig ist; je kleiner die Zuschauermenge ist, desto aggressiver und besser spielen Sie. [Russell]

Sie sind ein Mann, und Sie verspüren manchmal das Bedürfnis nach einer deftigen Auseinandersetzung oder Prügelei:

Das kann *genau* das sein, was Sie brauchen, damit es Ihnen besser geht. In Nordirland kam es in den ersten zwei Jahren nach Ausbruch der politischen Unruhen, 1970, zu einem merklichen Rückgang der bei Männern registrierten Rate der depressiven Störungen. Ebenso fiel die Selbstmordrate der Männer um 50 Prozent. Das spekulative Fazit der Forscher: Aufruhr kann gut für die psychische Gesundheit eines Mannes sein. [Lyon]

Manchmal überkommt Sie der Drang, eine Scheibe einzuschlagen:

Sie genießen es mehr, wenn die Fensterscheibe nicht beim ersten Versuch zu Bruch geht. Das größte Vergnügen ist, wenn Sie beim dritten oder vierten Anlauf Erfolg haben, besonders wenn Sie nicht absehen können, wann die Scheibe klirrend zu Boden fallen wird. (Die Autoren dieser Studie über den »ästhetischen Genuß« bei Sachbeschädigungen äußern Bedenken, daß wir mit den »bruchsicheren« Flächen, die öffentlich installiert werden, durch eine Steigerung des Genusses über den Erfolg dem Vandalismus Vorschub leisten.) [Allein, Greenberger]

Schwindeln und Bagatelldelikte

Finden Sie sich selbst

Sie schwindeln gelegentlich und haben deswegen manchmal Schuldgefühle:

Damit stehen Sie nicht allein. Aber sind Sie im großen und ganzen eine ehrliche Seele oder im Kern eher ein gerissener Schwindler?

Die Zeitschrift *Psychology Today* bat ihre Leser, einen langen Fragebogen über Lügen, Betrügen und die Dehnbarkeit der Wahrheit auszufüllen – und als ob sie auf diese Beichtgelegenheit gewartet hätten, um ihr Gewissen zu erleichtern, 24100 Leser antworteten. Nachfolgend einige Ergebnisse dieses Massenselbstbekenntnisses:

- Mehr Einsender/innen gestanden, ihre Ehepartner zu betrügen (45 Prozent), als bei ihren Steuererklärungen (38 Prozent) oder Spesenabrechnungen (28 Prozent) zu schwindeln. Von denen, die den Ehepartner betrogen, hatten 84 Prozent Schuldgefühle. Aber nur 59 Prozent empfanden Schuldgefühle wegen unrechtmäßiger Steuererklärungen. Etwas bedenklich auch: Obwohl nur 38 Prozent angaben, bei ihren Steuern zu schwindeln, gestanden 54 Prozent, daß sie bei einer Steuerprüfung damit rechneten, Nachzahlungen leisten zu müssen. (Aber nur 10 Prozent glaubten, dem Staat 500 Dollar oder mehr zu schulden.)
- Eine von drei Personen räumte ein, während des zurückliegenden Jahres den besten Freund oder die beste Freundin bei einer wichtigen Frage getäuscht zu haben. Entsprechende Schuldgefühle waren weitverbreitet: 96 Prozent. 73 Prozent sagten allerdings, daß sie das nur ein- oder zweimal getan hätten.
- Etwa vier von zehn Personen hatten sich in betrunkenem Zustand oder unter starkem Drogeneinfluß ans Steuer gesetzt.
- Fast vier von zehn (38 Prozent) hatten bewußt beim Zoll einen Artikel nicht deklariert.
- Fast die Hälfte gab an, daß sie, wenn sie beim Herausfahren

aus einer Parklücke einen nebenstehenden Wagen kratzten, ohne eine Nachricht zu hinterlassen, wegführen. 89 Prozent waren sich allerdings einig, daß dieses Verhalten unmoralisch sei.

- Wenn eine Kassiererin in einem Geschäft zu viel Wechselgeld herausgäbe, würden 26 Prozent das überschüssige Geld einstecken.
- 68 Prozent hatten im zurückliegenden Jahr Büromaterial oder andere Dinge mit nach Hause genommen.
- Mehr als eine von drei Personen (37 Prozent) hatten während des vergangenen Jahres von ihrem Arbeitsplatz aus private Ferngespräche geführt.
- Nahezu die Hälfte der Befragten (47 Prozent) hatte während des letzten Jahres Krankheitstage in Anspruch genommen, obwohl die vermeintliche Krankheit nicht der Rede wert war.
- 67 Prozent bekannten, bei Schulprüfungen oder Aufgaben zu pfuschen, wenn sie glaubten, damit durchzukommen.
- Diejenigen, die zugaben, sich vorzudrängen und nicht Schlange zu stehen, bis sie an der Reihe waren, summierten sich auf nur 19 Prozent.
- Auf die Frage, welches ihr problematischstes moralisches Dilemma sei, gaben etwa ein Drittel, und damit mit Abstand die meisten, irgendein sexuelles Problem, in der Regel eine außereheliche Affäre an.
- Fast alle – 93 Prozent – kamen mit den Geschwindigkeitsübertretungen zurecht, die sie gestanden, irgendwann gemacht zu haben. Aber weniger als die Hälfte davon – 43 Prozent – räumte ein, »fast jeden Tag« Geschwindigkeitsbegrenzungen zu übertreten.
- Bei Personen, die sich selbst als religiös bezeichneten, war es am wenigsten wahrscheinlich, daß sie angaben, Freunde getäuscht, in der Ehe betrogen, bei Spesenabrechnungen geschwindelt oder auch nur ein Parkverbotschild ignoriert zu haben.

Manche Befragten waren denn auch gleich mit Selbstrechtfertigungen bei der Hand. So gestand, beispielsweise, einer der Einsender, Leiter einer staatlichen Behörde, sein Telefon im Büro auch für private Ferngespräche zu nutzen, private Kopien anzufertigen, »und normalerweise schlage ich auch noch ein paar zusätzliche Dollars bei meinen Reisekostenabrechnungen heraus. Auf der anderen Seite mache ich jede Woche jede Menge Überstunden. Ich greife oft für irgendwelche offiziellen Anlässe in meine eigene Tasche... Ich kann mir nicht vorstellen, daß man mit einem Angestellten einen besseren Handel machen kann. Dennoch werde ich aus Ihrer Bewertung wohl als kleiner Betrüger hervorgehen«. [Hassett]

Sofern sich Ihre gelegentlichen betrügerischen Praktiken jedoch auf Ihre Einkommensteuererklärungen beziehen, legen Sie wahrscheinlich andere »Schuldmaßstäbe« an. Das zeigen eine Reihe von Erhebungen, die in dem Buch *Minds, Markets, and Money* Von Shlomo Maital, einem führenden israelischen Wirtschaftswissenschaftler, angeführt sind. Drei Jahre verbrachte er an der Princeton University, um die Gepflogenheiten und die Moral der amerikanischen Steuerzahler zu studieren:

- Das US-Finanzministerium selbst hatte eine repräsentative Erhebung über etwaige moralische Bedenken bei verschiedenen Formen der Steuerhinterziehung durchgeführt. Fast zwei von drei der Befragten (62 Prozent) meinten, es bereite ihnen kaum Kopfschmerzen, wenn sie bei Angabe ihrer Einkünfte einen Einnahmeposten unterschlügen. Weitere 53 Prozent bekannten, mit mehr oder weniger gutem Gewissen dem Finanzamt etwaige Einkünfte aus Gewinnspielen vorzuenthalten; 49 Prozent erhöhten künstlich ihre geschäftlichen Reisekosten. Den dehnbarsten moralischen Begriff hatten vor ihrem Gewissen vielleicht jene 42 Prozent, die sagten, sie hätten keinerlei Bedenken, bei ihrem Einkommen einfach weniger anzugeben.
- Zwei Politikwissenschaftler der East Carolina University, Young-Dahl Song und Tinsley Yarbrough, stellten bei ihrer Meinungsumfrage fest, daß die von ihnen Befragten Steuerhinterziehung nur um Haaresbreite verwerflicher als einen Fahrraddiebstahl fanden.
- Der Wirtschaftswissenschaftler Michael W. Spicer und der Psychologe Sven B. Lundstedt kamen bei einer Studie zu dem Ergebnis, »je mehr Steuerhinterzieher ein Steuerzahler

kennt, um so größer ist die Wahrscheinlichkeit, daß er selbst Steuern hinterzieht«.

- Das sind schlechte Nachrichten, denn aus einer jüngsten Gallup-US Chamber of Commerce-Umfrage geht hervor, daß zwei Drittel der Befragten Steuerhinterziehung für ein weitverbreitetes Phänomen halten (»Personen, die die ihnen gesetzlich vorgeschriebenen Steuern nicht bezahlen«). Noch mehr, fünf von sechs Befragten glaubten, daß viele sich der Steuer*umgehung* schuldig machten (»mittels *legaler* Wege die steuerliche Gesetzgebung zum eigenen Vorteil nutzen, um weniger zu zahlen als fairerweise angebracht wäre«).
- Eine Gallup-Umfrage zeigte, daß die Mehrzahl der Amerikaner glauben:
- daß sie mehr als ihren gerechten Anteil an Steuern zahlen;
- daß die in den letzten zehn Jahren von Regierungsseite neu geschaffenen Einrichtungen das Geld nicht wert waren, das zusätzlich für sie ausgegeben wurde;
- daß 20 Prozent oder mehr der Regierungsausgaben verschwendet werden;
- daß die Ausgabenpolitik der Regierung Inflation verursacht. [Maital]

Sie lügen manchmal, aber nicht gegenüber Personen, bei denen Sie annehmen, Sie würden entlarvt:

Sie schätzen diese Personen möglicherweise falsch ein. Im Rahmen dieses Experimentes wurden die Ergebnisse eines Lügendetektorwettstreites zwischen Beamten der Vollzugspolizei und College-Studenten verglichen. Die Beamten und Studenten hatten sich die Tonbandaufnahmen von sechzehn Personen angehört, die bei den Aufzeichnungen jeweils zweimal gelogen und zweimal die Wahrheit gesagt hatten. Die Experten schnitten mitnichten besser als die fachlich unversierten College-Studenten bei der Unterscheidung zwischen Lügen und Wahrheit ab. Der einzige Unterschied zwischen den Gruppen war das Maß an Selbstsicherheit. Mit fortschreitender Testdauer wähnten die erfahrensten Polizisten sich zunehmend sicherer in ihren Antworten. In Wahrheit verbesserte sich ihre Trefferquote jedoch nicht. [DePaulo, Pfeifer]

Sie begehen Ladendiebstähle:

Wahrscheinlich haben Sie einen Hochschulabschluß und beziehen ein mittleres Einkommen und verfügen, wenn Sie gefaßt werden, wahrscheinlich über genügend Bargeld, Schecks und Kreditkarten, um die gestohlenen Artikel zu bezahlen.

Nach einer Erhebung des Greater Washington, D. C., Board of Trade bezogen 45 Prozent der in Washington überführten Ladendiebe ein mittleres Einkommen, 28 Prozent ein hohes Einkommen und 27 Prozent ein geringes Einkommen. Mit Blick auf das Bildungsniveau hatten 40 Prozent der Diebe einen Hochschulabschluß, 12 Prozent hatten die High School abgebrochen, 27 Prozent konnten auf irgendeinen College-Hintergrund verweisen und 21 Prozent hatten einen College-Abschluß. [Curtis]

Wenn Sie in Texas leben und Ladendiebstähle begehen, sind Sie, dieser Studie über das »lokale Täterprofil« zufolge, wahrscheinlich weiblich, mexiko-amerikanischer Abstammung, nervös und ängstlich, depressiv und selbstzweiflerisch. Sollten Sie aber ein Mann sein, so handeln Sie bei ihren Ladendiebstählen impulsiver als eine Frau. Sie erwägt sorgfältiger, wie bei einem ordentlichen Einkauf, welche Ware sie nimmt. [Ray, Solomon, Doncaster, Mellina]

Sie sind eine Frau:

Vielleicht sind Sie etwas beunruhigt durch die Trendmeldungen, wonach die von Frauen begangenen Delikte mehr und mehr den typischen Männerdelikten gleichen und daß der Grund für diesen Wandel bis zu der Mitte der 1960er Jahre entstandenen Frauenbewegung zurückverfolgt werden kann.

Dem ist nicht so, sagt ein Soziologe der Penn State University. Nach Sichtung des vom FBI gesammelten Datenmaterials ab 1965 kam Darrell J. Steffensmeier zu dem Schluß, daß die einzig relevante Veränderung bei den von Frauen begangenen Delikten nur an der Zunahme von Verhaftungen in zwei Kategorien zu beobachten sei: Ladendiebstähle und Betrugsdelikte, Verbrechen also, die Frauen seit jeher begehen. Würden diese Arten der Diebstahlsdelikte aus der Kategorie schwerer Verbrechen, der sie gegenwärtig zugeordnet sind, herausgenommen und als Bagatelldelikte gewertet, so wären die aufsehenerregenden Thesen, die von dramatischen Veränderungen bei den von Frauen begangenen Verbrechen sprechen, nach Meinung Steffensmeiers »allemal entkräftet«. Folglich sei das auf die Frauenbewegung zurückzuführende Auftauchen einer »neuen weiblichen Kriminalität« nichts weiter als ein Mythos. [Steffensmeier]

Kapitel 5

Ihre Beziehungen

Ihre Rendezvous

Rendezvous sind mehr als die Suche nach dem »richtigen« Anderen. Sie sind auch ein Stück Suche nach sich selbst, präziser, nach dem eigenen Wert.

Das beobachtete bereits 1937 der Soziologe Willard Waller an der Penn State University.

Finden Sie sich selbst

Sie suchen eine Bekanntschaft:

Ob Sie ein Mann oder eine Frau sind, ob Sie geschieden oder single sind und nie verheiratet waren oder einer entsprechenden Selbsthilfeorganisation angehören, je älter Sie sind, um so wahrscheinlicher ist, daß Sie relativ glücklich, produktiv, allgemein zufrieden mit Ihrem Beruf, Ihrem Familienleben und mit sich selbst sind – rundherum mit allem, abgesehen von Ihrem gesellschaftlichen Leben. Was Ihnen fehlt und wonach Sie suchen, sind Wege, Mitglieder des anderen Geschlechts kennenzulernen und Beziehungen mit ihnen aufzubauen. So lautet unter dem Strich das Ergebnis einer Befragung von 138 alleinstehenden Erwachsenen in Youngstown, Ohio, einer mittelgroßen Stadt.

Sofern Sie eine Frau sind, ob geschieden oder nie verheiratet waren, ist mit hoher Wahrscheinlichkeit anzunehmen, daß Sie – insbesondere mit Kindern – finanzielle Schwierigkeiten haben. Zudem sind Sie aller Wahrscheinlichkeit nach an einem traditionell weiblichen und damit typisch schlechtbezahlten Arbeitsplatz beschäftigt.

Als Mann fühlen Sie sich eher als eine alleinstehende Frau durch Ihre Unfähigkeit, über Ihre Gefühle sprechen zu können, gehandikapt. Sie dürften darüber hinaus kaum über soziale Netzwerke und Selbsthilfegruppen informiert sein, die Ihnen, ähnlich den Frauen verfügbaren Gruppen, zur Verfügung stehen.

Ob als Mann oder Frau, wenn Sie nie verheiratet waren, empfinden Sie den Umgang mit anderen wahrscheinlich als belastender als Geschiedene, weil es Ihnen in der Regel, im Vergleich zu ihnen, an sozialen Erfahrungen fehlt. Eine erhebliche Zahl der Befragten, die nie verheiratet waren, berichteten, festgestellt zu haben, daß ihre geschiedenen Freunde und Freundinnen wesentlich sensibler als die Nie-Verheirateten auf ihr eigenes Verhalten und das anderer achteten. Nie-Verheiratete, so verallgemeinerten diese Nie-Verheirateten, »haben Angst, ihre wahren Gefühle zu erkennen zu geben«.

Angesichts der Tatsache, daß immerhin ein Drittel der erwachsenen Bevölkerung der USA unverheiratet ist – ein Anteil, der weitergehende und intensivere Forschungen als bisher erforderlich machen und rechtfertigten dürfte –, hebt der Autor der Studie »den dringenden Bedarf an Orten« hervor, »wo Männer und Frauen sich kennenlernen können. Orte, die unbedrohlich und human sind und stets eine ausreichende Zahl an Kontaktmöglichkeiten bieten, so daß keine Engpässe auftreten. Diese Orte, Anlässe oder Einrichtungen müssen darüber hinaus frei von jedem ausbeuterischen Charakter sein. Das Ausbeutungspotential ist bei einsamen und verwundbaren Menschen groß.« [Danziger]

Ob Sie es sich selbst eingestehen oder nicht, Sie suchen nach jemandem, der in etwa genauso attraktiv ist wie Sie. Das ist durchgängig das Ergebnis einer ganzen Reihe von Studien mit College-Studenten.

Was aber, wenn Sie *kein* Student oder *keine* Studentin sind? Was, wenn Sie wesentlich über das College-Alter hinaus sind. Was ist es dann eher, wonach Sie suchen? Persönlichkeit? Freundlichkeit? Bildungsniveau? Beruf? Reife?

Antwort: Weder noch. Auch Sie suchen jemanden, der in etwa so attraktiv wie Sie ist. Außerdem ist dieses »Ebenbild«, in dem sich Gleiches mit Gleichem gesinnt, die sicherste Prädiktion für den Fortbestand einer Beziehung. Diese Studie wurde mit 67 Paaren (Durchschnittsalter fünfunddreißig) durchgeführt, die sich über ein Vermittlungsinstitut kennengelernt hatten. Gefragt, welche Schritte sie unternommen hatten, um eine Bekanntschaft zu schließen, reichten die Reaktionen von der Weigerung, die eigene Telefonnummer oder den Nachnamen preiszugeben (die negativste Reaktion) bis zur Zustimmung zu einem zweiten Rendezvous (positivste Reaktion). Die *einzige nennenswerte Korrelation* bei den positiven Reaktionen war, so das Urteil eines unabhängigen Gremiums, die Übereinstimmung in der Attraktivität. [Folkes]

Wenn Sie Student oder Studentin sind, ist es Ihnen – nach dieser 1986 mit zweihundert College-Studenten durchgeführten Studie – am liebsten, wenn Ihr potentieller Partner oder ihre potentielle Partnerin wenige oder mäßige sexuelle Erfahrungen hat. Sofern er oder sie nur bis zu einem gewissen Grad des Pettings gegangen ist, ziehen Sie ihn oder sie wahrscheinlich jemandem vor, der entweder über mehr oder noch weniger Erfahrungen verfügt. Unabhängig von Ihrer eigenen sexuellen Vergangenheit hoffen Sie wahrscheinlich, daß Ihr/e Ehepartner/in noch »jungfräulich« ist. Welche frühere Erfahrung fürchten Sie bei Ihrem zukünftigen Partner oder Ihrer Partnerin noch mehr als den Verlust ihrer oder seiner »Jungfräulichkeit«? Daß er oder sie jemand anderen liebte. Selbst wenn Sie wissen, daß er oder sie viele Partner oder Partnerinnen rein um des sexuellen Vergnügens willen hatte, dürfte dieses Wissen Sie weitaus weniger als der Umstand beunruhigen, daß es vor Ihrer Zeit eine intime Liebe gab. Die erste Liebe Ihres Partners oder Ihrer Partnerin zu sein, ist, sofern diese Untersuchung auch Sie beschreibt, deutlich wichtiger für Sie als der erste sexuelle Partner oder die erste sexuelle Partnerin für ihn oder sie zu sein. [Jacoby, Williams]

Als männlicher Teenager steigt Ihre Attraktivität bei potentiellen Partnerinnen, wenn Sie sich ohne jede Beunruhigung oder jedes Erschauern Horrorfilme anschauen können.

Für einen weiblichen Teenager gilt hingegen, je mehr Abscheu und Angst Sie erkennen lassen, desto attraktiver erscheinen Sie in den Augen der Jungen – und desto mehr werden sie den Film genießen. [Zillman]

Sie gingen eine feste Verbindung mit jemandem ein, drei Monate oder weniger, nachdem Sie ihn kennenlernten:

Diese Person ist wahrscheinlich genauso attraktiv wie Sie. [Feingold]

Sie gingen eine feste Verbindung mit jemandem ein, acht Monate oder mehr, nachdem sie ihn kennenlernten:

Diese Person ist wahrscheinlich deutlich weniger attraktiv als Sie oder auffallend attraktiver. [Feingold]

Sie sind seit längerer Zeit fest mit jemandem zusammen:

Die Attraktivität, die Sie Ihrem Partner oder Ihrer Partnerin beimessen, entspricht wahrscheinlich ihrer oder seiner Selbsteinschätzung, wie dies auch umgekehrt der Fall ist. Ein Umstand, der von den Forschern als der »Gleichwertigkeitseffekt« bezeichnet wird. Eine weitere Erkenntnis: Je länger die Beziehung andauert, um so wahrscheinlicher ist, daß Sie sich attraktiver als zu deren Beginn finden.

Bei diesem »Gleichwertigkeitseffekt« gibt es eine bemerkenswerte Ausnahme von der Regel – die eher für eine attraktive Frau als für einen Mann zutrifft. Beziehungen zwischen einer attraktiven Frau und einem weniger attraktiven Mann können durchaus Bestand haben, ohne daß sich diese Ungleichheit negativ auswirken muß. Es ist jedoch fast nie der Fall, daß attraktive Männer längere Zeit mit Frauen zusammenbleiben, die sie weniger attraktiv als sich selbst einschätzen. [Bailey, Kelly]

Wenn Sie eine Frau sind und den Partner, mit dem Sie sich regelmäßig treffen, als ihren »festen Freund« ansehen, haben Sie in der Regel, verglichen mit einer Frau, die keinen festen Freund hat, ein höheres Selbstwertgefühl, Sie sind sicherer, daß Sie heiraten wollen und gehen davon aus, früher zu heiraten, die Ehe hat für Sie einen höheren Stellenwert, und Sie sind weniger bereit, allein zu bleiben.

Im Gegensatz dazu sucht eine Frau, die keinen festen Freund hat, Intimität eher anderweitig, und sie bezieht ihre Selbstbestätigung aus Aktivitäten, die jenseits von persönlichen Beziehungen liegen. [Long]

Sie sind ein Mann / eine Frau, deren Eltern geschieden sind:

Nach dieser Untersuchung einer großen Zahl (365) von College-Studenten und -Studentinnen, deren Eltern geschieden waren, gehen Sie öfter als andere neue Beziehungen ein und sind aktiver bemüht, eine neue Beziehung zu finden. Das ist auch dann der Fall, wenn die Scheidung ihrer Eltern bitter war, Ihr Verhältnis zu ihnen sich seither verschlechterte und das Elternteil, bei dem Sie leben, allein geblieben ist. Die Frage, wie alt Sie zum Zeitpunkt der Scheidung waren, scheint ebensowenig für die Quantität oder Qualität Ihrer Rendezvous-Aktivitäten von Bedeutung zu sein wie die Tatsache, ob Sie ein Mann oder eine Frau sind. [Booth, Brinkerhoff, White]

Sie sind ein Mann mit häufig wechselnden Beziehungen:

Die Selbsteinschätzung Ihrer Attraktivität dürfte ziemlich dekkungsgleich mit dem Urteil anderer über Ihre Attraktivität sein. Wenn Sie nicht oft eine Beziehung haben oder sich zu Rendezvous verabreden, schätzen Sie Ihre eigene Attraktivität wahrscheinlich *höher* als andere ein. [Bailey, Kelly]

Sie sind eine Frau mit häufig wechselnden Beziehungen:

Typisch für Sie sind Persönlichkeitsmerkmale, die sich drastisch von denen solcher Personen unterscheiden, die nur selten eine Beziehung haben oder sich zu Rendezvous verabreden – Züge, die fast jedermann spontan identifizieren kann.

Die Forscher wählten zwölf »überbeliebte« (sich oft verabredende) Studentinnen und dreizehn »minderbeliebte« für Videoaufnahmen aus, die sie in Interaktion mit einem Mitarbeiter des Forschungsteams zeigten. Diese Aufnahmen wurden einer Jury gezeigt, die anhand einer Liste von 555 Persönlichkeitszügen diejenigen Charakteristika selektieren sollte, die ihres Erachtens für die einzelnen Frauen zutreffend erschienen. Angeben sollten die Jurymitglieder darüber hinaus, wie sehr sie jede einzelne Frau mochten.

Diejenigen, die häufig Beziehungen wechselten und sich oft verabredeten, waren deutlich »beliebter«. Ihnen wurden außerdem vorwiegend Züge beigemessen, die ihnen Soziabilität, eine positive Emotionalität und Extrovertiertheit attestierten. Demgegenüber wurden denjenigen, die selten Rendezvous hatten, überwiegend Persönlichkeitsmerkmale wie Unglücklichsein, Launenhaftigkeit, Depression, eine negative Emotionalität und Introvertiertheit zugeschrieben. [Hewitt, Goldman]

Sie sitzen als Frau in einer Kneipe:

Was da in dem Country-and-Western-Hit beschrieben wird, »Don't the Girls Get Prettier at Closing Time«, scheint auch für Sie zutreffend zu sein. Bei einer Umfrage in einer Kneipe, die in halbstündigen Intervallen am gleichen Abend durchgeführt wurde, stellte sich heraus, daß die Frauen dreißig Minuten vor der Polizeistunde von den männlichen Anwesenden als wesentlich attraktiver als drei Stunden zuvor beurteilt wurden – was aber wohl auf den Einfluß von Alkohol oder einfache Verzweiflung oder die Phantasie des Beobachters zurückzuführen sein dürfte. [Nida, Koon]

Aber muß es eine herkömmliche Kneipe oder eine Bar sein, damit Sie nach Mitternacht besser aussehen? Diese Forscher entschlossen sich, den gleichen Sachverhalt, dieses Mal aber in einer Studentenkneipe, nahe eines Colleges, zu untersuchen. Das Ergebnis: Nicht nur die Männer, sondern auch die Frauen beurteilten die Mitglieder des anderen Geschlechts mit Erreichen der Polizeistunde, im Vergleich zu ihrem Urteil am früheren Abend, als besser aussehend. [Pennebaker, Dyer, Caulkins, Litowitz, Ackerman, Anderson, McGraw]

Sie sitzen als Mann in einer Bar oder einer Kneipe:

Wenn Sie mit einer Frau, die ohne Begleitung ist, ein Gespräch beginnen möchten, greifen Sie im Zweifel auf einen der altbewährten Sätze zurück wie: »Ich spreche Sie nur ungern einfach so an, aber ich möchte Sie gerne kennenlernen.« Oder die harmlosere Variante: »Wie finden Sie die Musik?« Unverdächtig und beliebt für die Strandsituation ist: »Das Wasser ist herrlich heute, oder?« Oder im Supermarkt: »Können Sie mir bei der Entscheidung helfen? Ich bin ein miserabler Einkäufer.«

Am wenigsten zweckdienlich ist die seichte wie überhebliche Tour: »Ist das wirklich Ihr eigenes Haar?« Oder: »Ich wette, ich kann Sie unter den Tisch trinken.« Oder: »Ist das Ihr oder mein Platz?« Weit kommen werden Sie auch nicht mit: »Sie erinnern mich an eine Frau, mit der ich einmal zusammen war.« Oder ein Abschreckmittel am Strand: »Zeigen Sie mir mal Ihre Streifen.« Oder im Supermarkt: »Essen Sie wirklich diesen Tinnef?«

Der Autor dieser Studie, ein Psychologe, der sich vorrangig mit dem Thema »der erste Eindruck« beschäftigte, war an mehrere hundert College-Studenten und -Studentinnen in Kalifornien und Massachusetts mit der Bitte herangetreten, alle möglichen Redewendungen zu nennen, die Männer zur Kontaktaufnahme mit einer Frau nutzen könnten. Das Ergebnis faßte er auf einem Fragebogen zusammen und bat sechshundert Studentinnen, die einzelnen Sätze anhand einer Skala von »ausgezeichnet« bis »entsetzlich« zu bewerten. [Kleinke]

Sie glauben also, daß Sie, während Sie sich die Frauen, die ohne Begleitung in der Bar oder Kneipe sind, so anschauen, derjenige sind, der unter ihnen wählt, ehe Sie den ersten Schritt tun? Nun!

Monica Moore, Psychologin an der University of Missouri-St. Louis, neugierig gemacht durch Studien über das Werbeverhalten von See-Elefanten, Fischen, Ratten, Mäusen, Affen, Gorillas und Vögeln, die gezeigt hatten, daß der erste Schritt – und offenkundig die Wahl – von seiten der Weibchen vollzogen wird, fragte sich, ob dieses Ergebnis sich auch beim menschlichen Verhalten verifizieren ließe. Zusammen mit ihren Mitarbeiterinnen investierte sie einhundert Stunden in Single-Bars, um zweihundert Frauen zu beobachten, die alle ohne männliche Begleitung und schätzungsweise zwischen achtzehn und fünfunddreißig waren und jeweils in oder nahe einer Gruppe von mindestens fünfundzwanzig Personen waren. Das Verhalten der einzelnen Frauen wurde jeweils eine halbe Stunde lang per Videokamera festgehalten. Bei der Auswertung der Videoaufnahmen identifizierten sie pointiert nonverbale Verhaltensweisen wie »Bewegungen einzelner Körperteile oder des ganzen Körpers, die innerhalb von 15 Sekunden... männliche Aufmerksamkeit auf sich zogen«. Die so bei den Männern ausgelöste Reaktion hatte in der Regel zum Ergebnis, daß sie sich der Frau näherten, sie ansprachen, sich zu ihr hin beugten oder näher an sie heranrückten, sie um einen Tanz baten oder sie berührten. Insgesamt waren es, wie die Forscherinnen entdeckten, 52 Verhaltensweisen, mit denen die Frauen diese Reaktionen animierten. Das Spektrum reichte von einem Lächeln bis zum Hochrutschenlassen des Kleides, kessen Bewegungen, Lippenspitzen und Berühren des Knies. An oberster Stelle rangierte das Lächeln, ein flüchtiger Blick, der durch den Raum streifte, der »einsame Tanz« (synchron zur Musik durch rhythmisches Taktklopfen mit den Fingern oder subtile Körperbewegungen angedeutet), kurzes Anlehnen (bei einem Mann, der saß, gelegentlich verbunden mit einem leichten Streifen der Brust), ein gezieltes Starren von mindestens drei Sekunden und Zurückwerfen des Kopfes. Die Folgefrage, die Moore interessierte, war, ob diese Körpersignale in einer anderen Umgebung, wo sie vielleicht weniger zu erwarten waren, ebenso häufig vorkamen – in der Mensa einer Universität, in einer Bibliothek und in einem Frauenzentrum. Dort waren, kaum überraschend, diese Gesten seltener – insgesamt 19 flirtähnliche Verhaltensweisen in der Mensa, 10 in der Bibliothek und 5 während einer Versammlung im Frauenzentrum – im Vergleich dazu waren es in der Single-Bar 70 pro Stunde gewesen.

Und das große Fazit? »Die Frauen, die oft Signale aussandten, waren auch diejenigen«, so stellte Moore fest, »die am häufigsten von Männern angesprochen wurden.« [Moore]

Sie sind eine Frau, die an den Strand geht und hofft, Anschluß zu finden:

Sie wählen einen unproduktiven Ort. Frauen, die an den Stränden Chicagos befragt wurden, gingen im Durchschnitt fünfunddreißigmal im Jahr an den Strand und waren im Bilanzdurchschnitt einmal pro Besuch von einem Mann angesprochen worden. Verabredungen waren sie nur mit zwei von diesen fünfunddreißig Männern eingegangen, die sie auf diesem Wege kennengelernt hatten, und jeden Mann trafen sie nur zweimal. (Die Zahl der von den Frauen berichteten Annäherungsversuche hatte *kaum* etwas mit der ihr beigemessenen Attraktivität zu tun.) [Jason, Reichler, Rucker]

Sie sind mit einer andersgeschlechtlichen Person in ein erstes Gespräch des gegenseitigen Kennenlernens vertieft:

Sofern Sie ein Mann sind, finden Sie sie wahrscheinlich verführerisch und unterstellen ihr vielleicht sogar, promiskuitiv zu sein. Eher als sie empfinden Sie eine sexuelle Anziehung und sind bestrebter, eine Beziehung mit ihr einzugehen. (Allgemein gilt, daß Sie, wenn Sie zwei Fremde, einen Mann und eine Frau, die sich unterhalten, beobachten, der Situation einen höheren sexuellen Gehalt als eine Frau beimessen, die die gleiche Szene beobachtet. Sie neigen mehr als Frauen dazu, jedermanns Verhalten, einschließlich Ihrem eigenen, ein gewisses Maß an sexueller Spannung beizumessen.)

Als Frau betrachten Sie die gleiche Begegnung eher als freundschaftlich. [Abbey]

Sie sind eine selbstsichere Frau:

Sie haben sicherlich schon gehört – und glauben es wahrscheinlich auch –, daß dieser Zug Männer abstößt.

Wirklich? Sowohl Männer als auch Frauen im Collegealter, die zur Ermittlung ihrer jeweiligen Persönlichkeitstypen getestet und als repräsentativ für ein weites Spektrum befunden wurden, *bevorzugten* Frauen, die sie entweder als »selbstsicher« oder »mittelselbstsicher« beurteilten. Diejenigen, denen mangelnde Selbstsicherheit beigemessen wurde, kamen bei der Beurteilung weniger günstig weg. [Pendleton]

Sie sind ein Mann und mit einer neuen Bekanntschaft zu einem ersten Rendezvous verabredet:

Die Wahrscheinlichkeit, daß Sie angesichts des Rendezvous nervös sind, ist bei Ihnen wesentlich größer als bei ihr. Ihre Angst und Nervosität dreht sich nicht um Sex und Intimität (das kommt später), sondern eher, daß Sie nicht wissen, was Sie tun oder sagen können und unrealistische Vorstellungen haben, was bei einem Rendezvous passiert. (Und, nebenbei, wenn Rendezvous Ängste bei Ihnen auslösen, ist es auch wahrscheinlich, daß Ihre Freundschaften mit anderen Männern von latenten Ängsten geprägt sind.) [Arkowitz]

Sie sind herrschsüchtig:

Eine Neigung, die mit psychologischen Tests meßbar ist, und der hohe Wert, den Sie erzielen, würde Ihr fortwährendes Bemühen erkennbar werden lassen, das Leben anderer maßgeblich zu beeinflussen. Die Art Ihrer Einflußnahme kann vielfältiger Natur sein: direkt, per Befehl oder Zwangsausübung, oder weniger direkt, durch Beeinflussen, Überzeugen, Charme oder indem Sie andere, durch Gefallen, die Sie ihnen erweisen, zu Gegenleistungen verpflichten. Personen, die sich durch dieses – in der Sprache der Psychologen – »Machtstreben« auszeichnen, nehmen oft führende Positionen in Organisationen und Institutionen, selbst in kleinen Gruppen ein; sie treten als ehrgeizige Sportler und auch in Stellungen hervor, in denen die Fähigkeit, andere überzeugen und manipulieren zu können, von Vorteil sein kann. Bei machtbeflissenen Männern wurde darüber hinaus die Neigung festgestellt, sich Partnerinnen zu suchen, die schwächer als sie selbst und offenkundig konfliktscheu und ihrem stärkeren Partner treu ergeben sind. Diese stark nach Macht strebenden Männer haben zudem in der Regel eine Vorliebe für pornographische Zeitschriften und viele Sexualpartnerinnen. Was sie allerdings auch auszeichnet, ist eine hohe Trennungs- und Scheidungsrate.

Im Gegensatz zu ihren männlichen Pendants ist bei machthungrigen Frauen die Wahrscheinlichkeit weitaus geringer, daß sie mit ihren Beziehungen unzufrieden sind und sich trennen oder scheiden lassen. Nach Meinung der Autoren der Studie »lernen Männer, mit kurzfristigen, serienweisen Eroberungen von Frauen (das Don-Juan-Syndrom) nach Macht zu streben, während Frauen mehr dazu neigen, nach dauerhaften Beziehungen zu streben« – und als Zeichen ihrer Macht oder ihres Prestiges von den Männern »Besitz« ergreifen. »Im Ergebnis ist es bei Frauen mit einem ausgeprägten Machtstreben relativ unwahrscheinlich, daß sie von Schwierigkeiten berichten oder den Wunsch nach Lösung einer intimen Beziehung äußern.« [Stewart, Rubin]

Unter denjenigen, die sich mit Ihnen verabreden möchten, hat sich herumgesprochen, daß Sie religiös sind:

Darüber hinaus gelten Sie als außergewöhnlich intelligent, besser angepaßt, weniger egoistisch, vertrauenswürdiger und attraktiver als andere Rendezvous-Partner/innen oder Freunde bzw. Freundinnen – zumindest wenn Ihr/e potentielle/r Rendezvous-Partner/in dem Kreis der Versuchspersonen dieser Studie, Studenten und Studentinnen aus East Tennessee, zuzurechnen ist. Ein Kuriosum ist zu diesem Ergebnis jedoch anzumerken: Wenn Sie als religiöse Frau betrachtet und zudem als »schwierig ranzukommen« beschrieben werden, hegen potentielle Partner wahrscheinlich das Vorurteil, Sie seien »persönlich fehlangepaßt« und »arrogant«. [Bailey, Garrou]

Es kursiert das Gerücht, daß Sie allzu leicht zu »haben« sind:

Ob Sie ein Mann oder eine Frau sind, wahrscheinlich ist, daß Sie als egoistisch, nicht vertrauenswürdig und nicht begehrenswert gelten. [Bailey, Garrou]

Sie und Ihre Liebe

»Was Liebe oder Zuneigung angeht«, schrieb Harry F. Harlow in *American Psychologist* 1958, »sind die Psychologen in ihrer Mission gescheitert. Das Wenige, das wir über Liebe wissen, geht über die einfache Beobachtung hinaus, und das Wenige, das wir darüber schreiben, wurde besser von Dichtern und Schriftstellern geschrieben.«

»Es ist erstaunlich festzustellen«, pflichtete ihm ein Doktorand in seiner Dissertation zwölf Jahre später, 1970, bei, »daß die Sozialpsychologen der Liebe buchstäblich keine Beachtung schenken.« Dieser freimütige junge Doktorand, Zick Rubin, faßte den Entschluß, sich eingehender mit dem Thema der romantischen Liebe als einer wichtigen und dezidierten Frage für das Denken, Fühlen und Verhalten eines Menschen zu beschäftigen – dezidiert, zum Beispiel, im Unterschied zu *Gernhaben*. Aber *wie* ist dieses Denken, Fühlen und Verhalten? Wie ist eine romantische Liebe erkennbar, und wie ist ihre Intensität meßbar? Der junge Rubin griff denn in der Tat die Frage auf, die Teenager wie alte Romantiker gleichermaßen seit Jahrhunderten quält: *Wie kann ich wissen, daß ich wirklich verliebt bin?*

Rubin sammelte – aus der Literatur, von Psychologen, von Liebenden – eine Fülle von Aussagen, die beschreiben helfen, wenn eine Person eine andere *gern hat*, und ein zweites Kontingent von Äußerungen, die beschreiben, wenn jemand eine andere Person *liebt*. Die Auflistungen ließ er sodann von zwei Gremien von Studenten und Fakultätsjuroren in die Kategorien »Gernhaben« und »Lieben« unterteilen. Aus dem Ergebnis ihrer Arbeit erstellte er eine Liste mit insgesamt siebzig Aussagen, die er 198 Studenten und Studentinnen mit der Maßgabe vorlegte, zum einen die anzukreuzen, die am treffendsten ihre Gefühle zu ihrer Freundin oder ihrem Freund (sofern es eine/n gab) und zum anderen solche zu markieren, die am treffendsten ihre Gefühle zu einem »platonischen Freund« oder einer »platonischen Freundin« beschrieben. Die statistischen Auswertungen der Antworten führten Rubin schließlich zu einem Fragenkatalog von jeweils dreizehn Fragen für jede Kategorie.

Die delikatere und risikoreichere der beiden Kategorien war natürlich die über die Liebe. Rubin testete ihre Validität auf erstaunliche und einfache Weise. Er griff auf eine Reihe von Erkenntnissen zurück, die dem Leser dieses Buches aus dem ersten Teil von Kapitel 1, »Ihre Augen und was sie ausdrükken«, vertraut sind. Verliebte Paare starren sich länger in die Augen als Paare, die sich nur gegenseitig gern haben oder gerade erst kennengelernt haben. Er spekulierte darauf, daß ein hoher Wert auf seiner Liebesskala parallel mit einem ähnlich hohen Wert des Anstarrens gleichziehen werde. Dem war so. Seit 1970 ist die Rubin-Liebesskala ein weithin akzeptierter Maßstab der Forschung.

Nachfolgend einige Beispielnennungen aus der Rubin-Skala zur Messung des Gernhabens und der Rubin-Liebesskala (mit Genehmigung des Autors). In die Lücken ist der Name der Person einzusetzen, für die Sie den Grad Ihres »Gernhabens« oder »Liebens« messen möchten.

Rubin-Skala zur Messung des Gernhabens:
1. Wenn ich mit... zusammen bin, sind wir fast immer in der gleichen Stimmung.
2. Ich glaube, daß... außergewöhnlich ausgeglichen und gutangepaßt ist.
3. Ich würde... sehr für eine verantwortungsvolle Aufgabe empfehlen.

Die restlichen der dreizehn Sätze fragen nach Ihrer Sicht, wie Sie den Reifegrad der betreffenden Person einschätzen, ihr Urteilsvermögen, ihre Neigung, von anderen positive Reaktionen zu erhalten, Parallelen zu Ihnen, was die Persönlichkeit und Interessen angeht, ihre Neigung, den Respekt anderer zu gewinnen, ihre Intelligenz und andere ausschlaggebende Aspekte, daß man jemanden gern hat.

Liebesskala:
1. Wenn es... schlecht ginge, wäre meine erste Aufgabe, ihn (sie) aufzumuntern.
2. Ich glaube, daß ich... in praktisch allen Dingen vertrauen kann.
3. Es fällt mir leicht, ...s Fehler zu ignorieren.

Die restlichen der dreizehn Aussagen fragen, ob die betreffende Person bei Ihnen Ihre Generosität hervorkehrt, ihr Besitzstreben, ihre Fürsorglichkeit, ihre Bereitschaft zu verzeihen, der Wunsch, sie anzustarren, den Wunsch, Geheimnisse anvertraut zu bekommen und andere Aspekte, die für Ihr Zusammensein relevant sind.

Ein Wert von 9 oder mehr der insgesamt 13 Punkte in jeder Gruppe bedeutet einen hohen Grad des »Gernhabens« beziehungsweise »Verliebtseins«.

»Wer keine Liebe fühlt, muß schmeicheln lernen,
sonst kommt er nicht aus.«
Johann Wolfgang von Goethe (1749–1832)

»Lieb' ist dein Meister, denn sie meistert dich;
Und der, den eine Närrin spannt ins Joch,
Den kann man nicht ins Buch der Weisen schreiben.«
William Shakespeare (1564–1616),
Die beiden Veroneser

Finden Sie sich selbst

Sie sind romantisch veranlagt und verlieben sich schnell:

Wahrscheinlich verfügen Sie auch über eine hohe Hypnoseempfänglichkeit und eine ausgeprägte Bereitschaft zu mystischen Erfahrungen. Worüber Sie offenkundig verfügen, ist, wie die Forscher meinen, »die Fähigkeit, den Kontakt mit der objektiven Realität zu suspendieren«. [Mathes]

Sofern Sie ein Mann sind, haben Sie wahrscheinlich freier als die meisten Menschen mit Ihrer Mutter, Ihrem Vater und Ihren besten Freunden oder Freundinnen über intime Dinge Ihres Lebens gesprochen. Wenn Sie eine Frau sind, sagt eine romantische Einstellung zur Liebe noch nichts darüber aus, wieviel Sie sich wem gegenüber öffnen. [Lester, Brazill, Ellis, Guerin]

Sie sind in jemanden verliebt:

Wenn Sie und Ihr/e Partner/in gleich fühlen und (in wachsendem Maße) engagiert sind, dürfte Ihre Beziehung fester und inniger werden. Haben Sie allerdings das Gefühl, daß es einem von Ihnen ernster als dem anderen ist, so ist das ein Zeichen erster Zerfallserscheinungen. Gefaßt sein müssen Sie in jedem Fall darauf, wenn einer von Ihnen die Beziehung lösen möchte, daß der andere Widerstand leistet. Fast nie kommt der Wunsch, Schluß zu machen, von beiden gleichzeitig.

Als Mann in einer heterosexuellen Paarbeziehung verliebten Sie sich wahrscheinlich bereitwilliger und schneller als sie.

Entgegen der herkömmlichen Auffassung sehen Sie den »Wunsch, sich zu verlieben«, eher als eine Frau als wichtigen Grund an, eine Beziehung anzufangen. Auch war Ihnen die Beziehung anfänglich wahrscheinlich wichtiger als ihr.

Wenn sich negative Entwicklungen abzeichnen, ist die Frau eher als Sie diejenige, die die Initiative zum Schlußmachen ergreift. Geht diese Initiative jedoch von Ihnen aus, ist es wahrscheinlicher als im umgekehrten Fall, daß Sie anschließend befreundet bleiben. Nach Beendigung der Beziehung werden Sie sich härter als die Frau getroffen fühlen und schwerer glauben können, daß Sie nicht mehr geliebt werden.

Als Frau waren Sie wahrscheinlich nicht so ohne weiteres und widerstandslos bereit, sich zu verlieben oder Sie waren sich der Dinge, die sich da entwickelten, zunächst weniger bewußt als er. Als die Dinge dann aber ihren Anfang genommen hatten, war es Ihnen dann aber möglicherweise ernster mit der Beziehung als ihm.

Wahrscheinlich sind Sie gegenüber Problemen in der Beziehung sensibler als er und geneigter, Ihr Verhältnis mit anderen, realen oder potentiellen, Beziehungen zu vergleichen.

Eher als der Mann ergreifen Sie die Initiative, mit der Beziehung Schluß zu machen.

Um zu diesen Antworten zu gelangen, waren fünftausend Studenten und Studentinnen an Colleges in Boston und Umgebung gebeten worden, sich an einer zweijährigen repräsentativen Studie über Liebesbeziehungen zu beteiligen. Mehr als zweihundert Paare reagierten. Zusammen mit weiteren 29 Paaren, die sich auf eine Anzeige bei einer Schule hin gemeldet hatten, füllten sie in bestimmten Abständen entweder Fragebogen aus oder wurden interviewt. 18 der 103 Paare, deren Beziehungen in die Brüche gingen, wurden intensiver von den Forschern befragt. [Hill, Rubin, Peplau]

Lachen Sie und Ihr/e Partner/in über den gleichen Humor? Zwei Psychologen des Connecticut College baten dreißig Paare (26 nichtverheiratete, vier verheiratete, die meisten im Collegealter) anhand von fünfundzwanzig Witzen, Cartoons und Comics ihren Humor zu bewerten. Darüber hinaus gaben alle sechzig Personen per Fragebogen Auskunft über ihre Liebe oder Zuneigung zu ihren Partnern oder Partnerinnen und die

Nichtverheirateten ebenfalls zu ihrer Bereitschaft, den anderen zu heiraten. Es zeigte sich, daß diejenigen Paare, die den gleichen Humor hatten, sich eher mochten, liebten und gegenseitig heiraten wollten als solche, die nicht über die gleichen Dinge lachten. Außerdem waren die Erstgenannten in der Regel länger als die anderen zusammen.

Ein »gemeinsamer« Sinn für Humor ist nach Meinung der Autoren »bezeichnend für viele Gemeinsamkeiten: Werte, Interessen, Hauptbeschäftigungen, Intelligenz, Imagination und Bedürfnisse«. [Murstein, Brust]

Sofern Sie ein Mann sind, lieben Sie Ihre Partnerin wahrscheinlich mehr als Ihre Mutter, Ihren Vater, Ihren Bruder oder Ihre Schwester, die Ihnen altersmäßig am nächsten stehen, und ebenfalls mehr als ihren besten Freund. (Von den Genannten mögen Sie Ihren Bruder oder Ihre Schwester möglicherweise am wenigsten.)

Als Frau dürfte der Grad Ihrer Liebe zu Ihrem Partner und Ihrer besten Freundin in etwa gleich sein, in der Frage des *Gernhabens* rangiert Ihre beste Freundin allerdings vor Ihrem Partner. Warum das im Falle des Gernhabens so ist, glaubt der Forscher Robert J. Sternberg von der Yale University zu wissen: »Frauen fällt Intimität leichter und sie schätzen sie mehr als Männer, wenn Frauen nun diese Intimität in einer Beziehung mit einem Mann nicht finden können, so suchen sie sie bei anderen Frauen. Sie schließen enge Freundschaften. Einer anderen Frau können sie Dinge sagen, die sie einem Mann nicht sagen können.«

Sternberg und Susan Grajek, eine Studentin, gelangten zu diesem Ergebnis, nachdem sich fünfunddreißig Männer und fünfzig Frauen im Alter von achtzehn bis siebzig Jahren bereit erklärt hatten, sich in bezug auf ihre Liebesbeziehungen anhand der Rubin-Skala zur Messung des Gernhabens und der Rubin-Liebesskala sowie der von George Levinger entwickelten Skala zur Bewertung des interpersonellen Engagements testen zu lassen. [Sternberg]

Der zuverlässigste Einzelindikator für eine glückliche Beziehung ist nicht, so das Fazit Sternbergs aus anderen Studien, wie Sie zu Ihrem Partner oder Ihrer Partnerin stehen, sondern der

Unterschied, was Sie sich einerseits im Idealfall wünschen, wie die andere Person zu Ihnen steht und was Sie andererseits glauben, wie sie tatsächlich zu Ihnen steht. »Mit anderen Worten«, sagt Sternberg, »Beziehungen entwickeln sich in der Regel dann negativ, wenn die Diskrepanz zwischen dem, was Sie sich von der anderen Person wünschen und dem, was Sie glauben zu bekommen, zu groß ist. Waren Sie jemals die überengagierte Person in einer Beziehung? Das kann eine höchst unbefriedigende Erfahrung sein. Was normalerweise geschieht, ist, daß die engagierte Person versucht, nach Mitteln und Wegen zu suchen, um den Partner oder die Partnerin zu einem gleichgeschalteten Engagement zu bewegen, was die andere Person in der Regel jedoch erkennt und abblockt. In der Folge bemüht sich die überengagierte Person um so intensiver mit dem Ergebnis, daß der oder die andere um so stärker abblockt, bis die Beziehung schließlich zerbricht. Ratsam für die überengagierte Person in der Situation ist es, zurückzuschrauben, ein Rat, der aber schwerlich zu befolgen ist.« [Sternberg]

Hin und wieder müssen Sie wissen, wo Sie mit Ihrem Partner oder Ihrer Partnerin »stehen«:

Vielleicht gehören Sie zu der Minderheit (21 Prozent), die den anderen direkt fragt oder zu der kleineren Minderheit (13 Prozent), die eine andere Person, die Sie beide gut kennt, um ihre Meinung fragt. Weitaus wahrscheinlicher ist jedoch, daß Sie, damit der andere nicht merkt, was los ist, zu einem der zahlreichen »Geheimtests« greifen.

An oberster Stelle dürfte dabei die »Belastungsprobe« rangieren, mit der Sie die Bereitschaft Ihres Partners oder Ihrer Partnerin testen, zugunsten der Beziehung auf etwas zu verzichten, zum Beispiel ein Skiwochenende abzusagen und statt dessen Ihre Eltern zu besuchen. Derartige Belastungsproben können die Form von Härtetests annehmen, wieviel der andere an Verhaltensweisen aushält, die Ihnen genehm, für ihn aber belastend sind. (»Was ist er / sie bereit hinzunehmen? Wie weit kann ich bei ihm / ihr gehen, ohne Gefahr zu laufen, daß er / sie das Interesse verliert?«) Ein Drittel derjenigen, die sich zu den Belastungsproben bekannten, strapazieren ihre Beziehungen, indem sie den anderen absichtlich eifersüchtig machen.

Vielleicht zählen Sie auch zu der Minderheit (25 Prozent), die per Trennung, selbst getrenntem Urlaub, testet, wie der Partner oder die Partnerin reagiert. Eine weitere beliebte Methode sind selbsterniedrigende Äußerungen, nur um zu sehen, ob und wie der andere für Sie eintritt. Oder Sie lassen neckische Bemerkungen zu sensiblen Themen fallen – etwa, was wohl aus Ihrer Beziehung wird –, um zu sehen, wie der andere darauf reagiert, ob er den Wink aufgreift und darüber spricht.

Mehr als zu jedem anderen Zeitpunkt werden Sie zu Tests greifen, wenn die Beziehung aus der platonischen Phase in eine ernstere Romanze und Bindung übergeht.

Als Frau bedienen Sie sich eher als ein Mann solcher indirekter Testmethoden. Dieses Ergebnis deckt sich mit anderen Untersuchungen, die ebenfalls zeigten, daß Frauen Beziehungen auf subtilere und indirektere Weise als Männer beobachten. [Baxter, Wilmot]

Sie haben ein überdurchschnittlich starkes Bedürfnis nach Intimität:

Wie können Sie das wissen? Dan McAdams, Psychologe an der Loyola University of Chicago, glaubt, einen Weg gefunden zu haben, um das festzustellen.

Er fordert die betreffenden Personen einfach auf, Geschichten über sich selbst und bestimmte Charaktere zu schreiben. Aus diesen Geschichten kristallisiert er zwei Bewertungsmaßstäbe heraus: der eine für »Intimitätsstreben«, ausgehend von den an den Charakteren erkennbaren intimitätsrelevanten Merkmalen; der andere für »Machtstreben«, gestützt auf gegenteilige Züge. Wenn Sie in Ihrer Geschichte die liebende, die fürsorgliche, die friedenstiftende Person oder der Freund sind, so signalisieren diese Rollen Ihr starkes Bedürfnis nach Intimität. Stellen Sie sich demgegenüber als der Abenteurer, der Krieger, der Reisende dar, so verdeutlichen diese Rollen Ihr Streben nach Macht.

Was unterscheidet eine Person mit einem ausgeprägten Intimitätsbedürfnis von einer anderen?

»Bei Männern«, sagt McAdams, »ist Intimitätsstreben mit weniger Belastungen und Streßgefühlen, mit weniger zukunftsbezogenen Ängsten und Unsicherheiten verbunden, eine Verbindung, die allerdings keine Rückschlüsse auf das subjektive Gefühl der Lebensbefriedigung und des Glücks zuläßt. Dennoch bekräftigt ein Teil unserer Forschungen, daß es Personen mit einem hohen Intimitätsstreben im allgemeinen besser geht. Vor allem bei erwachsenen Frauen (mit entsprechend hohen Werten) war erkennbar, daß sie mit ihrem Leben glücklicher, mit ihren Rollen zufriedener sind als Frauen mit einem geringeren Intimitätsstreben.«

Wenn Sie mehr an Macht als an Intimität interessiert sind, meint McAdams, ist mit großer Wahrscheinlichkeit davon auszugehen, daß Sie beruflich im höheren Bildungsbereich, im Journalismus und auf den Manageretagen großer Unternehmen zu finden sind.

Jedermanns Leben ist durch ein permanentes Spannungsverhältnis zwischen dem Streben nach Intimität und jenem nach Macht geprägt – ein Spannungsverhältnis, das erst recht zwischen den zwei Leben in einer Liebesbeziehung besteht.

»Manche meinen, es sei nicht gut (Liebe und Intimität wissenschaftlich zu untersuchen), weil wir sie damit entmystifizierten und zu etwas Kaltem und Berechenbarem machten«, bemerkte McAdams in einem Interview mit der *Post-Tribune* in Gary, Indiana. »Viele fürchten, Wissenschaftler könnten sie sinnentleeren und plattwalzen – und vielleicht haben sie recht! Meine eigene Arbeit über die Liebe zielt mehr darauf ab, wie Individuen darüber denken, statt wie Menschen *tatsächlich* lieben.« [McAdams]

Sie lebten mit Ihrem Partner oder Ihrer Partnerin zusammen, ehe Sie heirateten:

Statistisch sind die Chancen, daß Ihre Ehe mit Scheidung endet, die gleichen, als hätten Sie vorher nicht zusammengelebt.

Um das herauszufinden, verfolgten zwei UCLA-Psychologen die Ehegeschichten von Paaren, die 1972 in Los Angeles County geheiratet hatten. Etwa die Hälfte der Paare hatte vorher noch nicht zusammengelebt. Ein Drittel hatte drei Monate oder länger unter einem gemeinsamen Dach gelebt, und 12 Prozent hatten sich nur wenige Tage nach dem Kennenlernen spontan zum Heiraten entschlossen. Vier Jahre später stellten die Forscher Nachforschungen bei 77 der ursprünglich 159 befragten Paare an. Bereits in dieser kurzen Zeit hatten 31 Prozent der Paare sich scheiden lassen. Und davon hatte vorher die eine Hälfte zusammengelebt, die andere nicht.

Bei den noch verheirateten Paaren war die meßbare eheliche Zufriedenheit in beiden Gruppen gleich. Diejenigen, die vor ihrer Eheschließung zusammengelebt hatten, berichteten zwar von weniger täglichen Querelen als die anderen, sie waren aber anfälliger für Probleme in Zusammenhang mit Alkohol, Drogen und ehelicher Treue. Die Forscher stellten hingegen auch fest, daß diejenigen, die vorher zusammengewohnt hatten, im allgemeinen liberaler waren, über mehr sexuelle Erfahrungen verfügten und ein höheres Selbstwertgefühl und Selbstvertrauen als diejenigen in der Vergleichsgruppe hatten.

Diese Untersuchungen bestätigen im Prinzip eine frühere Studie über Jungverheiratete, die, von der Universität Florida durchgeführt, gezeigt hatten, daß Paare, die vorher zusammengelebt hatten, mit ihren jungen Ehen (die meisten waren weniger als zwei Jahre verheiratet gewesen) nicht glücklicher als andere waren. [Newcomb, Bentler; Jacques, Chason]

Im Gegensatz zu diesen amerikanischen Untersuchungen kam eine in Schweden durchgeführte Studie mit 4996 Schwedinnen zu einem völlig anderen Ergebnis. Bei denjenigen, die vor ihrer Heirat zusammengelebt hatten, war die Scheidungsrate fast doppelt so hoch wie bei Paaren, die erst nach der Eheschließung zusammengezogen waren. Bei den Erstgenannten genoß die Ehe als Institution zudem auch eine geringere Wertschätzung als bei den anderen.

»Damit soll mitnichten gesagt sein, daß voreheliches Zusammenleben höhere Scheidungsraten bedingte«, sagt Neil Bennett, Soziologe der Yale University und einer der Autoren der Studie. »Was wir damit sagen möchten, ist, daß Personen, die vor ihrer Ehe zusammenleben, der Institution als solcher weniger verpflichtet und damit eher als andere, die nicht zusammenleben, geneigt sind, sich scheiden zu lassen.«

Schweden wurde ausgewählt, weil es so etwas wie ein Trendsetter für die im Abstand von zehn bis fünfzehn Jahren in Amerika zu erwartenden gesellschaftlichen Entwicklungen ist, meinte der Ko-Autor David Bloom, Wirtschaftswissenschaftler an der Columbia University. In Schweden ist der Prozentsatz derer, die vor der Ehe zusammenleben, höher, aber auch in Amerika sind die Zahlen nach wie vor steigend. Schätzungsweise zwei Millionen amerikanische Paare leben in einer eheähnlichen Beziehung. Das sind etwa 4 Prozent aller Paare, verglichen mit 12 Prozent in Schweden. Im Vergleich zu den 1980er Jahren hat sich die Zahl derer, die vorehelich zusammenleben, in den Vereinigten Staaten vervierfacht. [Bennett, Bloom, Blanc]

Sie haben herausbekommen, daß Ihr / e Partner / in Sie betrogen hat:

Wenn Sie sich durch die Untreue Ihres Partners oder Ihrer Partnerin sehr bedroht fühlen und Sie sind eine Frau, werden Sie den Vorgang vor sich selbst möglicherweise damit erklären, daß Ihr Partner sexuell unzufrieden und auf der Suche nach mehr sexueller Abwechslung ist. Als Mann gehen Sie wahrscheinlich davon aus, das Maß Ihres Engagements reiche Ihrer Partnerin nicht aus. [White]

Sie betrachten Ihre / n Partner / in als sehr gut aussehend:

Vielleicht ist dem tatsächlich so. Tatsache ist aber auch, daß wir ihn oder sie in der Regel besser aussehend finden als andere es tun. [Feingold]

Sie möchten bei der Begegnung mit Ihrem Partner oder Ihrer Partnerin etwas möglichst Romantisches tun:

Aller Wahrscheinlichkeit nach sagen Sie: »Ich liebe dich.« [Prentice, Briggs, Bradley]

Sie wünschen sich von Ihrem Partner oder Ihrer Partnerin, daß er oder sie bei der Begegnung mit Ihnen etwas möglichst Romantisches tut:

Nun, bei *dieser* Fragestellung kommt bei der Antwort etwas völlig anderes heraus. *Zu hören,* »Ich liebe dich«, rangiert hier nur an zwölfter Stelle der Wunschliste, die infolge einer Erhebung unter Studenten und Studentinnen zustande kam. Am häufigsten genannt wurde: »Zusammen vor einem offenen

Feuer liegen«, gefolgt von »Am Strand spazierengehen« und »Zusammen duschen«. (Durchaus bemerkenswert ist sicherlich, daß praktisch keine der Versuchspersonen in dem gemeinsamen Konsum von Drogen, im gemeinsamen Lesen von Pornographie oder im gemeinsamen Beten ein geeignetes Mittel zur Belebung der Romantik sah.)

787 College-Studenten und -Studentinnen waren im Rahmen dieser Studie gebeten worden, verschiedene Aktivitäten anhand einer Skala von »sehr romantisch« bis »überhaupt nicht romantisch« zu bewerten. [Prentice, Briggs, Bradley]

Sie leben in einer homosexuellen Liebesbeziehung:

In Ihrem Zusammenleben widerlegen Sie wahrscheinlich den weitverbreiteten Irrglauben und Mythos über homosexuelle Paarbeziehungen: daß nämlich schwule und lesbische Partnerschaften für gewöhnlich die heterosexuelle Ehe imitieren, einer also die »Frau« und der andere den »Mann« spielt. Ein Rollenspiel, demzufolge der Großteil der Entscheidungsgewalt beim »Mann« und der Haushaltspflichten bei der »Frau« liegen und das sexuelle Verhalten nach Mann-Frau-Mustern verstanden wird, einer ist der Initiator, der andere der Sich-Fügende, der eine der »Gebende«, der andere der »Nehmende«, und einer ist normalerweise »oben«. Trotz dieser ungebrochen fortbestehenden Vorstellungen über die Welt der Homosexuellen waren viele Untersuchungen sich im Ergebnis darin einig, daß die Wirklichkeit ziemlich anders aussieht.

Letitia Anne Peplau, eine UCLA-Psychologin, analysierte zahlreiche Studien über Homosexualität. Zumindest zwei dieser Untersuchungen kommen zu dem Ergebnis, daß schwule oder lesbische Beziehungen eher einer besten Freundschaft ähneln, die zusätzlich durch einen Schuß romantischer Anziehungskraft geprägt ist. Zur Frage, wer die führende Rolle bei den zu treffenden Entscheidungen übernimmt, verdeutlichte eine weitere Studie, daß der Hauptfaktor, vor allem bei männlichen Paaren, das Alter ist.

Einen weiteren Mythos entkräftend, zeigt eine andere Studie, daß Homosexuelle sich dauerhafte Liebesbeziehungen wünschen und diese, genau wie Heterosexuelle, flüchtigen Bekanntschaften vorziehen. Was Homosexuelle an Beziehungen am meisten schätzen, sind die Momente der Zuneigung und Partnerschaftlichkeit – auch hier also kein Unterschied zu den meisten Heterosexuellen.

Ebensowenig wurden bei Untersuchungen zur Messung der »Anpassung in einer Beziehung« beziehungsweise der damit zusammenhängenden Frage der Intensität der Liebe oder des Gernhabens Differenzen zwischen beiden Gruppen festgestellt. Sie können ebenso »gut angepaßt« wie der durchschnittliche Heterosexuelle sein.

Als Gruppe gesehen wurde zwischen Heterosexuellen und Homosexuellen jedoch ein Unterschied (unbeschadet möglicher individueller Ausnahmen), vorrangig bei schwulen Männern, festgestellt, daß nämlich, wenn ein Partner sexuelle Ausschließlichkeit einfordert, diese Forderung ungleich mehr als in einer heterosexuellen Beziehung dazu angetan ist, die Entwicklung einer langfristigen Beziehung zu verhindern.

Sofern Sie eine Lesbierin sind, ist eher als bei einem schwulen Mann davon auszugehen, daß Sie in einer festen Beziehung und mit Ihrer Liebespartnerin zusammenleben. Ebenso wahrscheinlicher als bei einem schwulen Mann ist, daß Sie sexuell monogam sind und größeres Gewicht auf emotionale Intimität und Gleichberechtigung in der Beziehung legen.

Ein Großteil der vorliegenden Studien stützt sich allerdings, wie Dr. Peplau betont, auf kleinangelegte repräsentative Erhebungen unter jungen Weißen der Mittelschicht (ein Mangel, der weitestgehend gleichermaßen für die psychologische Forschung insgesamt zutrifft), so daß einschränkend von einem Informationsdefizit ausgegangen werden müsse. Ein weiterer Vorbehalt mit Blick auf die Forschungsergebnisse sei, daß diese weitestgehend aufgrund von Fragebogenerhebungen und Interviews sowie der Maßgabe der Richtigkeit der gegebenen Antworten zustande gekommen seien. [Peplau]

Sofern Sie ein Mann sind, ist mit an Sicherheit grenzender Wahrscheinlichkeit anzunehmen, daß Sie sich etwa mit siebzehn erstmals Ihrer Homosexualität bewußt geworden sind.

Sollten Sie zum Zeitpunkt dieser Studie (1982) zwischen sechsunddreißig und vierzig gewesen sein, so hatten Sie Ihre erste homosexuelle Liebesbeziehung aller Wahrscheinlichkeit nach mit etwa siebenundzwanzig Jahren. Waren Sie demgegenüber zwischen sechsundzwanzig und fünfunddreißig Jahre alt, so dürften Sie diese Erfahrung etwa mit fünfundzwanzig gemacht haben. Und wenn Sie zwischen zwanzig und fünfundzwanzig waren, so dürfte dies etwa mit zwanzig Jahren gewesen sein.

Diese Erhebung wurde unter 150 homosexuellen Männern in New York City, in einem Vorstadtgebiet nahe New York und in Minneapolis durchgeführt. [Troiden, Goode]

»Ehen ohne Liebe sind abscheulich.«

Oscar Wilde,
Der ideale Gatte

Was wissen »sie« über Ihre Ehe?

»Ausschlaggebend für eine glückliche Ehe«, so meinte George Levinger, Psychologe der University of Massachusetts, gegenüber Daniel Goleman von *The New York Times*, »ist nicht so sehr, wie gut man sich verträgt, sondern wie man mit den Unverträglichkeiten umgeht.«

Als Wissenschaftler die Ehe und das eheliche Glück als Thema entdeckten, zielten ihre Bemühungen zunächst in erster Linie darauf ab, solche Personentypen zu identifizieren, die scheinbar am besten zusammenpaßten. Je mehr sie sich jedoch bemühten, um so weniger konnten sie eine klare Beziehung zwischen Persönlichkeitszügen und glücklichen Ehen feststellen. Zusätzliche Verwirrung stifteten darüber hinaus Langzeitstudien, die besagten, daß das voreheliche Glück eines Paares keineswegs als Indikator für die Dauerhaftigkeit der Ehe gewertet werden konnte. Der in dieser Hinsicht aussagekräftigste Indikator sei vielmehr, wie gut das Paar vor dem Hochzeitstag miteinander kommuniziert habe.

Bereits im Jahre 1938 versuchte Lewis Terman, jene Stanford-Autorität auf dem Gebiet der Intelligenz (siehe »Ihr IQ, Ihr Gedächtnis und Ihre Kreativität« in Kapitel 3), von seiner berühmten Genie-Langzeitstudie abweichend, Klarheit in das zu bringen, was er als »das Meinungschaos über die Determinanten des Eheglücks« bezeichnete. Entgegen den in jener Zeit vorherrschenden Meinungen kam Terman zu dem Ergebnis, daß die Häufigkeit des Geschlechtsverkehrs kaum ein oder kein Gradmesser für die eheliche Zufriedenheit war. Dieses Fazit des Jahres 1938 wurde 1978 durch eine weitere Studie bestätigt, bei der einhundert Paare auf der Grundlage psychologischer Tests als »glücklich verheiratet« ermittelt worden waren. Die »Häufigkeitskurve« war bei diesen Glücklichverheirateten alles andere als konform. Acht Prozent hatten nach eigener Aussage nicht einmal einmal im Monat Geschlechtsverkehr. Annähernd 25 Prozent berichteten von zwei- oder dreimal im Monat. Bei mehr als der Hälfte waren es ein- bis dreimal wöchentlich. Um auch die Extreme zu nennen: zwei der hundert Paare hatten keinen Geschlechtsverkehr, wohingegen ein Paar sich täglich sexuell betätigte. Ein Drittel der Männer und zwei Drittel der Frauen beklagten sexuelle Probleme; bei Männern wurden am häufigsten Erektionsprobleme und bei Frauen Schwierigkeiten beim Erreichen des Orgasmus genannt. Sowohl die betroffenen Männer als auch Frauen berichteten über Schwierigkeiten, sich zu entspannen und ein mangelndes Interesse an sexuellen Aktivitäten, das per se bereits Gefühlshemmungen grundlegte und manifestierte.

Wenn die ehelichen Bahnen holprig werden, ist, so Howard Markman von der University of Denver und Autor von *Marital Interaction,* die typische männliche Reaktion, sich zurückzuziehen und dichtzumachen, während Frauen eher streitsüchtig reagieren und emotionalen Druck ausüben. Der Teufelskreis, der aus dem Druck der Frau und dem Rückzug des Mannes entsteht, eskaliert, oft mit destruktiven Folgen. Was jedoch glückliche Paare offenbar von anderen unterscheidet, ist, daß sie diesen Teufelskreis eher zu verhindern wissen. »Alle Paare erleben Hochs und Tiefs in ihrer Ehe«, sagt Dr. Markman in einem Interview mit Dr. Goleman von der *Times.* »Es sind aber die Ehen der Paare, deren Kommunikation nicht stimmt, die am ehesten Opfer derartiger Konfliktphasen werden.«

Die treibende Kraft für die Ehe ist wohl das bei jedem Partner vorhandene Gefühl, in dem jeweils anderen die potentielle Erfüllung tieferliegender Bedürfnisse zu sehen. Die beiden wichtigsten dieser Bedürfnisse stehen in einem permanenten Spannungsverhältnis: einerseits der Drang nach Intimität und andererseits der Drang, als eigenständige Person, ohne vom anderen aufgesaugt zu werden, eine eigene Identität zu wahren. So ist die Ehe im Prinzip der tägliche Versuch, diese widerstreitenden Bedürfnisse im Gleichgewicht zu wahren. »Ziehen-und-Stoßen ist unausweichlich in einer Ehe«, erklärte Michael Kolevzon von der Virginia Commonwealth University gegenüber Goleman. »Parallel zu einer wachsenden Intimität läßt sich oft auch der wachsende Wunsch nach Distanz beobachten... Wut ist eines der Mittel, das für diesen Balanceakt in der Ehe herangezogen wird. Sie ist eine der Möglichkeiten, Distanz einzufordern: Ich bin wütend auf dich, also kann ich es rechtfertigen, daß ich mich eine Zeitlang für mich alleine zurückziehe. Bei anderen stellt die Wut dagegen unverkennbar die Bitte um Intimität dar. Sie suchen die Konfrontation, daß diese am Ende gelöst, in Intimität und damit in der Bestätigung mündet, daß man trotz all seiner Fehler geliebt wird.«

Finden Sie sich selbst

Sie sind verheiratet und leben mit Ihrem Partner oder Ihrer Partnerin zusammen:

Sie leben, ob Ihre Ehe befriedigend ist oder nicht, im denkbar gesündesten Zustand. Ungeachtet Ihres derzeitigen Alters ist Ihre Lebenserwartung höher als bei jemandem, der, mit Blick auf seine Ehe, unter anderen Vorzeichen lebt (nicht mit dem/der Partner/in zusammenlebt, geschieden, verwitwet oder was auch immer ist). Im Gegensatz zu Ihnen, selbst wenn Sie unglücklich verheiratet sind, nimmt eine geschiedene Person in der Regel mehr medizinische Hilfe in Anspruch. Statistisch gesehen gehen Sie 5,4mal im Jahr zum Arzt, und an 20,2 Tagen im Jahr sind Sie krankheitsbedingt in Ihren normalen Aktivitäten behindert. Vergleichsweise geht eine getrennt lebende oder geschiedene Person siebenmal im Jahr zum Arzt, und sie ist an 38,8 Tagen krank. [Holmes]

Ein präziser Maßstab, wie wohl Sie sich in Ihrer Ehe fühlen, ist die körperliche Distanz, die Sie bei der Unterhaltung mit Ihrem Partner oder Ihrer Partnerin als am angenehmsten empfinden. Die Forscher rekrutierten vierundzwanzig verheiratete Paare, um auf der Grundlage von drei Standardtests deren Grad an ehelichem Glück zu messen: der Ehestatus-Fragebogen (Marital Status Inventory – MSI), der Locke-Wallace-Eheanpassungstest (Locke-Wallace Marital Adjustment Test – MAT) und der Veränderungsanzeigetest (Areas of Change Test – AOC), wobei der letztere ein »Konfliktpotential« schaffen sollte, an dem der Unterschied zwischen problematischen und unproblematischen Beziehungen ablesbar wäre. Anschließend absolvierten die Paare zwei Tests zur Messung der räumlichen Distanz: Zum einen den Test zur Messung der paarspezifischen finalen Raumdistanz (Couples' Stop-Distance Space Measure), der üblicherweise zu Untersuchungen des individuell bevorzugten persönlichen Raumes herangezogen wird und auf dem Prinzip aufbaut, daß zwei Personen in einem gewissen Abstand zueinander plaziert und gebeten werden, sich einander so weit zu nähern, bis eine »angenehme Gesprächsdistanz« erreicht ist. Gemessen wurde der geringste Abstand zwischen Fußspitze und Fußspitze. Zum anderen den Test zur Messung des paarspezifischen Stuhlabstandverhaltens (Couples' Chair Placement Space Measure). Das Versuchspaar entnimmt einem Kontingent aufeinandergestapelter Stühle zwei Stühle und plaziert diese für ein Gespräch in einem Raum. Nachdem das Paar den Raum verlassen hat, wird die Entfernung zwischen den Stühlen gemessen. Je größer die zwischen den Ehepaaren gewählte Distanz war, so stellten die Forscher zweifelsfrei fest, desto geringer war die eheliche Anpassung und desto problematischer war ihre Beziehung. [Crane, Griffin]

Sofern Sie und Ihr/e Partner/in im Teenageralter waren, als Sie heirateten, ist die Wahrscheinlichkeit, daß Sie geschieden werden, doppelt so hoch wie bei Paaren, die erst in ihren Zwanzigern heiraten. Eine Frau, die in ihren Dreißigern heiratet, wird eher geschieden als eine Frau, die in ihren Zwanzigern zum Standesamt geht. [Glick, Norton]

Sie sind lange verheiratet:

... Und manchmal fragen Sie sich, ob die romantischen Gefühle tot und vorbei sind.

Als Ehemann scheint die Dauer Ihrer Ehe für das Maß der romantischen Gefühle, die Sie Ihrer Frau entgegenbringen, nicht von Bedeutung zu sein. Je mehr Sie sich selbst jedoch als Ihrer Ehe »verpflichtet« beschreiben, desto länger dürften Ihre romantischen Gefühle fortbestehen.

Für die Ehefrau gilt demgegenüber, daß, je länger Sie verheiratet sind, es weniger wahrscheinlich ist, daß sich bei Gedanken an Ihren Mann euphorische oder romantische Gefühle einstellen und es um so absehbarer ist, daß Sie von allgemeinen Ängsten – nicht nur in bezug auf Ihre Ehe, sondern in jeder Hinsicht – heimgesucht werden. [Mathes, Wise]

... Und Sie fragen sich manchmal, ob Sie beide sich tatsächlich immer ähnlicher werden.

Sehr gut möglich, daß dem so ist. Robert B. Zajonc von der University of Michigan hatte sich von zwei Dutzend willkürlich ausgesuchten Paaren Fotografien besorgt, die kurz nach deren Eheschließung aufgenommen und zum Zeitpunkt der Untersuchung etwa fünfundzwanzig Jahre alt waren. Darüber hinaus beschafften sich die Forscher relativ neue Aufnahmen der inzwischen fünfzig- bis sechzigjährigen Versuchspersonen. Sodann wurden College-Studenten gebeten, sowohl die ersten als auch die heutigen Aufnahmen in der richtigen Paarung zusammenzustellen. Bei den jüngeren Gesichtern war es reine Glückssache, ob die Studenten die jeweiligen Ehemänner mit ihren Frauen zusammenbrachten. Die Erfolgsquote bei den jüngeren Aufnahmen war demgegenüber erheblich höher.

Wie erklärt Zajonc diese Ergebnisse? Im Laufe der Jahre manifestiert sich bei beiden die Gewohnheit, sich gegenseitig nachzuahmen, vor allem was den Gesichtsausdruck angeht. Dieses tägliche Imitieren hinterläßt seine Spuren, so Zajonc, »in Form von Falten um die Mund- und Augenpartie, einer geänderten Kopfhaltung sowie eines geänderten Gesamtausdruckes. Am Ende werden so Veränderungen bewirkt, ... durch die Ehepartner sich scheinbar mehr als ursprünglich gleichen«.

Damit aber nicht genug. Zajonc entdeckte auch, daß ihre Ehe um so glücklicher war, je mehr sie an Ähnlichkeit in den Gesichtszügen gewonnen hatten. [Zajonc]

... Und Sie sagen mit Stolz, daß Sie an die Monogamie glauben und ungebrochen treu waren.

Gratulation, daß Sie so standhaft Ihre kulturellen Werte hochhalten, selbst wenn Sie sich damit, wie es scheint, den Gesetzen der menschlichen Natur, mit Sicherheit aber denen der Welt der Säugetiere, widersetzen. Der Anthropologin Patricia Wright von der Duke University zufolge sind 87 Prozent der menschlichen Kulturen auf dieser Erde *nicht* monogam. Nur 3 bis 4 Prozent aus der Spezies der Säugetiere sind auf einen Partner fixiert – und bei den meisten dieser Arten ist bei Abwesenheit des Partners Betrug an der Tagesordnung. Die in westlichen Kulturkreisen verbreitete Treuetradition findet ihre Fortsetzung bei Kojoten, Fledermäusen, Wölfen, Bibern, Bisamratten und bestimmten Maulwurfarten. [Wright]

Sofern Sie die Frau sind, dürfte Ihre Autorität und Ihr Einflußvermögen gegenüber Ihrem Ehemann im Laufe der Jahre zugenommen und die Autorität Ihres Mannes entsprechend abgenommen haben. [Birren]

Als Mann dürfte Ihre Fürsorglichkeit gegenüber Ihrer Frau im Laufe der Jahre wahrscheinlich gewachsen und Ihre Dominanz in der Beziehung geringer geworden sein. Als Frau waren Sie auf der Hut, aggressive Neigungen zu offenbaren, in späteren Jahren zeigten Sie jedoch mehr Toleranz, Ihrem Drang nachzugeben. [Neugarten, Berkowitz und andere]

Sie sind als Mann mit Ihrer Ehe sehr zufrieden:

Sofern das Ihr Ergebnis bei einem Standardtest ist, können Sie bei einem Paralleltest davon ausgehen, daß Sie auch sehr eifersüchtig sind.

Für diese Studie waren weiße Männer der Mittelschicht in einem Fitneßclub gebeten worden, ihre Ehen zu bewerten und ihre Gefühle zu beschreiben, wenn ihre Frauen eine Affäre mit einem anderen Mann, eine Freundschaft mit einem anderen Mann usw. hätten. (Eine Vergleichsstudie von Frauen liegt nicht vor.) [Hansen]

Sie sind beide Vollzeit berufstätig:

Sie arbeiten beide wahrscheinlich neun Stunden am Tag, die Fahrtzeiten von und zum Arbeitsplatz mitgerechnet. Unterschiedliche Arbeitszeiten dürften darüber hinaus bedingen, daß Ihnen weitere eineinhalb Stunden von Ihrer gemeinsamen Zeit verlorengehen. Trotz alledem gelingt es Ihnen, mit 3,2 Stunden täglich fast so viel Zeit zusammen zu verbringen wie Paare, von denen nur einer berufstätig ist (3,8 Stunden).

Ist es um Ihre Ehe angesichts dieses Zeitdrucks besser oder schlechter bestellt? Entscheidend hierfür ist, wie Sie Ihre Zeit verbringen. »Je mehr gemeinsame Zeit mit Aktivitäten wie Essen, Spielen und Unterhaltung verbracht wird, um so befriedigender ist die Ehe«, sagen Paul William Kingston und Steven Nock von der University of Virginia, die das Freizeitverhalten und die eheliche Zufriedenheit von 321 Paaren untersuchten. Demgegenüber konnten von der gemeinsamen Zeit, die in Zusammenhang mit der Wahrnehmung von Pflichten wie Kinderversorgung, Haushalt und soziale Aufgaben verbracht wird – und in diese Kategorie beziehen die Autoren auch das gemeinsame Fernsehen ein –, keine nachhaltigen Folgewirkungen für das eheliche Glück festgestellt werden. [Kingston, Nock]

Wenn Sie eine Frau sind, erledigen Sie weniger Hausarbeiten als eine Vollzeit-Hausfrau – aber nicht sehr viel weniger. Sie übernehmen etwa 70 Prozent der im Haushalt anfallenden Arbeiten, verglichen mit den 83 Prozent einer Vollzeit-Hausfrau. Diese Arbeiten nehmen fast dreißig Stunden wöchentlich von Ihrer Zeit in Anspruch. Ihr Ehemann investiert vier bis sechs Stunden, anteilig etwa 14 Prozent. Sofern Sie eine hochdynamische, hochbezahlte Karrierefrau sind, steht doch sicher fest, daß Ihr Ehemann sich mehr an der Hausarbeit beteiligt. Wirklich? Nicht, wenn er dem typischen Bild des Ehemannes der 1565 Paare dieser Studie entspricht. [Berardo]

Als Frau dürfte es Ihnen kaum entgangen sein, daß viele von Ihnen denken, Sie vernachlässigten Ihr Heim und Ihre Kinder und zu allem Überfluß auch noch einer neuen sozialen Ethik Vorschub leisteten, die bereits zu Steigerungen der Scheidungsrate führte und diese in den kommenden Jahren noch um ein Übriges steigen lassen wird.

Das Problem ist, daß die Forschung eine Verifizierung dieses von Ihnen gezeichneten Bildes schuldig bleibt. Sicher, die Scheidungsrate ist hochgeschnellt, aber keineswegs sonderlich auffällig bei den Doppelverdienern. Ebensowenig können Scheidungen explizit mit bildungsspezifischen Errungenschaften noch mit einer Scheidungsgesetzgebung in Verbindung gebracht werden, die das Schuldprinzip nicht mehr kennt. Wenn denn auf irgendwelche Paare mit dem Finger gezeigt werden soll, deren Lebensstil mit höheren Scheidungsraten assoziiert wird, dann sind dies möglicherweise jene, die nicht regelmäßig zur Kirche gehen und solche, die ohne Verwandte in unmittelbarer Nähe leben. [Johnson, Skinner]

Sie haben Ihr erstes Kind bekommen:

Nach Ankunft des Babys, insbesondere während der ersten sechs Monate, haben Sie wahrscheinlich das Gefühl, daß die Qualität Ihrer Ehe in gewisser Weise nachläßt. Sie zeigen sich beide weniger Ihre Zuneigung, es ist weniger Platz für romantische Gefühle, und Sie verbringen weniger Zeit mit vergnüglichen Aktivitäten. Als Frau empfinden Sie diese Veränderungen möglicherweise stärker als Ihr Mann. Auf der positiven Seite ist jedoch anzunehmen, daß Ihr Gefühl der Partnerschaft und gegenseitigen Fürsorge gestärkt wurde. Allerdings dürften eheliche Spannungen während dieser Zeit zunehmen, vor allem, wenn einer von Ihnen durch berufliche Probleme belastet und der andere – wahrscheinlich die Frau – zugleich damit konfrontiert ist, daß er mehr als den sonst üblichen Anteil an den Hausarbeiten erledigt.

»Unsere Feststellung ist«, sagt Jay Belsky von der Penn State University und Direktor dieser 500000-Dollar-Studie, »daß Babys aus einer guten Ehe weder eine schlechte noch aus einer schlechten eine gute Ehe machen. Die besten Ehen blieben auch nach Ankunft des Babys die besten, und die schlechtesten Ehen blieben die schlechtesten. Es scheint, daß Paare eine eher romantisch verhaftete Intimität in dem Zuge aufgeben, wie sie eine andere Quelle ihrer Liebe erschließen. Irgendwoher muß das Geben und Nehmen kommen, wenn sie mit der neuen

Rolle und den Freuden und Belastungen dieser Rolle konfrontiert sind. Was gibt, ist die Ehe.« [Belsky]

Wenn dieses Kind (oder ein späteres) ein Junge ist, ist die Wahrscheinlichkeit, daß Sie geschieden werden, geringer, als wenn Sie nur Töchter hätten. Der Forscher, ein Soziologe der University of Pennsylvania, verknüpft mit dieser Erkenntnis die Theorie, daß Väter sich bei der Erziehung von Söhnen mehr als bei Töchtern engagieren, mit dem Ergebnis, daß der Vater auch eine engere Bindung an seine Frau und seine Familie entwickelt. [Morgan]

Sie sind Frau eines Arztes:

Mit großer Wahrscheinlichkeit (52 Prozent) sind Sie über die Entwicklung Ihrer Ehe enttäuscht. Das ist zumindest das Ergebnis einer Leserumfrage der Zeitschrift *Medical / Mrs.*, auf die mehr als eintausend Ärztefrauen antworteten. Fast ebenso viele (48 Prozent) bejahten die Frage: »Leiden Sie unter dem ›gott‹-ähnlichen Status, den Ihr Ehemann genießt?«

»Jeder hängt an ihren Lippen«, schrieb eine Einsenderin. »Sie sind so sehr daran gewöhnt, anderen zu sagen, was sie zu tun haben, und stehen herum, während andere ihre Befehle ausführen, daß sie die gleiche Behandlung zu Hause erwarten.« Andere berichteten, sich zu eingeschüchtert zu fühlen, um so einfache Themen wie Streitereien der Kinder oder eine verstopfte Waschmaschine bei einem Mann zur Sprache zu bringen, der im Berufsalltag ständig im Kampf zwischen Leben und Tod steht.

Zumindest ein Kommentar läßt aber auch auf die rosige Seite schließen: »Wen kümmert der Erfolg einer Ehe, wenn man jeden Tag mit seinem Lincoln in den Club fahren kann?« [*Medical / Mrs.*]

Sie sind verheiratet und eine erfolgreiche Wissenschaftlerin:

Im Vergleich zu den meisten Ihrer männlichen Kollegen veröffentlichen Sie wahrscheinlich weniger Artikel über Ihre Forschungsarbeiten, die Schuld hierfür können Sie aber nicht so ohne weiteres der Tatsache, daß Sie einen Mann und Kinder haben, anlasten. Denn Wissenschaftlerinnen, die weder auf Kinder noch auf Ehemänner verweisen können, sind im Bereich der Publikationen keineswegs produktiver als verheiratete Mütter. Das zumindest besagt die Studie zweier Wissenschaftler der Columbia University. Sie zählten die jährlich von 73 Wissenschaftlerinnen veröffentlichten Arbeiten und baten andere Wissenschaftler, diese Arbeiten in zwei Kategorien nach den Kriterien »herausragend« und »durchschnittlich« zu unterteilen. Was die Frage des Verheiratetseins und des Kinderhabens anging, war kein Unterschied zwischen den zwei Gruppen feststellbar. In der Gruppe der herausragenden Wissenschaftlerinnen waren die verheirateten Frauen sogar diejenigen, die ihre alleinstehenden Geschlechtsgenossinnen in ihren Leistungen übertrafen: im Durchschnitt mindestens drei publizierte Artikel pro Jahr bei kinderlosen, aber verheirateten Frauen; annähernd drei pro Jahr bei verheirateten Frauen mit Kindern und etwa zwei pro Jahr bei alleinstehenden Frauen. In der Reihe der durchschnittlichen Wissenschaftlerinnen publizierten die verheirateten Frauen mit Kindern ebensooft wie verheiratete Frauen ohne Kinder – etwas mehr als einen Artikel pro Jahr. In dieser Gruppe übertrafen allerdings die alleinstehenden Frauen mit durchschnittlich zwei Arbeiten pro Jahr die Verheirateten. [Cole, Zuckerman]

Ihre Eltern gehören verschiedenen Rassengruppen an:

Als Frau ist es wahrscheinlicher, daß Sie einen Ehemann aus der väterlichen als der mütterlichen Rassengruppe wählen.

Als Mann wählen Sie eher eine Frau aus der mütterlichen als aus der väterlichen Rassengruppe.

Für diese Studie wurde die rassenspezifische Wahl von 3814 Bräuten und 3357 Bräutigamen mit gemischtrassiger Herkunft in Hawaii untersucht. Die Versuchspersonen wurden nach Prüfung von 32000 zwischen 1978 und 1980 ausgestellten Heiratsurkunden ausgesucht. [Jedlicka]

Sie sind Nichtraucherin und mit einem Raucher verheiratet:

Ihre Ehe bedeutet eine Gefahr für Ihre Gesundheit. Sofern Ihr Ehemann zu Hause ein starker Raucher ist, kann das passive

Rauchen Ihr Lungenkrebsrisiko verdoppeln. Selbst bei einem mäßigen Raucher sind Sie einer um 23 Prozent größeren Lungenkrebsgefahr als Frauen ausgesetzt, die mit einem Nichtraucher verheiratet sind. So das Ergebnis einer Studie der American Cancer Society über 134 an Lungenkrebs erkrankten Frauen, die selbst nie geraucht hatten. [American Cancer Society]

Ihr Mann oder Ihre Frau ist gerade gestorben:

Einer britischen Studie zufolge ist die Wahrscheinlichkeit, daß Sie im Laufe des nächsten Jahres sterben, zehnmal höher als bei einer Person Ihres Alters und Geschlechts, deren Partner oder Partnerin nach wie vor lebt. [Holmes]

Sie sind geschieden:

Im Gegensatz zu glücklich verheirateten Paaren dominierte in Ihrer Ehe in puncto finanzieller Entscheidungen aller Wahrscheinlichkeit nach der Ehemann. Ebenso wahrscheinlich ist, daß Sie, im Vergleich zu glücklich verheirateten Paaren, mehr für häusliche Unterhaltungsprodukte wie Stereoanlagen und Farbfernseher ausgaben, während Glücklichverheiratete eher zu Mehrausgaben zum Kauf eines Hauses, größerer Anschaffungen und bei Dingen zur Freizeitgestaltung neigten. Die Forscher erklären diese Ergebnisse damit, daß glücklich verheiratete Paare ihr Geld im Rahmen der familiären Bindung investieren, während die Alsbald-Geschiedenen vorrangig Dinge kauften, die »nach Beendigung der Ehe ebensoviel wert . . . und ebenso dem individuellen Freizeitvergnügen dienlich waren.«

Hintergrund dieses Fazits ist eine von zwei Marketing-Professoren durchgeführte Studie mit 311 Paaren, die zehn Jahre lang nach ihrer Eheschließung in regelmäßigen Abständen interviewt wurden. Am Ende dieser zehn Jahre stand, daß 52 Paare geschieden waren und weitere 52 Paare auf der Grundlage von Tests als glücklich verheiratet ermittelt wurden. Die genannten Schlußfolgerungen wurden von diesen 104 Paaren abgeleitet. [Schaninger, Buss]

Als Mutter mit abhängigen Kindern und einem niedrigen Einkommen ist mit 25prozentiger Wahrscheinlichkeit davon auszugehen, daß Sie nach Ihrer Scheidung zu Verwandten zogen; sofern Sie über ein mittleres Einkommen verfügen, reduziert sich diese Wahrscheinlichkeit auf 4 Prozent. In jedem Fall aber steht mit ziemlicher, einer 86prozentigen Sicherheit fest, daß Sie diese Wohnsituation nicht mochten. [Colletta]

Sofern Sie den 48 Vätern und Müttern dieser Studie gleichen, haben Sie beide sich während der zwei Monate nach Ihrer Scheidung in Konflikte über Finanzen und Unterhaltszahlungen, Kindererziehung und Besuchsregelungen und reale oder vermeintliche intime Beziehungen zu Dritten verstrickt. Im Laufe der Zeit ebbten die Wogen des Konfliktes zwar ab, wenn Sie aber die Frau sind, dürfte Ihre Wut und Ablehnung länger als bei Ihrem geschiedenen Mann angehalten haben. Möglich auch (in sechs von achtundvierzig Fällen), daß Sie beide während dieser zwei Monate nach der Scheidung Geschlechtsverkehr miteinander hatten. Als Mutter ist mit großer Wahrscheinlichkeit davon auszugehen (in 34 von 48 Fällen), daß Sie in Notfällen während dieser Monate zuerst Ihren früheren Mann und nicht eine andere Person um Hilfe baten; umgekehrt, wenn Sie der Vater sind, ist diese Wahrscheinlichkeit kaum geringer (in 29 von 48 Fällen); wesentlich geringer ist sie aber, wenn es darum geht, ob Sie Ihrer Ex-Frau bei anfallenden Reparatur- und Instandhaltungsarbeiten in ihrer Wohnung helfen (in 8 von 48 Fällen). Nach zwei Jahren hat diese gegenseitige Abhängigkeit dann allerdings drastisch nachgelassen. [Hetherington, Cox, Cox]

Wenn Sie eine Frau sind, liegen die Chancen bei 80 Prozent, daß die Kontakte zu den Verwandten Ihres Ex-Ehemannes nach Ihrer Scheidung erheblich zurückgegangen sind, während er die Kontakte zu Ihren Verwandten wahrscheinlich vollends eingestellt hat. Ein wichtiger Grund, diese Kontakte zu wahren, ist für Sie möglicherweise, daß Sie das Hauptsorgerecht für die Kinder und somit ihnen zuliebe das Anliegen haben, die Beziehungen zu seiner Familie aufrechtzuerhalten. Andernfalls ist auch bei Ihnen davon auszugehen, daß Sie den Kontakt zu diesen früheren Verwandten fallenlassen. [Anspach; Weiss]

Während der Zeit Ihrer Trennung und Scheidung fühlten Sie

sich mit großer Wahrscheinlichkeit (84 Prozent) von Ihren Freunden unterstützt, Sie sahen sie häufiger als während der Zeit, in der Sie verheiratet waren, und die gemeinsam mit ihnen verbrachte Zeit bedeutete für Sie eine Streßlinderung. Sofern Sie zu der kleinen Minderheit gehören, die jeglichen Kontakt zu Freunden verloren hatte, war es wesentlich schwieriger für Sie, mit Ihrer Scheidung fertig zu werden. Mit ziemlicher Sicherheit haben viele der Beziehungen aus Ihrer Vorscheidungszeit nach einer Weile an Bedeutung verloren, und Sie beginnen allmählich, die Zahl dieser Kontakte zu reduzieren. Wahrscheinlich haben Sie in der Tat sogar festgestellt, daß viele Ihrer alten Freundschaften mit dem Umstand standen und fielen, daß Sie ein »Paar« waren. Den Kontakt mit Personen, die vorrangig »seine« bzw. »ihre« Freunde waren, haben Sie, so ist anzunehmen, gänzlich verloren. Und Sie stellten auch fest, daß Sie manche Freunde verloren (oder ausschließlich behielten), die in Loyalitätskonflikte zu einem von Ihnen geraten waren und sich auf die eine oder andere Seite geschlagen hatten. Nicht zuletzt haben Sie sich womöglich auch selbst von früheren Freunden und der Familie isoliert, weil Sie glaubten, nicht mehr zu ihnen zu »passen«. Zudem stellten Sie fest, daß viele Ihrer Freunde in Ihnen nunmehr ein Bedrohungspotential für ihre eigene Ehe sahen – einen möglichen sexuellen Konkurrenten oder ein Mahnzeichen, daß auch ihre Ehe scheitern könnte. Eine wichtige Begleiterscheinung Ihrer Scheidung war somit wohlweislich auch der Einbruch in Ihr Netzwerk an Freunden. [Saunders, in einer Gesamtanalyse vorliegender Studien von Spanier, Castro; Raschke; Weiss; Kohen, Brown, Feldberg; Hetherington, Cox, Cox]

Es ist wahrscheinlicher, daß Sie einen Beruf mit hohem Status als mit einem niedrigen Status haben.

Aber auch innerhalb dieser Gruppe mit hohem Status sind, wie eine Analyse des kalifornischen Scheidungsregisters aus einem früheren Jahr belegt, berufsspezifische Muster mit Blick auf das Scheidungsrisiko gegeben. Von zwölf untersuchten Berufsrichtungen waren die Autoren diejenigen mit der höchsten Scheidungsrate, gefolgt von Sozialwissenschaftlern, Architekten, Collegefakultätsmitgliedern, Rechtsanwälten und Richtern, Ingenieuren, Chemikern, Publizisten und Reportern,

Buchhaltern und Wirtschaftsprüfern, Zahnärzten und Ärzten. Bei Ärzten mit einem hohen Maß an Patientenkontakten oder unregelmäßigen Arbeitszeiten ist die Wahrscheinlichkeit, daß sie geschieden werden, allerdings größer als bei ihren Kollegen. An unterster Stelle dieser Scheidungsliste rangierten die Naturwissenschaftler. [Rosow, Rose]

Sie waren nie verheiratet:

Im Vergleich zu einer verheirateten Person ist bei Ihnen die Wahrscheinlichkeit siebenmal höher, irgendwann einmal in eine psychiatrische oder psychotherapeutische Klinik eingewiesen zu werden, das gilt insbesondere, wenn Sie ein Mann sind. Abgesehen davon nimmt Ihre Bevölkerungsgruppe der Nieverheirateten das Gesundheitssystem weniger als jede andere Gruppe in Anspruch. (Mit zu berücksichtigen ist hierbei jedoch, daß bei den Frauen weitestgehend der Komplex der Schwangerschaftsvorsorge usw. entfällt.) [Holmes]

Allzugerne werden Sie stereotyp als jemand betrachtet, der egoistisch, unverantwortlich, impotent, frigide, hedonistisch und unreif ist – alles zusammen oder auch einzeln genommen.

In dem Bemühen, ein Leben zu leben, dem die breite gesellschaftliche Unterstützung vorenthalten wird, empfinden Sie oft Schuldgefühle und Beeinträchtigungen, spüren Einsamkeit und leiden unter allgemeinen Streßgefühlen, die dadurch hervorgerufen werden können, daß Sie regelmäßige Zuwendung, Intimität und gemeinsame Aktivitäten vermissen. Sofern Sie älter und alleinstehend sind, empfinden Sie Freundschaften oft als unbefriedigend, weil Sie mehr von ihnen erwarteten. Darüber hinaus sehen Sie, im Vergleich zu verheirateten Personen, Ihre Verwandten seltener, und Sie sind mit dem Familienleben unzufriedener als die anderen. Trotz alledem wissen Sie die Freiheit und die freien Entfaltungsmöglichkeiten der Persönlichkeit als zwei der wichtigsten Attribute Ihres Lebensstils zu schätzen.

Als Frau sind sie im Vergleich zu einem alleinstehenden Mann glücklicher, besser in der Lage, sich den Herausforderungen des Lebens zu stellen, und – mit Erreichen des mittleren Alters – gebildeter, Sie verdienen mehr Geld und arbeiten in angeseheneren Berufen. Sofern Sie ein Mann sind, so gibt es leider keine Studie, die Ihnen in irgendeiner Hinsicht irgendeinen Vorteil gegenüber einer unverheirateten Frau attestiert.

Das ist das Ergebnis einer breiten Analyse von Forschungsarbeiten über Nieverheiratete. Für diejenigen, die sich detaillierter mit diesem Thema beschäftigen möchten, umfaßt die Analyse, in die zahlreiche Studien einbezogen sind, eine eigene umfangreiche Bibliographie. [Johnston, Eklund]

Ihre Kinder und Eltern

Finden Sie sich selbst

Sie stillen Ihren Säugling:

Dank Ihres Stillens ist Ihr Baby wahrscheinlich körperlich gesünder, aber auch gereizter und unruhiger.

Eine Forschungsgruppe untersuchte unter der Leitung von Janet DiPietro, Psychologin der University of Maryland, einhundert Neugeborene, die planmäßig zur Welt gekommen und im Durchschnitt eineinhalb Tage alt waren. 69 wurden gestillt und 39 mit der Flasche gefüttert. Während die Babys schliefen, kontrollierten die Forscher ihren Herz- und Atemrhythmus. Im Wachzustand wurden andere gesundheitsrelevante Merkmale, einschließlich ihrer Reaktionen auf Licht und Klappern, die Häufigkeit ihres Schreiens, Reflexe und das Gesamtspektrum ihrer Aktivitäten gemessen. Bei vielen der Kinder, die gestillt wurden, konnten nicht alle Tests durchgeführt werden, weil sie, wie DiPietro berichtete, schnell gereizt reagierten und nicht wieder beruhigt werden konnten. Selbst diejenigen, bei denen die Tests abgeschlossen werden konnten, fühlten sich sichtlich relativ gequält. Wesentlich einfacher hatten die Forscher es bei den mit der Flasche gefütterten Babys. Im übrigen waren jedoch keine Unterschiede in bezug auf Muskelreaktionen und allgemeine Aufgewecktheit zwischen den beiden Gruppen feststellbar.

Was die Forscher versäumten aufzuzeigen, war, ob die bei den gestillten Babys erkennbaren Unterschiede temporärer oder langfristiger Natur waren. [DiPietro]

Sie fragen sich, ob Ihr Kind sich geistig richtig entwickelt:

Während diese Frage bis vor nicht allzu langer Zeit nur rein spekulativ beantwortet werden konnte, haben inzwischen drei Kinderärzte der Johns Hopkins University School of Medicine einen Maßstab entwickelt, den alle Eltern problemlos anwenden können.

Der zuverlässigste Indikator für die frühkindliche geistige Entwicklung ist das Fertigkeitsniveau der progressiven Sprachentwicklung – einschließlich der Lall- und Brabbelphase, ehe das Kind das erste Wort spricht. Der von ihnen entwickelte Maßstab ist hilfreich für die Früherkennung von Hörproblemen und Lernstörungen bis hin zu gravierenden, oftmals schwer erkennbaren Behinderungen wie Gehirnlähmungen, geistige Retardation und Autismus, die häufig unbemerkt bleiben und somit erst behandelt werden, wenn das Kind schon älter ist.

Der Test, von den Forschern kurz CLAMS genannt (für Clinical Linguistic and Auditory Milestone Scale) und erstmals 1987 in einer Ausgabe der Zeitschrift *Contemporary Pediatrics* beschrieben, umfaßt folgende Eckdaten, die wegweisend für die normale kindliche Entwicklung sind:

Alter in Monaten	Marksteine
Erstes Jahr	
0,25	Erste erkennbare Reaktionen auf Geräusche;
1,25	Lächelt in Reaktion auf entsprechende Stimulation;
1,6	Macht erste gurrende Laute;
4	Wendet sich der sprechenden Person zu; Sagt »ah-goo«; Macht Brabbellaute;
5	Wendet sich einer klingenden Glocke zu;
6	Lallt;
7	Schaut seitlich nach einer klingenden Glocke;
8	Sagt »Dada« und »Mama«, aber nicht als Namen;

9	Spielt Gestenspiele, etwa das Guck-Guck-Spiel;
	Schaut direkt zu einer klingenden Glocke hin;
	Versteht das Wort »nein«;
11	Verwendet »Dada« und »Mama« als Namen;
	Reagiert auf Ein-Schritt-Befehl und Gesten, die eine Aktivität anzeigen;
	Sagt das erste Wort;
12	Brabbelt »Sätze«, ohne richtige Worte zu verwenden;
	Sagt das zweite Wort.
Zweites Jahr	
13	Sagt das dritte Wort;
14	Reagiert auf Ein-Schritt-Befehl ohne begleitende Gesten;
15	Sagt vier bis sechs Worte;
17	Brabbelt Sätze mit einigen realen Worten;
	Kann auf fünf Körperteile zeigen;
	Sagt sieben bis zwanzig Worte,
19	Bildet Zwei-Wort-Kombinationen;
21	Bildet Zwei-Wort-Sätze;
24	Verwendet wahllos die Pronomen ich, mich, du.
Drittes Jahr	
30	Verwendet die Pronomen ich, mich, du gezielt;
36	Verwendet alle Pronomen gezielt;
	Hat einen Wortschatz von 250 Worten;
	Verwendet den Plural;
	Bildet Drei-Wort-Sätze.

[Capute, Shapiro, Palmer]

Sie möchten, daß Ihre Kinder auf Sie hören, ohne autoritär zu sein:

Eine Psychologin der University of California untersuchte, wie Kinder sich entwickeln, wenn ihre Eltern *autoritär* und wenn sie *autoritativ* sind. Die Unterschiede sind überdeutlich.

Autoritäre Eltern sind nach ihrer Definition »distanziert und kontrollierend«. Ihre Kinder sind oft unzufrieden, verschlossen und mißtrauisch. Autoritative Eltern sind demgegenüber »kontrollierend und fordernd, aber gleichzeitig sehr warm, rational und einfühlsam«. Ihre Kinder erwiesen sich als die selbstsichersten, selbstkontrolliertesten und wißbegierigsten. Das zumindest war das Ergebnis der achtjährigen Studie von Dr. Diana Baumrind mit drei Gruppen von Kindergartenkindern.

Dann gibt es eine dritte Kategorie von Eltern; diejenigen, die so sehr darauf bedacht sind, nicht autoritär zu sein, daß sie *permissiv* sind. Sie fordern nur wenig von ihren Kindern und sind bemüht, diese selten zu kontrollieren. Das Ergebnis dieser Erziehung waren Dr. Baumrinds Studien zufolge die am wenigsten selbstsichersten, wißbegierigsten und selbstkontrolliertesten Kinder.

Erfolgreiche Eltern zeichnen sich ihres Erachtens dadurch aus, daß sie sowohl ihre eigenen speziellen Rechte als Erwachsene als auch die individuellen Interessen und Besonderheiten des Kindes anerkennen. »Die Mutter macht ihre Entscheidungen nicht vom Gruppenkonsens oder den individuellen Wünschen des Kindes abhängig.« Während der ersten sechs Lebensjahre »ist die Ausübung von Macht ein legitimes Recht der Eltern«. Mit Erreichen der Adoleszenz kann ein Kind jedoch »viele Alternativen zu den elterlichen Entscheidungen klar erkennen, und ein Elternteil muß, wie bei einem Erwachsenen, in der Lage sein, Weisungen rational zu begründen, wenn der Heranwachsende sich ihnen entgegenstellt«. Solche rationalen Begründungen sind die beste Verteidigung der eigenen Position, argumentiert Dr. Baumrind, weil Permissivität Zügellosigkeit und psychischen Schäden infolge des Umstandes Vorschub leiste, daß der Heranwachsende »zu keinem Zeitpunkt physisch zum Gehorsam gezwungen werden kann«. [Baumrind]

Wenn Ihr Kind sich fehlverhält, glauben Sie, daß ein Klaps nicht schaden kann:

Doch, er schadet – dieser Studie über sechzehn vierzehn Monate alten Babys zufolge. Bei Babys, die hin und wieder einen leichten Klaps von ihren Müttern erhielten oder auch ernsthafter körperlich bestraft wurden, wurde festgestellt, daß sie eher nach zerbrechlichen und verbotenen Gegenständen greifen und sich am ehesten über Verbote hinwegsetzen. Ein sieben Monate später durchgeführter Test zur Messung der kindlichen Entwicklung zeigte bei den körperlich gezüchtigten Babys, als Gruppe, niedrigere Werte als bei denjenigen, die kaum oder nicht bestraft worden waren. Am deutlichsten traten diese Differenzen bei Fragen in Zusammenhang mit räumlichem Wahrnehmungsvermögen und der Suche nach Problemlösungen zutage, wenn es etwa darum ging, Puzzleteile zusammenzufügen und Stifte in eine Stecktafel einzusetzen.

Die Unterschiede in der Entwicklung mögen nicht einzig das Ergebnis von Bestrafungen sein. Die Forscher stellten darüber hinaus fest, daß strafende Mütter ihren Babys auch weniger Objekte zu spielen gaben, die zur Förderung ihres Forschungsdranges angetan gewesen wären, einschließlich solcher Spielsachen, die unzerbrechlich und sicher sind. Indem dem Kind interessante Spielsachen vorenthalten werden, meinen die Forscher, limitiert die Mutter die Möglichkeiten des Kindes, seine visuellen/räumlichen Fertigkeiten und sein Problemlösungsgeschick zu verbessern. [Power, Chapieski]

Sie haben ein »Schlüsselkind« – das aus der Schule in eine leere Wohnung kommt und längere Zeit allein ist:

Ein Fremder, der das erfährt, nähme, ohne den konkreten Hintergrund zu kennen, möglicherweise an, daß Sie arm und ein alleinerziehender Elternteil sind und in einer gefahrvollen innerstädtischen Nachbarschaft leben. Ein Trugschluß. Sofern es sich bei Ihrem um das eher typische Schlüsselkind handelt, so verfügen Sie über ein höheres Bildungsniveau, gehören der Mittel- bis Oberschicht an und leben in Vorstadtgegenden oder auf dem Land. Daß Sie Ihr Kind allein lassen, ist wahrscheinlich Ihre Wahl, nicht eine Notwendigkeit.

Vielleicht ernten Sie so manchen strafenden Blick, der von der weitverbreiteten Behauptung ausgeht, die Zahl der Schlüsselkinder belaufe sich allein in den Vereinigten Staaten bereits auf 15 Millionen, eine Zahl, die wachse und ein weiterer Beweis für den Zusammenbruch der Familie sei. Alles falsch. Eine Studie, basierend auf den Daten einer Meinungsumfrage, verdeutlicht, daß es nur 2,1 Millionen Kinder im Alter von fünf bis dreizehn (7 Prozent dieser Altersgruppe) sind, die unbeaufsichtigt gelassen werden. 90 Prozent davon sind neun oder älter, und die meisten werden maximal zwei Stunden am Tag allein gelassen. Außerdem kommen die meisten aus Familien mit zwei Elternteilen, und es kann mitnichten unterstellt werden, daß die Mutter berufstätig ist. Im Rahmen der Studie konnte keine verbindliche Korrelation zwischen einem Schlüsselkind und der Berufstätigkeit der Mutter festgestellt werden. [Hofferth, Cain]

Bei einem zwölfjährigen oder älteren Kind können Sie davon ausgehen, je länger es nach der Schule unbeaufsichtigt ist, je größer ist die Wahrscheinlichkeit, daß es mit Sex experimentiert – wesentlich wahrscheinlicher als mit Alkohol oder Drogen. Am wahrscheinlichsten sind sexuelle Experimente, wenn Sie ein alleinerziehender Elternteil sind. Diese Studie mit vierhundert Hauptschulkindern im Alter zwischen zwölf und fünfzehn aus dem Großraum Washington zufolge bekannten 40 Prozent der Teenager von Alleinerziehenden, daß sie schon einmal zu Hause während der Arbeitszeiten des Elternteils Erfahrungen mit Petting oder Geschlechtsverkehr gemacht hatten. Von denjenigen mit zwei berufstätigen Elternteilen berichteten nur 15 Prozent über entsprechende Erfahrungen.

»Heutzutage«, meinte der Soziologe der Chatholic University, Thomas Long, »werden die Teenager nicht mehr abends um zehn in Motels und Autos schwanger. Sex geschieht zu Hause um drei Uhr nachmittags« – während die Eltern arbeiten. Lynette Long von der American University und Koautorin der Studie, ergänzte: »Das Phänomen der Kinder, die sich selbst überlassen sind, ist in den besseren Wohngegenden, in ländlichen Gebieten, in Vororten, überall verbreitet.« [Long, Long]

Sie sind Mutter eines Kindes (oder von Kindern), das aufgrund ehelicher Zerrüttung ohne Vater aufwächst, und Sie fragen sich, inwieweit diese Vaterlosigkeit die mentale und soziale Entwicklung des Kindes beeinflussen kann:

Sie sitzen in dem gleichen Boot der ehemannlosen Mütter von annähernd 15 Prozent der in den Vereinigten Staaten lebenden Kinder unter 18 Jahren. Die Zahl dieser Kinder wird auf etwa zehn Millionen geschätzt. Ein Psychologe der City University von New York, der Ihre Besorgnis teilt, bemerkt hierzu: »Der Sozialwissenschaftler sieht sich mit einem Problem epidemischen Ausmaßes konfrontiert... Diese Kinder einfach als arm, depriviert und als von der Wohlfahrt lebend bezeichnen zu wollen, wäre sowohl simplifizierend als auch irreführend. Sie haben den unterschiedlichsten... Hintergrund. Ebenso unterschiedlich sind die Gründe, die sie in diese seltsame Lage brachten: Trennung, Scheidung oder Tod der Eltern, der individuelle Wunsch einer alleinstehenden Person, Kinder zu adoptieren, oder auch der Umstand, daß alleinstehende Frauen sich zunehmend in der Lage sehen, uneheliche Kinder selbst großzuziehen.«

»Das Ausmaß dieser Situation ist weder im Laufe der Jahre zurückgegangen noch ist ein Abwärtstrend in absehbarer Zukunft zu erwarten. Jüngste Umfragen lassen im Gegenteil darauf schließen, daß sich Scheidung als Option mehr und mehr in allen Teilbereichen der Gesellschaft durchsetzt. Zwar sind Adoptionen durch alleinstehende Elternteile nach wie vor eine Seltenheit, sie setzen sich aber zunehmend durch und kommen in Mode, was dann mit der Zeit die Zahl der mutterlosen oder vaterlosen Elternhäuser um ein Übriges anwachsen lassen wird. Was die Armen und Benachteiligten angeht, so führte die Verfügbarkeit der Wohlfahrtstaatlichkeit typischerweise zum Zusammenbruch stabiler heterosexueller Beziehungen und einhergehend damit zum Verschwinden der effektiven männlichen Präsenz zu Hause.«

Mitchell W. Robin sichtete mehr als einhundert Forschungsstudien über vaterlose Elternhäuser. Im Vordergrund seines Interesses standen dabei vor allem mögliche Folgewirkungen für die geistige, emotionale und soziale Entwicklung des Kindes. Einige der Fakten, die er in diesen Studien aufspürte, sind etwa (eine Gesamtaufstellung dieser Studien findet sich in der Bibliographie seiner Arbeit):

In einer britischen Studie über 206 männliche Homosexuelle und Heterosexuelle stellte K. Freund fest, daß es bei einem Homosexuellen, wenn auch nur geringfügig, so aber doch wahrscheinlicher als bei einem Heterosexuellen war, daß er bis zum Alter von zwei Jahren in einem vaterlosen Zuhause aufwuchs. Ebenso kam die gleiche Studie zu dem Ergebnis, daß, wenn ein Vater im Hause war, bei einem Homosexuellen eher als bei einem Heterosexuellen ein gespanntes Vater-Sohn-Verhältnis gegeben war.

Edward Ziegler, Psychologe der Yale University und Experte auf dem Gebiet der frühkindlichen Entwicklung, zitierte zahlreiche Studien von Urie Bronfenbrenner von der Cornell University und von anderen, die zeigten, daß Kinder aus vaterlosen Elternhäusern der Mittelschicht eher als andere Kinder verweichlichte Verhaltensweisen und eine verminderte Aggressivität offenbarten. Eine andere Studie besagte, daß sechs- bis zehnjährige Jungen, deren Väter aufgrund ihres Militärdienstes abwesend waren, weniger aggressiv als Jungen mit dauerpräsenten Vätern waren. Eine noch verstärkte mangelnde Aggressivität wurde bei Jungen aus geschiedenen Elternhäusern im Vergleich zu Jungen, deren Väter gestorben waren, festgestellt. Bei Mädchen aus vaterlosen Elternhäusern wurde deutlich, daß sie frühzeitiger mit Jungenfreundschaften begannen und häufiger Rendezvous als Mädchen hatten, bei denen der Vater zu Hause war. Mädchen, die ohne Väter aufwuchsen, machten auch frühzeitiger sexuelle Erfahrungen, insbesondere wenn ihre Eltern geschieden waren. Heranwachsende Mädchen, deren Väter gestorben waren, offenbarten in der Begegnung mit Jungen und Männern merklich gehemmte, rigide, ausweichende und zurückhaltende Verhaltensweisen. Ein Muster, das auch dann zutraf, wenn die Trennung vom Vater vor Erreichen der Adoleszenz vollzogen worden war.

Anzumerken zu diesen Ergebnissen ist, daß sie eher für weiße Jungen und Mädchen als für schwarze zutreffen.

Eine Untersuchung von dreißig weißen Unterschichtsjungen einer fünften Klasse, die während der ersten beiden Lebensjahre ohne Väter großgeworden waren, zeigte, daß sie im

Vergleich zu Jungen, die mit Vätern aufgewachsen waren, mißtrauischer gegenüber Personen in ihrem Umfeld waren. Auch in den Punkten Fleiß, Eigeninitiative und Eigenständigkeit schnitten sie schlechter als Jungen mit Vätern oder solchen ab, die in späteren Lebensjahren ihre Väter verloren hatten.

Jungen, die nach dem Verlust ihrer Väter mit ihren Müttern zusammenlebten, wiesen eine deutlich überdurchschnittlich hohe Delinquenzrate auf, während Jungen, die nach dem Verlust ihrer Mütter bei ihren Vätern lebten, im Vergleich nur eine dem gesellschaftlichen Durchschnitt entsprechende Rate erkennbar werden ließen. Eine breitangelegte Studie mit 4995 Jungen in Aberdeen, Schottland, alle acht bis elf Jahre alt, erbrachte, daß Jungen, die ohne Vater erzogen wurden, eher als andere zu delinquentem Verhalten neigten. Eine 1976 veröffentlichte Studie beinhaltete die These, eine der Ursachen für das Aufkommen des Nazismus in Deutschland könne auf die große Zahl jener Kinder zurückzuführen sein, die infolge der verlustintensiven Niederlage der Deutschen im Ersten Weltkrieg ohne Väter aufgewachsen waren. In Dresden kamen von einhundert jungen, wegen Alkoholproblemen Inhaftierten zwei Drittel aus zerrütteten Elternhäusern, und 60 Prozent waren ohne Väter aufgewachsen. In den Vereinigten Staaten wurde bei einer probeweisen Erhebung unter 29 männlichen Heroinabhängigen festgestellt, daß alle aus Elternhäusern mit einem entweder nicht vorhandenen oder emotional distanzierten Vater kamen. Überdies haben Jungen, die vaterlos aufwachsen, wie eine amerikanische Studie zeigte, größere Schwierigkeiten, Freunde zu finden, als Jungen aus intakten Familien. Eine mögliche Erklärung sei, so das Fazit der Studie, daß diese Jungen die von anderen Jungen geschätzten männlichen Fertigkeiten weniger entwickeln und folglich bei ihren Altersgenossen auf Ablehnung stoßen.

Eine klassische Studie, die übergreifend gegensätzliche Kulturen erfaßte (von H. A. Barry, M. K. Bacon und I. L. Child), zeigte, daß Sozietäten, in denen die Kinder nur bei ihren Müttern schlafen und in denen Vater-Kind-Beziehungen kaum oder überhaupt nicht existierten, die höchsten Selbstmord-, Überfall-, Mord-, Vergewaltigungs- und Zauberei-/Hexereiraten aufweisen. Darüber hinaus seien diese Sozietäten durch eine außergewöhnlich hohe männliche Aggressivität geprägt.

Nachhaltige Auswirkungen scheint die Frage der Anwesenheit und Abwesenheit der Väter auch auf die schulischen Leistungen der Kinder zu haben. Repräsentative Querschnittserhebungen in der Bevölkerung zeigten mehr oder weniger konsistent, daß Mädchen im Bereich der verbalen Fähigkeiten Jungen überholen, während Jungen auf mathematischem Gebiet besser als Mädchen waren. In frappierender Übereinstimmung damit zitiert L. Carlsmith andere Studien wie auch ihre eigenen Forschungen, die belegen, daß Mathematikerinnen sich in der Regel durch eine starke Identifikation mit männlichen Figuren in ihrem Leben auszeichnen, während bei Mathematikern ein »Verlust der Beziehung zur Mutter« ein hervorstechendes Merkmal sei. Ein Trend, der durch das seltsam anmutende Ergebnis einer weiteren Untersuchung über Mädchen bestätigt wird, deren Väter, weil sie Nachtschichten arbeiteten, nur »abwesend« waren. Diese Mädchen schnitten in der »männlichen« Disziplin der Mathematik sogar noch schlechter als die meisten anderen ab, eine zusätzliche Leistungsschwäche, die insbesondere bei den unter Neunjährigen erkennbar war. Dementgegenzuhalten ist eine Studie über 307 Harvard-Neulinge (Erstsemester des Jahres 1964), die aus intakten Familien stammten und von denen ein Drittel in sehr jungen Jahren, bedingt durch den Zweiten Weltkrieg, lange Trennungen von ihren Vätern hatte hinnehmen müssen. Diejenigen, die eine derartige Vatertrennung erlebt hatten, zeichneten sich durch erheblich höhere verbale Fertigkeiten im Vergleich zu den anderen aus, während die Gruppe der anderen, Nichtgetrennten, durch größere mathematische Fähigkeiten hervortrat. Ein Ergebnis, das zusätzlich den Zusammenhang zwischen der Präsenz des Vaters und der Entwicklung typisch männlicher Fähigkeiten zu unterstreichen schien. Außerdem stellte diese Studie bei Jungen, die aus Elternhäusern mit einem Vater kamen, zugleich aber durch ein besonderes verbales Geschick auffielen, fest, daß diese eine passive oder relativ wenig Zeit mit ihren Vätern verbracht hatten. Dr. Robins umfangreiche Forschungsanalyse soll, tendentiös unschwer erkennbar, aufzeigen, daß das Fehlen eines Vaters seinen Tribut fordert, allerdings keinen horrenden, weder für Jungen noch für Mädchen. Die Quintessenz seiner Ergebnisse faßt er in dem jiddischen Sprichwort zusammen, das da etwa lautet, ein fehlender Vater ist nicht so schlecht, wie es gut ist, einen guten Vater zu haben. [Robin]

Sie wurden auf einem Bauernhof groß:

Vielleicht sind Sie (ebenso wie es die Forscher waren) überrascht zu erfahren, daß Kinderkriegen für Ihre Eltern von vornherein mit einer weniger freudigen Erwartungshaltung als bei der Mehrzahl nichtbäuerlicher Eltern verbunden war.

Vier Forscher aus Colorado untersuchten die Einstellungen von 154 Farmerfamilien (63 Vätern und 91 Müttern). Diese Eltern, deren Haupterwerbsquelle Viehhaltung, Milchwirtschaft oder Getreideanbau waren, hatten ein Durchschnittsalter von 38 Jahren. 55 Prozent konnten ein High-School-Diplom vorweisen, 6 Prozent nicht, und 39 Prozent hatten einen College- oder akademischen Abschluß. Ihr Einkommen bewegte sich (1982, als diese Studie erstellt wurde) von weniger als 10000 Dollar bis mehr als 35000 Dollar, und von der Familiengröße her hatten sie ein bis sechs Kinder. Bei einem zwölf Punkte umfassenden Einstellungstest über ihre Beweggründe, Kinder zu haben – angefangen von dem Wunsch auf Fortführung des Betriebes, aus Tradition und Sicherheitsüberlegungen, als elterliche Befriedigung, als »Rollenmotivationen«, als Glücksfaktor und aus Liebe, als Lebensziel und Ansporn bis hin zu Gründen des sozialen Status –, offenbarten sowohl die Mütter als auch die Väter im Vergleich zu nichtbäuerlichen Elternteilen »eine allgemein negative Einstellung zu Kindern. Ein Ergebnis, das wir so nicht erwartet hatten. Und noch überraschender ist die Tatsache, daß bei Müttern eine insgesamt noch negativere Einstellung zum Ausdruck kam.« [Bigner, Jacobsen, Miller, Turner]

Sie sind eine Frau und wurden als Kind und / oder Teenager zu einer Inzestbeziehung mißbraucht:

Zunächst einmal belegen Studien der jüngeren Vergangenheit, daß Ihre Erfahrung weitaus verbreiteter ist als einst angenommen wurde. Da das Gros der Fälle wohl unregistriert bleibt, werden die offiziell gemeldeten Delikte als die »Spitze des Eisbergs« angenommen. Was Sie durchmachten, wird als die traumatischste Form des sexuellen Kindesmißbrauchs betrachtet.

Das herausragendste, allgemeingültige Ergebnis der jüngsten Forschungen ist, daß Ihre Familie nach außen hin dem Bild einer angepaßten, normal funktionierenden Gruppe entspricht. Denn Inzest ist ein Spiel, an dem die ganze Familie beteiligt und jedes Mitglied mit der Wahrnehmung der ihm zugewiesenen Rolle zur Aufrechterhaltung einer überzeugenden Fassade beschäftigt und, bewußt oder unbewußt, in eine »Verschwörung des Stillschweigens« verstrickt ist. Diese Verschwörung ist eine Überlebenstechnik, welche die Familie vor dem Verfall schützt.

Vielleicht wurden auch Sie, wie es in vielen Familien nachweislich der Fall ist, erstmals Inzestopfer in einer Zeit besonders belastender Ereignisse: ein Unfall, eine Krankheit, Verlust des Arbeitsplatzes, eine finanzielle Krise, außergewöhnliche Abwesenheit der Mutter, weil sie die Familie verlassen hatte, lange krank war oder viele Überstunden machen mußte. Krisen, wie sie, so betont die Studie ausdrücklich, in vielen Familien vorkommen, die nicht dem Inzest verfallen, und daß es bisher keine einleuchtende Erklärung gibt, warum bestimmte Familien in die Inzestfalle geraten.

Ihr Vater dürfte emotional unreif und ausschließlich auf die Familie konzentriert gewesen sein. Väter, die typischerweise »das Leben aller Familienmitglieder mit allen nur denkbaren Mitteln zu kontrollieren suchen – Drohungen, Einschüchterungen, psychologischen oder materiellen Verlockungen, oder Verführung«, heißt es in diesem 1983 erstellten Forschungsbericht über Inzest von Tamar Cohen, einem Familientherapeuten aus West Hartford, Connecticut, der diesen anläßlich der First International Conference on Pediatric Social Work präsentierte. »Väter rechtfertigen ihr Inzestverhalten möglicherweise damit, daß sie so ihre Tochter vor äußeren Einflüssen schützen oder ihr auf richtigem Wege die Tatsachen des Lebens beibringen. Vielfach betrachtet der Vater die Tochter als seinen alleinigen Besitz und reagiert erstaunt auf die Besorgnis Außenstehender.« Charakteristisch für Väter, die langfristig an Inzestpraktiken festhalten, ist »ihre Unfähigkeit, ihre Bedürfnisse nach Nähe, Aufmerksamkeit und Liebe auf nichtkörperliche, nichtsexuelle Weise durch tägliche menschliche Kontakte zu befriedigen«.

Zwar fehlt es an Mustern, um ausgehend von der Familiengeschichte Rückschlüsse über das Verhalten Ihres Vaters methodisch ableiten zu können, dennoch läßt sich mit überdurchschnittlicher Wahrscheinlichkeit sagen, daß er einen in starkem Maße deprivierten Hintergrund hat und sein eigener Vater in der Regel nicht anwesend war, so daß ihm die normale Chance vorenthalten blieb, ein sicheres Gefühl elterlicher Verantwortlichkeit und Zurückhaltung zu entwickeln. Eine Studie gelangte zu einem nicht leicht zu erklärenden Ergebnis: Je gesünder der Familienhintergrund des Inzesttäters, desto älter ist seine Tochter bei seinem ersten Inzestversuch.

Ihre Mutter, die in den Augen von Psychologen den Inzest in gewisser Weise erst »ermöglichte«, dürfte wahrscheinlich in die Kategorie derer fallen, die als schwach und unterwürfig, passiv, von der Familie emotional distanziert, allgemein indifferent und unsensibel, und möglicherweise promiskuitiv beschrieben werden. Für eine erwachsene Frau dürfte sie zudem als generell inkompetent beurteilt werden. Möglich, daß ihre Distanziertheit von der Familie ein Symptom einer schwerwiegenden Depression ist, die einsetzte, lange bevor die inzestuösen Neigungen Ihres Vaters offenbar wurden. Wenngleich anzunehmen ist, daß Ihre Mutter das Wissen um den Inzest leugnete, so lassen jüngste Forschungen doch Zweifel an dem Wahrheitsgehalt ihrer Aussage zu. Zunehmend lassen Beobachtungen, so die Forscher, darauf schließen, daß Ihre Mutter möglicherweise sogar erleichtert war, daß Sie nunmehr ihre sexuelle Rolle bei Ihrem Vater übernahmen. Alternativ ist es denkbar, daß Ihre schwache, abhängige und eingeschüchterte Mutter einfach zuviel Angst hatte, Ihren Vater zur Rede zu stellen, Angst, er könnte die Familie im Stich lassen. Spekulative Beobachtungen von Ehefrauen inzestuöser Väter, die vielleicht erklären helfen, warum Inzest mehrheitlich von den Töchtern und nicht von den Müttern offengelegt wird.

Tamar Cohen betont, daß die Frauen von Inzesttätern speziell zwei Verhaltenskomponenten offenbaren, die »für das Verständnis des Inzest wichtig sind: der Verzicht auf ihre Rolle als Mutter und Hausfrau und die Übertragung dieser Verantwortlichkeiten auf die Tochter sowie der Rückzug von ihrer sexuellen Rolle als Frau. Das sind zwei Charakteristika, die fast alle Mütter der klassischen Inzestfamilien kennzeichnen.«

Aller Wahrscheinlichkeit nach sind Sie die älteste Tochter der Familie. Vor Ihren ersten Inzesterfahrungen beeindruckten Sie im allgemeinen Ihre Umgebung mit Ihrem, gemessen an Ihrem tatsächlichen Alter, frühreifen Verhalten und indem Sie darüber hinaus ein gut Teil der Verantwortlichkeiten im Haushalt sowie die Versorgung der jüngeren Kinder wie auch der Eltern übernahmen. Es gibt keinen gesicherten Grund, anzunehmen, daß Sie zum Zeitpunkt des ersten inzestuösen Übergriffes bereits sexuell reif und verführerisch waren. Die durch Ihr Verhalten offenbarte Reife war vielmehr auf den Rollentausch mit Ihrer Mutter als auf eine frühe sexuelle Entwicklung zurückzuführen. Diese Umkehr der Rollen gab Ihnen ein Gefühl der Wichtigkeit und Macht, und nach der sexuellen Aufmerksamkeit, die Sie von seiten Ihres Vaters erhielten, stellten Sie wahrscheinlich alsbald fest, daß Sie auch ein Gefühl der Macht über ihn hatten, nicht nur, weil Sie sein Geheimnis hüteten, sondern auch, weil diese Aufmerksamkeit Ihrem Bedürfnis nach körperlicher Liebe und Nähe entsprach. Dem Auftrieb, den Sie so erfuhren, dürfte insgesamt der subtile Genuß von Rachegefühlen gegenüber Ihrer Mutter zugrunde gelegen haben, von der Sie sich psychologisch im Stich gelassen fühlten.

Mit fortschreitender Entwicklung der inzestuösen Beziehung vertieften sich Ihre Spannungen und Schwierigkeiten. Da Ihr tiefer, geheimer und vielleicht völlig normaler Wunsch, daß Ihr Vater Sie mehr als Ihre Mutter lieben sollte – ein Wunsch, den Sie wahrscheinlich als falsch empfanden –, nunmehr in Erfüllung gegangen war, fühlten Sie sich nicht nur schuldig, sondern auch *verantwortlich* für das Geheimnis, das lasterhafte Treiben mit Ihrem Vater. Was die in Ihnen wütende emotionale Verwirrung im wesentlichen ausmachte, war Ihre Abneigung beiden gegenüber – gegenüber Ihrem Vater, weil er Sie in die Falle gelockt hatte und Sie benutzte, und gegenüber Ihrer Mutter, weil sie Sie nicht beschützt hatte.

Das Schlimmste von allem war vielleicht, daß Sie das explosivste Geheimnis Ihres Lebens mit *niemandem* teilen konnten, so daß eine dichte Wand um Sie herum entstand, die Sie von *jedem* entfremdete. Sie konnten sich Verwandten nicht anvertrauen. Sie hatten Ihren Vater *gern*. Sie hätten ihm geglaubt. Und angenommen, Sie seien verrückt. Sie hätten ihre Achtung, ihre Zuneigung und damit jede Hoffnung verloren, sie könnten Sie schützen. Nicht zuletzt hätten andere Verwandte Ihre Geschichte als Einladung verstehen können, sich Ihnen ebenfalls zu nähern. Wenn Sie mit Ihrem Arzt, Ihrem Lehrer oder der Polizei redeten, könnte Ihr Vater ins Gefängnis kommen, Ihre Eltern könnten sich scheiden lassen, und Sie hätten damit Ihre Familie und Ihr Zuhause ruiniert. Wohin würden Sie dann gehen, wo würden Sie leben? Zudem fühlten Sie sich innerlich zerrissen, da war einerseits das Verlangen nach Unabhängigkeit und andererseits das Bedürfnis nach jenen Belohnungen, psychologischen und manchmal materiellen, die Ihre besondere Position Ihnen gab. Auf komplexeste und zugleich quälendste Art fühlten Sie sich mit Ihrer Familie verbunden, dennoch, gerade weil alle alles taten, um den Schein der Normalität zu wahren, fühlten Sie sich von der »wirklichen« Familie ausgeschlossen. *Schweigen* schien das einzig sinnvolle Instrument.

Warum haben Sie nichts dagegen unternommen? War es, daß Sie Freude daran hatten, waren es Ihre Gefühle der Macht oder Angst oder Schuld, oder war es die Gewißheit, Ihre Mutter würde Ihnen nicht glauben, oder wenn Sie es täte, nichts unternähme, um Ihre Qualen zu beenden – war es eines davon, oder alle, die bewirkten, daß Ihr Mund geschlossen blieb? Natürlich ist das psychologische Netz zu kompliziert, als daß eine direkte Antwort möglich wäre. Auffällig und bezeichnend ist jedoch die Tatsache, daß das Opfer des sexuellen Kindesmißbrauchs ihn nur selten offenlegt, solange die Beziehung fortbesteht. In mehr als der Hälfte aller Fälle kommt die Wahrheit erst ans Licht, wenn die Tochter das Elternhaus verlassen hat. Das Motiv, den Mißbrauch dann an den Pranger zu stellen, dürften Feindseligkeit und Rachegefühle gegenüber den Eltern – wahrscheinlich gegenüber beiden – sein.

Ihre Erfahrungen mögen noch komplexer gewesen sein, wenngleich die Forscher nicht allzuviele Fallstudien sammeln konnten, die ein klareres Licht auf das Vater-Mutter-Tochter-Muster des Inzestes geworfen hätten. Was veröffentlicht wurde, ist der Fallbericht eines Sohnes, der den Inzest zwischen seinem Vater und seiner Schwester miterlebte – und in der Folge selbst seine Tochter mißbrauchte. Außerdem wurde der Fall einer »Inzesteifersucht« beschrieben – eine schwere psychische Störung bei der *nicht* vom Vater erwählten Tochter.

Die wichtigste Geschichte ist vielleicht die, was später geschieht. »Alle ernsthaften Bemühungen«, schreibt Tamar Cohen in seiner umfassenden und bemerkenswert klar verständlichen Analyse zahlreicher Studien, »die langfristigen Konsequenzen des Inzest im weitesten Sinne zu erforschen, stoßen auf Schwierigkeiten, weil die Opfer, die verständlicherweise nicht an ihre vergangene Inzestbeziehung erinnert werden möchten, nicht kooperativ sind. Eine Langzeitstudie über die Opfer, insbesondere mit Blick auf deren sexuelle Entwicklung, eheliche Beziehung und Elternschaft steht also noch aus«.

Die Analyse enthält 32 Referenzen zu Fallstudien und anderen Forschungsarbeiten. [Cohen]

Obgleich die gemeldeten Inzestfälle lediglich die »Spitze des Eisbergs« sein mögen, so gibt es doch kaum einen Forscher, der Schätzungen abgibt, wie weitverbreitet dieser Straftatbestand tatsächlich ist. Bekannt ist jedoch, daß in Amerika zwei oder drei von jeweils tausend Kindern Opfer sexuellen Mißbrauchs innerhalb der Familie werden, sagt Dr. Alexander G. Zaphiris, Rechtsanwalt, Sozialarbeiter und beigeordneter Dekan der Graduate School of Social Work an der University of Houston. Die tatsächliche Zahl der Opfer pro Tausend könnte in die Dutzende, möglicherweise in die Hunderte gehen.

Er habe »nie ein Inzestopfer kennengelernt, das nicht als Kind konditioniert wurde«, sagt Dr. Zaphiris. Zu diesem, vom Vater zunächst vielleicht unbewußt vorgenommenen Konditionieren gehört auch die unter dem Deckmantel der normalen Kindesliebe verborgene sexuelle Stimulation des Kindes. [Zaphiris]

Ihre Brüder und Schwestern

»Am schwersten in der ganzen Familie hat es, ohne jeden Zweifel, das Erstgeborene. Sollten Sie ein Erstgeborenes sein, so wissen Sie aus erster Hand, wovon ich spreche.« Der hier spricht, ist Kevin Leman, ein Psychologe aus Tucson, Arizona, der jüngste von drei und Vater von vier Kindern und Autor des Bestsellers *Hackordnung*. In einem Interview mit Darrell Sifford von den Knight-Ridder Newspapers erläuterte er: »Man weiß sehr gut, daß man zeit seines Lebens im Rampenlicht stand. Man war immer derjenige, der allen anderen als mustergültiges Beispiel voranzugehen hatte. Sie wissen, wie das ist, wenn man diesen brennenden Wunsch in sich hat, diesen Drang, der einen zwingt, die Welt zu erobern oder kämpfend zu sterben ...«

»Das Erstgeborene ist das Kind, das den Müll rausbringt. Nie ist es anders, all die Jahre, bis es von zu Hause weg und aufs College geht, daß es den Müll rausbringt. Kommt es dann Weihnachten vom College nach Hause, dürften sich 300 Pfund Müll angesammelt haben, die darauf warten, rausgebracht zu werden. ... Grundsätzlich haben Erstgeborene es wesentlich schwerer als ihre jüngeren Brüder und Schwestern, wenn es um Disziplin und das Verhalten geht, das von ihnen erwartet wird.«

Finden Sie sich selbst

Sie kommen aus einer großen Familie:

Welche Überraschungen diese Studie auch zu bieten haben mag, sie sind schon allein wegen der breitangelegten Konzeption dieser Untersuchung bemerkenswert: erfaßt wurde ein ganzer Jahrgang junger Männer in den Niederlanden – 400000 Neunzehnjährige, die zur Prüfung ihrer Wehrdiensttauglichkeit zur Untersuchung ihrer körperlichen und geistigen Fitneß einberufen worden waren. (Diese Studie bezieht sich also *nur* auf Männer.) Mit Blick auf die Familie konnten aus der Erhebung folgende Rückschlüsse gezogen werden:

Erstens, je größer Ihre Familie ist, desto geringer ist aller Wahrscheinlichkeit nach bei jedem von Ihnen das intellektuelle Leistungsvermögen. Das gilt insbesondere, wenn Ihr Vater Arbeiter war. Auch wenn er nicht Arbeiter war und einem handwerklichen Beruf nachging, ist diese Wahrscheinlichkeit, wenngleich in geringerem Maße, gegeben.

Zweitens, je älter Sie in der Geburtenreihenfolge Ihrer Familie sind, um so höher dürften Ihre intellektuellen Fähigkeiten sein. Achtung: Dieses Ergebnis beschreibt eine *Tendenz* und *Wahrscheinlichkeit*; es ist mitnichten als individuelle Vorhersage zu verstehen. Dennoch läßt sich diese Tendenz fast geradlinig graphisch verfolgen: Das Erstgeborene ist wahrscheinlich klüger als das Zweitgeborene, welches dann möglicherweise wiederum klüger als das Drittgeborene usw. ist – eine Ausnahme ist das Letztgeborene. Irrelevant ist in diesem Zusammenhang, ob Ihr Vater Arbeiter war oder nicht.

Die Tendenz, die sich aus der Geburtenreihenfolge als Einflußfaktor für Ihre Intelligenz ergibt, ist am konsistentesten beim Erstgeborenen ablesbar; sie tritt aber ebenso noch beim zweiten, dritten und vierten Kind deutlich zutage; auch beim fünften oder sechsten ist sie noch, wenn auch weniger ausgeprägt, erkennbar. Die Letztgeborenen halten sich selten an irgendwelche »Regeln«. Die Effekte der Geburtenreihenfolge für die Intelligenz waren konsistent, schichtenübergreifend, feststellbar. [Belmont, Marolla]

Wie aber sieht es aus, wenn Sie eine Frau sind? Zwei Psychologen der University of Georgia stellten sich die gleiche Frage und untersuchten in der Folge die SAT-Werte (Scholastic Aptitude Test = Schulischer Eignungstest) in Zusammenhang mit dem jeweiligen Familienstatus von 1811 College-Anfängern – 848 Frauen und 963 Männer. Sie hofften insbesondere, aus diesen Untersuchungen Erkenntnisse über mögliche, sich aus vielen Brüdern und Schwestern für den Intellekt ergebenden Folgewirkungen zu gewinnen. Bei den männlichen Studenten war das Ergebnis im Einklang mit der zuvor zitierten holländischen Studie: Je größer die Zahl der jüngeren Geschwister, desto niedriger waren die SAT-Werte. Bei Frauen war das Ergebnis jedoch genau umgekehrt: Je größer die Zahl der jüngeren Geschwister, desto höher waren die SAT-Werte. Warum? Die Forscher sahen eine mögliche Erklärung darin, daß die älteren Mädchen in einer Familie eher als die älteren Jungen eine Betreuer- und Versorgerrolle übernehmen, die oft auch eine Lehrerinnenrolle gegenüber den jüngeren Kindern beinhaltet. [Paulhus, Shaffer]

Die Nachrichten, sofern Sie eine Frau sind, sind aber nicht alle gut. Mit wachsender Größe der Familie werden den Spätergeborenen, Jungen wie Mädchen, weniger Wärme und Fürsorge durch die Eltern zuteil. Für ein spätergeborenes Mädchen – und nur für ein Mädchen – gilt jedoch, je später es kam, um so wahrscheinlicher ist, daß es sich von seinen Eltern mit einer zunehmend feindseligen Haltung psychologisch kontrolliert fühlte. Ein Umstand, den die Forscher damit erklären, daß Mädchen, kulturell bedingt, strenger zu überwachen sind, und je größer die Familie ist, desto schwieriger gestaltet sich diese Überwachung. [Nuttall, Nuttall]

Je größer Ihre Familie und je früher Ihre Position in der Geburtenreihenfolge ist, desto größer ist die Wahrscheinlichkeit, daß Sie als Erwachsener eine Typus A-Persönlichkeit und damit anfälliger für Herzattacken sind. Das gilt insbesondere, wenn Sie das Erstgeborene sind. (Siehe Kapitel 6, »Ihre ›Typus A‹-Ängste«.) Strube, Ota]

Sofern Sie das Erstgeborene in einer Familie mit acht oder mehr Kindern sind, sind Ihre Chancen, im Vergleich zu allen anderen, allemal höher, daß aus Ihnen ein kreativer Schriftsteller oder eine kreative Schriftstellerin wird. Wenn Sie jedoch nur ein bis sechs Brüder und Schwestern haben, erhalten Sie dadurch, daß Sie das Älteste sind, keinen besonderen Vorteil. Dies wurde aufgrund der Analyse der Biographien von 286 prominenten Schriftstellern und Schriftstellerinnen, die zwischen 1547 und 1932 geboren wurden, festgestellt. [Joubert]

Sie waren das erste in Ihrer Familie geborene Kind:

Mehr als Ihre Schwestern und Brüder neigen Sie dazu, das Verhalten anderer »zu organisieren und zu kontrollieren« – Sie sind herrisch, mit anderen Worten. [National Institute of Mental Health Service Report]

Sie neigen zu einem höheren Selbstwertgefühl als die meisten der Spätergeborenen, insbesondere wenn Sie eine Frau sind. Als Frau wurde Ihr Selbstwertgefühl dann vor allem gefördert, wenn Sie als Kind das Gefühl hatten, Ihr Vater oder andere

Ihnen nahestehende autoritative Figuren hätten eine hohe Meinung von Ihnen. Als Mann wurde Ihnen dieser besondere Auftrieb zuteil, wenn Sie das Gefühl hatten, Ihnen nahestehende Altersgenossen – Klassenkameraden, Freunde, Cousins – würden Sie sehr schätzen. [Schwab, Lundgren]

In der Schule bekamen Sie wahrscheinlich bessere Noten als Ihre jüngere Schwester oder Ihr jüngerer Bruder, insbesondere wenn Ihre Mutter Wert auf gute Leistungen legte. [Gorman]

Es ist weitaus weniger wahrscheinlich als bei einem Ihrer jüngeren Geschwister, daß Sie einen Beliebtheitswettbewerb oder eine Wahl gewinnen. [Cornoldi, Fattori]

Sofern Sie eine Schwester oder einen Bruder haben, die oder der weniger als drei Jahre jünger ist als Sie, so zeigen Sie wahrscheinlich seit jeher ein überdurchschnittlich ausgeprägtes Bedürfnis nach Gesellschaft, Zuneigung und Hilfe von Gleichgestellten und Personen mit einem höheren als Ihrem eigenen Status, ein Bedürfnis, das auch während Ihres Erwachsenenlebens fortbesteht. Dieser Durst nach Unterstützung von anderen ist um so größer, je näher Ihre Schwester oder Ihr Bruder Ihnen altersmäßig steht. [Cornoldi, Fattori]

Wahrscheinlich haben auch Sie schon einmal gehört, daß man mit einem Spätergeborenen glücklicher als mit einem Erstgeborenen verheiratet ist. Ein Glaube, dem viele »Experten« lange anhingen. Jetzt aber setzen eine Reihe von Studien ein neues Signal: Die Geburtenreihenfolge der Ehepartner, darin sind sich die Forscher einig, hat einen wie auch immer gearteten mysteriösen Einfluß, wie die Ehe funktioniert. Heute hingegen wissen sie mit größerer Sicherheit als jemals zuvor, daß sie eben nicht wissen, worin dieser besteht. [Pinsky]

Sie sind ein erstgeborener Junge:

Sofern Sie zusammen mit Ihren jüngeren Brüdern einen Test zur Messung der »sozialen und globalen Anpassung« machten, würden Sie dabei wahrscheinlich besser als sie abschneiden. Absolvierten Sie den gleichen Test zusammen mit Ihren jüngeren Schwestern, ließe sich keinerlei Vorhersage über die bei ihnen zu erwartenden Werte treffen. Es scheint kein Zusammenhang zwischen der Anpassung von Mädchen und ihrer Geburtenreihenfolge zu bestehen. [Corsello]

Sie scheinen weitaus mehr als Ihre jüngeren Brüder und Schwestern an der Sicherheit Ihres Arbeitsplatzes und an Vorteilen interessiert. [Stenger]

Sie hatten wahrscheinlich das Gefühl (und klagten offen darüber), Ihre Eltern nähmen Sie härter ran als das Zweit- und Drittgeborene in der Familie. (Als erstgeborenes Mädchen hatten Sie demgegenüber wahrscheinlich nie das Gefühl, anders als die jüngeren Kinder behandelt zu werden.) [Corsello]

In der Regel dürften Sie im Vergleich zu anderen Männern eine weniger positive Einstellung zu Frauen als Managerinnen in der Geschäftswelt haben. [Beutell]

Sie sind ein erstgeborenes Mädchen:

Sofern Sie einen Bruder haben, der weniger als zwei Jahre jünger als Sie ist, sind die Chancen überdurchschnittlich hoch, daß Sie vertrauenswürdig, loyal, hilfreich, nett, fröhlich, mutig und ehrerbietig (das ist in der Tat die in der Studie angeführte Liste) und erfolgreich in öffentlichen Aktivitäten (Versammlungen, Partys etc.) sind. Das ist die gute Nachricht. Die schlechte ist, daß Sie, sofern Sie eine oder mehrere jüngere Schwestern haben, möglicherweise streitsüchtiger, kritischer, gebieterischer (vor allem mit Blick auf Ihre Rechte), eifersüchtiger und konkurrenzorientierter als sie sind. [National Institute of Mental Health]

Sofern Sie jetzt im Collegealter sind, bevorzugen Sie, im Unterschied zu spätergeborenen Frauen, erheblich weniger Kinder zu haben. Der Grund ist offensichtlich das bei Ihnen wesentlich stärker als bei Spätergeborenen ausgeprägte Gefühl der moralischen Verantwortung, und weniger Kinder sind Ihres Erachtens ein Beitrag zum Allgemeinwohl. [Joesting, Joesting]

Sollten Sie gegenwärtig in der Adoleszenz sein, so ist es bei Ihnen sehr viel wahrscheinlicher als bei anderen Teenagern, daß Sie einen Suizidversuch machen. Diese Wahrscheinlichkeit ist dann insbesondere gegeben, wenn Sie Ihren Vater verloren haben. [Cantor]

Sie waren das einzige Kind Ihrer Familie:

Sie schneiden bei Intelligenztests wahrscheinlich besser als Personen aus vergleichbaren Familien ab, die nicht die »Einzigen« waren. Ebenso wahrscheinlich ist, daß Sie höhere akademische Ambitionen haben, einen höheren Schulabschluß erreichen oder vorzuweisen haben und eine angemessene berufliche Position bekleiden. [Falbo]

Ihnen ist bekannt, daß Sie lange als jemand galten, der zu Egoismus, Einsamkeit und Fehlanpassung neigt. Ein Cluster jüngerer Familienstudien zeigt nunmehr jedoch, daß ein »einziges« Kind sich mitnichten in Fragen des Glücks, der Beliebtheit und der Gesundheit von anderen unterscheidet. [Falbo]

Als Kind neigten Sie erheblich mehr als andere Kinder dazu, imaginäre Spielkameraden zu erfinden. (Zwar ist das Erfinden imaginärer Freunde bei »einzigen« Jungen und Mädchen unterschiedslos gleichermaßen wahrscheinlich, typisch für Jungen ist jedoch, daß sie sich nur Jungen als Spielkameraden ausdenken, während Mädchen nicht nur mehr, sondern auch Spielkameraden beiderlei Geschlechts entstehen lassen.) Sofern Sie zu denjenigen zählten, die imaginäre Spielkameraden erfanden, neigten Sie beim wirklichen Spiel dazu, die führende Rolle gegenüber den anderen zu übernehmen und mehr als die meisten der anderen ein »Selbststarter« zu sein. [Manosewitz, Prentice, Wilson]

Sehr viel wahrscheinlicher als bei Personen mit Geschwistern ist, daß Sie Ihre Entscheidung persönlich und nicht auf der Grundlage eines Gruppenkonsenses treffen. Außerdem dürften Sie im Vergleich zu anderen weniger Freunde haben und sich weniger Clubs anschließen, aber in der Regel betrachten Sie sich nicht als unbeliebt. [Falbo]

Im Unterschied zu den meisten Personen zeichnen Sie sich durch ein größeres Vertrauen aus, das Sie Ihrer Umwelt entgegenbringen, was dieser Forscher auf den Umstand zurückführt, daß Sie keine Brüder und Schwestern hatten, deren Interessen mit den Ihrigen kollidierten. Zudem wurde Ihnen die ungeteilte Hilfe und Fürsorge Ihrer Eltern zuteil, was in Ihnen die Erwartung nährte, daß auch andere gut zu Ihnen sein würden. [Falbo; Sutton-Smith, Rosenberg]

Wahrscheinlicher als bei Personen mit Geschwistern ist, daß Sie die Scheidung Ihrer Eltern oder den Tod eines Elternteils erfuhren. [U. S. Bureau of Census]

Sie sind ein erstgeborenes oder ein »einziges« Kind:

Im Falle, daß Sie nach wie vor zweifeln, daß dieser Umstand Ihre Persönlichkeit beeinflußt, möchten Sie vielleicht eine Erklärung für folgende Tatsache suchen: Von den ersten 23 Astronauten, die bei den ersten Raumfahrtunternehmungen dabei waren, waren 21 entweder Erstgeborene oder »einzige« Kinder. [National Institute of Health]

Sie haben wahrscheinlich einen höheren Schulabschluß als die meisten der Spätergeborenen. Das ist das konsistenteste Ergebnis aller Forschungsarbeiten über die Geburtenreihenfolge. [Adams]

Sie wünschen eher als Spätergeborene, von einer anderen Person begleitet zu werden, wenn Sie zum Zahnarzt, ins Krankenhaus, zur Ambulanz oder sich irgendeiner anderen unangenehmen Situation stellen müssen. Ein Punkt, der Ihr gesteigertes »Affiliationsbedürfnis« unterstreicht. [Schachter]

Ihr Verhalten wird oft davon bestimmt, wie andere Sie sehen. So weit, so gut, aber wie sehen andere Sie im allgemeinen?

Eine Gruppe von 275 Erwachsenen – die Hälfte davon Eltern von Kindern im Vorschulalter, die übrigen kinderlos – wurde gebeten, anhand von Adjektiven möglichst treffend zu beschreiben, wie in ihren Augen »einzige« Kinder, die ältesten Kinder und die jüngsten Kinder im allgemeinen sind. Die Ältesten wurden als gehorsam, verantwortlich, aufgeschlossen, selbstsicher und nicht verwöhnt gesehen. Die »Einzigen« galten demgegenüber als akademisch ambitioniert, egozentrisch und verwöhnt. Die Jüngsten kamen mit Attributen wie liebenswert, umgänglich, ungehorsam und akademisch desinteressiert davon. [Baskett]

Sie sind das zweitgeborene Kind in Ihrer Familie:

Sofern Ihre Mutter Wert auf gute Leistungen legte (und damit die schulischen Leistungen des Erstgeborenen in Ihrer Familie, wie beschrieben, beflügelte), ist es gut möglich, daß Sie in der Schule nicht so gut wie Ihr älterer Bruder oder Ihre ältere Schwester waren. So hält der Autor dieser Studie es denn auch für möglich, daß die Mutter die Ursache Ihrer schlechten Noten sein kann als Konsequenz der durchaus üblichen, wenn auch nicht ganz verständlichen Reaktion des Zweitgeborenen auf den mütterlicherseits auf den Erstgeborenen ausgeübten Druck. Diese Feststellung stützt sich auf eine Studie mit Müttern von 56 erstgeborenen und 48 zweitgeborenen Jungen, die nicht miteinander verwandt und Schüler von fünften bis achten Klassen waren. Alle waren in etwa durchschnittlich intelligent und kamen vorrangig aus Familien mit zwei bis drei Kindern der oberen Mittelschicht. [Gorman]

Sollten Sie auch eine Frau sein, die sich durch gute Leistungen auszeichnet, ist es wahrscheinlicher, daß Sie eine größere Schwester als einen größeren Bruder haben. [Berger]

Sie sind das jüngste Kind in Ihrer Familie:

Als Kind wurden Sie wahrscheinlich öfter von anderen als Spielkamerad/in oder Banknachbar/in gewählt. Dieser Studie mit 1750 Kindern in dritten, vierten, fünften und sechsten Klassen zufolge rangierten Sie in puncto Beliebtheit an erster Stelle, gefolgt von den »Einzigen«, den Zweitgeborenen von zwei Kindern, den Zweitgeborenen von mehr als zwei Kindern, den Erstgeborenen und an letzter Stelle andere, die zwischen dem Ältesten und Jüngsten geboren waren. Dieses Ergebnis war konsistent, über alle Grenzen des Alters, Geschlechts und rassischen/ethnischen Hintergrunds (Schwarze, Mexiko-Amerikaner und Weiße) hinweg, feststellbar. Außerdem waren Sie in den Augen Ihres Lehrers wahrscheinlich soziabler als andere, Frühergeborene. [Miller, Maruyama]

Sie sind ein Mann, der eine oder mehrere Schwestern hat:

Sie legen mehr Gewicht darauf, einen Beruf mit einem hohen Status und einem hohen Maß an Verantwortung zu haben, als Männer, die nur Brüder haben. [Stenger]

Sie sind ein Mann mit einer älteren Schwester oder eine Frau mit einem älteren Bruder:

Bei der ersten Begegnung mit einem Mitglied des anderen Geschlechts zeigen und empfinden Sie, eher als andere, Selbstsicherheit und Freundlichkeit. [Ickes, Turner]

Sie sind ein Zwilling:

Unverkennbar gibt es zwischen Ihnen und Ihrem Zwillingsbruder oder Ihrer Zwillingsschwester viele Ähnlichkeiten, die Sie (wie die meisten) in weiten Teilen darauf zurückführen, daß Sie in dem gleichen Zuhause aufwuchsen, wie Zwillinge behandelt und entsprechend dazu gebracht wurden, wie Zwillinge zu fühlen. Folglich reagierten Sie stets wie Zwillinge.

Aber dem muß keineswegs so sein, meint Thomas J. Bouchard jr., Direktor des University of Minnesota Center for Twin and Adoption Research. Bouchards Zentrum führte eine Reihe detaillierter Fragebogenerhebungen und psychologischer Tests mit fünfzig Paaren eineiiger Zwillinge, die getrennt voneinander aufwuchsen und sich in der Regel nicht einmal kannten, wie auch fünfundzwanzig Paaren zweieiiger Zwillinge durch und verglich diese mit Gruppen von Zwillingen, die zusammen großgeworden waren. Vor allem bei den eineiigen Zwillingen, die nichts voneinander wußten, entdeckte Bouchard Ähnlichkeiten, »an die man nicht einmal denken würde, wenn man sich mit der Erforschung der Genetik des Verhaltens beschäftigte«. Allein, was die Haltung und den Ausdrucksstil anging, sagt er, »waren wir verblüfft über die Ähnlichkeiten.

Es ist wahrscheinlich diese zutage getretene Besonderheit der Studie, die uns am meisten fesselte.« Diese eineiigen Zwillinge, die sich wechselseitig nicht beeinflußt hatten, ähnelten sich oft auf geradezu verblüffende Weise in Manieriertheiten, Gesten, Gewohnheiten, Sprechgeschwindigkeit und -rhythmus und selbst mit Blick auf den Stil des Witzemachens.

Übereinstimmungen, die fast jeder Zufällen zuschreiben würde, traten bei ihnen zu oft auf, um sie noch rational erklären zu können. Zwei Zwillingsbrüder, die sich nie zuvor begegnet waren, lernten sich schließlich kennen (in England). Sie trugen die gleichen Hemden, den gleichen Haarschnitt, die gleichen Bärte und die gleichen Nickelrandbrillen. Ein weiteres Zwillingspaar, das sich ebenfalls das erste Mal traf, hatte in seinen Toilettentaschen die gleiche Eau de Cologne-Marke und eine schwedische Zahnpasta-Marke. Bei einem Paar waren beide bei der freiwilligen Feuerwehr, bei einem anderen waren beide Hilfssheriffs; zwei Brüder hatten sich fast identische Werkstätten in ihren entfernt gelegenen Kellerräumen eingerichtet, und bei zwei Schwestern war die Kücheneinrichtung verblüffend ähnlich. Ein Zwillingspaar teilte die Angst vor Wasser und hatte den gleichen ungewöhnlichen Lösungsansatz entwickelt: rückwärts ins Meer zu gehen, bis es ihnen bis zu den Knien stand. Ein Zwilling war in seiner ursprünglichen verarmten Familie und der andere in einer Familie der »guten soliden oberen Mittelschicht« aufgewachsen. Beide werden als asoziale Persönlichkeiten angesehen; beiden mangelt es an Kontrolle ihrer Impulsivität, und beide haben einen kriminellen Hintergrund. Zwillingsschwestern, die getrennt aufwuchsen, haben jeweils einen Sohn, der einen bundesstaatlichen Mathematikwettbewerb gewann, der eine in Wyoming, der andere in Texas. Ein Kollege Bouchards, Auke Tellegan, konzipierte einen Persönlichkeitstest zur Messung von Ähnlichkeiten und Unterschieden bei getrennt aufgewachsenen Zwillingen, mit dem etwa Neigungen wie »soziale Nähe« und »Meidung von Schäden« ermittelt werden sollten. Ein solcher Zug, »Traditionalismus« – Konservatismus, Autoritätsgläubigkeit –, erwies sich eindeutig, ebenso wie etwa zehn weitere Persönlichkeitsmerkmale, als genetisch beeinflußt. [Bouchard]

Sie und Ihr Haustier

Nur von den Fußgängern auf den Bürgersteigen New Yorks hören wir manchmal den Protest, Amerika sei von Hunden überlaufen. Die Zahlen sind ein schlagender Beweis, daß dem vielleicht tatsächlich so ist: Letzten Schätzungen zufolge waren es Anfang der 1980er Jahre 40 Millionen Hunde, die auf den Briefträger warteten, einer pro sechs Personen, mehr als die Hälfte der Haushalte der englischsprachigen Welt. Guter Gott! Hat irgendwer die Katzen gezählt? Ja, in der Tat: 23 Millionen amerikanische Haushalte haben Katzen.

Von Fossilienfunden wissen wir, daß der Mensch den Hund vor mehr als zwölftausend Jahren zu seinem Gefährten machte; Katzen vor mindestens sechstausend Jahren. Als liebenswerte Wesen kommen Haustiere in Zeitungen, Filmen und Kindergeschichten – nicht aber in der Wissenschaft vor. Von Forschern werden sie oft als Krankheitsüberträger und als Gefahr für die öffentliche Gesundheit dargestellt. Aber niemand schenkte Haustieren als *meßbares* Tonikum für den menschlichen Geist Beachtung, bis zwei englische Forscher, R. A. Mugford und J. G. M'Comisky 1975 Vögel in Käfigen an zwölf mutmaßlich einsame Gefangene und an ebensoviele Pflanzen verteilten. Nach drei Monaten zeigten die körperlichen Untersuchungen und Fragebogenerhebungen über die psychischen Verfassungen bei den Vogelbesitzern durchgängig Verbesserungen sowohl was ihre Haltung gegenüber anderen Personen als auch ihre eigene psychische Gesundheit anging; bei den Pflanzenbesitzern waren diese Veränderungen nicht feststellbar. Eine andere, fünf Jahre später durchgeführte Studie erbrachte, daß Patienten, die wegen Herzkrankheiten im Krankenhaus gewesen waren, eher ein Jahr nach ihrer Entlassung noch lebten, wenn sie ein Haustier besaßen, als wenn dies nicht der Fall war. Das Vorhandensein eines Haustieres war in der Tat ausschlaggebender als jeder andere Indikator. Das Ergebnis bestätigte sich, ob der Patient darüber hinaus arm oder reich, verheiratet oder alleinstehend war oder zusätzlich andere Freunde und soziale Unterstützung hatte oder nicht. Und eine jüngere Studie des gleichen Teams (Erika Friedmann und eine Gruppe, darunter James J. Lynch, der gleiche Psychologe, der demonstrierte, das Sprechen den Blutdruck erhöht [siehe Kapitel 1, »Was Ihre Sprechweise verrät«]) verdeutlichte, daß Kinder, die vor einer leicht streßbehafteten Aufgabe, wie z. B. Lesen, Stehen, einen niedrigeren Blutdruck und eine langsamere Herzfrequenz offenbarten, wenn ein freundlicher Hund im gleichen Raum anwesend war.

Nachdem eine Studie feststellte, daß ungeduldige Patienten in den Wartezimmern von Ärzten und Zahnärzten sich mehr in der Gegenwart von Aquarien entspannen, kam ein findiges Unternehmen, The Candle Corporation, auf die Idee, Videofilme von Aquarien, einschließlich der dazugehörigen Geräuscheffekte, zu verkaufen. Die Produktwerbung: Die Aquarien mußten nie gesäubert werden.

Manche Personen beschreiben ihre Haustiere als Familienmitglieder. Verrückt? Neurotisch? Ein Forscher, R. L. Wille, ermittelte, daß diese vermeintlichen »Sonderlinge« erheblich besser als die meisten anderen Personen bei Standardtests zur Messung des Lebenssinns und der allgemeinen Gesundheit (Purpose in Life Test und Health Opinion Test) abschneiden. Wille kam zu dem Schluß, daß der mit einer gewissen Intensität an Zuneigung verbundene Besitz eines Haustieres konkret die Gesundheit und das Wohlbefinden des jeweiligen Besitzers fördert. Eine Studie über fünfhundert Haustierbesitzer zeigte, daß volle 99 Prozent der Hundebesitzer ihren Hund als ein Mitglied der Familie betrachteten. Bei 56 Prozent der Familien durfte der Hund im Bett eines Familienmitglieds schlafen; 64 Prozent fütterten ihn mit Leckerbissen vom Eßtisch; 86 Prozent teilten ihre Zwischenmahlzeiten mit dem Hund, und 54 Prozent feierten den Geburtstag des Hundes. (Ergebnisse, die in Fachkreisen allerdings auf Kritik stoßen, da die Forscherin, V. L. Voith, sich auf eine »selektierte« Population stützte, »ausschließlich aus Klienten eines größeren Veterinärzentrums bestehend, und es keine Verifizierungsmöglichkeiten gibt, festzustellen, ob die Befragten aus funktionellen oder dysfunktionellen Familien kamen«.) Aus einer anderen Studie geht hervor, daß der Besitz eines Hundes dazu angetan ist, das Selbstgefühl zu stärken, ein anhand der Ich-Stärke-Skala (Ego Strength Scale) der weithin verwendeten Minnesota Multiphasic Personality Inventory (MMPI) gemessenes Ergebnis.

Finden Sie sich selbst

Sie besitzen ein Pferd, eine Schlange oder einen Vogel:

Sie möchten wissen, ob Ihre Wahl etwas darüber aussagt, wer Sie sind? Das tut sie.

Ein Forschungsteam machte fünfundzwanzig Besitzer und fünfundzwanzig Besitzerinnen dieser Tiere ausfindig und führte mit ihnen einen Persönlichkeitstest (Adjective Check List) sowie eine speziell für diese Studie konzipierte Fragebogenerhebung durch.

Wenn Sie ein Pferd besitzen, ob Mann oder Frau, sind Sie einerseits im allgemeinen selbstsicher und introspektiv, andererseits bringen Sie anderen aber wenig Wärme und Fürsorglichkeit entgegen. Als männlicher Pferdebesitzer neigen Sie zu Aggressionen und herrischem Verhalten, als Frau sind Sie eher gelassen und nicht aggressiv.

Sofern Sie eine Schlange besitzen, dürften Sie mit Vorliebe Regeln der Konvention brechen und fortwährend auf der Suche nach Neuem sein.

Der Besitz eines Vogels zeigt an, daß Sie sozial aufgeschlossen und ausdrucksstark sind. Sofern Sie eine Frau sind, haben Sie etwas mit dem männlichen Pferdebesitzer gemeinsam: Sie sind herrisch. [Kidd, Kelley, Kidd]

Kapitel 6

Ihr Persönlichkeitstypus

»... den Charakter des Männlichen und Weiblichen kann zwar die Anatomie, aber nicht die Psychologie aufzeigen.«

Sigmund Freud (1856–1939),
Das Unbehagen in der Kultur

Was ist männlich? Was ist weiblich?

Das Buch *Echte Männer mögen kein Müsli* war ein großer Hit, teilweise zumindest, weil der Titel einen Nerv traf. Genau genommen zwei Nerven. Zum einen kitzelte diese witzige Behauptung unseren Lachmuskel. Zum anderen beschäftigen uns, fast jeden von uns, Männer und Frauen gleichermaßen, Aussagen, was richtige Männer tun, und was richtige Frauen tun. Sie rühren an diese uralten, quälenden, heiklen Fragen:

- Was ist ein richtiger Mann?
- Was ist eine richtige Frau?
- Was ist männlich? Was ist weiblich?
- Und das Wichtigste: Werde ich den Maßstäben gerecht?

Welcher Experte konnte überhaupt in uns die Überzeugung grundlegen, daß nur Männer das Talent hätten, einen Ball anmutig zu werfen? Wer entschied, daß nur Frauen eine Lizenz haben, aus der Tiefe ihres Herzens zu sprechen und dabei Tränen zu vergießen? Und wer gab wem auch immer das Recht, das zu entscheiden?

All diese Fragen hingen schon lange in der Luft, als Sandra Bem, eine Psychologin der Stanford University, sich daran machte, einige interessante neue Fragen über »richtige Männer« und »richtige Frauen« und die jeweils »erstrebenswerten« Züge zu erforschen. Ehe sie diese Fragen jedoch stellte, mußte sie erst einmal die soweit vorausgesetzten Antworten zu den alten Fragestellungen bestätigen: Welche Charakterzüge gelten traditionell als »weiblich«, und welche anderen sind »männlich«? Und wie sie selbst oder wer auch immer emotional zu diesen männlichen und weiblichen Stereotypen gestanden haben mag, unabdingbar war, daß sie sachlich, unvoreingenommen und rein analytisch an diese Fragen heranging.

Die erste Entscheidung, die sie zu treffen hatte, war: Wer entscheidet? Da es sich dabei um »kulturelle« Entscheidungen handelt, überließ Dr. Bem es *uns*, den Mitgliedern dieser Kultur, die Grundlagen für ihre Studie zu schaffen. Sie erstellte eine lange, ein weitreichendes Spektrum abdeckende Liste von Adjektiven – wie *freundlich, führungsorientiert, stark, sensibel, selbständig, ausdrucksstark* – und bat eine repräsentative Testgruppe amerikanischer Frauen und Männer, anhand einer Sieben-Punkte-Skala zu bewerten, wie erstrebenswert jede dieser Eigenschaften ihres Erachtens für eine Frau und für einen Mann war. Unabhängig davon bat sie die Teilnehmer und Teilnehmerinnen, jedes Charakteristikum, ungeachtet des Umstandes, ob es als männlich oder weiblich galt, nach seiner »sozialen Erwünschtheit« zu bewerten. Ausgehend von dieser langen Liste ermittelte die Testgruppe die zwanzig für jedes Geschlecht »erstrebenswertesten« Eigenschaften. Darüber hinaus sondierte Dr. Bem noch weitere zwanzig Begriffe als Prüfsteine der »sozialen Erwünschtheit«, die, ohne zwischen Männern und Frauen zu unterscheiden, allgemein »gute«, »schlechte« oder neutrale Verhaltensweisen anzeigten. Damit war ein Grundkatalog über die von uns am meisten als männlich und/oder weiblich geschätzten Charakterzüge erstellt.

Als typisch *weibliche* Züge empfand die Bem-Testgruppe Attribute wie *warm, verständnisvoll, mitfühlend, freundlich, einfühlsam, ordentlich, zärtlich, abhängig, subjektiv, interessiert an Kunst und Büchern*. Als *männlich* firmierten Attribute wie *aggressiv, dominant, selbstsicher, unabhängig, objektiv, konkurrenzorientiert, bestimmend, abenteuerlustig, ehrgeizig, führungsorientiertes Verhalten*.

Bedeutsam und auffällig am Ergebnis dieser Erhebung ist zugleich, daß bei der Definition von Weiblichkeit per se jene Züge *fehlten*, die als männlich galten, und umgekehrt »richtigen Männern« kaum irgendwelche der als weiblich eingestuften Merkmale zugeschrieben wurden.

Diese Ausgangsresultate überraschten allerdings wohl kaum jemanden, auch Dr. Bem nicht.

Als nächstes entwickelte sie eine Skala zur Messung des Geschlechterrollenverständnisses, die Bem Sex-Role Inventory (BSRI), bestehend aus drei Subskalen, die jeweils eine Reihe von Fragen über persönliche Präferenzen und Neigungen enthielten. Bei Versuchspersonen, die diesen Test ausfüllten, sollte sodann, ausgehend von der vorherigen Erhebung, der Grad der gegebenen Weiblichkeit, Männlichkeit und der »sozial erstrebenswerten« Züge ermittelt werden. Diesen neukonzipierten Test unterbreitete sie zahlreichen Versuchspersonen.

Dr. Bems Ausgangshypothese war: Natürlich können die *Stereotypen,* »was ist weiblich« und »was ist männlich«, Gegensätze darstellen. Nichtsdestoweniger kann in der Realität aber jede Person, die hohe Werte in einem der Cluster von Persönlichkeitsmerkmalen erzielt, ebenso Züge des anderen Clusters aufweisen. So scheint beispielsweise gesellschaftlicherseits festzustehen, daß präzises logisches Denken »männlich« ist, während Gefühle zeigen ein »weibliches« Attribut ist. Dennoch kann ein absolut – auch als solcher gemessener – männlicher Mann sein Herz auf der Zunge tragen, ebenso wie eine Frau bei einem Ball die begehrteste Tanzpartnerin und gleichzeitig eine Kanone in Mathematik mit einem haarscharfen Intellekt sein kann.

Die Testwerte bestätigten diese Hypothese schon bald. Obgleich Weiblichkeit und Männlichkeit gemeinhin als sich wechselseitig ausschließende Gegensätze betrachtet werden, sind sie in Wirklichkeit zwei *unabhängige* Dimensionen und mitnichten Entweder/Oder-Polaritäten. Und bemerkenswert viele Personen vereinigen in sich hohe Werte beider Dimensionen. Mehr noch, diejenigen, die in beiden hohe Werte erzielen, zeichnen sich oft durch besonders hohe Werte mit Blick auf ihr psychisches Wohlbefinden und ihrer Fähigkeit, sich anderen Menschen und Ereignissen anzupassen, aus.

Die in einem späteren Abschnitt behandelte Frage: »Wer hat hier die Kontrolle?«, spielt, wie sich herausstellte, auch in diesem Zusammenhang eine Rolle. So kam Dr. Bem zu dem Ergebnis, daß eine Person, die an männlichen Zügen hohe Werte erzielt, *unabhängig davon, ob sie ein Mann oder eine Frau ist,* eher als andere das Gefühl hat, die Ereignisse in ihrem Leben unter Kontrolle zu haben. Hohe Werte an weiblichen Zügen sind demgegenüber kein statistischer Anhaltspunkt, wie sehr die betreffende Person glaubt, alles unter Kontrolle zu haben.

Durch diese Ergebnisse bestärkt, wollte Dr. Bem diejenigen, die sowohl hohe weibliche als auch hohe männliche Werte erzielten, unter einem Begriff erfassen; sie nannte sie psychologisch *androgyn*. Ihr Konzept der Androgynie ist inzwischen in der Psychologieforschung tiefverwurzelt. Das Wort wird allerdings oft falsch verwendet und in dem Sinne fehlinterpretiert, als damit homosexuelle Neigungen assoziiert werden. Bems Konzept scheint, wie auch immer, vielen rätselhaft und verwirrend und manche sogar in Verlegenheit zu bringen. Hohe (oder niedrige) Werte an »männlichen« oder »weiblichen« Persönlichkeitszügen haben mitnichten unbedingt etwas mit der äußeren Erscheinung oder dem Sex-Appeal oder der sexuellen Orientierung oder den Präferenzen einer Person zu tun. Und, um einen Schritt weiterzugehen, hohe Werte an beiden lassen mitnichten einen Rückschluß zu, ob eine Person ein- oder doppelgeschlechtig ist. Um mögliche Mißverständnisse zu meiden, wähle ich für androgyn einen direkteren Begriff, *hoch-an-beiden*, um eine Person zu typifizieren, die sowohl hohe männliche als auch weibliche Werte auf sich vereinigt.

Wenn hohe Werte an männlichen oder weiblichen Persönlichkeitszügen – oder beiden zugleich – nicht notwendigerweise damit zusammenhängen, ob Sie ein Mann oder eine Frau sind, welche Züge sind dann vorteilhafter? Weibliche oder Männliche? Der beste Weg, diese Frage zu beantworten, ist, daß Sie sich die Liste der jeweils assoziierten Züge durchlesen und sich fragen, welche *Sie* am meisten schätzen. Fest steht zumindest, wie das Forschungsergebnis zeigt, daß es mit einer starken Kombination von beiden – wenn Sie *hoch-an-beiden* sind – wesentlich wahrscheinlicher ist, daß Sie sich selbst mögen. Und das ist unstrittig einer der direktesten Wege zu einem glücklicheren Leben.

Finden Sie sich selbst

Sie sind eine Frau oder ein Mann und weisen ein hohes Maß an männlichen und weiblichen Zügen auf:

Im Vergleich zu den meisten anderen Personen – ob *sie* nun Männer oder Frauen sind, und ob sie hohe weibliche oder hohe männliche oder weder bei dem einen noch bei dem anderen hohe Werte aufweisen – zeichnen Sie sich wahrscheinlich durch ein hohes Selbstwertgefühl und ein hohes Maß an persönlicher Anpassungsfähigkeit aus.

Wenn Sie bei den männlichen, nicht aber bei den weiblichen Zügen hohe Werte erreichen, dürften diese ausgeprägten männlichen Persönlichkeitsmerkmale, ob Sie ein Mann oder eine Frau sind, mit einem überdurchschnittlich hohen Selbstwertgefühl verbunden sein.

Sofern Sie ein Mann sind und ein hohes Maß an weiblichen, nicht aber an männlichen Zügen aufweisen, so haben diese starken weiblichen Züge keinen absehbaren Effekt auf Ihr Selbstwertgefühl.

Wie ist das alles zu interpretieren? Die meisten von uns – auch die Mehrzahl der Frauen – sind wohl so sehr konditioniert, daß wir Persönlichkeitsmerkmale, die als männlich gelten, mehr schätzen als weibliche Züge, ungeachtet der Frage, bei wem sie zutage treten, und sei es bei uns selbst. [Orlofsky, Windle]

Sollten Sie in Schweden leben, so werden Ihre Persönlichkeitszüge in etwa genauso von den Menschen in Ihrer Umgebung als männlich oder weiblich beurteilt wie in den Vereinigten Staaten – das ist das Ergebnis einer Studie, die verifizieren sollte, ob die in Amerika geborene Bem-Skala auch für schwedische Bedingungen Validität besitzt. [Carlsson, Magnusson; schwedische Studie]

Wenn Sie verheiratet sind und Sie und Ihr Partner oder Ihre Partnerin weisen beide hohe Werte an weiblichen Zügen auf, so ist Ihre Ehe wahrscheinlich, wie aus einer australischen Studie hervorgeht, weitaus glücklicher, als wenn einer von Ihnen nur geringe Werte an weiblichen Zügen aufwiese. Der Schlüssel zu einem langfristigen Eheglück scheint die beim männlichen Partner überdurchschnittlich hohe Fähigkeit zur *Fürsorglichkeit* zu sein – einfühlsam zu reagieren und emotionale Unterstützung zu geben. Nach den herkömmlichen Stereotypen ist Fürsorglichkeit ein typisch »weibliches« Charakteristikum. [Antill; australische Studie]

Sie sind eine »hoch-an-beiden«-Frau:

Während Sie einerseits emotional sehr ausdrucksstark sind (was als ein weiblicher Zug gilt), gehören Sie andererseits wahrscheinlich zu der Gruppe von Frauen, die in puncto Selbstsicherheit (ein typisch männliches Attribut) am höchsten rangiert (und damit den männlichen Pendants in nichts nachsteht). [Orlofsky, Windle]

Ihre Mutter dürfte eher als die Mehrzahl der gleichaltrigen Frauen in der Zeit Ihres 1.–8. Schuljahres berufstätig gewesen sein. Außerdem dürften Ihre Eltern mehr als die meisten anderen Eltern bei Ihrer Erziehung besonderen Wert auf Selbstvertrauen und Leistung gelegt haben. [De Fronzo, Boudreau]

Sofern die männliche Seite der Bem-Skala bei Ihnen hohe Werte aufweist, ist es wahrscheinlicher als bei Frauen mit niedrigen Werten, daß Sie eine engagierte Befürworterin der Gleichberechtigung sind und sich auch eher als andere aktiv dafür einsetzen. [Gibb, Lambirth]

Sie sind ein »hoch-an-beiden«-Mann:

Sie verfügen, im Gegensatz zu Männern mit besonders hohen Männlichkeitswerten, nur über ein moderates Maß an Selbstsicherheit. Bei den Männern dürften Sie allerdings wahrscheinlich in die Spitzengruppe derjenigen fallen, die emotional sehr ausdrucksstark sind. [Orlofsky, Windle]

Eher als die meisten Männer sind Sie in einer emotionalen Nähe zu Ihrer Mutter aufgewachsen (was nicht heißt, daß Sie sich nicht auch eng mit Ihrem Vater identifiziert haben können).

Darüber hinaus ist es sehr viel wahrscheinlicher als bei einem nur-männlichen Mann, daß Sie die Unterstützung alter Menschen, mehr Chancengleichheit für die Armen, mehr Hilfe von den reichen Nationen für die armen Nationen und ein Mehr an Liberalismus in der Wirtschaft und Politik befürworten. [De Fronzo, Boudreau]

Wenn die männliche Seite der Bem-Skala bei Ihnen hohe Werte aufweist, ist es wahrscheinlicher als bei Männern mit niedrigeren Werten, daß Sie ein Gegner der Gleichberechtigung der Frauen sind und sich auch eher als andere aktiv dagegen engagieren. [Gibb, Lambirth]

Feminin und feministisch

Ehe wir dieses Thema verlassen, gibt es noch eine zusätzliche Frage, auf die Sie vielleicht neugierig sind – ebenjene Frage, welche die Forschung zu beantworten versuchte.

Wie gut überstanden die jahrhundertealten Vorstellungen von männlichen und weiblichen Persönlichkeitsmerkmalen die Frauenbewegung, die Mitte der 1960er ihren Anfang nahm und das traditionelle Rollenverständnis in Frage stellte?

Eine Forschergruppe aus Neuengland, angeführt von Paul S. Rosenkrantz vom College of the Holy Cross und Inge und Donald Broverman vom Worcester State Hospital, unterstellte, daß der Wandel in den Einstellungen auch Folgewirkungen für die früheren Meßskalen zum Rollenverständnis der Geschlechter gehabt haben könnte. So konzipierten sie einen »modernen« Fragebogen mit dem Ziel, Meinungsänderungen, was »weiblich« und was »männlich« ist, aufzuspüren und zu messen. Sie befragten in der Folge annähernd tausend Versuchspersonen, sondierten die Resultate vieler anderer Studien und veröffentlichten 1972 folgendes Fazit. (Wenn Sie, wie so viele, mit diesen Ergebnissen nicht einverstanden sind, halten Sie sich bitte vor Augen, daß sie hier nicht präsentiert werden, um jemandem zu gefallen noch um jemanden zu ärgern, sondern lediglich wertneutral als das Forschungsergebnis einer Gruppe von Wissenschaftlern, die allerdings, wie an einer Studie ablesbar, der Frauenrevolution wohl positiv gegenüberstand.)

– Ein »starker Konsens« (die Worte der Forscher) zur Frage der männlichen und weiblichen Charakteristika überdauerte eindeutig jene historische Periode. Die Vorstellungen der breiten Masse waren deckungsgleich, unabhängig vom Geschlecht, Alter, der Religion, vom Familienstand oder Bildungsniveau der Befragten.

– Männliche Charakteristika wurden, unabhängig ob von Männern oder Frauen, häufiger als weibliche Züge als »sozial erstrebenswert« eingestuft. Die Männern als erstrebenswert zugeschriebenen Züge verjüngten sich im wesentlichen auf Eigenschaften der *Kompetenz* (unabhängig, objektiv, aktiv, konkurrenzorientiert, logisch, geschickt in der Geschäftswelt, wortgewandt, abenteuerlustig, entscheidungsfreudig, selbstbewußt, ehrgeizig, führungsorientiert handelnd). Die bei der Frau als erstrebenswert betrachteten stereotypen Persönlichkeitsmerkmale konzentrierten sich im allgemeinen auf Eigenschaften im Rahmen von *Wärme* und *Ausdrucksstärke* (freundlich, einfühlsam, taktvoll, religiös, ordentlich, ruhig, interessiert an Kunst und Literatur, zärtlich, abhängig, subjektiv, passiv, nicht konkurrenzorientiert, unlogisch).

– Der idealisierte Mann zeichnet sich durch *Fehlen* der als solche bewunderten weiblichen Züge aus, und die idealisierte Frau zeichnet sich durch *Fehlen* der als solche bewunderten männlichen Züge aus.

– Die meisten Befragten waren sich zwar einig, was unter dem traditionellen Bild einer richtigen Weiblichkeit und Männlichkeit zu verstehen sei, *aber wenige glaubten von sich selbst, diesen Maßstäben zu entsprechen.* Im Vergleich zu den stereotypen Vorstellungen bewerteten die meisten Frauen und Männer sich als erheblich weniger weiblich oder männlich. [Broverman, Vogel, Broverman, Clarkson, Rosenkrantz]

Das Extrovertierte und Introvertierte an Ihnen

Die meisten Personen kennen die Begriffe *extrovertiert* und *introvertiert* und wissen zumindest grob, was sie bedeuten. Diese beiden Persönlichkeitstypen implizieren in gewisser Weise einen gegensätzlichen Lebensstil und damit eine gegensätzliche Lebenserfahrung. Für manche Psychologen war die

Trennungslinie zwischen Extrovertierten und Introvertierten die Große Scheide zwischen den Persönlichkeitstypen schlechthin. Per definitionem ist ein Extrovertierter in der Regel soziabel, er braucht andere, mit denen er sprechen kann, er lechzt nach Abwechslung und handelt impulsiv. Ein Introvertierter ist demgegenüber zurückhaltend und bleibt auf Distanz, er mag weder starke Stimulierungen noch Überraschungen und nimmt alles im Leben »angemessen ernst«.

Die Untersuchungen Hans J. Eysencks von der London University, dem Vater der weithin akzeptierten Skala zur Differenzierung zwischen Introvertierten und Extrovertierten, zeigten, daß Extrovertierte, erheblich mehr als Introvertierte, im Bann von Belohnungen und Auszeichnungen stehen und versuchen, selbst unter Inkaufnahme von Risiken, danach zu streben. Sie neigen dazu, den drohenden Tribut eines Verlustes zu bagatellisieren. Der Extrovertierte empfindet ein relativ hohes Maß an *Macht, die Ergebnisse seiner Unternehmungen zu kontrollieren,* wodurch die potentiellen Belohnungen wahrscheinlicher werden. Im Gegensatz dazu sind Introvertierte eher bestrebt, Risiken und Bestrafungen zu meiden als Belohnungen zu erheischen. Sie fühlen sich im allgemeinen *relativ machtlos, Ergebnisse kontrollieren zu können.*

Finden Sie sich selbst

Sie sind extrovertiert:

Ihre Fähigkeit als Extrovertierter, Stimulation und Aufregung nicht nur zu tolerieren, sondern sogar zu genießen, kann genetisch in Ihrem Gehirn, insbesondere in der Region des Retikuloendothelialen Systems einprogrammiert sein. Stimulationen, die einen Introvertierten allenfalls mäßig erregen, können Sie zu wahren emotionalen Höhenflügen bewegen.

Meinungsverschiedenheiten mit anderen berühren Sie wahrscheinlich weniger als einen Introvertierten. Geht es um die Einschätzung anderer Personen, dominieren bei Ihnen, anders als bei Introvertierten, vor allem positive Erinnerungen, so daß Sie im Endeffekt auch zu einem positiveren Urteil gelangen. Sie genießen den Wettbewerb, ob im Spiel oder im wirklichen Leben, mehr als Introvertierte. Und in gesellschaftlichen Situationen sind Sie weniger als der Introvertierte geneigt, sich fortwährend an zurückliegende Terrorsituationen zu erinnern, die Sie erlebten. Als Hasardeur, der nach Belohnungen strebt, begegnen Sie den gesellschaftlichen Spielen mit relativem Selbstvertrauen.

Demgegenüber schreckt der Introvertierte im allgemeinen vor der Konfrontation mit sozialen Risiken zurück. [Graziano, Feldesman, Rahe, in einer Gesamtanalyse von Forschungsarbeiten]

Es ist weniger wahrscheinlich als bei einem Introvertierten, daß Sie religiös sind. [Francis, Pearson, Carter, Kay; britische Studie]

Sie sind eher als ein Introvertierter geneigt, die Todesstrafe zu befürworten, insbesondere wenn Sie ein Mann sind. So bestätigt diese Studie andere Forschungsergebnisse, wonach ein Extrovertierter eher rigiden Denkweisen verhaftet ist. [McKelvie, Daoussis; kanadische Studie]

Wenngleich es als Widerspruch zu den letzten beiden Ergebnissen erscheinen mag, Sie neigen eher als ein Introvertierter zu gesellschaftlicher und politischer Radikalität. Eine Neigung, die mit Ihrer höheren Risikobereitschaft zusammenhängen könnte. [Furnham]

Wenn Sie sowohl extrovertiert als auch jung und männlich sind, sind Sie einem außerordentlich hohen Risiko von Autounfällen ausgesetzt. Eine Tatsache, die die Forscher auf die bei Extrovertierten typische geminderte Wachsamkeit und Vorsicht zurückführen. [Smith, Kirkham; australische Studie]

Vor die Aufgabe eines psychologischen Tests (konkret, den Eysenck-Persönlichkeitstest) und die Frage gestellt, »Haben Sie etwas dagegen, diesen Fragebogen auszufüllen?«, ist die Wahrscheinlichkeit, daß Sie mit »Nein« antworten, bei einem Extrovertierten wesentlich höher als bei einem Introvertierten. Bei denjenigen, die mit »Ja« antworten, ist die Wahrscheinlichkeit nicht nur höher, daß sie Introvertierte sind, sondern daß sie bei diesem Test auch höhere Werte in der Subskala zur Messung von neurotischen und psychotischen Neigungen erzielen. [Rim; israelische Studie]

Bei Ihnen ist die Wahrscheinlichkeit höher als bei einem Introvertierten, daß Sie als Versuchsperson an einem psychologischen Experiment teilnehmen. [Zuckerman]

Ihre ›Typus A‹-Ängste

Was unter »Typus A« zu verstehen ist, läßt sich am besten mit der Geschichte erklären, wie die Entdecker diesen Persönlichkeitstypus entdeckten.

Ende der 1950er Jahre informiert die Sekretärin einer Arztpraxis in Kalifornien ihre Arbeitgeber, Dr. Meyer Friedman und Dr. Rax Rosenman, beide Herzspezialisten, daß neue Stühle für das Wartezimmer angeschafft werden müssen. Die alten waren verschlissen, seltsamerweise aber nur an den Vorderkanten der Sitzflächen.

Die Ärzte wußten, wie alle Kardiologen, daß viele Herzpatienten, ausgehend von dem Ursprung des Begriffes ›Patienten‹ aus dem Lateinischen *patiens*, gleich geduldig, im Grunde falsch bezeichnet werden, weil sie alles andere als *geduldig* sind. Sie erscheinen in der Regel in letzter Minute zu ihrem Termin, können es dann kaum erwarten, wieder rauszukommen, denn immer gibt es irgend etwas Dringendes, das als nächstes zu erledigen ist. Im Behandlungszimmer sind sie nervös und zappelig, nicken ungeduldig, während sie dem Arzt zuhören (oder auch *nicht* zuhören, wie Ärzte oft das Gefühl haben), unterbrechen ihn bei seinen Erklärungen und vollenden an seiner Stelle seine Sätze. Das Wartezimmermobiliar belegte geradezu bilderbuchhaft die für viele Herzpatienten treffende Diagnose: *Auf der Stuhlkante lebend*, sind sie buchstäblich ständig auf dem Sprung.

Dr. Friedman und Dr. Rosenman bezeichneten dieses Verhaltenssyndrom anfänglich als die »Hektik-Krankheit«, gingen dann aber später dazu über, es das »Typus A-Verhaltensmuster« zu nennen. Zu den Komponenten der typischen Verhaltensweisen zählten sie »Ehrgeiz, Aggressivität, Konkurrenzstreben und Ungeduld« sowie »Muskelverkrampfungen, motorische Unruhe, schnelles und nachdrückliches Sprechen«, ein hektischer Lebensstil und oftmals Gefühle der Gereiztheit, Feindseligkeit und Wut. Einer Auflistung von Jane E. Brody, Autorin auf dem Spezialgebiet der Gesundheit, zufolge zeichnet sich ein Typus A von seinen Verhaltensmustern her dadurch aus, daß er:

- oft versucht, zwei Dinge gleichzeitig zu tun;
- schnell geht, schnell ißt, sofort nach dem Essen vom Tisch aufsteht;
- Probleme hat, einfach nur ruhig zu sitzen und nichts zu tun;
- während er spricht, mit den Augen zwinkert oder die Augen schnell bewegt und / oder Luft einsaugt;
- mit einem Knie wippt oder mit den Fingern trommelt;
- gewohnheitsmäßig andere beim Reden unterbricht;
- mit den Händen spricht oder mit der Faust auf den Tisch schlägt, um seinen Worten Nachdruck zu verleihen;
- tief seufzt, insbesondere wenn er über belastende Themen spricht;
- oft gegen Gegenstände stößt oder darüber stolpert, weil er sich hastig bewegt;
- gereizt reagiert, wenn er aus irgendeinem Grund warten muß;
- den Beweggründen anderer mißtrauisch begegnet;
- spielt, um zu gewinnen, selbst bei Spielen mit Kindern;
- Anzeichen blinder Wut erkennen läßt, wenn er zurückliegende Ereignisse beschreibt, die Ursache von Ärgernissen waren;
- periodisch hervortretende Augen hat, wobei oberhalb und unterhalb der Pupillen das Weiße sichtbar wird.

(Typus B-Persönlichkeiten – all jene, die im wesentlichen frei von den für den Typus A charakteristischen Dominanzsymptomen sind – sind demgegenüber »entspannter, unbeschwerter, leichter zufriedenzustellen« und werden selten von »irgendeinem Leistungs- und Besitzstreben« getrieben.)

Nachdem Friedman und Rosenman die Typus A-Persönlichkeit typifiziert hatten, setzte eine ganze Welle von Studien zur Erforschung eines Zusammenhangs zwischen dem Typus A-

Verhalten und Herzkranzgefäßerkrankungen ein. Langzeitstudien mit zahlreichen Versuchspersonen zeigten, daß

- bei einer Typus A-Persönlichkeit, ob Mann oder Frau, im Vergleich zur Typus B-Persönlichkeit, die Wahrscheinlichkeit doppelt so hoch ist, daß sie vorzeitig an einer Herzkrankheit stirbt;
- Herzkrankheiten bei einem extremen Typus A-Verhalten wahrscheinlicher als bei einem mäßig ausgeprägten Typus A-Verhalten sind;
- ein Typus A, der eine erste Herzattacke überlebt, eher eine zweite erfährt als ein Typus B, der eine erste Herzattacke hatte;
- die Herzattacke bei einer Typus A-Persönlichkeit in der Regel gravierender als bei einer Typus B-Persönlichkeit ist.

Finden Sie sich selbst

Sie sind eine Typus A-Persönlichkeit:

Sie investieren rund um die Uhr wahrscheinlich mehr Energie, Aufmerksamkeit und Gedanken in Ihre Arbeit und berufliche Aktivitäten als die durchschnittliche Typus B-Persönlichkeit. [Chesney, Rosenman]

Sie arbeiten wahrscheinlich mehr Stunden pro Woche und reisen an mehr Tagen im Jahr als die durchschnittliche Typus B-Persönlichkeit. [Howard, Cunningham]

Bei Diskussionen über kontroverse Themen (etwa: »Sollte für Lehrer ein leistungsorientiertes Gehaltssystem eingeführt werden?« oder »Sollte Abtreibung generell verboten werden?«) argumentieren Sie weitaus häufiger als die meisten Personen mit Phrasen oder Sätzen, die Ihre eigene Meinung verteidigen, unterstützen oder verdeutlichen (»Pro-Ich«). Ebenso argumentieren Sie häufiger mit Phrasen oder Sätzen, mit denen Sie den Argumenten der gegnerischen Partei direkt widersprechen, sie diskreditieren oder anderweitig für nichtig erklären (»Anti-Andere«). Ein Ergebnis, das nach Auffassung der

Forscher frühere Studien bestätigt, wonach Typus A-Persönlichkeiten sich auffällig durch ein konkurrenzorientiertes, feindseliges, dominantes und auf die Kontrolle anderer ausgerichtetes Verhalten auszeichnen. [Yarnold, Mueser, Grimm]

Ihre typische Typus A-Neigung zu Feindseligkeit kann Sie bis hin zu körperlichen Aggressionen treiben. Im Rahmen dieses Experiments wurden erklärten Typus A- und Typus B-Versuchspersonen, sämtlich Studenten, Instrumente zur Messung der Pulsfrequenz und des Blutdrucks angelegt. Die Forscher veranlaßten dann Mitarbeiter des Experimentes, kritische Bemerkungen oder Anschuldigungen fallenzulassen, wodurch bei der Hälfte der Versuchspersonen ein meßbares Niveau der Wut hervorgerufen wurde. Als nächstes wurden alle Versuchspersonen angewiesen, mit anderen Forschungsmitarbeitern, die ihnen allerdings als reguläre Versuchspersonen vorgestellt worden waren, einen Test zu machen. Zur Verfahrensweise wurden sie instruiert, richtige und falsche Antworten jeweils zu belohnen (Punkte in Form von Bargeld) oder zu bestrafen (Minuspunkte in Form von schmerzhaftem Kreischen im Kopfhörer). Von den Versuchspersonen, die nicht beleidigt und anhaltend wütend geworden waren, verteilten die Typus A-Persönlichkeiten mehr Strafpunkte als die Typus B-Persönlichkeiten. Von denjenigen, die wütend geworden waren, war kein Unterschied zwischen dem von Typus A und Typus B verhängten Strafmaß erkennbar. [Holmes, Will]

Sie geben ungern die Kontrolle auf, selbst wenn dies Ihrem Anliegen außerordentlich dienlich sein könnte. (»Kontrolle« bedeutet in diesem Zusammenhang Dominanz über eine Person oder bei einer Aufgabe.)

Im Rahmen dieses Experimentes wurden Typus A- und Typus B-Studenten willkürlich zu Teams zusammengestellt, die bei Reaktionszeitspielen, die mit Lichtsignalen arbeiteten, gegeneinander antreten sollten. Jeder Partner wurde in regelmäßigen Abständen »informiert«, wie gut er sich im Vergleich mit dem anderen Partner schlug (wobei die Berichte nicht der Wahrheit entsprachen). Diejenigen, die als Typus A-Persönlichkeiten identifiziert worden waren (in einem separaten Test, dessen Ergebnisse den Experimentatoren unbekannt waren),

waren jeweils nur widerstrebend bereit, wenn sie an der Reihe waren, weiterzugeben oder die Kontrolle an einen »überlegenen« Partner abzugeben, selbst wenn sie damit eher das Spiel und einen wertvollen Preis gewonnen hätten. [Strube, Werner]

Sofern Sie mit einem Typus B zu einem festen Zeitpunkt an einem bestimmten Ort verabredet sind, sind Sie wahrscheinlich der Erste, der am Treffpunkt ist. [Gastorf]

Sie sind eine Typus A-Frau:

Sie haben wahrscheinlich einen besseren und herausfordernderen Beruf als eine Typus B-Frau. Sofern Sie verheiratet sind, dürfte es Ihnen gesundheitlich schlechter als einer Typus B-Frau gehen. [Kelly, Houston]

Sofern Sie in einem College-Liebesverhältnis engagiert sind und die Beziehung noch relativ neu ist, ist die Chance nur 45 Prozent, daß sie länger als insgesamt sechs Monate anhält. Als Typus B-Frau würden Sie sich demgegenüber der Beziehung verpflichteter fühlen, so daß die Chance auf 83 Prozent stiege. »Es mag sein«, sagt Michael J. Strube von der Washington University, der 31 College-Paare studierte, »daß das weibliche Typus A-Verhalten für die Frühphase einer Beziehung besonders gefährlich ist, weil es die traditionellen Erwartungen sprengt, die dem gegenseitigen Kennenlernen der Partner dienlich sind. In fortgeschrittenen Beziehungen haben die Paare dann effektive Wege gefunden, um mit diesen Konflikten umzugehen.« [Arffa, Strube]

Nicht Typus »A«, aber Typus »ich«? – oder Typus »mich«?

Ein bedeutender Forschungszweig hält es für möglich, daß der eigentliche Herz-Killer nicht so sehr der Typus A insgesamt, sondern vielmehr etwas Kleineres und Feineres, darin Verborgenes ist.

1974 beschäftigte ein Team der University of Wisconsin sich

mit der Untersuchung von Wut und physiologischen Reaktionen. Bei ihrer Arbeit mit den Versuchspersonen, eine nach Typus A und Typus B dividierte Gruppe von 59 Studenten, stießen sie auf etwas Unerwartetes. Im Zuge der festumrissenen Interviews stellten sie bei den Studenten ein Hochschnellen des Blutdruckes fest, wenn diese »ich«, »mir«, »mein« oder »mich« sagten. Als nächstes entdeckten die Experimentatoren, daß Typus A-Persönlichkeiten diese Ich-bezogenen Worte doppelt sooft wie Nicht-Typus A-Persönlichkeiten verwendeten. Noch verblüffender war die weitergehende Feststellung, daß Typus A-Persönlichkeiten, wenn sie wütend waren – und ihr Blutdruck auf das bei Hypertonie gegebene Niveau heranreichte –, sogar noch häufiger als im Normalfall die Ich-Bezogenheit in den Vordergrund stellten. Eine Beobachtung, die so bei Typus B-Persönlichkeiten nicht gemacht wurde.

Um diese Erkenntnisse weiterzuverfolgen, interviewte das Forscherteam 150 Männer, die zwecks Angiogramm zur Diagnostizierung blockierter Arterien (eine gängige Begleiterscheinung bei anhaltend hohem Blutdruck) in einem Krankenhaus waren. Eindeutig auch hier, daß diejenigen, die ungewöhnlich oft »ich« und »mich« und andere Ich-bezogenen Wendungen benutzten, stärker blockierte Arterien als andere hatten.

Eine Yale-Psychologin, Lynda Powell, verfeinerte noch während ihrer Zeit als Studentin an der Stanford University die Wisconsin-Entdeckung. Mit dem Ziel, aus einem Katalog von 49 Bedingungen – physischen wie psychischen – diejenigen zu ermitteln, die bei Männern Vorbote einer zweiten Herzattacke sein könnten, stellte sie fest, daß der ausschlaggebendste Indikator in dieser Hinsicht eine hohe, bei der Beantwortung ihrer strukturierten Interviewfragen zu beobachtende emotionale Intensität war. Der zweitstärkste Indikator war darin versteckt, wie Männer die Frage beantworteten: »In welchem Zusammenhang fühlen Sie sich unsicher?« Je häufiger sie die Worte »ich« und »mich« in ihren Antworten einfließen ließen, um so größer war die Wahrscheinlichkeit, daß sie eine zweite Herzattacke erlitten. In der Kombination waren beide Komponenten ein noch zuverlässigerer Indikator. [Fischman]

(Weitere wichtige Informationen über den Zusammenhang von intensiven Sprechweisen und Herzkrankheiten finden Sie unter »Was Ihre Sprechweise verrät« in Kapitel 1.)

Können Typus A-Persönlichkeiten kuriert – oder kann ihnen zumindest geholfen werden?

Eine dreijährige Studie mit achthundert Männern, die eine Herzattacke erlitten hatten, zeigte, daß mit Hilfe psychologischer Beratung zur Reduzierung typischer Typus A-Verhaltensweisen die Gefahr einer zweiten Attacke um 50 Prozent gesenkt werden kann.

Von dieser zahlenmäßig ansehnlichen Studiengruppe erhielten einige nur die übliche therapeutische Beratung zu Fragen der Ernährung und körperlichen Bewegung. 19 Prozent der so Beratenen erlitten während des dreijährigen Untersuchungszeitraumes eine wiederholte Attacke. Von denjenigen, die darüber hinaus eine psychologische Beratung in Anspruch genommen hatten, erfuhren demgegenüber nur 9 Prozent eine zweite Attacke. Diese psychotherapeutische Beratung hatte einen weitaus schützenderen Effekt als andere Maßnahmen, die im Rahmen einer landesweiten Studie zur Senkung des Cholesterinspiegels oder *irgendeines anderen* Koronar-Interventionsprojektes – bis zum Abschluß dieser Studie 1984 – ergriffen wurden.

Dieses Ergebnis ist um so bemerkenswerter, als daß es unter der Leitung von Dr. Meyer Friedman zustande kam, der Urheber der Typus A-»Typifizierung«, der kein Psychiater, sondern Kardiologe ist, so daß von ihm eher zu erwarten wäre, vorrangig medizinische oder chirurgische Lösungen bei Herzproblemen in den Vordergrund zu stellen.

Zu den neuen Gewohnheiten, die man Typus A-Persönlichkeiten als Ersatz ihrer alten Verhaltensmuster zu vermitteln suchte, zählten:

- Personen auf der Straße anzulächeln.
- Sich fünfzehn Minuten für sich allein zu nehmen und nichts zu tun als Musik zuzuhören.
- Interesse für die schulischen Arbeiten ihrer Kinder statt für die Noten zu zeigen.

- Jemandem zuzuhören, ohne daß die eigenen Gedanken zu etwas anderem abschweifen, und nichts zu sagen, bis der andere fertig ist.
- Bewußt banale Irrtümer oder Fehler anderer zu übersehen, ohne darauf herumzuhacken.
- Ein Spiel mit dem festen Vorsatz zu spielen, es zu verlieren.
- Über sich selbst zu lachen.
- Andere wütende Typus A-Persönlichkeiten zu meiden.
- Sich selbst jeden Tag vor Augen zu halten, daß das Leben per definitionem nicht beendet ist.

[Brody]

Wer hat hier die Kontrolle?

Ähnlich ihren Mitmenschen behaupten auch Psychologen manchmal, die Welt sei im Grunde in zwei Typen von Personen geteilt. Wenn Psychologen das behaupten, so haben sie allerdings für gewöhnlich einen Test, um es zu beweisen. In den vorhergehenden Abschnitten dieses Kapitels wurde deutlich, wie sie uns in weibliche oder männliche Persönlichkeiten unterteilen – und testen können, in welche Kategorie jeder von uns gehört. Sie unterscheiden zwischen Extrovertierten und Introvertierten – und können uns entsprechend testen. Wir werden als Optimisten oder Pessimisten auseinander dividiert – und welcher Gruppe wir angehören, können sie mit einem Test ermitteln. Sie differenzieren zwischen Typus A-Hochdruckreaktoren und kühlen Köpfen – und haben auch hier wiederum einen Test. Ihre Tests sind wertvoll, nicht nur für sie, auch für uns. Jede neue Typifizierung, die ihnen gelingt, kann uns zu einem besseren Verständnis befremdlicher Verhaltensweisen verhelfen, die wir bei Mitgliedern unserer Familien, bei Verwandten und Freunden, Kollegen und Vorgesetzten – und nicht zuletzt bei uns selbst beobachten.

Es gibt eine kaum bekannte Zweier-Typifizierung, deren Bedeutung für das Verständnis unserer Persönlichkeiten meines Erachtens möglicherweise weit unterschätzt wird. Im Vorwort dieses Buches sprach ich von »den gleichermaßen wichtigsten wie kaum bekannten Gedanken in der Psychologie überhaupt«.

Mitte der 1960er beobachtete ein Psychologe der University

of Connecticut, Julian B. Rotter, daß Personen zwei verschiedene Satzstile zur Beschreibung wichtiger Ereignisse in ihrem Leben verwenden. Zwei Beschreibungsvarianten, die zwei wesentliche Persönlichkeitstypen trennen. Personen, die eine Vorliebe für kontrastierende Sätze offenbaren, leben in kontrastierenden Welten, weil sie die Ereignisse ihres Lebens tatsächlich gegensätzlich *erfahren*.

So beschreibt eine Gruppe ein wichtiges Ereignis – beispielsweise einen Autounfall, eine zerbrochene Beziehung, den Sieg bei einem sportlichen Wettbewerb, eine Schulprüfung, einen persönlichen Bankrott infolge nicht gedeckter Scheckkarten – als etwas, was ihr, verursacht durch andere Personen oder äußere Kräfte, *wider*fuhr.

Die andere Gruppe beschreibt persönliche Ereignisse in der »Ich habe«-Form, so voraussetzend, daß das Geschehen ganz oder teilweise unter ihrer eigenen Kontrolle war. Wir wissen wenig oder nichts darüber, welche Ursachen diese beiden gegensätzlichen Verhaltensmuster grundlegten, fest steht jedoch, daß diese Denkweisen – *Erfahrungs*muster – zu drastisch unterschiedlichen Lebenskonsequenzen führen. Ehe wir auf diese unterschiedlichen Konsequenzen eingehen, sollten wir uns anschauen, welchen Tücken der Sprache wir allein ausgesetzt sind.

Zur Differenzierung zwischen den beiden Persönlichkeitstypen wählte Rotter zwei Begriffe: Bei der ersten Gruppe sprach er von *fremdkontrollierten* Personen, weil sie in der Erwartung leben, ihr Leben werde im wesentlichen von äußeren, fremden Kräften kontrolliert. Die zweite Gruppe bezeichnete er als *selbstkontrollierte* Personen, diejenigen also, die ihr Leben weitestgehend selbst »in der Hand« haben.

Andere Gelehrte gelangten zu ähnlichen Ideen, gingen mit unterschiedlichen Ansätzen an die Problematik heran, um in der Konsequenz dann auch mit anderen Reflektionen und analog anderen Bezeichnungen aufzuwarten: *Selbstwirksamkeit, Persönlichkeit der »Kraft und Stärke«, Attributionsstil, erworbener Optimismus, erworbene Hilflosigkeit* und andere. Meines Erachtens unglücklich gewählte Begriffe. Sie mögen zwar die betreffenden Wissenschaftler durch den Beigeschmack von Gewichtigkeit und Erhabenheit beeindrucken, was sie aber vermissen lassen, ist, daß man sich darunter spontan, assoziativ etwas vorstellen kann. So bleibt uns durch die Abstraktion der Begriffe im Grunde das, was die Gelehrten über unsere Persönlichkeit wissen, verborgen. Fataler ist aber vielleicht noch, daß diese vagen, unpräzisen und zweideutigen Bezeichnungen die Wissenschaftler selbst bis zu einem gewissen Grad im unklaren über die volle Tragweite der durch ihre Kollegen gewonnenen Erkenntnisse lassen. Denn diese hochtrabende Sprache hat eher einen Verschleierungs- und Vernebelungs- als einen tatsächlich aufklärenden Effekt.

So nehme ich mir die Freiheit, für diese Persönlichkeitstypen ein eigenes und einfacheres Begriffspaar zu prägen, eine Bezeichnung, die nicht nur Rotter, sondern auch allen anderen Rechnung trägt, die wichtige Beiträge zur Erforschung der gleichen Konzepte lieferten. Statt von den »fremdkontrollierten« und »selbstkontrollierten« Persönlichkeiten spreche ich fortan von den »*Sie*-kontrollieren-mich«- und den »*Ich*-kontrolliere-mich«-Persönlichkeiten.

Wie kann man eine »Ich-kontrolliere-mich«- von einer »Sie-kontrollieren-mich«-Persönlichkeit unterscheiden? Zunächst einmal, indem man einfach zuhört, wie sie spricht, vor allem, welche Redewendungen und Satzstrukturen sie verwendet, um die *Ursachen* von Ereignissen in ihrem Leben zu erklären. Personen, die die Verantwortung für Vorkommnisse stets *ihnen,* den *anderen* oder dem »Glück« oder dem »System« zuschreiben oder sich selbst auffallend oft als *Opfer dessen, was andere ihnen zufügten,* darstellen, lassen dadurch klar erkennen, daß sie in dem Glauben leben, ihr Leben werde vorrangig von externen »Kräften« bestimmt.

Rotter fand einen präziseren Weg, um zwischen den »Ich-kontrolliere-mich«- und »Sie-kontrollieren-mich«-Persönlichkeiten zu unterscheiden. Er entwickelte einen einfachen psychologischen Test, die Rotter Internal-External Scale, ein Fragebogen, der auf dem Prinzip von Forced-Choice-Aufgaben aufbaut. In einer langen Liste von Aussagen kreuzen die Versuchspersonen an, ob sie mit der jeweiligen Aussage »einverstanden« oder »nicht einverstanden« sind. Der Fragebogen enthält beispielsweise folgende Formulierungen:

Wer der Chef wird, hängt oft davon ab, wer gerade das Glück hatte, zur rechten Zeit am rechten Ort zu sein.
Ich habe oft festgestellt, daß das, was geschehen soll, auch geschieht.
Ich kann manchmal nicht verstehen, wie Lehrer zu den Noten kommen, die sie geben.
Auf lange Sicht erhält jeder den Respekt, den er in dieser Welt verdient.
Diese Welt wird von den wenigen regiert, die die Macht haben, und daran kann der kleine Mann kaum etwas ändern.

Durch das konsistente Muster der Antworten zu diesem Rotter-Fragebogen kristallisiert sich in der Regel bei der Versuchsperson klar erkennbar eine der zwei polaren Typen heraus. 1974 sah ein anderer Psychologe, Barry E. Collins von der UCLA, jedoch noch weitergehende Möglichkeiten in dem Test. Ausgehend von der Überlegung, Rotters Fragen nach *Subtypen* zu gruppieren, erhoffte er, mit den so gewonnenen Subtypen-Antworten den gleichen Test zu weitergehenden feineren Unterscheidungen und Erklärungen von Persönlichkeitstypen verwenden zu können. »Sie-kontrollieren-mich«-Persönlichkeiten mögen zwar im Prinzip ähnliche Gefühle der Machtlosigkeit aufweisen, die Ursache, wie sie dazu gekommen sind, scheinen jedoch individuell unterschiedlich zu sein. So entdeckte Collins bei den »Sie-kontrollieren-mich«-Persönlichkeiten, daß sie ihre Gefühle im allgemeinen mit vier separaten Erklärungsansätzen beschreiben:

(1) Die Welt ist schwierig, oder
(2) Die Welt ist ungerecht, oder
(3) Die Welt wird vom Zufall regiert, oder
(4) Die Welt wird nicht durch Politik bestimmt.

Personen, die die Welt so unterschiedlich erklären, erfahren sie auch so unterschiedlich.

Wissenschaftlicherseits wachsen die Beweise, daß das Kontrollverständnis einer Person weitreichende Konsequenzen für deren körperliche wie auch psychische Gesundheit und für vieles mehr hat. Fest steht in der Tat, daß das Maß, wie sehr eine Person *glaubt*, bei dem, was in ihrem Leben geschieht, wirklich ein Wort mitzureden zu haben, Einfluß auf die Gesundheit hat, ganz gleich, ob dieses Maß an Kontrolle real oder nur imaginär ist. Die Erkenntnisse gehen sogar noch weiter: Prägnante Persönlichkeitsmerkmale können Hand in Hand mit dem *Wunsch* einer Person nach Kontrolle gehen.

In diesem Zusammenhang entwickelte Dr. Jerry Burger, Psychologe an der University of Santa Clara, einen Fragebogentest, um die Intensität des individuellen Kontroll*strebens* zu messen. Bei seinen Untersuchungen stellte er fest, daß diejenigen, die sich durch ein hohes Maß an Kontroll*streben* auszeichnen, darüber hinaus dazu neigen:

- ausgezeichnete schulische Leistungen zu erbringen;
- rigidere Meinungen als andere zu vertreten;
- sich häufiger sexuell zu betätigen und über vielfältigere sexuelle Erfahrungen zu berichten;
- eher als andere Verhütungsmittel zu verwenden und »zuverlässigere Methoden wie Pille und Diaphragma zu wählen, während Personen mit einem geringeren Kontrollstreben, sich oft ineffektive Methoden wie Coitus interruptus, Scheidenspülungen, mutmaßliche unfruchtbare Tage oder auf gar nichts verlassen« und in stärkerem Maße dazu neigen, in Depressionen zu verfallen, insbesondere, wenn sie das Gefühl haben, ihnen sei die Kontrolle über die Ereignisse in ihrem Leben entglitten.

Während Burger sich mit Messungen des Kontrollstrebens beschäftigte, experimentierte Judith Rodin, eine Psychologin der Yale University, mit Versuchen, um am Beispiel älterer Menschen in einem Altersheim die Effekte von *tatsächlicher* Kontrolle zu untersuchen. Achtzehn Monate lang wurde diesen Altersheimbewohnern ein Mehr an Kontrolle über banale alltägliche Aktivitäten und damit eine Eigenverantwortlichkeit eingeräumt, die ihnen normalerweise vorenthalten blieb: Wahl des Essens, Stunden, in denen die Telefone in ihren Zimmern läuten durften, und wie sie die Möbel in ihren Zimmern arrangieren wollten. Diejenigen, denen eine erhöhte Kontrolle zugestanden worden war, erwiesen sich am Maßstab psychologischer Standardtests als glücklicher und aufgeweckter als Bewohner des gleichen Altersheimes, denen ebenjene Wahlmöglichkeiten nicht eingeräumt worden waren. Außerdem war bei den Erstgenannten während des achtzehnmonatigen Versuchszeitraumes eine um *50 Prozent niedrigere Sterberate* zu verzeichnen.

Wenngleich ältere Menschen natürlich generell anfälliger gegenüber Krankheiten sind, so konnte Dr. Rodin dennoch belegen, daß durch Kontrollverlust bedingter Streß gerade auch bei älteren Menschen nachhaltige Auswirkungen auf das Immunsystem hatte. Ein Ergebnis, das sich mit früheren Erkenntnissen aus Laborversuchen mit Ratten deckt, wonach der Mangel an Kontrolle über die Intensität oder Dauer von Elektroschocks nachweislich mit Beeinträchtigungen der Funktionen des Immunsystems verbunden war. (Bei einer Vergleichsgruppe von Ratten, denen die gleichen Schocks verabreicht, aber gleichzeitig zugestanden worden war, zu lernen, wie sie die Stromstöße stoppen konnten, wurden demgegenüber keine nachteiligen Effekte auf ihr Immunsystem festgestellt.)

Die »Sie-kontrollieren-mich«-Persönlichkeit, die sich ihrem *Gefühl*, der Macht externer Kräfte ausgesetzt zu sein, ausliefert, *fühlt* sich ebenso hilflos wie die Altersheimbewohner. Eine Person, die sich aufgrund eines kontrollierenden Vorgesetzten, Ehepartners oder Elternteils gestreßt oder depressiv fühlt, kann auf die Welt exakt wie die Person reagieren, die lediglich *glaubt*, »sie«, die anderen kontrollierten ihr Leben. Somit kann ein realer und imaginärer Mangel an Kontrolle exakt die gleichen Konsequenzen nach sich ziehen.

Zusätzliche Verbindungen zwischen »Sie-kontrollieren-mich«- und »Ich-kontrolliere-mich«-Persönlichkeiten auf der einen und physischen Krankheiten und Immunität auf der anderen Seite deckte eine Studentin der University of Chicago mit ihrer ungewöhnlich mutigen Dissertation auf. Suzanne C. Ouellette Kobasa, angestachelt durch scheinbar widersprüchliche Berichte, wonach manche Personen durch Streß krank werden, während andere gesund bleiben und sogar förmlich aufblühen, wollte herausfinden, ob diejenigen, die gesund bleiben, eine andere *definierbare Persönlichkeitsstruktur* als jene aufweisen, die krank werden.

Sieben Jahre lang studierte sie die Manager und Managerinnen mittleren Alters bei der Illinois Bell Telephone Company.

Anhand selbstentwickelter Fragebögen erfaßte sie die Persönlichkeiten und Einstellungen und führte parallel dazu sehr genau Buch über die physische Gesundheit ihrer Versuchspersonen. Kobasa konnte eine eindeutige Verbindung zwischen bestimmten Clustern von Persönlichkeitsmerkmalen und dem Auftreten von Krankheiten feststellen. Um ihre Ergebnisse zu erhärten, führte sie parallel dazu Studien mit Busfahrern, Druckern und Anwälten durch – und die Korrelation wurde durchgehend bestätigt.

Was sie herausfand, war: Ob die Manager und Managerinnen unter emotionalem Druck krank wurden oder nicht, hing, von der Vorhersehbarkeit her, weder von gesundheitsrelevanten Gewohnheiten wie Fragen der körperlichen Bewegung oder Ernährung noch von der jeweiligen familiären Krankheitsgeschichte ab. Der einzige feststellbare Indikator war ein spezifisches Cluster von Einstellungen, das sich durch »Kraft und Stärke«, wie Kobasa es nannte, auszeichnete. Typisch für von »Kraft und Stärke« geprägte Persönlichkeiten seien, so Kobasa im Einvernehmen mit ihrem Doktorvater, Salvatore R. Maddi, neben dem Gefühl der Selbstkontrolle eine lebensbejahende Einstellung sowie eine positive Haltung gegenüber Herausforderungen.

»Von ›Kraft und Stärke‹ geprägte Personen«, schrieb Kobasa im *Journal of Personality and Social Psychology*, »verfügen im allgemeinen über drei Charakteristika: (a) *die Überzeugung, daß sie die Ereignisse in ihrem Umfeld kontrollieren oder beeinflussen können* (Hervorhebung durch den Autor), (b) die Fähigkeit, sich in die Aktivitäten ihres Lebens tief einbezogen oder eingebunden zu fühlen, und (c) die Antizipation von Veränderungen als erregende Herausforderung mit Blick auf die persönliche Entwicklung zu werten«.

»Aus all diesen Gründen«, sagt Kobasa, die schon bald einen Lehrauftrag an der City University von New York übernahm, ist die betreffende Person »nicht einfach ein Opfer drohender Veränderungen, sondern eine aktive Determinante der damit verbundenen Konsequenzen«.

Keine Frage, daß die als solche bezeichnete »Ich-kontrolliere-mich«-Persönlichkeit große Ähnlichkeit mit Kobasas von »Kraft und Stärke« geprägter Persönlichkeit aufweist. Mit beiden Begriffen sprechen wir von einer Person, die auf einem inneren Weg zu einer besseren Gesundheit und zu Langlebigkeit ist.

Ein weiterer prominenter Psychologe, Martin E. P. Seligman von der University of Pennsylvania, gelangte nach über zwanzigjährigen Forschungen auf einem gleichgelagerten Feld zu verblüffend ähnlichen Schlußfolgerungen, wenngleich er hierfür noch wiederum andere Begriffe einführte. Fast deckungsgleich mit Rotter kam er zu dem Ergebnis: Die Art und Weise, wie Personen die Ereignisse in ihrem Leben *erklären* – insbesondere negative Ereignisse, wie er betont –, kann wichtiger als die Ereignisse selbst sein. Zur Unterscheidung der Persönlichkeitstypen prägte Seligman den Begriff *Attributionsstil.*

Manches negative Ereignis liegt tatsächlich außerhalb der Kontrolle des Opfers, und es läßt sich leicht erklären: »Der Lkw-Fahrer war betrunken, kam von seiner Fahrspur auf meine ab und fuhr mir voll in meinen Wagen rein.« Ein andermal mag die Realität jedoch *nicht so eindeutig* sein: »Mein Chef feuerte mich, weil das Geschäft schlechtging und er Kosten einsparen mußte.« Oder, ausgehend von den gleichen Fakten, mag eine Person mit einer passiveren Haltung sagen: »Er feuerte mich, weil er mit meiner Arbeit nicht zufrieden war und nutzte Sparmaßnahmen als Vorwand.« Eine dritte Person könnte vor dem gleichen Hintergrund vielleicht gar zu dem Fazit gelangen: »Er mochte *mich* nicht, also war klar, daß er mir, wie auch immer, den Laufpaß gäbe.«

Die Kernthese von Seligmans Persönlichkeitstheorie ist, daß jede Person, angesichts einer Realität, die nicht eindeutig ist, einen *charakteristischen* Stil hat, diese subjektiv erlebte Realität zu erklären. Auch er entwickelte einen Test – speziell, um ebenjenen Attributionsstil zu messen. Sein Attributionsstil-Fragebogen (Attributional Style Questionnaire [ASQ]) enthält Aussagen zu einer Reihe von hypothetischen Ereignissen, manche positiv, manche negativ. Die Testpersonen werden gebeten, sich in den jeweiligen Situationen vorzustellen und anhand einer Skala von 1 bis 7 jede Aussage auf die als mögliche Ursache eines Ereignisses gegebene Erklärung zu bewerten.

Auch Seligman stieß auf die Korrelation zwischen Persönlichkeitsstil und einer meßbaren psychischen Gesundheit. Bei seinen ersten Testversuchen mit dem Attributionsstil-Fragebogen (ASQ) rekrutierte er 143 College-Studenten, die er neben diesem Test auch eine Kurzfassung des Beck'schen Depressionstests (Beck Depression Inventory), einen Standardtest zur Identifizierung von Symptomen einer klinischen Depression, machen ließ. Ein eindeutiges Ergebnis: Studenten, die als »Sie-kontrollieren-mich«-Persönlichkeiten hohe Werte erzielten, erwiesen sich *auch durchgängig als depressiver*.

Um sicherzustellen, daß diese Korrelation ebenso bei anderen Personen als College-Studenten gegeben war, führten Seligman und sein Forschungsteam die gleichen Tests mit anderen Personengruppen durch: Frauen, die von der Wohlfahrt lebten; Gefängnisinsassen eines Hochsicherheitstraktes; Grundschulkindern, die Anzeichen von Depressionen erkennen ließen; College-Studenten, die Probleme mit ihren Zwischenprüfungen hatten, und Patienten, die wegen Depressionen hospitalisiert waren. Seit dem ersten Versuchsdurchgang absolvierten annähernd fünfzehntausend Personen diese Paralleltests – mit dem schlagenden Ergebnis, daß ein pessimistischer Erklärungsstil unstrittig ein Zeichen für das Vorliegen einer Depression ist.

Auf der anderen Seite erwiesen sich Antworten, die einen »Ich-kontrolliere-mich«-Erklärungs- / Attributionsstil erkennbar werden ließen, als präziser als der Schulische Eignungstest (Scholastic Aptitude Test [SAT]) oder andere konventionelle Testmethoden, wenn es etwa darum ging, leistungsstarke Studenten der University of Pennsylvania oder Versicherungsagenten zu identifizieren, die das Potential hatten, überdurchschnittlich viele Versicherungen zu verkaufen und diese Arbeit bereits ein Jahr oder länger ausübten.

Weitaus bedeutsamer ist jedoch, daß Seligmans »Attributionsstil« ebenso wie Rotters »Fremd- oder Selbstkontrolle« oder Kobasas und Maddis »von ›Kraft und Stärke‹ geprägte Persönlichkeit« ganz offenkundig eine Rolle in Zusammenhang mit der physischen Gesundheit einer Person, ihrer Widerstandsfähigkeit gegenüber Infektionskrankheiten und ihrer Langlebigkeit spielen. Seligman und Leslie Kamen, Lehrbeauftragte an der University of Pennsylvania, gelang es in Zusammenarbeit mit Judith Rodin von der Yale University eine Verbindung zwischen dem Erklärungsstil und der Anfälligkeit gegenüber Krankheiten, einschließlich Krebs, herzustellen. Sie entnahmen einer Gruppe älterer Menschen Blutproben und interviewten diese parallel dazu mit Blick auf ihre Gesundheit, Streßfaktoren und Veränderungen in ihrem Leben. Diese Interviews wurden nach dem Kriterium des Erklärungsstils ausgewertet. Diejenigen, die bei diesen Tests als »Sie-kontrollieren-mich«-Persönlichkeiten gemessen wurden, wiesen darüber hinaus auch einen höheren Prozentsatz an Suppressorzellen auf, die in dem Ruf stehen, die körpereigenen Abwehrkräfte, insbesondere deren Wirkungspotential im Kampf gegen das Wachstum von Tumoren, zu schwächen.

In der Folge unterzog Christopher Peterson von der University of Michigan 172 Studenten einem Erklärungsstiltest und befragte sie darüber hinaus zweimal – zum einen einen Monat später und zum anderen ein Jahr später –, wieviele Tage sie krankheitsbedingt verloren und wieviele Male sie einen Arzt aufgesucht hatten. Auch er stellte eine »starke Korrelation« zwischen den »Sie-kontrollieren-mich«-Erklärungsmustern und der Häufigkeit von Krankheiten fest.

Ein Monat später? Ein Jahr? Und wie sieht es bei der Hälfte der Lebenszeit oder noch mehr aus? Um das zu untersuchen, schloß Seligman sich mit George Valliant, einem Psychiater der Dartmouth Medical School, zusammen, der mit den Harvard-Absolventen der Jahrgänge 1939 bis 1944 Langzeitstudien über die Entwicklung deren Gesundheit auf der Grundlage von Fragebogenerhebungen durchgeführt hatte. Die ersten Fragebögen hatte er ihnen 1946 zugeschickt mit der Bitte, über ihre Erfahrungen aus dem Zweiten Weltkrieg zu berichten. 1980 nahm Seligman mit der gleichen Gruppe Kontakt zur Durchführung seines Attributionsstiltestes (ASQ) auf. Die »vorläufigen« Ergebnisse bestätigen, so berichtet Seligman, daß der Erklärungsstil auch über den Zeitraum von zwanzig bis dreißig Jahren als zuverlässiger Indikator der physischen Gesundheit gesehen werden kann.

»Zuverlässig«? Wie zuverlässig? Seligmans diesbezügliche Einschätzung gegenüber einem Herausgeber von *Psychology Today* war: »Wenn ein Kran auf Sie fällt, spielt es keine Rolle, was Sie denken. Wenn Ihr Krebs ein absolut unheilbares Stadium erreicht hat, hat Ihre psychologische Verfassung gleich null Gewicht. Wenn Ihr Krebs oder eine Krankheit jedoch gerade erst im Anfangsstadium ist, kann Ihr psychischer Zustand der entscheidende Faktor sein.«

Ist der Erklärungsstil änderbar? »Was man lernte«, versichert Seligman, »kann man umlernen.« (Siehe nächstes Kapitel, »Können wir unsere Persönlichkeiten ändern?«)

Salvatore Maddi, der Kobasa zuvor an der University of Chicago beratend zur Seite stand, ist nicht nur überzeugt, daß man es lernen kann, eine von ›Kraft und Stärke‹ geprägte Persönlichkeit zu entwickeln, er ist inzwischen dazu übergegangen, entsprechende Trainingskurse zu veranstalten. Es funktioniert, und die Resultate sind eindeutig, behauptet er. So führte er bei der Illinois Bell-Zentrale in Chicago einen fünfzehnwöchigen Kurs mit kleinen Gruppen von Männern und Frauen des Managements durch. In den jeweils einstündigen Sitzungen ermunterte er die Teilnehmer/innen, selbst die Verantwortung für die Ereignisse in ihrem Leben in die Hand zu nehmen, sich ihrer diesbezüglichen Erfolge bewußt zu werden und ihre »Ich-kontrolliere-mich«-Erfahrungen außerhalb der Kursstunden auszubauen. Vor Beginn des Kursus hatte er die Teilnehmer/innen einen neuen, mit Kobasa entwickelten Test absolvieren lassen. Als der Test nach Abschluß des Kursus wiederholt wurde, zeigten die Teilnehmer/innen eine mehr als doppelt so hohe Arbeitsbefriedigung. Demgegenüber war das Niveau ihrer Ängste, Depressionen und neurotischen Symptome und ebenso einige der physischen, üblicherweise mit Streß assoziierten Symptome wie Kopfschmerzen und Schlaflosigkeit deutlich zurückgegangen. Ebenso deutlich hatten sich die Blutdruckwerte reduziert – von durchschnittlich 130/82 auf 120/77. Bei einer Kontrollgruppe von Managern, die nicht an dem Kursus teilgenommen hatten, waren in dieser Hinsicht keinerlei Veränderungen feststellbar.

Als die Illinois Bell-Manager/innen jeweils zwei und sechs Monate nach Abschluß des Kursus nochmals getestet wurden, zeigten sie nach wie vor, gemessen an der ›Kraft und Stärke‹-Skala, hohe Werte, sogar mit leicht steigender Tendenz. Maddi ist überzeugt, daß die Techniken erlernter Kraft und Stärke denjenigen, die sie regelmäßig anwenden, in Fleisch und Blut übergehen.

Bei Teilnehmer/innen, die sich nicht an die Anweisungen

hielten oder nur selten bei den Kursen anwesend waren, waren, wie nicht anders zu erwarten, kaum oder keinerlei Verbesserungen mit Blick auf ihre Persönlichkeitsstrukturen zu verzeichnen.

Jenseits von Rotter, Collins, Burger, Rodin, Kobasa, Maddi und Seligman warteten noch andere mit leicht modifizierten Konzepten und noch anderen Begriffen wie, beispielsweise, dem einer *hohen Selbstwirksamkeit* auf, vergleichbar etwa mit der Selbstkontrolle (und eine *geringe Selbstwirksamkeit* als Synonym für Fremdkontrolle). Als die Politikwissenschaftler von diesem Konzept erfuhren, konnten sie nicht widerstehen und nahmen eine weitere Modifizierung der Begriffe vor. So zeichnet sich denn eine Person, die glaubt, innerhalb einer Gruppe oder Gemeinde Einfluß zu haben, durch eine *politische Wirksamkeit* aus. (Oder im umgekehrten Fall eben nicht.)

Die »Ich-kontrolliere-mich«- und »Sie-kontrollieren-mich«-Erklärungsmuster sind, unter noch anderen Namen, Dauerthemen der »Selbsterfahrungsbewegung«, die Mitte der 1960er Jahre von Nord-Kalifornien ausging: das Esalen Institute, »Selbstverwirklichungsseminare«, Transaktionsanalyse, Gestalttherapie, Est, das Forum, Insight Transformational Seminars und andere. Worauf sie alle abzielen, ist, »Verantwortung für das zu übernehmen«, was im eigenen Leben geschieht, ein Begriff, der aber leider manchmal fehlinterpretiert und im Sinne der Übernahme von *Schuld* für das, was geschieht, verwendet wird. Werner Erhard, der Gründer von Est und dem Forum, predigt, daß jeder Mensch die Wahl hat, *Ursache* (Ich-kontrolliere-mich) oder *Wirkung* (das Opfer, der Geschädigte, die Sie-kontrollieren-mich-Persönlichkeit) zu sein. Ein aufwieglerisches Thema, das bei manchen Abwehrmechanismen berührt – insbesondere, wenn sie hören, eine »Ich-kontrolliere-mich«- oder »Sie-kontrollieren-mich«-Person zu sein, sei weitestgehend eine Frage der freien *Wahl*.

Dennoch, es häufen sich die wissenschaftlichen Beweise, daß ebendiese Frage der Kontrolle – das heißt, ob ›*Ich* mich kontrolliere‹ oder ›*Sie* mich kontrollieren‹ – tatsächlich eine Frage der freien Wahl *ist*, daß die Techniken, wie diese Wahl zu nutzen ist, vermittelbar und erlernbar sind, und daß diese Frage zu einer Frage von Leben und Tod werden kann.

Sie haben allgemein das Gefühl, daß Ihr Leben dem freien Spiel äußerer Kräfte und unvorhersehbaren Ereignissen ausgesetzt ist (übersetzt: Sie sind ein Sie-kontrollieren-mich-Typus):

Wahrscheinlich ist, daß Sie den Tod (Ihren eigenen wie den Ihnen nahestehender Personen) mehr fürchten als diejenigen, die glauben, ihr Leben unter Kontrolle zu haben.

Wenn Sie zudem das Gefühl haben, das Leben werde weitestgehend vom Zufall bestimmt, so ist anzunehmen, daß Sie insbesondere den Tod anderer, aber nicht so sehr Ihren eigenen fürchten.

Diese Schlußfolgerungen sind das Ergebnis, das durch die abgleichende Auswertung zweier Tests analog der Rotter-Fremd-/Selbstkontrollierten-Skala und einer Angst-vor-dem-Tod-Skala zustande kam. Einbezogen in die beiden Tests waren insgesamt zweihundert Versuchspersonen aus vier Berufsgruppen: fünfzig Studenten der Betriebswirtschaft, einundfünfzig College-Fakultätsmitglieder, dreiundvierzig Feuerwehrleute und sechsundfünfzig Polizeibeamte. (Die Feuerwehrleute zeigten weitaus stärkere Ängste vor ihrem eigenen Tod als irgendeine der anderen Berufsgruppen.) [Hunt, Lester, Ashton]

Wenn Sie eine Spielhalle oder einen Spielsalon betreten, ist es bei Ihnen als einer »Sie-kontrollieren-mich«-Person etwas wahrscheinlicher als bei einer »Ich-kontrolliere-mich«-Persönlichkeit, daß Sie ein Glücksspiel statt ein Geschicklichkeitsspiel wählen. (Daß Ihre Wahl auf ein Glücksspiel fällt, ist, wenn Sie eine Frau sind, sogar noch wahrscheinlicher, als wenn Sie ein Mann wären.) [Zenker, Wolfgang]

Sie sind ein Mann und hatten Ihre erste Herzattacke:

Sofern Sie dem »Ich-kontrolliere-mich«-Typus entsprechen, der glaubt, daß die Attacke durch eine Kombination von Umständen verursacht wurde, von denen einige sehr wohl und andere nicht kontrollierbar waren (wie »Arbeitsdruck« oder daß Sie sich zu schnell in Wut bringen ließen), ist die Wahrscheinlichkeit, daß Sie wieder in Ihren Beruf zurückkehren und sich anderen Aktivitäten zuwenden können, größer als bei einem »Sie-kontrollieren-mich«-Mann, der seine Attacke dem »Schicksal« oder »Pech« zuschreibt. Nicht zuletzt neigen »Ich-kontrolliere-mich«-Männer dazu, jene Haltungen und Aktivitäten zu ändern, von denen sie glauben, sie seien die Ursache der Herzattacke gewesen, während »Sie-kontrollieren-mich«-Persönlichkeiten bezüglich ihrer Genesung eher auf das Schicksal oder Glück vertrauen.

So das Forschungsergebnis eines israelischen Psychologen, Dan Bar-On von der Ben Gurion-Universität, der 89 Patienten mit einer ersten Herzattacke und deren Ärzte interviewt hatte. [Bar-On; israelische Studie]

Sie sind Ende Sechzig:

Sofern Sie Amerikanerin sind, ging der große »kulturelle Wandel« möglicherweise auch an Ihren Kontrollgefühlen nicht spurlos vorüber, ein Wandel, der allerdings in eine andere Richtung ging, als Sie vielleicht denken. Bei Frauen, die die Frauenrevolution in den 1960er Jahren miterlebt hatten, wurde Mitte der Siebziger, als Gruppe, ein deutlicher Wandel hin zur »Sie-kontrollieren-mich«-Persönlichkeit (oder, anders ausgedrückt, der Machtlosigkeit) gemessen. Zuvor hatten die Frauen, als Gruppe gesehen, demgegenüber mehr oder weniger die gleichen Werte wie Männer erkennbar werden lassen.

Das ist das Ergebnis einer fast zwanzigjährigen, breitangelegten Langzeitstudie mit vierzehntausend Männern und Frauen, Jüngeren (ab vierzehn Jahren) bis Älteren (bis zum Alter von neunundfünfzig Jahren), die am Maßstab der erstmals 1966 veröffentlichten Rotter-Skala zur Messung der Fremd-/Selbstkontrolle beurteilt wurden. Im Laufe eines Zeitraums von sieben bis acht Jahren war jede der Versuchspersonen dreimal befragt worden. Die Auswertungen der Erhebungen Ende der 1960er und Anfang der 1970er Jahre hatten bei allen Gruppen, Männern und Frauen, Alten und Jungen, vergleichbare Muster gezeigt. Die dann aber 1973 bei Frauen gemessenen Werte divergierten unterschiedlos, ob bei Älteren oder Jungen, erheblich von denen der Männer – ein eindeutig in Richtung »Sie-kontrollieren-mich« erkennbarer Trend.

Nach Meinung der Forscher ist dieser Wandel als eine Konsequenz der Frauenbewegung zu sehen: der Masseneintritt der Frauen in die Berufswelt. Ein Schritt, der, so ihre These, bei Frauen zu einer erhöhten Bewußtheit über die »gegebenen Disparitäten in bezug auf die Entlohnung und Aufstiegsmöglichkeiten zwischen Männern und Frauen auf der einen ... und den begrenzten individuellen Möglichkeiten, daran etwas zu ändern« führte, wodurch »viele Frauen in den 1970ern das Gefühl hatten, ihr Leben weniger unter Kontrolle zu haben. Eine Veränderung, die sich bei weißen Frauen schneller als bei schwarzen Frauen durchsetzte, was vielleicht die neue Bewußtheit frauenspezifischer Hindernisse widerspiegelt, die bis dahin als gruppenspezifische Diskriminierung in der amerikanischen Gesellschaft nicht wahrgenommen worden war. Da Männer diese Erfahrung einer neuen Bewußtheit von individuellen Karrierebarrieren als Gruppe während dieser Zeit vermutlich nicht machten, wurden in der Konsequenz auch keine wesentlichen Verschiebungen mit Blick auf den Locus der Kontrolle – Selbst- / Fremdkontrolle – ausgelöst.« [Doherty, Baldwin]

Sie wurden Mutter, ehe Sie neunzehn waren:

Aller Wahrscheinlichkeit nach glauben Sie Ihr Leben weniger selbst kontrollieren zu können (und Sie sind eher eine »Sie-kontrollieren-mich«-Persönlichkeit) als eine Frau, die ihr erstes Kind später bekam. [McLaughlin, Micklin]

Sie hatten eine Abtreibung:

Entgegen der weitverbreiteten Annahme ist nur mit einer fünfzehnprozentigen Wahrscheinlichkeit davon auszugehen, daß Sie deswegen erheblichen physischen oder psychischen Belastungen ausgesetzt waren. Was in der Tat dominierte, war ein Gefühl der »Erleichterung«, wie Brenda Major, eine Psychologin der State University of New York in Buffalo, berichtet, die sechshundert Frauen vor und unmittelbar nach ihrer Abtreibung interviewte. Die Mehrzahl der Frauen waren Anfang Zwanzig und hatten den unterschiedlichsten sozialen und ökonomischen Hintergrund. Folgeinterviews, die drei Wochen nach der Abtreibung mit 179 dieser Frauen durchgeführt worden waren, ließen vielmehr Tendenzen einer verbesserten psychischen Verfassung erkennbar werden.

Jetzt zu der Frage der »Ich-kontrolliere-mich«- und »Sie-kontrollieren-mich«-Persönlichkeit: Von jenen 15 Prozent, die von mäßigen bis schweren Depressionen berichteten, gaben die meisten irgendeinem bestimmten Charakterzug die Schuld dafür, daß sie sich »niedergeschlagen« fühlten. Ein Persönlichkeitstypus, der am ehesten Dinge sagt wie: »Ich kann nichts daran ändern, ich bin halt so.« Mit anderen Worten: »Es liegt außerhalb meiner Kontrolle.« [Major]

Nach einer Skala zur Messung von Optimismus versus Pessimismus erzielen Sie hohe als Optimist oder positiver Denker:

Als College-Student/in zeigen Sie weniger der am Ende eines Semesters typischen Streßsymptome – Muskelverspannungen, Müdigkeit, Schwindelgefühle und Erkältungen – als ein/e pessimistische/r Student/in.

Sofern Sie von einer Bypass-Operation genesen sind, ergaben sich bei Ihnen nach der Operation weniger Komplikationen und sie erholten sich »bedeutend schneller« als ein Pessimist.

Als Alkoholiker, der im Rahmen seines Entzugs ein neunzigtägiges »Nachsorge«-Programm absolviert, stehen Sie das Programm eher durch und bleiben eher »trocken« als ein Pessimist.

Wenn Sie (beispielsweise in der Familie) das Opfer eines Herzanfalls pflegten, waren *Sie*, unabhängig von den Fortschritten des Patienten oder der Patientin, nach dem Jahr, das Sie persönlich in den Dienst dieser Person stellten, weniger depressiv und gesünder als ein Pessimist, der eine vergleichbare Verantwortung übernommen hatte.

»Die optimistische oder pessimistische Einstellung einer Person«, sagt Charles Carver, Psychologe an der University of Miami und Koautor einer Skala zur Messung von Pessimismus versus Optimismus, »hat nicht nur etwas mit dem Gesicht zu tun, das wir der Welt zeigen. Sie hat vielfältige und weitreichende Folgen für das, was eine Person tut, wie sie sich fühlt, und sie kann potentiell auch wichtige gesundheitliche Konsequenzen nach sich ziehen.«

»Auf dem Meer in einem Rettungsboot ausgesetzt«, fügt

sein Koautor Michael Scheier, Psychologe an der Carnegie-Mellon University, hinzu, »würde ich es in jedem Fall vorziehen, in der Situation mit einem Optimisten statt einem Pessimisten zusammen zu sein, weil er als jemand, der eher an eine Rettung glaubt, wahrscheinlich länger rudert.« [Carver, Scheier, Steck]

Sie sind als Typus eine abhängige Person:

Mit gravierenden Problemen konfrontiert, sind Sie (als »Sie-kontrollieren-mich«-Person) geneigter als eine unabhängige Person, den Besuch bei einem Psychiater zu erwägen. [Darden]

Sie sind als Typus eine unabhängige Person:

Mit schwerwiegenden Problemen konfrontiert, sind Sie (als »Ich-kontrolliere-mich«-Person) geneigter als eine abhängige Person, zu einem Rechtsanwalt zu gehen. [Darden]

Sie lieben Salz in Ihrem Essen:

Sofern Sie aus dem Rotter-Test als eine »Ich-kontrolliere-mich«-Persönlichkeit hervorgehen, ist die Wahrscheinlichkeit groß, daß Sie Ihr Essen salzen, ehe Sie es abschmecken.

Entsprechen Sie demgegenüber der »Sie-kontrollieren-mich«-Persönlichkeit, ist es wahrscheinlicher, daß Sie Ihr Essen erst kosten und dann mit Salz würzen. [McGee, Snyder]

Kapitel 7

Können wir unsere Persönlichkeiten ändern?

»Tschong-ny sagt: Das Kriterium des Weisen ist nun, daß er unwandelbar an diesem ewigen Seelengrund festhält, während der Tor dem ewigen Seelengrund widerstrebt... Das sind die Gründe, weshalb leider nicht im Tao gewandelt wird.«

Konfuzius (551–479 v. Chr.)

Die hier berücksichtigten mehr als fünfhundert Studien sind das Extrakt von fast einer halben Million Untersuchungen, mit denen sich die Wissenschaftler während der letzten zwei Jahrzehnte beschäftigten.

Was erfuhren »sie« über uns, was uns für ein besseres Leben hilfreich wäre?

Oder wäre mit dieser Frage zuviel von der Wissenschaft verlangt? Sollte es überhaupt das Ziel der Sozialwissenschaften sein, uns zu helfen, daß wir besser leben? Und wenn denn die Forschung bessere Regeln für ein besseres Leben anzubieten hätte, wären wir Menschen in der Lage, unsere Persönlichkeiten zu verändern?

Seit Freud hat sich mit der Psychoanalyse, Psychiatrie, Psychotherapie und Sozialarbeit eine gewaltige Branche mit dem Ziel etabliert, die Persönlichkeit des Menschen zu verbessern. Dem entgegensteht der in der Psychologie traditionell tiefverwurzelte Widerspruch, wonach wir, wie auch immer, im großen und ganzen, nicht daran vorbei können, daß wir das sind, was wir sind.

Wie ein Gipskorsett, das nicht mehr geschmeidig wird, habe sich bei den meisten von uns mit Dreißig der Charakter verfestigt, schrieb einst der Psychologiepionier des neunzehnten Jahrhunderts, William James. Ein Urteil, das sich weitestgehend auch während des zwanzigsten Jahrhunderts hielt und weiterhin vertretbar ist.

Vor wenigen Jahren entdeckte ein Anhänger dieser Tradition, Jack Block, Psychologe an der University of California in Berkeley, Aufzeichnungen über mehrere hundert Personen aus Berkeley und dem nahe gelegenen Oakland, die seit deren ersten Hochschuljahren in den 1930er Jahren fortgeschrieben worden waren. Gegen Ende ihres Teenageralters waren diese Versuchspersonen ein zweites Mal vom Berkeley Institute of Human Development interviewt und getestet worden; eine dritte Erhebung wurde durchgeführt, als sie Mitte Dreißig und eine nochmalige, als sie Mitte Vierzig waren. Eine Langzeitstudie, wie sie mit den gleichen Personen äußerst selten ist.

Die allgemeine Schlußfolgerung dieser kalifornischen Studie war: Die Versuchspersonen ließen ein bemerkenswertes Maß an Stabilität erkennen. Diejenigen, die sich frühzeitig in ihrem Leben, aus welchen Gründen auch immer, in Schützengräben zurückgezogen hatten, übten sich auf gleiche Weise als Erwachsene immer noch im Rückzug; optimistische Teenager zeichneten sich auch im mittleren Alter noch durch eine optimistische Haltung aus; Heranwachsende mit starken Stimmungsschwankungen litten auch als Personen mittleren Alters noch unter Stimmungsschwankungen.

Noch überzeugender, wie manche glauben, ist die Arbeit von Paul T. Costa jr., und Robert R. McCrae, beide Psychologen am National Institute on Aging in Baltimore. Sie erfuhren von zwei breitangelegten Langzeitstudien, die von der Veterans Administration in Boston bzw. dem Baltimore Longitudinal Study of Aging durchgeführt worden waren. Beide Institutionen hatten über die mittleren Jahre hinaus die jeweiligen Versuchspersonen bis ins hohe Alter verfolgt, sie wiederholt in Intervallen von sechs, zehn und zwölf Jahren interviewt – und am Ende festgestellt, daß die grundlegenden Charakteristika mit extrem hoher Konsistenz beibehalten wurden. »Der selbstsichere 19jährige«, so Costas Fazit, »ist der selbstsichere 40jährige, ist der selbstsichere 80jährige.« Der Bericht über seine und McCraes Ergebnisse trägt, als Parodie eines Paul Simon-Songs, die treffende Überschrift: »Still Stable After All These Years«.

Diese Forschungsergebnisse konnten den Verfechtern der menschlichen Vervollkommnung jedoch kaum etwas anhaben. Schließlich, so ihr Argument, seien jahrhundertelang Menschen an der Pest gestorben. War das ein Grund anzunehmen, sie würden immer an der Pest sterben? War die medizinische Forschung sinnlos und hoffnungslos?

Unabhängig von der Freudschen Bewegung, gaben die 1970er Jahre, um es mit den Worten des Psychologen und Autors Zick Rubin zu sagen, »einer aquarischen Explosion der Verhaltensmodifikation von TA zu TM, von AA zu Zen...« Raum. »Im Grunde scheint die Debatte nicht so sehr methodologischer als vielmehr ideologischer Natur zu sein... Das Potential zu Wachstum ist das, was die Menschheit auszeichnet... Die Menschen versuchen, vielleicht erstmals in der Geschichte, sich *selbst* zu verändern.«

»Konzentriert man sich auf die Frage der Stabilität«, so fügt Orville G. Brim jr., Soziologe und Leiter der Foundation for Child Development, hinzu, »dann betrachtet man diejenigen, ...die steckengeblieben sind. Was man jedoch sehen möchte, ist, wie eine Person wächst und sich verändert, nicht wie eine Person gleichbleibt.«

Die Menschen mögen nicht immer gewußt haben, wie sie wachsen und sich verändern können, der Wunsch als solcher scheint jedoch inhärent zu sein. Als ich das Manuskript dieses Buches Freunden, darunter auch Psychologie-Fachleuten, zeigte, stellte ich immer wieder fest, daß sie ihre kritische Distanz schon bald fallenließen und begannen, mit einem beachtlichen Maß an Subjektivität, an Ichbeteiligung, an diese Studien heranzugehen. Sie versuchen, *sich selbst zu finden*. Und hinter allem scheint die Frage zu stehen: »Bin *ich* so?« Und: »*Möchte* ich so sein?«

Nehmen wir das Beispiel der ersten in diesem Buch zitierten Studie über »eine Art ›Macht‹-Spiel, das mit den Augen gespielt wird«. Studien wie diese lösten bei Personen, denen ich mein Manuskript vorlegte, immer wieder Erstaunen aus. Frauen schienen dabei mit einem leichten Anflug von Wut zu sagen: »Das lasse ich mit mir nicht machen.« Vielleicht ist das ganz einfach der Anfang der Selbstveränderung.

Wenn dieses erste Beispiel bereits ein klassisches spezifisches Verhalten verdeutlicht, so dürfte die letzte Diskussion – über die »Sie-kontrollieren-mich«- und »Ich-kontrolliere-mich«-Persönlichkeit – zu den Wurzeln der Persönlichkeitsstruktur vordringen. Jene Struktur verändern, heißt, den

Lebensmodus einer Person zu verändern. Und die Forschung zeigt, daß »Sie-kontrollieren-mich«-Personen *es lernen können*, »Ich-kontrolliere-mich«-Personen *zu werden*.

Die Psychologen, deren Studien hier angeführt sind, äußerten sich nicht – weder als Gruppe noch als Fachbereich, noch als Branche –, ob der Sinn und Zweck ihrer Forschungen der »Verbesserung« unseres Verhaltens oder lediglich dem besseren »Verständnis« unserer Verhaltensweisen dient. So mancher mutige Wissenschaftler meldet sich hin und wieder in den Fachzeitschriften zu Wort und protestiert, daß die Forschung nicht sinnvoll, nicht einmal *seriös* genug sei. Einer jener Rebellen klagte unlängst (in einer Zeitschrift) darüber, daß das Hauptkriterium, daß eine Studie veröffentlicht werde, inzwischen das sei, daß sie amüsant, nach Möglichkeit frivol, in jedem Fall aber *clever* gehalten sei – und daß eine »seriöse« Studie es wesentlich schwieriger habe, diese Hürde zu nehmen.

Ist diese Anschuldigung berechtigt? Wer könnte diese Fragen beantworten? Um jedoch Aufruhr in den eigenen Reihen von vornherein vorzubeugen, unterließen es die Hohen Priester der menschlichen Verhaltensforschung denn auch tunlichst, die Ziele ihrer Forschungen zu definieren. So muß jeder von *uns* selbst entscheiden, was all *ihre* wundersamen Entdekkungen bedeuten.

Was fangen *wir* mit dem gewaltigen Berg an – faszinierendem, aber weitestgehend unsortierten – Wissen an, das *sie* über uns zusammengetragen haben?

Wir können, wenn wir wollen, versuchen, die einzelnen Puzzleteile als Grundlage einer persönlichen Veränderung, einer persönlichen Verbesserung zu nutzen. Zweifellos leben die *meisten* Menschen ein Leben wie »in einem Gipskorsett«. Aber kennt nicht jeder *jemanden*, der irgendwann, an einem kritischen Punkt angelangt, einen prüfenden Blick auf sein Leben warf, zu dem Schluß kam, es müsse ein besseres geben und sich zu einem Neuanfang durchrang? Wenn jeder *jemanden* kennt, dem das gelang, so müßte es doch etwas sein, das jeder lernen kann. In dem Sinne, wie der Philosoph und Wirtschaftswissenschaftler Kenneth Boulding einst erklärte: »Anything that exists is possible.«

Aber vielleicht hat dieses Puzzlespiel aus einer Million Fragmente noch einen anderen Wert: Es nicht als Leitfaden zu nutzen, um uns in einem Sinne, wie wir sein *sollten*, zu verändern, sondern als Prüfstein der Realität, wer wir *sind*. Vielleicht ist der größte Nutzen aus diesen 33 000 Studien pro Jahr daraus zu ziehen, wenn wir sie als Ausgangspunkt dafür nehmen, was wir vom Verhalten unserer Verwandten und Kollegen und Freunde und Nachbarn, ohne allzuviele Überraschungen, *erwarten* können – und wie wir uns in der Konsequenz selbst erfolgreicher den Realitäten der Welt und Personen anpassen können.

Ob unser Ziel ist, uns selbst und andere zu verstehen, oder, ehrgeiziger, uns selbst umzumodellieren, in jedem Fall ist es vonnöten, mit einer präzisen Beobachtung zu beginnen. Die in diesem Buch enthaltenen Studien, die lediglich dem ersten Jahrhundert des Lebens einer jungen Wissenschaft entnommen sind, reflektieren den Beginn einer solchen präzisen Beobachtung.

Diese Studien und ihr möglicher Nutzen gehen weit über das hinaus, was mir vorschwebte, als ich zufällig über jene ersten Studien über Mütter und Ängste vor dem Tod stolperte, und ich mich fragte, wieviel mehr Einsichten über das Mysterium der menschlichen Seele andere Wissenschaftler und Forscher wohl geliefert haben mochten. Dieses Projekt, als es vor vielen Jahren begann, war mit keinerlei Intentionen verbunden, daß am Ende ein »Selbsthilfe«-Buch oder ein Ratgeber stehen sollte – und jetzt, da es endet, sind derlei Intentionen ebensowenig gegeben. Das Ziel sollte und soll vielmehr sein, zu unterhalten, den Geist zu beleben, anzuregen und Neugier zu stillen – und so vielleicht einen kleinen Beitrag zu leisten, daß wir in unserem Menschsein ein wenig glücklicher sind.

Quellenverzeichnis

Kapitel 1
Ihr äußeres Selbst und was es über Sie aussagt

Academy of Management Journal, Bd. 25, Nr. 3, Bericht: »Beauties, Beasts, and Job Markets«, *Psychology Today*, April 1983.

Adams, G. R., »Social Psychology of Beauty: Effects of Age, Height and Weight on Self Reported Personality Traits and Social Behavior«, *Journal of Social Psychology*, 1980, Bd. 112, Nr. 2, S. 287–294.

Allon, Natalie, »Latent Social Services in Group Dieting«, *Social Problems*, 1975, Bd. 23, Nr. 1, S. 59–69.

Apple, W., L. A. Streeter und R. B. Krauss, »Effects of Pitch and Speech Rate on Personal Attributions«, *Journal of Personality and Social Psychology*, 1979, Bd. 37, S. 715–727.

Argyle, Michael und Janet Dean, Oxford University, »Eye-Contact, Distance and Affiliation«, *Sociometry*, 1965, Bd. 28, S. 289–304.

Argyle, Michael, L. Lefebvre und Mark Cook, »The Meaning of Five Patterns in Gaze«, *European Journal of Social Psychology*, 1974, Bd. 4, S. 125–136.

Bakan, Paul, »The Eyes Have It«, *Psychology Today*, 1971, Bd. 4, S. 66–67, 96.

Baron, Robert A., National Science Foundation and Purdue University, »Olfaction and Human Social Behavior: Effects of a Pleasant Scent on Attraction and Social Perception«, *Personality and Social Psychology Bulletin*, Dezember 1981, Bd. 7, Nr. 4, S. 611–616.

Bar-Tal, Daniel, Tel Aviv Universität, und Leonard Saxe, Boston University, »Perceptions of Similarly and Dissimilarly Attractive Couples and Individuals«, *Journal of Personality and Social Psychology*, 1976, Bd. 33, Nr. 6, S. 772–781.

Beaman, Arthur L., University of Montana, und Bonnel Klentz, University of West Florida, »The Supposed Physical Attractiveness Bias Against Supporters of the Women's Movement: A Meta-Analysis«, *Personality and Social Psychology Bulletin*, Dezember 1983, Bd. 9, Nr. 4, S. 544–550.

Berkowitz, Leonhard und Ann Frodi, University of Wisconsin, Madison, »Reactions to a Child's Mistakes as Affected by Her/His Looks and Speech«, *Social Psychology Quarterly*, 1979, Bd. 42, Nr. 4, S. 420–425.

Berry, Diane S. und Leslie Zebrowitz McArthur, Brandeis University, »Some Components and Consequences of a Babyface«, *Journal of Personality and Social Psychology*, 1985, Bd. 48, Nr. 2, S. 312–323.

Berscheid, Ellen, University of Minnesota, Elaine Walster, University of Wisconsin, und R. Campbell, »Grow Old Along with Me«, vervielfältigt 1972. Zitiert in Berscheid und Walster, 1974.

Berscheid, Ellen, University of Minnesota, und Elaine Walster, University of Wisconsin, »Physical Attractiveness« in *Advance in Experimental Social Psychology*, L. Berkowitz (Hg.), Bd. 7, New York: Academic Press, 1974, S. 157–215.

Bonuso, Carl, in *Phi Delta Kappa*, Bd. 64, Nr. 5, wie berichtet in »The Image of a Leader«, *Psychology Today*, September 1983.

Boyanowsky, Ehor O. und Curt T. Griffiths, Simon Fraser University, »Weapons and Eye Contact as Instigators or Inhibitors of Aggressive Arousal in Police-Citizen Interaction«, *Journal of Applied Social Psychology*, 1982, Bd. 12, Nr. 4, S. 398.

Brant, Sandra J., Cleveland State University, »Name Recall as a Function of Introduction Time«, *Psychological Reports*, 1982, Bd. 50, S. 377–378.

Breytspraak, L. M., J. McGee, J. C. Conger, J. L. Whatley, J. T. Moore, »Sensitizing Medical Students to Impression Formation Processes in the Patient Interview«, *Journal of Medical Education*, 1977, Bd. 52, S. 47–54.

Bruch, Hilde, *The Importance of Overweight*, New York 1957.

Burns, Jo Ann und B. L. Kintz, Western Washington State College, »Eye Contact While Lying During an Interview«, *Bulletin of the Psychonomic Society*, 1976, Bd. 7, Nr. 1, S. 87.

Buss, David, Harvard University, »Human Mate Selection«, *The American Scientist*, 1985, Bd. 73, Nr. 1, S. 47–51.

Buss, T. V. und J. Helfrich, »Changes in First Name Popularity Across Grades«, *Journal of Social Psychology*, 1975, Bd. 89, S. 281–283.

Busse, T. V. und Louisa Seraydarian, Temple University, »Frequency and Desirability of First Names«, *Journal of Social Psychology*, 1978, Bd. 104, S. 143–144.

Busse, T. V und Louisa Seraydarian, »First Names and Popularity in Grade School Children«, *Psychology in the Schools*, 1979, Bd. 16, Nr. 1, S. 149–153.

Byrne, Donn, C. R. Ervin und J. Lamberth, »Continuity Between the Experimental Study of Attraction and Real-Life Computer Dating«, *Journal of Personality and Social Psychology*, 1970, Bd. 16, S. 157–165.

Cash, Thomas F., Old Dominion University, Virginia, wie berichtet in »On Corporate Ladder, Beauty Can Hurt«, Georgia Dullea, *The New York Times*, 3. Juni 1985.

Cash, Thomas F. und J. Kehr, »Influence of Nonprofessional Counselors' Physical Attractiveness and Sex Perceptions of Counselor Behavior«, *Journal of Counseling Psychology*, 1978, Bd. 25, S. 336–342.

Cash, Thomas F., J. Kehr, J. Polyson und V. Freeman, »Role of Physical Attractiveness in Peer Attribution of Psychological Disturbance«, *Journal of Consulting and Clinical Psychology*, 1977, Bd. 45, S. 987–993.

Chen, E. und S. Cobb, »Family Structure in Relation to Health and Disease:

A Review of the Literature«, *Journal of Chronic Disease*, 1960, Bd. 12, S. 544–567.

Chetwynd, S. J., R. A. Stewart und G. E. Powell, »Social Attitudes toward the Obese Physique« in A. Howard (Hg.), *Recent Advances in Obesity Research*, Westport, Conn., 1975, S. 223–226.

Clifford, M. M. und Elaine Walster, »The Effects of Physical Attractiveness on Teacher Expectation«, *Sociology of Education*, 1973, Bd. 46, S. 248–258.

Cochran, C. D. und Sally Urbanczyk, Stetson University, »The Effect of Availability of Vertical Space on Personal Space«, *The Journal of Psychology*, 1982, Bd. 111, S. 137.

Connolly, Patrick, Dr. phil., Wissenschaftliche Arbeit, University of Iowa, berichtet in *Behavior Today*, 5. November 1973, S. 2.

Cook, Mark, »Gaze and Mutual Gaze in Social Encounters«, *American Scientist*, Mai–Juni 1977, Bd. 65, S. 328–333.

Cook, Mark und J. M. C. Smith, »The Role of Gaze in Impression Formation«, *British Journal of Social and Clinical Psychology*, 1975, Bd. 14, S. 19–25.

Craddock, D., »Psychological and Personality Factors Associated with Successful Weight Reduction: A 10-Year Follow-Up of 134 Personal Cases« in A. Howard (Hg.), *Recent Advances in Obesity Research*, Westport, Conn., 1975, S. 220–223.

Cunningham, Michael, University of Louisville, »Measuring the Physical in Physical Attractiveness: Quasi-Experiments on the Sociobiology of Female Facial Beauty«, *Journal of Personality and Social Psychology*, Mai 1986, Bd. 50, Nr. 5, S. 925–935.

Darwin, Charles, *Der Ausdruck der Gefühle bei Mensch und Tier*, Düsseldorf, 1964.

Davis, Leslie L. und Sharron J. Lennon, Utah State University, »Social Stigma of Pregnancy: Further Evidence«, in *Psychological Reports*, 1983, Bd. 53, S. 997–998.

Deaux, K. und E. Farris, »Attributing Causes for One's Own Performance: The Effects of Sex, Norms, and Outcomes«, unveröffentlichte Arbeit, Purdue University, zitiert in Kahn, McGaughey.

Dermer, Marshall und Darrel L. Thiel, University of Winconsin, »When Beauty May Fail«, *Journal of Personality and Social Psychology*, 1975, Bd. 31, Nr. 6, S. 1168–1176.

Dion, Karen K., University of Minnesota, »Physical Attractiveness and Evaluations of Children's Transgressions«, *Journal of Personality and Social Psychology*, 1972, Bd. 24, S. 207–213.

Dion, Karen K. und Ellen Berscheid, University of Minnesota, und Elaine Walster, University of Wisconsin, »What Is Beautiful Is Good«, *Journal of Personality and Social Psychology*, 1972, Bd. 24, S. 285–290.

Douven, E. und J. Adelson, *The Adolescent Experience*, New York, 1966.

Driskell, James E. jr., U. S. Navy Human Factors Laboratory, »Beauty as Status«, *American Journal of Sociology*, Bd. 89, Nr. 1, S. 141–165.

Durham, Thomas W. und William Grossnickle, East Carolina University, »Attitudes Toward Masturbation«, in *Psychological Reports,* 1982, Bd. 51, S. 932.

Ekman, P. und W. V. Friesen, *Interaktionsrituale,* Frankfurt.

Ekman, P. und H. Oster, »Facial Expressions of Emotion« in M. R. Rosenzweig und L. W. Porter (Hg.), *Annual Review of Psychology,* 1979, Bd. 30.

Elder, G. H. jr., »Appearance and Education in Marriage Mobility«, *American Sociological Review,* 1969, Bd. 34, S. 519–533.

Ellsworth, Phoebe C., J. Jerrill Carlsmith und Alexander Henson, Stanford University, »The Stare as a Stimulus to Flight in Human Subjects«, *Journal of Personality and Social Psychology,* 1972, Bd. 21, Nr. 3, S. 302–311.

Ellyson, Steve L., Linfield University; John F. Dovidio, Colgate University, und Randi L. Corson, Beaver College, in »Visual Behavior Differences in Females as a Function of Self-Perceived Expertise« in *Journal of Nonverbal Behavior,* 1980, Bd. 5, Nr. 3, S. 164.

Exline, Ralph V., J. Thibaut, C. B. Hickey und P. Gumpert, »Visual Interaction in Relation to Machiavellianism and an Unethical Act«, *Studies on Machiavellianism,* R. Christie und F. L. Geis (Hg.), Academic Press, 1970.

Exline, Ralph V. und L. C. Winters, »Affective Relations and Mutual Glances in Dyads« in *Affect, Cognition and Personality,* S. S. Tomkins und C. Izard (Hg.), New York 1965.

Exline, Ralph V. und andere (verschiedene Studien), wie zitiert von Frances J. Anderson und Frank N. Willis, University of Missouri, Kansas City, in »Glancing at Others in Preschool Children in Relation to Dominance«, *The Psychological Record,* 1976, Bd. 26, S. 467.

Fallon, April und Paul Rozin, University of Pennsylvania, *Journal of Abnormal Psychology,* 1984, berichtet in: »Deslike of Own Body Found Common Among Women«, *The New York Times,* 19. März 1984.

Feingold, Alan, City University of New York, »Do Tall Men Have Prettier Girl Friends?«, *Psychological Reports,* 1982, Bd. 50, S. 810.

Feldman, Saul, Case Western Reserve, anläßlich der Versammlung der American Sociological Association, berichtet in »The Non-Tall Caught Up Short«, *Behavior Today,* 6. September 1971.

Fellman, Bruce, »Talk: The Not-So-Silent Killer«, *Science 85,* Dezember 1985, S. 70–71.

Fisher, J. D., M. Rytting und R. Heslin, »Hands Touching Hands: Affective and Evaluative Effects of an Interpersonal Touch«, *Sociometry,* 1976, Bd. 39, S. 416–421.

Fisher, Jeffrey David und Donn Byrne, Purdue University, »Too Close for Comfort: Sex Differences in Response to Invasions of Personal Space«, *Journal of Personality and Social Psychology,* 1975, Bd. 32, Nr. 1, S. 15.

Ford, C. S. und F. A. Beach, *Das Sexualverhalten von Mensch und Tier,* Berlin, 1954.

Fordon, Carie, State University of New York, Stony Brook, »The Influence of Sex-Role Expectations on the Perception of Touch«, *Sex Roles*, 1981, Bd. 7, Nr. 9, S. 889.

Frieze, Irene und Josephine Olson, University of Pittsburgh Graduate School of Business, wie berichtet von Associated Press und veröffentlicht in der *Centre Daily Times* (State College, Pa.), 25. Februar 1987.

Frommer, Myrna, »Names«, *Etc*, 1982, Bd. 39, Nr. 2, S. 106–108.

Fugita, Stephen S., Thomas A. Agle, Isadore Newman und Nancy Walfish, University of Akron, »Attractiveness, Self-Concept, and a Methodological Note on Gaze Behavior«, *Personality and Social Psychology Bulletin*, 1977, Bd. 3, S. 240.

Gallucci, Nicholas T., McNeese State University, »Effects of Men's Physical Attractiveness on Interpersonal Attraction«, *Psychological Reports*, 1984, Bd. 55, S. 935–938.

Garn, S. M., S. M. Bailey und I. T. T. Higgins, »Effects of Socioeconomic Status, Family Line and Living Together on Fatness and Obesity«, in R. M. Laur und R. B. Shekelle (Hg.), *Childhood Prevention of Atherosclerosis and Hypertension*, New York 1980, S. 187–204.

Garn, S. M. und D. C. Clark, »Trends in Fatness and the Origins of Obesity«, *Pediatrics*, 1976, Bd. 57, S. 443.

Garn, S. M., P. E. Cole und S. M. Bailey, »Living Together as a Factor in Family Line Resemblances«, *Human Biology*, 1979, Bd. 51, S. 565–587.

Garwood, S. Gary, Lewis Cox, Valerie Kaplan, Neal Wasserman und Jefferson L. Sulzer, Tulane University, »Beauty Is Only Name Deep: The Effect of First-Name on Ratings of Physical Attraction«, *Journal of Applied Social Psychology*, 1980, Bd. 10, Nr. 5, S. 431–435.

Garwood, S. Gary, Susan Baer, Douglas Levine, Sudie Carroll und Ed O'Neal, Tulane University, »Sex-Role Expectations of Socially Desirable First Names«, *Sex Roles*, 1981, Bd. 7, Nr. 3, S. 257–262.

Geiselman, R. Edward, Nancy Haight und Lori Kimata, University of California, Los Angeles, *Journal of Experimental Social Psychology*, Bd. 20, Nr. 5, berichtet in »Beauty by Association«, *Psychology Today*, August 1985, S. 66.

Genthner, R. und J. Moughan, »Introverts' and Extroverts' Responses to Nonverbal Attending Behavior«, *Journal of Counseling Psychology*, 1977, Bd. 24, S. 144–146.

Gibbins, Keith und Jeffrey R. Coney, Murdoch University, »Meaning of Physical Dimensions of Women's Clothes«, *Perceptual and Motor Skills*, 1981, Bd. 53, S. 720–722.

Giles, Howard und Kathryn Farrar, University of Bristol, »Some Behavioural Consequences of Speech and Dress Styles«, *British Journal of Social and Clinical Psychology*, 1979, Bd. 18, S. 209.

Gitter, A. George, Jack Lomranz und Leonard Saxe, Boston University und Tel Aviv Universität, »Factors Affecting Perceived Attractiveness of Male Physiques by American and Israeli Students«, *The Journal of Social Psychology*, 1982, Bd. 118, S. 167–175.

Goffman, Erving, *Interaktionsrituale*, Frankfurt.
Goldberg, Philip A. und Marc Gottesdiener, Connecticut College, und Paul Abramson, University of Connecticut, »Another Put-Down of Women? Perceived Attractiveness as a Function of Support for the Feminist Movement«, *Journal of Personality and Social Psychology*, 1975, Bd. 32, Nr. 1, S. 113.
Goldstein, Melvin A., M. Catherine Kilroy und David Van de Voort, »Gaze as a Function of Conversation and Degree of Love«, *Journal of Psychology*, 1976, Bd. 92, S. 227–234.
Gordon, David Paul, University of California, Berkeley, »Hospital Slang for Patients: Crocks, Gomers, Corks, and Others«, *Language in Society*, 1983, Bd. 12, Nr. 2, S. 173–185.
Gross, A. E. und C. Crofton, »What is Beautiful Is Good«, *Sociometry*, 1977, Bd. 40, S. 85–90.
Haase, R. F. und D. T. Tepper, »Nonverbal Components of Empathic Communication«, *Journal of Counseling Psychology*, 1972, Bd. 19, S. 417–424.
Haber, Gilda Moss, University of the District of Columbia, »Spatial Relations between Dominants and Marginals«, *Social Psychology Quarterly*, 1982, Bd. 45, Nr. 4, S. 219–228.
Hai, Dorothy M., St. Bonaventure University School of Business, »Sex and the Single Armrest: Use of Personal Space During Air Travel«, *Psychology Reports*, 1982, Bd. 51, S. 743–749.
Hansell, Stephen, Johns Hopkins University; Jack Sparacino und Don Ronchi, Ohio State University, »Plain Girls' High Blood Pressure«, *Psychology Today*, Oktober 1981.
Hayduk, Leslie A., University of Western Ontario, und Steven Mainprize, University of British Columbia, »Personal Space of the Blind«, *Social Psychology Quarterly*, 1980, Bd. 43, Nr. 2, S. 216–223.
Heilman, Madeline und Melanie Stopeck, New York University, »Attractiveness and Corporate Success: Different Causal Attributes for Males and Females«, *Journal of Applied Psychology*, Mai 1985, Bd. 70, Nr. 2, S. 379–388.
Henley, Nancy M., »Status and Sex: Some Touching Oberservations«, *Bulletin of the Psychonomic Society*, 1973, Bd. 2, S. 91–93.
Henley, Nancy M., *Körperstrategien*, Frankfurt, 1988.
Hewitt, Jay, University of Missouri, Kansas City, »Liking for Touchers as a Function of Type of Touch«, *Psychological Reports*, 1982, Bd. 50, S. 917–918.
Hocking, John E., University of Georgia; Barbara Walker, Florida State University, und Edward Fink, Michigan State University, »Physical Attractiveness and Judgements of Morality Following an ›Immoral‹ Act«, in *Psychological Reports*, 1982, Bd. 51, S. 111.
Hoover, Michele Lanza, Pittsburg, Pa., »The Self-Image of Overweight Adolescent Females«, *Maternal-Child Nursing Journal*, 1984, Bd. 13, Nr. 2, S. 125–137.
Hughey, Aaron Wilson, Western Kentucky University, »Effects of Living

Accommodations of High Proximity on the Self-Perceptions of College Students Residing in University Housing Facilities«, *Psychological Reports*, 1983, Bd. 53, S. 1013–1014.

Jones, Warren H., Robert O. Hansson und Anita L. Phillips, University of Tulsa, »Physical Attractiveness and Judgements of Psychopathology«, *Journal of Social Psychology*, 1978, Bd. 105, S. 79–84.

Jourard, S. M., »An Exploratory Study of Body Accessibility«, *British Journal of Social and Clinical Psychology*, 1966, Bd. 5, S. 221.

Kahn, Arnold und Timothy A. McGaughey, »Distance and Liking: When Moving Close Produces Increased Liking«, *Sociometry*, 1977, Bd. 40, Nr. 2, S. 138–144.

Kallen, David J. und Andrea Doughty, Michigan State University, »The Relationship of Weight, the Self-Perception of Weight and Self-Esteem with Courtship Behavior«, *Obesity and the Family*, 1984, S. 93–114.

Kassarjian, Harold H., University of California, Los Angeles, »Voting Intentions and Political Perception«, *Journal of Psychology*, 1963, Bd. 56, S. 85–88.

Keating, Caroline F., Allan Mazur und Marshall H. Segall, Syracuse University, »Facial Gestures Which Influence the Perception of Status«, *Sociometry*, 1977, Bd. 40, Nr. 4, S. 374–378.

Kemper, Susan, University of Kansas, »When to Speak Like a Lady«, in *Sex Roles*, 1984, Bd. 10, Nr. 5/6, S. 435–443.

Kendon, A., »Movement Coordination in Social Interaction«, *Acta Psychologica*, 1970, Bd. 32, S. 100–125.

Kirkpatrick, C. und J. Cotton, »Physical Attractiveness, Age, and Marital Adjustment«, *American Sociological Review*, 1951, Bd. 16, S. 81–86.

Kleinke, Chris, Wheaton College, »Effects of Dress on Compliance to Requests in a Field Setting«, *Journal of Social Psychology*, 1977, Bd. 101, S. 223.

Kleinke, Chris L., »Interaction Between Gaze and Legitimacy of Request on Compliance in a Field Setting«, *Journal of Nonverbal Behavior*, Herbst 1980, Bd. 5, Nr. 1, S. 3–11.

Kleinke, Chris, Wellesley College und Richard A. Staneski, Chaffey College, »First Impressions of Female Bust Size«, in *Journal of Social Psychology*, 1980, Bd. 110, S. 123.

Kness, Darlene und Barbara Densmore, Pennsylvania State University, »Dress and Social-Political Beliefs of Young Male Students«, in *Adolescence*, Herbst 1976, Bd. 11, Nr. 43, S. 431.

Krebs, D. und A. A. Adinolfi, »Physical Attractiveness, Social Relations, and Personality Style«, *Journal of Personality and Social Psychology*, 1975, Bd. 31, S. 245–253.

Kroch, Anthony S., »Toward a Theory of Social Dialect Variation«, *Language in Society*, April 1978, Bd. 7, Nr. 1, S. 17–36.

Kunzendord, Robert G. und Joseph Denney, »Definitions of Personal Space – Smokers versus Nonsmokers«, in *Psychological Reports*, 1982, Bd. 50, S. 818.

Labov, W., *Sprache im sozialen Kontext*, Frankfurt.

Labov, W., »Language Change as a Form of Communication« in M. Silverstein (Hg.), *Human Communication: Theoretical Explorations*, Hillsdale, New York 1974.

La France, Marianne, »Nonverbal Synchrony and Rapport: Analysis by the Cross-lag Panel Technique«, *Social Psychology Quarterly*, 1979, Bd. 42, S. 66–70.

La France, Marianne und M. Broadbent, »Group Rapport: Posture Sharing as a Nonverbal Indicator«, *Group and Organization Studies*, 1976, Bd. 1, S. 328–333.

La France, Marianne und Clara Mayo, Boston University, »Racial Differences in Gaze Behavior During Conversations: Two Systematic Observational Studies«, *Journal of Personality and Social Psychology*, 1976, Bd. 33, Nr. 5, S. 547–552.

Lamb, Theodore, Wittenberg University, »Nonverbal and Paraverbal Control in Dyads and Triads: Sex or Power Differences?« in *Social Psychology Quarterly*, 1981, Bd. 44, Nr. 1, S. 49.

Langlois, Judith H., University of Texas, *Developmental Psychology*, Mai 1987, Bd. 23, S. 363–369.

Lawson, E. D., »Men's First Names, Nicknames, and Short Names: A Semantic Differential Analysis«, *Names*, 1973, Bd. 21, S. 22–27.

Lee, Alan B. und Morton Goldman, University of Missouri, Kansas City, »Effect of Staring on Normal and Overweight Students«, in *Journal of Social Psychology*, 1979, Bd. 108, S. 165.

Lindman, Ralf, Abo Akademie, Finnland, »Alcohol and Eye Contact«, in *Scandinavian Journal of Psychology*, 1980, Bd. 21, S. 201.

Lipson, Adam, State University of New York, Albany; David Przybyla, Colgate University und Donn Byrne, State University of New York, Albany, »Physical Attractiveness, Self-Awareness and Mirror-Gazing Behavior«, *Bulletin of the Psychonomic Society*, 1983, Bd. 21, S. 115.

Lockard, Joan S., Renate I. McVittie und Lisa M. Isaac, University of Washington, »Functional Significance of the Affiliative Smile«, *Bulletin of the Psychonomic Society*, 1977, Bd. 9, Nr. 5, S. 367.

Lucker, Gerald, University of Texas in Austin, Dr. phil., Wissenschaftliche Arbeit, »Physical Attractiveness, Individual Differences and Personality Stereotyping«, *Dissertation Abstracts*, 1976.

MacLachlan, J., »What People Really Think of Fast Talkers«, *Psychology Today*, 1979, Bd. 13, Nr. 6, S. 113–114, 116–117.

Maier, Richard A., Loyola University of Chicago, und Paul J. Lavrakas, Northwestern University, »Attitudes Toward Women, Personality Rigidity, and Idealized Physique Preferences in Males«, *Sex Roles*, 1984, Bd. 11, Nr. 5/6, S. 425–433.

Marcus, Mary G., »The Power of a Name« *Psychology Today*, Oktober 1976, S. 75–76, S. 108.

Marshall, J. R. und J. Neill, »The Removal of a Psychosomatic Symptom: Effects on the Marriage«, *Family Process*, 1977, Bd. 16, Nr. 3, S. 273–280.

Mashman, Robert C., Counseling and Psychological Services, University of California, »The Effect of Physical Attractiveness on the Perception of Attitude Similarity«, *Journal of Social Psychology,* 1978, Bd. 106, S. 103–110.

McGinley, H., R. LeFevre und P. McGinley, »The Influence of a Communicator's Body Position on Opinion Change in Others«, *Journal of Personality and Social Psychology,* 1975, Bd. 31, S. 686–690.

McMillan, Julie R., A. Kay Clifton, Diane McGrath and Wanda S. Gale, Illinois State University, Norman, »Women's Language Uncertainty or Interpersonal Sensitivity and Emotionality?«, *Sex Roles,* 1977, Bd. 3, Nr. 6, S. 545–559.

Mehrabian, A., »Inference of Attitudes from the Posture, Orientation, and Distance of a Communicator«, *Journal of Consulting and Clinical Psychology,* 1968, Bd. 32, S. 296–308.

Mehrabian, A., »Relationship of Attitude to Seated Posture, Orientation, and Distance«, *Journal of Personality and Social Psychology,* 1968, Bd. 10, S. 26–30.

Mehrabian, A., »Significance of Posture and Position in the Communication of Attitudes and Status Relationships«, *Psychological Bulletin,* 1969, Bd. 71, S. 359–372.

Mehrabian, Albert und Shirley G. Diamond, University of California, Los Angeles, »Effects of Furniture Arrangement, Props, and Personality on Social Interaction«, *Journal of Personality and Social Psychology,* 1971, Bd. 20, Nr. 1, S. 18–30.

Mehrabian, A. und S. R. Ferris, »Inference of Attitudes from Nonverbal Communication in Two Channels«, *Journal of Consulting Psychology,* 1967, Bd. 31, S. 248–252.

Middlemist, R. Dennis, Oklahoma State University, Eric S. Knowles, Ohio States University, und Charles F. Matter, University of Wisconsin, Green Bay, »Personal Space Invasions in the Lavatory: Suggestive Evidence for Arousal«, *Journal of Personality and Social Psychology,* 1976, Bd. 33, Nr. 5, S. 541–546.

Milgram, S., *Obedience to Authority,* New York, 1974.

Miller, Arthur G., Miami University, »Role of Physical Attractiveness in Impression Formation«, *Psychonomic Science,* 1970, Bd. 19, Nr. 4, S. 241–244.

Miller, A. R. und R. A. Stewart, »Perception of Female Physiques«, *Perceptual and Motor Skills,* 1968, Bd. 27, S. 721–722.

Miller, G., R. Beaber und K. Valone, »Speed of Speech and Persuation«, *Journal of Personality and Social Psychology,* 1976, Bd. 34, S. 615–624.

Millman, M., *Such a Pretty Face: Being Fat in America,* New York, 1980.

Mueser, Kim T., Barry W. Grau, Steve Sussman und Alexander J. Rosen, University of Illinois, »You're Only as Pretty as You Feel; Facial Expression as a Determinant of Physical Attractiveness«, *Journal of Personality and Social Psychology,* 1984, Bd. 46, Nr. 2, S. 469–478.

Murrell, Mary E., Trenton State College, und David Lester, Richard Stock-

ton State College, »The Personalities of Short People«, *Psychological Reports*, 1982, Bd. 50, S. 1034.
Natale, M., »Convergence of Mean Vocal Intensity in Dyadic Communication as a Function of Social Desirability«, *Journal of Personality and Social Psychology*, 1975, Bd. 32, S. 790–804.
Neill, J. R., J. R. Marshall und C. E. Yale, »Marital Changes after Bypass Surgery«, *Journal of the American Medical Association*, 1978, Bd. 240, S. 447–450.
Newman, Parley W. und Darwin F. Gale, Brigham Young University, wie berichtet in *Psychology Today*, September 1961, S. 84.
Nguyen, Tuan D., Richard Heslin und Mechele L. Nguyen, »The Meaning of Touch: Sex Differences«, *Journal of Communication*, 1975, Bd. 25, S. 92–103.
Noller, Patricia, University of Queensland, Australien, »Gaze in Married Couples«, in *Journal of Nonverbal Behavior*, 1980, Bd. 5, Nr. 2, S. 115.
Noppa, H. und C. Bengtsson, »Obesity in Relation to Socioeconomic Status«, *Journal of Epidemiology and Community Health*, 1980, Bd. 34, S. 139–142.
Noppa, H. und T. Hallstrom, »Weight Gain in Adulthood in Relation to Socioeconomic Factors, Mental Illness and Personality Traits: A Prospective Study of Middle-Aged-Women«, *Journal of Psychosomatic Research*, 1981, Bd. 25, Nr. 2, S. 83–89.
Nylander, I., »The Feeling of Being Fat and Dieting in a School Population«, *Acta Sociologica Medica Scandonacia*, 1971, Bd. 1, S. 17–26.
O'Neal, Edgar C., Mark A. Brunault, Michael S. Carifio, R. Troutwine und Jane Epstein, Tulane University, in »Effect of Insult Upon Personal Space Preferences«, *Journal of Nonverbal Behavior*, 1980, Bd. 5, Nr. 1, S. 56.
Owens, G. und J. G. Ford, »Forther Consideration of the ›What Is Good Is Beautiful Finding‹«, *Social Psychology*, 1978, Bd. 41, S. 73–75.
Page, Richard A. und Joseph L. Balloun, »The Effect of Voice Volume on the Perception of Personality«, *The Journal of Social Psychology*, 1978, Bd. 105, S. 65–72.
Paulsess, Shari und Morton Goldman, University of Missouri, Kansas City, »The Effect of Toucing Different Body Areas on Prosocial Behavior«, *Journal of Social Psychology*, 1984, Bd. 122, S. 269–273.
Petty, Richard E., University of Missouri, Columbia; Gary L. Wells, University of Alberta; Martin Heesacker, Southern Illinois University, Carbondale; Timothy C. Brock, Ohio State University, und John T. Cacioppo, University of Iowa, »The Effects of Recipient Posture on Persuasion«, *Personality and Social Psychology Bulletin*, Juni 1983, Bd. 9, Nr. 2, S. 209–222.
Reece, M. und N. Whitman, »Warmth and Expressive Movements«, *Psychological Reports*, 1961, Bd. 8, S. 76.
Reece, M. und N. Whitman, »Expressive Movements, Warmth, and Verbal Reinforcement«, *Journal od Abnormal and Social Psychology*, 1962, Bd. 64, S. 234–236.

Reingen, P. H., J. B. Kernan, L. Gresham, C. Narashmhan, I. Ronkainen, »Cognitive and Behavioral Consequences of the Physical Attractiveness Stereotype in Personal Selling«, unveröffentlichte Arbeit, School of Business, University of South Carolina, 1978.

Reis, Harry T., University of Rochester; John Nezlek, College of William and Mary, und Ladd Wheeler, University of Rochester, »Physical Attractiveness in Social Interaction«, *Journal of Personality and Social Psychology*, 1980, Bd. 38, Nr. 4, S. 604.

Rimm, I. J. und A. A. Rimm, »Association between Socioeconomic Status and Obesity in 59556 Women«, *Preventive Medicine*, 1974, Bd. 3, S. 543–552.

Robinson, Janet und Leslie Zebrowitz McArthur, Brandeis University, »Impact of Salient Vocal Qualities on Causal Attribution for a Speaker's Behavior«, *Journal of Personality and Social Pychology*, 1982, Bd. 43, Nr. 2, S. 236–247.

Rokeach, Milton, *The Open and Closed Mind*, New York 1960; *Beliefs, Attitudes, and Values*, San Francisco 1968; P. W. Smith und R. I. Evans, »Two Kinds of Prejudice or One?« in: Rokeach, *The Open and Clodes Mind*, New York 1960.

Rokeach, *The Open and Closed Mind*, New York 1960. Rosenfeld, H. M. und M. Hancks, »The Nonverbal Context of Verbal Listener Responses« in M. R. Key (Hg.), *The Relationship of Verbal and Nonverbal Communication*, Den Haag, 1980.

Royce, W. Stephen, University of Portland (Oregon), »Behavioral Referents for Molar Ratings of Heterosocial Skill«, *Psychological Reports*, 1982, Bd. 50, S. 139–146.

Rutter, D. R. und G. M. Stephenson, University of Kent, »The Function of Looking: Effects of Friendship on Gaze«, in *British Journal of Social and Clinical Psychology*, 1979, Bd. 18, S. 203.

Sanders, J. S. und W. L. Robinson, »Talking and Not Talking about Sex: Male and Female Vocabularies«, *Journal of Communication*, 1976, Bd. 29, S. 22–30.

Scheflen, A. E., *Körpersprache und soziale Ordnung*, Stuttgart.

Schwartz, R. A., D. B. Hershenson und W. G. Shipman, »The Sexual Behavior of Obese Married Women«, *Proceedings of the Annual Convention of the American Psychological Association*, 1971, Bd. 6, S. 445–446.

Severy, Lawrence, University of Florida, Donelson R. Forsyth, Virginia Commonwealth University und Peggy Jo Wagner, Pennsylvania Hospital, »A Multimethod Assessment of Personal Space Development in Female and Male, Black and White Children«, *Journal of Nonverbal Behavior*, 1979, Bd. 4, Nr. 2, S. 68.

Sewell, Edward H. jr., Virginia Polytechnic Institute, »Appreciation of Cartoons with Profanity in Captions«, *Psychological Reports*, 1984, Bd. 54, S. 583–587.

Sherman, M. und Adelaide Haas, State University of New York in New Paltz, »Man to Man, Woman to Woman«, *Psychology Today*, Juni 1984, S. 72.

Sigall, Harold und Nancy Ostrove, University of Maryland, »Beautiful but Dangerous: Effects of Offender Attractiveness and Nature of Crime on Juridic Judgement«, *Journal of Personality and Social Psychology*, 1975, Bd. 31, Nr. 3, S. 410.

Skotko, Vincent P., University of Cincinnati, »Conversational Intimicy and Interpersonal Attraction as a Function of the Manipulation of Interaction Distance«, *Dissertation Abstracts* 1975, Reihe 75–3368.

Smith, David E., Frank N. Willis und Joseph A. Gier, »Success and Interpersonal Touch in a Competitive Setting«, *Journal of Nonverbal Behavior*, 1980, Bd. 5, Nr. 1, S. 26.

Solomon, Michael R. und John Schopler, University of North Carolina, *Personality and Social Psychology Bulletin*, Bd. 8, Nr. 3, wie berichtet in *Psychology Today*, April 1983, S. 27.

Sommer, R., *Personal Space: The Behavioral Basis of Design*, Englewood Cliffs, New York 1969.

Sroufe, Ralph, Alan Chaikin, Rita Cook und Valerie Freeman, Old Dominion University, »The Effects of Physical Attractiveness on Honesty: A Socially Desirable Response«, *Personality and Social Psychology Bulletin*, 1977, Bd. 3, S. 59.

Stewart, Mark A., University of Notre Dame; Ellen Bouchard Ryan, McMaster University, und Howard Giles, University of Bristol, »Accent and Social Class Effects on Status and Solidarity Evaluations«, *Personality and Social Psychology Bulletin*, März 1985, Bd. 11, Nr. 1, S. 98–105.

Stier, Deborah S. und Judith A. Hall, Harvard University, »Gender Differences in Touch: An Empirical and Theoretical Review«, *Journal of Personality and Social Psychology*, 1984, Bd. 47, S. 440–459.

Stone, Gerald L. und Cathy J. Morden, University of Western Ontario, »Effects of Distance on Verbal Productivity«, in *Journal of Counseling Psychology*, 1976, Bd. 23, S. 486.

Stuart, Richard B. und Barbara Davis, *Slim Chance in a Fat World: Behavioral Control of Obesity*, Champaign, Ill., 1972.

Stunkard, Albert J., University of Pennsylvania, wie berichtet in »Fat or Fit? Study May Confirm Suspicions It Is in the Genes«, Jane E. Brody, *The New York Times*, 23. Januar 1986, S. 24.

Sussman, M. B. »Psycho-social Correlates of Obesity: Failure of Calorie Collectors«, *Journal of the American Dietetic Association*, 1956, Bd. 32, S. 423–428.

Tepper, D. S., »The Communication of Counselor Empathy, Respect, and Genuineness through Verbal and Nonverbal Channels«, Doktorarbeit, University of Massachusetts, 1972, in *Dissertation Abstracts International*, 1973, Bd. 33, 4858A. (University Mikrofilme No. 73-6710).

Terry, Roger L. und Judy S. Davis, Hanover College, »Components of Facial Attractiveness«, *Perceptual and Motor Skills*, 1976, Bd. 42, S. 918.

Trout, Deborah L. und Howard M. Rosenfeld, »The Effect of Postural Lean and Body Congruence on the Judgment of Psychotherapeutic Rapport«, *Journal of Nonverbal Behavior*, 1980, Bd. 4, Nr. 3, S. 176–190.

Tucker, Larry A., New Mexico State University, »Cigarette Smoking Intentions and Obesity Among High School Males«, *Psycholigical Reports*, April 1983, Bd. 52, Nr. 2, S. 530, berichtet in *Developmental Psychology*, Bd. 71, S. 1123–1131.

U. S. Food and Drug Administration, *A Nationwide Study of Food Shoppers' Knowledge, Beliefs, Attitudes and Reported Behavior Regarding Food and Nutrition*, DHEW Publikation Nr. (FDA) 76-2058, 1976.

Udry, J. Richard und Bruce K. Eckland, University of North Carolina, Chapel Hill, »Benefits of Being Attractive: Differential Payoffs for Men and Women«, *Psychological Reports*, 1984, Bd. 54, S. 47–56.

Udry, J. Richard und Bruce K. Eckland, University of North Carolina, Chapel Hill, berichtet in *Psychology Today*, April 1983.

Valentine, Mary E. und Howard Ehrlichman, City University of New York, »Interpersonal Gaze and Helping Behavior«, in *Journal of Social Psychology*, 1979, Bd. 107, S. 193.

Vander Zanden, J. W., *Sociology*, New York 1979.

Waldron, J., »Judgment of Like-Dislike from Facial Expression and Body Posture«, *Perceptual and Motor Skills*, 1975, Bd. 41, S. 799–804.

The Wall Street Journal, wie berichtet in »The Non-Tall Caught Up Short«, *Behavior Today*, 6. September 1971. Quelle der Erhebung nicht angegeben.

Walster, Elaine, University of Wisconsin, »Did You Ever See a Beautiful Conservative?«, unveröffentlichte Arbeit, 1971, zitiert in Berscheid und Walster, 1974.

Webster, Murray jr., University of South Carolina, und James E. Driskell jr., U. S. Navy Human Factors Laboratory, »Beauty as Status«, *American Journal of Sociology*, Bd. 89, Nr. 1, S. 140–165.

West, K. M., »Culture, History and Adiposity, or Should Santa Clause Reduce?«, *Obesity and Bariatric Medicine*, 1974, Bd. 3, Nr. 2, S. 48–52.

Willis, Frank N., University of Missouri, Kansas City; Lois A. Willis, Ozanam Home for Boys; Joseph A. Gier, auch U. M.–K. C., »Given Names, Social Class, and Professional Achievement«, *Psychological Reports*, 1982, Bd. 51, S. 543–549.

Wilson, Darrell, Dr., Stanford University, *Pediatrics*, 1987, Bd. 78, S. 646–650.

Worringham, Charles J. und David M. Messick, University of California, Santa Barbara, »Social Facilitation of Running: An Unobtrusive Study«, *Journal of Social Psychology*, 1983, Bd. 121, S. 23–29.

Wurtman, Judith, Massachusetts Institute of Technology, *International Journal of Eating Disorders*, März 1985, berichtet in »A Candy Bar a Day Keeps Fat Away«, *Centre Daily Times*, (State College, Pa.), 4. März 1984.

Yates, James S. und Robert S. Miller, »Effects of Seating Orientation on Appreciation of Humor«, *Psychological Reports*, 1982, Bd. 51, S. 567.

Zweigenhaft, Richard L., Guilford College, »The Other Side of Unusual First Names«, *Journal of Social Psychology*, 1977, Bd. 103, S. 291–302.

Kapitel 2
Ihre Stimmungen und psychischen Verfassungen

Albin, Rochelle Semmel, McLean Hospital, Harvard Medical School, »The Holiday Blues – A Christmas Fable?«, *Psychology Today*, Dezember 1981, S. 10–12.

Aneshensel, Carol, University of California School of Public Health, wie berichtet in *Litchfield County Times*, 22. März 1985.

Arizona State University, Forscher unbenannt, in einem anläßlich der Versammlung der American Psychological Association präsentierten Papier, wie berichtet in »Pinups and Letdowns«, *Psychology Today*, September 1983.

Beck, Aaron, University of Pennsylvania School of Medicine, Artikel in *American Journal of Psychiatry*, 1985, wie berichtet in »Test Is Called Successfull in Predicting Suicide«, *The New York Times*, 10. Februar 1985.

Beck, Alan, Ökologe, und Aaron Katcher, Psychiater, University of Pennsylvania Center for the Interaction of Animals and Society, School of Veterinary Medicine, wie berichtet in *Psychology Today*, Mai 1981.

Behavior Today, 19. Juni 1972, Forscher unbekannt.

Benham, Lee und Alexandra Benham, zitiert in »Handsome Is as Handsome Doesn't«, in *Psychology Today*, April 1983.

Blazer, Dan, Psychiater, Duke University Medical Center, berichtet in »Depression Is Twice as Frequent in Crities as in Rural Areas, Study Says«, *The New York Times*, 6. August 1985.

Blotnick, Srully, *Ambitious Men: Their Drives, Dreams and Delusions*, 1987, und aus einem Interview mit Associated Press.

Boor, Myron, Brown University, *American Sociological Review*, Bd. 46, Nr. 5.

Borys, Shelley, University of Waterloo, und Daniel Perlman, University of British Columbia, »Gender Differences in Loneliness«, *Personality and Social Psychology Bulletin*, 1985, Bd. 11, Nr. 1, S. 63.

Boyanowsky, Ehor und Curt Griffiths, Simon Fraser University, »Weapons and Eye Contact as Instigators or Inhibitors of Aggressive Arousal in Police-Citizen Interaction«, *Journal of Applied Social Psychology*, 1982, Bd. 12, Nr. 4, S. 398.

Braff, David L. und June Sprock, University of California, San Diego, Medical Center und Dennis Saccuzzo, San Diego State University, in einem anläßlich der Versammlung 1981 der American Psychological Association präsentierten Papier, wie berichtet in *University of California Clipsheet*, 2. Juni 1981.

Center for Disease Control, wie berichtet in »Increase in Young Men's Suicides Arouses Concern of Health Aides«, *The New York Times*, 24. Juni 1985.

Christie, Daniel, Ohio State University und Carl Glickman, University of Georgia, berichtet in *Psychology in the Schools*, Bd. 17, Nr. 3.

Cohen, Sheldon, »Sound Effects on Behavior«, *Psychology Today*, Oktober 1981, S. 38, 41–44, 48.
Cory, Christopher T., »Newsline«, *Psychology Today*, November 1981, S. 22; Forscher nicht angegeben.
Coyne, James, University of California, Berkeley, und Stephen Strack, University of Miami, wie berichtet in »Shunning the Depressed«, *Psychology Today*, März 1982.
Cumming, David C., Medizinische Fakultät, University of Iberta, wie berichtet in »Runner's Love Slump«, *Self*, Februar 1985.
Cutler, Winnifred B. und George Preti, Monell Chemical Senses Center, Philadelphia, *Hormones and Behavior*, 1987, Bd. 20, S. 463–482.
Darnton, Nina, »Women and Stress on Job and at Home«, *The New York Times*, 7. August 1985.
Delongis, Anita und andere, Stress and Coping Project, University of California, Berkeley, »Relationship of Daily Hassles, Uplifts, and Major Life Events to Health Status«, *Health Psychology*, 1982, Bd. 1, Nr. 2, S. 119–136.
Demartino, M. F., *Sex and the Intelligent Woman*, New York 1974.
Dittrich, Gerhard, Stadtplanungsamt, Nürnberg, ein 250 Seiten-Bericht, herausgegeben vom Bundesministerium für Raumordnung, Bauwesen und Städtebau, wie berichtet in *The New York Times*, 9. Mai 1971.
Donnerstein, Edward und Gary Barrett, Iowa State University, »Effects of Erotic Stimuli on Male Aggression Toward Females«, *Journal of Personality and Social Psychology*, 1978, Bd. 36, Nr. 2, S. 180.
Dutton, Donald G. und Arthur P. Aron, University of British Columbia, »Some Evidence for Heightened Sexual Attraction under Conditions of High Anxiety«, *Journal of Personality and Social Psychology*, 1974, Bd. 30, Nr. 4, S. 510–517.
Earls, Felton, Professor der Kinderpsychiatrie, Washington University School of Medicine und Direktor der Martha's Vineyard Child Health Survey, wie berichtet in *The New York Times*, 3. Oktober 1983.
Eron, Leonhard und Rowell Huesmann, University of Illinois, berichtet in »›Class Bully‹ More Likely to Break Laws as an Adult«, *Centre Daily Times* (State College, Pa.), 17. August 1985.
Fichten, Catherine S. und Betty Sunerton, Dawson College, »Popular Horoscopes and the ›Barnum Effect‹«, *Journal of Psychology*, 1983, Bd. 114, S. 123–134.
Fischer, C. S. und S. L. Phillips, »Who Is Alone? Characteristics of People with Small Networks«, in *Loneliness: A Sourcebook of Current Theory, Research and Therapy* (L. A. Peplau und D. Perlman, Hg.), New York, S. 21–39.
Fischman, Joshua, »Getting Touch«, *Psychology Today*, Dezember 1987, S. 26–28.
Fisher, William A. und Donn Byrne, Purdue University, »Sex Differences in Response to Erotica? Love versus Lust«, in *Journal of Personality and Social Psychology*, 1978, Bd. 36, Nr. 2, S. 117.

Gove, Walter R. und Michael R. Geerken, Vanderbilt University, »The Effect of Children and Employment on the Mental Health of Married Men and Women«, in *Social Forces*, 1977, Bd. 56, Nr. 1, S. 66.

Harris Poll, »The Nuprin Pain Report«, wie berichtet in *Centre Daily Times*, (State College, Pa.), 30. Juli 1987.

Hatfield, Elaine, Sue Sprecher und Jane Traupmann, University of Wisconsin, »Men's and Women's Reaction to Sexually Explicit Films: A Serendipitous Finding«, *Archives of Sexual Behavior*, 1978, Bd. 7, Nr. 6, S. 583–592.

Hicks, Robert, San Jose State University, *Perceptual and Motor Skills*, 1983, Bd. 56, Nr. 1.

Hollender, Marc H., Vanderbilt University, anläßlich der Mid-South Medical Association-Versammlung in Memphis, Tenn., wie berichtet in der *Pittsburgh Post-Gazette*, 1. März 1971.

Holmes, T. H. und R. H. Rahe, University of Washington, »Social Readjustment Scale«, *Journal of Psychosomatic Research*, Bd. 2, 1967, S. 213–218.

Hoon, Peter W., University of Tennessee, und Emily Franck Hoon, University of Florida, »Effects of Experience in Cohabitation on Erotic Arousability«, *Psychological Reports*, 1982, Bd. 50, S. 255–258.

Imman, Marjorie, Purdue University, wie berichtet in *Self*, Februar 1985, S. 40.

Ivancevich, John M. und Michael T. Matteson, »Occupational Stress, Satisfaction, Physical Well-Being, and Coping: A Study of Homemakers«, *Psychological Reports*, Juni 1982, Bd. 50, Nr. 3, S. 995–1005.

Iwata, Osamu, »The Relationship of Noise Sensitivity to Health and Personality«, *Japanese Psychological Research*, 1984, Bd. 26, Nr. 2, S. 75–81.

Jenks, Richard J., Indiana University Southeast, *Journal of Sex Research*, 1986, Bd. 21, Nr. 2.

Jones, Warren H., J. E. Freemon und R. A. Goswick, »The Persistence of Loneliness: Self and Other Determinants«, *Journal of Personality Assessment*, 1983.

Jones, Warren H., Steven A. Hobbs und Don Hockenbury, University of Tulsa, »Loneliness and Social Skill Deficits«, *Journal of Personality and Social Psychology*, 1982, Bd. 42, Nr. 4, S. 682.

Kleinke, Chris L., Edith Nourse Rogers Memorial Veterans Hospital, Bedford, Mass.; Richard A. Staneski, Old Dominion University, und Jeanne K. Mason, Caffey College, »Sex Differences in Coping with Depression«, *Sex Roles*, 1982, Bd. 8, Nr. 8, S. 877.

Lazarus, Richard S., University of California, Berkeley, »Little Hassles Can be Hazardous to Your Health«, *Psychology Today*, Juli 1981, S. 58–62.

Lewy, Alfred J., Psychiater, Oregon Health Sciences University, *Science*, 1987, Bd. 235, S. 352–353.

McCormack, S. H. und A. Kahn, »Behavioral Characteristics of Lonely and Non-Lonely College Students«, anläßlich der Midwestern Psychological Association präsentiertes Papier, St. Louis, Mai 1980.

Miller, Gus H., Direktor, Studies on Smoking, Inc., Edinboro, Pa., wie berichtet von der Associated Press und erschienen in *Centre Daily Times* (State College, Pa.), 23. Februar 1986.

Monk, Timothy H., University of Sussex, Brighton, England, und Lynne C. Aplin, King's College, University of London, London, England, »Spring and Autumn Daylight Saving Time Changes: Studies of Adjustment in Sleep Timings, Mood, and Efficiency«, *Ergonomics*, 1980, Bd. 23, Nr. 2, S. 167–178.

Morokoff, Patricia J., Uniformed Services University of the Health Sciences (Department of Defense), »Effects of Sex Guilt, Repression, Sexual ›Arousability‹, and Sexual Experience on Female Sexual Arousal During Erotica and Fantasy«, *Journal of Personality and Social Psychology*, 1985, Bd. 49, Nr. 1, S. 177–187. (Einige zusätzliche Forschungsergebnisse und Interviewzitate stammen von Daniel Goleman, »New Studies Examine Sexual Guilt«, *The New York Times*, 20. August 1985.)

New York Hospital-Cornell Medical Center, White Plains, N. Y., Studie berichtet in *American Journal of Orthopsychiatry*, 1984, Bd. 54, Nr. 3.

Newsweek (Titelgeschichte), »Depression«, 4. Mai 1987, S. 48–54, 57.

Nolen-Hoeksema, Susan, Stanford University, wie berichtet in der *Centre Daily Times* (State College, Pa.), 29. Januar 1987.

Paoli, Studie eines Krankenhauses in Paoli, Pennsylvania, wie berichtet (ohne Nennung des Forschers) in der *Centre Daily Times* (State College, Pa.), 7. Oktober 1984.

Peplau, Letitia Ann, University of California, und Daniel Perlman, University of British Columbia, »Perspectives on Loneliness«, in *Loneliness; A Sourcebook of Current Theory, Research and Therapy*, New York 1982, S. 1–20.

Persinger, Michael A., *The Weather Matrix and Human Behavior*, New York 1980.

Phillips, David P. und John S. Wills, University of California, San Diego, *Suicide and Life-Threatening Behavior*, 1987, Bd. 17, S. 1–12.

Range, Lillian M., Howard N. Anderson und Andrea L. Wesley, University of Southern Mississippi, »Personality Correlates of Multiple Choice Answer-Changeing Patterns«, *Psychological Reports*, 1982, Bd. 51, S. 523–527.

Rassidakis, N. C., wie berichtet in *Behavior Today*, 2. Oktober 1972.

Repetti, Rena, University of Southern California, anläßlich der Jahresversammlung 1985 der American Psychological Association präsentiertes Papier, wie berichtet in *Litchfield County Times*, 27. Dezember 1985.

Rooney, John J., La Salle College, berichtet in *Psychology Today*, Nov. 1981.

Rosenthal, Norman E. und Thomas A. Wehr, wie präsentiert anläßlich der Jahresversammlungen der American Psychiatric Association und der Association of Biological Psychiatry.

Russel, D. W., Letitia Ann Peplau und Carolyn E. Cutrona, »The Revised UCLA Loneliness Scale: Concurrent and Discriminant Validity Evidence«, *Journal of Personality and Social Psychology*, 1980, Bd. 39, S. 472–480.

Saft, Marcia, »When Depression Calls at Christmas«, *The New York Times*, 8. Dezember 1985.

Salk, Lee, Cornell University Medical College, Artikel in *Lancet*, berichtet in »Teen-Age Suicide«, *The New York Times*, 30. April 1985.

Sanders, Jeffrey L. und Mary S. Brizzolara, Towson State University, »Relationships Between Weather and Mood«, *Journal of General Psychology*, Juli 1982, Bd. 107, Nr. 1, S. 155–156.

Seiden, Richard H., University of California (Berkeley) School of Public Health, ein Artikel in *International Journal of Aging and Human Development*, 1982, berichtet in *University of California Clip Sheet*.

Seiden, Richard H. und Mary Spence, University of California, Berkeley, »A Tale of Two Bridges; Comparative Suicide Incidence on the Golden Gate and San Francisco-Oakland Bay Bridges«, *Crisis – International Journal of Suicide and Crisis Studies*, Bd. 3, Nr. 1, S. 32–40.

Sex over Forty (ein in Chapel Hill, N. C., erschienener Rundbrief), Paul A. Fleming, Dr., Hg., »How Women Feel About Sex: What Surveys Show«, Februar 1988, Bd. 6, Nr. 9.

Shaver, Philip und Jonathan Freedman, »Your Pursuit of Happiness«, *Psychology Today*, August 1976, S. 26–32, 75.

Shneidman, Edwin S., UCLA School of Medicine, wie indirekt und direkt zitiert aus seinem Buch, *Definition of Suicide*, in einem Artikel, »Clues to Suicide: A Brian Chemical Is Implicated«, Daniel Goleman, *The New York Times*, 8. Oktober 1985, S. C–1, C–8.

Simpson und Schill (1977), zitiert in Harold Holzman, Rutgers University, und Sharon Pines, Montgomery County Health Department, »Buying Sex; The Penomenology of Being a John«, *Deviant Behavior; An Interdisciplinary Journal*, 1982, Bd. 4, S. 89.

Solano, Cecilia H., Phillip G. Batten und Elizabeth A. Parrish, Wake Forest University, »Loneliness and Patterns of Self-Disclosure«, *Journal of Personality and Social Psychology*, 1982, Bd. 43, Nr. 3, S. 524.

Stack, Steven, Pennsylvania State University, Papier anläßlich der Jahresversammlung 1984 der American Sociological Association präsentiert.

Stokes, Joseph P., University of Illinois at Chicago, »The Relation of Social Network and Individual Difference Variables to Loneliness«, *Journal of Personality and Social Psychology*, 1985, Bd. 48, Nr. 4, S. 981.

Strack, Stephen, Paul H. Blaney und Ronald J. Ganellen, University of Miami, und James C. Coyne, Mental Research Institute, Palo Alto, Kalifornien, »Pessimistic Self-Preoccupation, Performance Deficits, and Depression«, *Journal of Personality and Social Psychology*, 1985, Bd. 49, Nr. 4, S. 1076–1085.

Stramler, Carla, James Kleiss und William Howell, berichtet in *Journal of Applied Psychology*, Bd. 68, Nr. 1.

Wasserman, Ira, Eastern Michigan University, *American Sociological Review*, 1985, Bd. 49, Nr. 3.

Weinberg, Martin S., Rochelle Ganz Swensson und Sue Kiefer Hammersmith, Indiana University, »Sexual Autonomy and the Status of Women:

Models of Female Sexuality in U. S. Sex Manuals from 1950 to 1980«, *Social problems*, Februar 1983, Bd. 30, Nr. 3, S. 312–324.

Wheeler, Ladd und Harry Reis, University of Rochester, und John Nezlek, College of William and Mary, »Loneliness, Social Interaction and Sex Roles«, *Journal of Personality and Social Psychology*, 1983, Bd. 45, Nr. 4, S. 943.

White, Gregory, University of Maryland; Sanford Fishbein, Notre Dame University, und Jeffrey Rutstein, Rutgers University, »Heartbeat and Your Perceptions of the Opposite Sex«, *Journal of Personality and Social Psychology*, 1981, Bd. 41, Nr. 1.

Williams, Janice G. und Cecilia H. Solano, Wake Forest University, »The Social Reality of Feeling Lonely: Friendship and Reciprocation«, *Personality and Social Psychology Bulletin*, 1983, Bd. 9, Nr. 2, S. 237.

Wilson, Wayne und Valette Liedtke, Stephen F. Austin State University, »Movie-Inspired Sexual Practices«, in *Psychological Reports*, 1984, Bd. 54, S. 328.

Kapitel 3 – Ihre innersten Geheimnisse

Altman, Irwin, »Reciprocity of Interpersonal Exchange«, *Journal of Theory of Social Behavior*, 1973, Bd. 3, Nr. 2, S. 249.

Amabile, Teresa M., Brandeis University, »Brilliant but Cruel: Perceptions of Negative Evaluators«, *Journal of Experimental Social Psychology*, 1983, Bd. 19, S. 146–156.

Amerikaner, Martin, University of Houston, »Self-Disclosure; A Study of Verbal and Coverbal Intimacy«, in *Journal of Psychology*, 1980, Bd. 104, S. 221.

Andreasen, Nancy D., University of Iowa College of Medicine; Kay Jamison, Studien veröffentlicht in *Science News*, 24. Oktober 1987, Bd. 132, S. 262; auch in Rundfunksendungen berichtet im Nov. 1984 und März 1987.

Asbell, Bernard, »Is Your Child Brighter Than Teachers Think?«, *Redbook*, März 1973, S. 92–93, 153–156.

Barefoot, John C., Lloyd H. Strickland, Paul Guild und Allen Turnbull, Carleton University, Ottawa, Kanada, »The Effect of Severity of Exertion on Olking for a Cause«, *Journal of Social Psychology*, Juni 1976, Bd. 99, Nr. 1, S. 51–56.

Beale, Claudette J. und David Baskin, Bronx-Lebanon Hospital Center, Crotona Park Community Mental Health Center, N. Y., »What Do Our Teenagers Fear?«, *Child Psychiatry Quarterly*, 1983, Bd. 16, Nr. 1, S. 1–8.

Cadwell Davis Partners (Werbeagentur), Meinungsumfrage über das Altern, die in Auftrag gegeben wurde, nachdem eine Lebensmittelproduktserie »für ältere Bürger« und ein Shampoo »für das Haar über Vierzig« am Markt gescheitert waren. Berichtet in »Most Feel Their Age Is Unreal«, *The New York Times*, 10. November 1982.

Cameron, Paul, University of Louisville, berichtet in *Behavior Today*, 17. Dezember 1970.

Chaikin, Alan L., Valerian J. Derlega, Benjamin Bayma und Jacqueline Shaw, Old Dominion University, »Neuroticism and Disclosure Reciprocity«, *Journal of Consulting and Clinical Psychology*, 1975, Bd. 43, Nr. 1, S. 13.

Cozby, Paul C., University of Minnesota, »Self-Disclosure; A Literature Review«, *Psychological Bulletin*, Februar 1973, Bd. 79, Nr. 2, S. 73.

Darley, John und C. Daniel Batson, Princeton University, *Journal of Personality and Social Psychology*, Bd. 27, Nr. 1.

Davidson, William, University of South Carolina, Aiken, und Patrick Cotter, University of Alabama, »Adjustment to Aging and Relationships with Offspring«, *Psychological Reports*, 1982, Bd. 50, S. 731. (Erhebung umfaßte »strukturierte« Interviews mit 83 älteren Personen, mehrheitlich weiß, weiblich und mit einem Partner zusammenlebend; sämtliche Teilnehmer/innen eines Programms für ältere Mitbürger in Aiken, S. C.).

Daivs, John D., University of Sheffield, England, »Self-Disclosure in an Acquaintance Exercise: Responsibility for Level of Intimacy«, *Journal of Personality and Social Psychology*, 1976, Bd. 33, Nr. 6, S. 787.

Davis, Kingsley und Pietronella van den Oever, University of Southern California, in *Population and Development Review*, Bd. 7, Nr. 1, wie berichtet in *Psychology Today*, Dezember 1981.

Derlega, Valerian J., Midge Wilson und Alan L. Chaikin, Old Dominion University, »Friendship and Disclosure Reciprocity«, *Journal of Personality and Social Psychology*, 1976, Bd. 34, Nr. 4, S. 587.

Feldman, David, Tufts University, wie berichtet in »Does 180 Mean Supergenius?«, *Psychology Today*, Mai 1983, S. 18.

Fell, Larry, Mark Dahlstrom, D. Campbell Winter, Kenosha (Wisconsin) Unified School District No. 1, »Personality Traits of Parents of Gifted Children«, *Psychological Reports*, 1984, Bd. 54, S. 383–387.

Flynn, James R., University of Otago, Neuseeland, *Psychological Bulletin*, Bd. 101, S. 171–191.

George, Pamela, Department of Special Education, North Carolina Central University, und James Gallagher, Frank Porter Graham Child Development Center, University of North Carolina, *Journal for the Education of the Gifted*, Bd. 2, Nr. 1.

Gold, Norman und Julie Shaw, Malvern Clinic, Malvern, Victoria, Australien, *Medical Journal of Australia*, Bd. 1, Nr. 13.

Goldenson, Robert M., *The Encyclopedia of Human Behavior*, Garden City, N. Y. 1970.

Goleman, Daniel, »Forgettfulness Is Seen Causing More Worry Than It Should«, *The New York Times*, 1. Juli 1986, S. C–1.

Goleman, Daniel, »In Memory, People Re-Create Their Lives to Suit Their Images of the Present«, *The New York Times*, 23. Juni 1987, S. C–1.

Goleman, Daniel, »›Social Chameleon‹ May Pay Emotional Price«, *The New York Times*, 12. März 1985.

Gondola, Joan, Baruch College of the City University of New York, und

Bruce Tuckman, Florida State University, *Journal of Social Behavior and Personality*, Bd. 1, Nr. 1.
Grigsby, James P. und Donald Weatherley, University of Colorado, »Gender and Sex-Role Differences in Intimacy of Self-Disclosure«, *Psychological Reports*, 1983, Bd. 53, S. 891.
Gruber, Howard, Direktor, Institute for Cognitive Studies, Rutgers University, interviewt von Howard Gardner, Boston University School of Medicine, »Breakaway Minds«, *Psychology Today*, Juli 1981, S. 64–73.
Harvey, Joan, University of Pennsylvania Medical School, ein anläßlich der Jahresversammlung der American Psychological Association in Toronto, 1984, präsentiertes Papier, wie berichtet in *The New York Times*, 11. September 1984.
Hoelter, Jon W., University of Cincinnati, »Relative Effects of Significant Others on Self-Evaluation«, *Social Psychology Quarterly*, 1984, Bd. 47, Nr. 3, S. 255–262.
Hoffman, Martin L., University of Michigan, »Altruistic Behavior and the Parent-Child Relationship«, *Journal of Personality and Social Psychology*, 1975, Bd. 31, S. 937–943.
Hogan, H. Wayne, Tennessee Technological University, »I. Q. Self-Estimates of Males and Females«, *Journal of Social Psychology*, 1978, Bd. 106, S. 137–138.
Hosch, Harmon M. und Stephanie J. Platz, »Self-Monitoring and Eyewitness Accuracy«, *Personality and Social Psychology Bulletin*, Juni 1984, Bd. 10, Nr. 2, S. 289–292.
Ickes, William und Richard D. Barnes, University of Wisconsin, »The Role of Sex and Self-Monitoring in Unstructured Dyadic Interactions«, *Journal of Personality and Social Psychology*, 1977, Bd. 35, Nr. 5, S. 315.
Jackson, Jeffrey M. und Bibb Latane, Ohio State University, *Personality and Social Psychology Bulletin*, Bd. 7, Nr. 3.
Johnson, David L., Baylor University, »College Students' Scores on Torrance's Tests of Creative Thinking«, *Psychological Reports*, 1974, Bd. 35, S. 65–66.
Jourard, Sidney M. und Lasakow, P., »A Research Approach to Self-Disclosure«, *Journal of Abnormal Psychology*, 1958, S. 56.
Kaltsounis, Bill, Middle Tennessee State University, »Race, Socioeconomic Status and Creativity«, *Psychological Reports*, August 1974, Bd. 35, Nr. 1, S. 164–166.
Kaufmann, Walter, *Beyond Guilt and Justice*, wie berichtet in *Behavior Today*, 7. Februar 1972.
Loewenstein, Harold V., George D. Ponticos und Michele A. Paludi, University of Cincinnati und Kent State University, »Sex Differences in Graffiti as a Communicative Style«, *Journal of Social Psychology*, 1982, Bd. 117, S. 307–308.
Lynn, Richard, »The Social Ecology of Intelligence in the British Isles«, *British Journal of Social and Clinical Psychology*, 1979, Bd. 18, S. 1–11.
Maas, Henry und Joseph Kuypers, *From Thirty to Seventy*, veröffentlicht

1975 von Jossey-Bass, Inc., San Francisco, wie berichtet im *University of California Clip Sheet*, 24. Juni 1975.

Mewaldt, Steven, Marshall University, anläßlich der Jahresversammlung der American Psychological Association 1987 präsentiertes Papier, wie berichtet in »Tranquil Daze«, *Psychology Today*, Januar 1988, S. 12.

Pedersen, Dahrl, Brigham Young University, *Perceptual and Motor Skills*, Bd. 62, Nr. 1.

Perkins, David N., Co-Direktor, Project Zero, Harvard University, wie berichtet in »The Spark: Personal Testimonies of Creativity«, *Science News*, 7. November 1987, S. 297–299.

Piechowski, Michael M., Northwestern University; Linda K. Silverman und R. Frank Falk von der University of Denver, »Comparison of Intellectually and Artistically Gifted on Five Dimensions of Mental Functioning«, *Perceptual and Motor Skills*, 1985, Bd. 60, S. 539–549.

Psychology Today, »Wellness Is All, a Report on *Psychology Today's* Survey of Beliefs about Health« von Carin Rubenstein, Oktober 1982, S. 28–37.

Rafferty, Carole, »Study of Gifted from Childhood to Old Age«, *The New York Times*, 23. April 1984.

Rosner, Mordecai und Michael Belkin, *Archives of Opthalmology*, 1987, wie berichtet von Associated Press, November 1987, und T. W. Teasdale, Kopenhagener Universität und dem Dänischen Institut für Myopie-Forschung, »Study Links Intelligence and Myopia« von Cory Dean, *The New York Times*, 20. Dezember 1988.

Rossi, Alice, University of Massachusetts, Amherst, in *Signs*, Bd. 6, Nr. 1, wie berichtet in »Women's 40-Year Itch to Be 34«, *Psychology Today*, Februar 1982, S. 82.

Rotter, Julian B., University of Connecticut, »Interpersonal Trust, Trustworthiness, and Gullibility«, *American Psychologist*, Januar 1980, Bd. 35, Nr. 1, S. 1–7.

Rubin, Zick, Harvard University, »Disclosing Oneself to a Stranger: Reciprocity and Its Limits«, *Journal of Experimental Social Psychology*, 1975, Bd. 11, S. 233.

Schaie, K. Warner und Sherry L. Willis, Pennsylvania State University, eine vom National Center of Aging geförderte Studie, wie berichtet in »Resharpening Mental Skills«, *The New York Times*, 26. Februar 1986, S. C–3.

Shaffer, David R., University of Georgia; Jonathan E. Smith, Akron University und Michele Tomarelli, University of Georgia, »Self-Monitoring as a Determinant of Self-Disclosure Reciprocity During the Acquaintance Process«, *Journal of Personality and Social Psychology*, 1982, Bd. 43, Nr. 1, S. 163.

Shaw, Jeffrey S., Frances Francois, Hadassa Filler und Vincenza Sciarillo, City University of New York, »The Thoughts of Persons in an Urban Environment«, in *Journal of Social Psychology*, 1981, Bd. 115, S. 293.

Snyder, Mark, University of Minnesota, »Self-Monitoring of Expressive

Behavior«, in *Journal of Personality and Social Psychology*, 1974, Bd. 30, Nr. 4, S. 526. (Der Snyder-Test zur Messung der Selbstüberwachung ist in diesem Artikel enthalten.)

Snyder, Mark, Ellen Berscheid und Peter Glick, University of Minnesota, »Focusing on the Exterior and Interior: Two Investigations of the Initation of Personal Relationships«, *Journal of Personality and Social Psychology*, 1985, Bd. 48, Nr. 6, S. 1427–1439.

Snyder, Mark, Steve Gangestad und Jeffrey A. Simpson, University of Minnesota, »Choosing Friends as Activity Partners: The Role of Self-Monitoring«, *Journal of Personality and Social Psychology*, 1983, Bd. 45, Nr. 5, S. 1061–1072.

Snyder, Mark und Thomas C. Monson, University of Minnesota, »Persons, Situations and the Control of Social Behavior«, *Journal of Personality and Social Psychology*, 1975, Bd. 32, Nr. 4, S. 637.

Snyder, Mark und William B. Swann jr., University of Minnesota, »When Actions Reflect Attitudes: The Politics of Impression Management«, *Journal of Personality and Social Psychology*, 1976, Bd. 34, Nr. 5, S. 1034.

Sobol, Dava, »For Some People, Studies Find, ›One True Self‹ Isn't Enough«, *The New York Times*, 24. November 1981, S. C–1.

Solano, Cecilia H., Phillip G. Batten und Elizabeth A. Parrish, Wake Forest University, »Loneliness and Patterns of Self-Disclosure«, *Journal of Personality and Social Psychology*, 1982, Bd. 43, Nr. 3, S. 524.

Streufert, Siegfried, Pennsylvania State University College of Medicine, wie berichtet von Daniel Goleman, »Successful Executives Rely on Own Kind of Intelligence«, *The New York Times*, 31. Juli 1984, S. C–1.

»The Tampax Report«, erstellt für Tampax Inc. von Research and Forecast, der Forschungsabteilung von Ruder and Finn, einem Public-Relations-Unternehmen, wie berichtet in *The New York Times*, 22. Juni 1981.

Wales, Elizabeth und Barbara Brewer, University of Cincinnati, »Graffiti in the 1970's«, *Journal of Social Psychology*, 1976, Bd. 99, S. 115–123.

Weinrich, James D., Harvard University, »Nonreproduction, Homosexuality, Transsexualism, and Intelligence: A Systematic Literature Search«, *Journal of Homosexuality*, Frühjahr 1978, Bd. 3, Nr. 3, S. 275–289.

Winstead, Barbara A. und Valerian J. Derlega, Old Dominion University und Paul T. P. Wong, Trent University, »Effects of Sex-Role Orientation on Behavioral Self-Disclosure«, *Journal of Research in Personality*, 1984, Bd. 18, S. 541.

Won-Doornink, Myong Jun, Washington State University, »On Getting to Know You: The Association Between the Stage of a Relationship and Reciprocity of Self-Disclosure«, *Journal of Experimental Social Psychology*, 1979, Bd. 15, S. 229.

Wortman, Camille B., Peter Adesman, Elliot Herman und Richard Greenberg, Northwestern University, »Self-Disclosure: An Attributional Perspective«, *Journal of Personality and Social Psychology*, 1976, Bd. 33, Nr. 2, S. 184.

Kapitel 4 – Verbrechen, Gewalt und Aggression

Allen, Vernon L. und David B. Greenberger, University of Wisconsin, »Enjoyment of Destruction: The Role of Uncertainty«, *Journal of Nonverbal Behavior*, 1979, Bd. 4, Nr. 2, S. 87.

Anderson, Craig A., Rice University und Dona C. Anderson, Houston Veterans Administration Medical Center, »Ambient Temperature and Violent Crime: Tests of the Linear and Curvilinear Hypotheses«, *Journal of Personality and Social Psychology*, 1984, Bd. 46, Nr. 1, S. 91–97.

Bart, Pauline und Patricia H. O'Brien, University of Illinois in Chicago, wie berichtet von Valerie J. Phillips, Chicago Tribune Syndicate, *Centre Daily Times* (State College, Pa.), 31. März 1986.

Behavior Today, 26. April 1971, S. 2.

Block, Richard, Loyola University, und Wesley Skogan, Northwestern University, wie berichtet in »Best Tactics for Talking to Assailants«, *The New York Times*, 16. August 1983.

Brutz, Judith L., Iowa State University, und Bron B. Ingoldsby, Ricks College, Rexburg, Id., »Conflict Resolution in Quaker Families«, *Journal of Marriage and the Family*, Februar 1984, S. 21–26.

Calhoun, Lawrence G., Arnie Cann, James W. Selby und David L. Magee, University of North Carolina in Charlotte, »Victim Emotional Response: Effects on Social Reaction to Victims of Rape«, *British Journal of Psychology*, 1981, Bd. 20, S. 17–21.

Cann, Arnie, Lawrence G. Calhoun und James W. Selby, University of North Carolina in Charlotte, »Attributing Responsibility to the Victim of Rape: Influence of Information Regarding Past Sexual Experience«, *Human Relations*, 1979, Bd. 32, Nr. 1, S. 57–67.

Clifford, Brian R. und Clive R. Hollin, North East London Polytechnic, »Effects of the Type of Incident and the Number of Perpetrators on Eyewitness Memory«, *Journal of Applied Psychology*, 1981, Bd. 66, Nr. 3, S. 364.

Cook, Philip, Duke University, wie berichtet in »Best Tactics for Talking to Assailants«, *The New York Times*, 16. August 1983.

Curtis, Gary, Greater Washington D. C. Board of Trade, berichtet in »When You Least Expect It...«, *Chain Store Age Executive*, Februar 1985, S. 18.

Depaulo, Bella, University of Virginia, und Roger Pfeifer, Federal Law Enforcement Training Center, Gloynco, Ga., *Journal of Applied Social Psychology*, Bd. 16, Nr. 3.

Dodge, Kenneth, Vanderbilt University, *Child Development*, 1987.

Eron, Leonard und Rowell Huesmann, University of Illinois, berichtet in »›Class Bully‹ More Likely to Break Laws as an Adult«, *Centre Daily Times* (State College, Pa.), 17. August 1985.

Feldman-Summers, Shirley und Karen Lindner, University of Washington, »Perceptions of Victims and Defendants in Criminal Assault Cases«, *Criminal Justice and Behavior*, Juni 1976, Bd. 3, Nr. 2, S. 135–150.

Grayson, Betty, Hofstra University, *Journal of Communication*, Winter

1981, wie berichtet in »Do Body Actions Invite Assault?« von Jane E. Brody, *The New York Times*, 3. Februar 1981.

Hassett, James, Boston University, »But That Would Be Wrong«, *Psychology Today*, November 1981, S. 34–48.

Heath, Linda, Loyola University, »Impact of Newspaper Crime Reports on Fear of Crime: Multimethodological Investigation«, *Journal of Personality and Social Psychology*, 1984, Bd. 47, Nr. 2, S. 263.

Jacobson, Marsha, University of Dayton, »Effects of Victim's and Defendant's Physical Attractiveness on Subjects' Jugdments in a Rape Case«, in *Sex Roles*, 1981, Bd. 7, Nr. 3, S. 247.

Jarmon, Robert, College of Medicine and Dentistry of New Jersey, berichtet in »Crime and Pollution«, *Behavior Today*, 21. Mai 1973.

Johnson, Eric, Carnegie-Mellon University, und Amos Tversky, Stanford University, »Affect, Generalization, and the Perception of Risk«, *Journal of Personality and Social Psychology*, 1983, Bd. 45, Nr. 1, S. 20.

Johnston, Roy und Burdette Lundy, Veterans Administration Medical Center, *Hospital & Community Psychiatry*, Bd. 33, Nr. 12.

Kellermann, Arthur, Dr., University of Tennessee, und Donald Reay, Dr., King County Medical Examiner's Office, Seattle, Wash., *The New England Journal of Medicine*, 1986, Bd. 314, Nr. 24.

Knauft, Bruce M., Emory University, *Current Anthropology*, August–Oktober 1987, wie berichtet in »Murder in Good Company«, von Bruce Bower, *Science News*, 6. Februar 1988, Bd. 133, S. 90–91.

Lewis, Dorothy Otnow, Dr., New York University School of Medicine, *American Journal of Psychiatry*, Bd. 143, S. 838–845.

Lichtenstein, Sarah, Paul Slovic, Baruch Fischhoff, Mark Layman und Barbara Combs, Decision Research, Eugene, Ore., »Judged Frequency of Lethal Events«, *Journal of Experimental Psychology: Human Learning and Memory*, 1987, Bd. 4, Nr. 6, S. 551.

Lipton, David, John F. Kennedy Medical Center, Edison, N. J., *Journal of Consulting and Clinical Psychology*, wie berichtet in »Rapists' Blind Spot«, *Psychology Today*, Oktober 1986, S. 14.

Lunde, Donald T., Professor der Psychiatrie und der Rechtswissenschaften, Stanford University, wie berichtet von United Press International in *New Haven Journal-Courier*, 31. Mai 1976.

Lyon, Alec, Psychiater, Purdysburn Hospital, Belfast, Irland, wie berichtet in »Riot On«, *Behavior Today*, 21. Februar 1972.

Maital, Shlomo, Leiter der Wirtschaftswissenschaftlichen Abteilung des Technion-Israel Institute of Technology, Haifa, Israel, »The Tax-Evasion Virus«, *Psychology Today*, März 1982, S. 74–78.

Peters, Joseph, University of Pennsylvania, vor der American Association for the Advancement of Science, wie berichtet in *Behavior Today*, 10. Januar 1972.

Petersilia, Joan, RAND Corporation, wie berichtet in »Most Felons Put on Probation Still a Threat, Research Finds«, *The New York Times*, 5. Februar 1985.

Petrovich, Michael und Donald I. Templer, California School of Professional Psychology, Fresno, »Heterosexual Molestation of Children Who Later Became Rapists«, *Psychological Reports*, 1984, Bd. 54, S. 810.

Ray, Joseph B., Gary S. Solomon, Maria G. Doncaster und Richard Mellina, Lubbock Regional Mental Health-Center, Texas, »First Offender Adult Shoplifters: A Preliminary Profile«, *Journal of Clinical Psychology*, September 1983, Bd. 39, Nr. 5, S. 769–770.

Rizzo, Nicholas D., Lowell District Court Clinic, Mass., »Murder in Boston: Killers and Their Victims«, *International Journal of Offender Therapy and Comparative Criminology*, 1982, Bd. 26, S. 36–42.

Russel, Gordon W., University of Lethbridge, »Crowd Size and Density in Relation to Athletic Aggression and Performance«, *Social Behavior and Personality*, berichtet in *Experimental Social Psychology*, Bd. 71, Nr. 6712, S. 710.

Shannon, Lyle W., University of Iowa, *Science News*, berichtet in »Crimefighting That Doesn't Pay«, *Psychology Today*, Februar 1983, S. 62.

Sigelman, Carol K., Carol J. Berry und Katharine A. Wiles, Eastern Kentucky University, »Violence in College Students' Dating Relationships«, *Journal of Applied Social Psychology*, 1984, Bd. 5, Nr. 6, S. 530–548.

Slovic, Paul, Baruch Fischoff, Sarah Lichtenstein, »Facts versus Fears: Understanding Perceived Risk«, *Judgment Under Uncertainty: Heuristics and Biases*, New York, 1982.

Steffensmeier, Darrell J., Pennsylvania State University, »Trends in Female Crime: It's Still a Main's World«, *The Criminal Justice System and Women*, Barbara Price und Natalie Sokoloff (Hg.), New York, 1982.

Thornton, B., »Effect of Rape Victim's Attractiveness in a Jury Simulation«, zitiert in Jacobson, siehe oben.

Wells, Gary L., University of Alberta; Tamara Ferguson, University of Nijmegen, Niederlande; R. C. L. Lindsay, University of Manitoba, »The Tractability of Eyewitness Confidence and Its Implications for Triers of Fact«, *Journal of Applied Psychology*, 1981, Bd. 66, Nr. 6, S. 688.

Wells, Gary L., University of Alberta, und Michael R. Leippe, St. Norbert College, »How Do Triers of Fact Infer the Accuracy of Eyewitniss Identifications? Using Memory for Peripheral Detail Can Be Misleading«, *Journal of Applied Psychology*, 1981, Bd. 66, Nr. 6, S. 682.

West, Stephen G., Steven P. Gunn und Paul Chernicky, Florida State University, »Ubiquitous Watergate: An Attributional Analysis«, *Journal of Personality and Social Psychology*, 1975, Bd. 32, Nr. 1, S. 55–65.

Wyer, Robert S., Galen V. Bodenhausen und Theresa F. Gorman, University of Illinois, »Cognitive Mediators of Reaction to Rape«, *Journal of Personality and Social Psychology*, 1985, Bd. 48, Nr. 2, S. 324–338.

Kapitel 5 – Ihre Beziehungen

Abbey, Antonia, Northwestern University, »Sex Differences in Attribution for Friendly Behavior: Do Males Misperceive Females' Friendliness?«, *Journal of Personality and Social Psychology*, 1982, Bd. 42, Nr. 5, S. 830.

Adams, Bert N., University of Wisconsin, Madison, »Birth Order: A Critical Review«, *Sociometry*, 1972, Bd. 35, Nr. 3, S. 411–439.

American Cancer Society, *The Journal of the National Cancer Institute*, September 1985, wie berichtet in *The New York Times*, 14. September 1985.

Anspach, D. F., »Kinship and Divorce«, *Journal of Marriage and the Family*, 1976, Bd. 38, S. 323–330.

Arkowitz, Hal, University of Arizona, *Behavior Therapy* (ohne Datumsangabe), und James Curran, Brown University, wie berichtet in »In Dating, Men Remain the More Troubled Sex«, *The New York Times*, 28. April 1981.

Bailey, Roger C. und Donna G. Garrou, East Tennessee State University, »Dating Availability and Religious Involvement as Influences on Interpersonal Attraction«, *Journal of Psychology*, 1983, Bd. 113, Nr. 1, S. 95.

Bailey, Roger C. und Michael Kelly, East Tennessee State University, »Perceived Physical Attractiveness in Early, Steady, and Engaged Daters«, *Journal of Psychology*, 1984, Bd. 116, Nr. 1, S. 39.

Baskett, Linda Musun, University of Arkansas, Little Rock, »Sibling Status Effects: Adult Expectations«, *Developmental Psychology*, 1985, Bd. 21, Nr. 3, S. 441–445.

Baumrind, Diana, University of California, Berkeley, wie berichtet in *University of California Clip Sheet*, 20. Mai 1969, Bd. 44, Nr. 45.

Baxter, Leslie, Lewis und Clark College, und William Wilmot, University of Montana, *Human Communication Research*, Bd. 11, Nr. 2.

Belmont, Lillian und Frances A. Marolla, »Birth Order, Family Size, and Intelligence«, *Science*, 14. Dezember 1973, S. 1096–1101.

Belsky, Jay, Pennsylvania State University, wie berichtet in »Changes in a Marriage When a Baby Is Born«, Glenn Collins, *The New York Times*, 6. Januar 1985.

Bennett, Jay, Yale University; David Bloom, Columbia University, und Ann Klimas Blanc, Westinghouse Institute Resource Development, Columbia, Maryland, *American Sociological Review*, Februar 1988.

Berardo, Donna Hodgkins, University of Florida, *Journal of Marriage and the Family*, Bd. 49, S. 381–390.

Berger, Kathleen Stassen, Bronx Community College of the City University of New York, berichtet in »The Outlook for Feminism Debated by Vassar Panels«, *The New York Times*-Bericht über die ›Fifth Berkshire Conference on the History of Women‹, 19. Juni 1981.

Beutell, Nicholas J., W. Paul Stillman School of Business, Seton Hall University, »Correlates of Attitudes Toward American Women as Managers«, *Journal of Social Psychology*, Oktober 1984, Bd. 124, 1. Hälfte, S. 57–63.

Bigner, Jerry J., R. Brooke Jacobsen, Judith A. Miller und Joseph G. Turner,

Colorado Stade University, »The Value of Children for Farm Families«, *Psychological Reports*, 1982, Bd. 50, S. 793–794.

Birren, J., *Altern als psychologischer Prozeß*, Frankfurt, 1974.

Booth, Alan, David B. Brinkerhoff, Lynn K. White, University of Nebraska, Lincoln, »The Impact of Parental Divorce on Courtship«, *Journal of Marriage and the Family*, Februar 1984, S. 85–94.

Bouchard, Thomas J., Jr., University of Minnesota Center for Twin and Adoption Research, wie beschrieben in »Genes and Behavior: A Twin Legacy« von Constance Holden, *Psychology Today*, September 1987, S. 18–19.

Cantor, Pamela, Boston University, »The Adolescent Attempter: Sex, Sibling Position, and Family Constellation«, *Life-Threatening Behavior*, Winter 1972, Bd. 2, Nr. 4, S. 252–261.

Capute, Arnold J., Bruce K. Shapiro und Frederick B. Palmer, Kennedy Institute for Handicapped Children, Johns Hopkins University School of Medicine, wie berichtet in »Child Development: Language Takes On New Significance«, Jane E. Brody, *The New York Times*, 5. Mai 1987, S. C–1.

Cohen, Tamar, privat praktizierender Ehe- und Familientherapeut, West Hartford, Connecticut, »The Incestuous Family Revisited«, *Social Casework; The Journal of Contemporary Social Work* (Family Service Association of America), März 1983, S. 154–161.

Cole, Jonathan R. und Harriet Zuckerman, Columbia University, *Scientific American*, Bd. 256, Nr. 2.

Colletta, N. D., »Support Systems after Divorce: Incidence and Impact«, *Journal of Marriage and the Family*, 1979, Bd. 41, S. 837–846.

Cornoldi, Cesare und Lucia Cornoldi Fattori, »Age Spacing in Firstborns and Symbiotic Dependence« in *Journal of Personality and Social Psychology*, 1976, Bd. 33, Nr. 4, S. 431.

Corsello, Philip, St. John's University, Dr. phil., Wissenschaftliche Arbeit, »Birth Order and Children's Perceptions of Love, Authority and Personality Adjustment«, in *Dissertation Abstracts*, 1973, Reihe 73–29, 944.

Crane, D. Russell, Texas Tech University, und William Griffin, Auburn University, »Personal Space: An Objective Measure of Marital Quality«, *Journal of Marital and Family Therapy*, 1983, Bd. 9, Nr. 3, S. 325–327.

DiPietro, Janet und andere, University of Maryland, *Developmental Psychology*, Bd. 23, S. 467–474.

Falbo, Toni, University of Texas, Austin, »Folklore and the Only Child: A Reassessment«, ein anläßlich der 84. Jahresversammlung der American Psychological Association 1976 in Washington, D. C., präsentiertes Papier; ebenfalls zitiert in »Dispelling Myths About the Only Child«, *The New York Times*, 13. August 1984.

Feingold, Alan, City University of New York, »Physical Attractiveness and Romantic Evolvement«, *Psychological Reports*, 1982, Bd. 50, S. 802.

Folkes, Valerie S., University of California, Los Angeles, »Forming Relationships and the Matching Hypothesis«, *Personality and Social Psychology Bulletin*, 1982, Bd. 8, Nr. 4, S. 631.

Friedmann, Erika und Aaron H. Katcher, University of Pennsylvania School of Veterinary Medicine; Sue A. Thomas und James J. Lynch, University of Maryland School of Medicine, und Peter R. Messent, Animal Studies Center, Waltham-on-the-Wolds, Leicestershire, England, »Social Interaction and Blood Pressure«, *The Journal of Nervous and Mental Disease*, 1983, Bd. 171, Nr. 8, S. 461–465; auch »Animal Companions and the One-Year Survival of Patients After Discharge from a Coronary Care Unit«, *Public Health Report*, 1980, Bd. 95, S. 307–312.

Glick, P. C. und A. J. Norton, »Marrying, Divorcing, and Living Together in the United States Today«, *Population Bulletin*, 1979, Bd. 32.

Goleman, Daniel, »Marriage: Research Reveals Ingredients of Happiness«, *The New York Times*, 16. April 1985.

Gorman, Ira, California School of Professional Psychology, »The Relationship of Mothers' Achievement Orientation to the Academic Achievement of Her First and Second Born Sons«, in *Dissertation Abstracts*, 1974, Reihe 74–7929.

Hansen, Gary L., University of Southern Mississippi, »Marital Satisfaction and Jealousy Among Men«, in *Psychological Reports*, 1983, Bd. 52, S. 363.

Harris, J., »Dogs Contribute to Ego Strength«, *The Latham Letter*, 1981, Bd. 3, S. 13–15.

Hetherington, E. M., M. Cox und R. Cox, »Divorced Fathers«, *The Family Coordinator*, 1976, Bd. 25, S. 417–428.

Hewitt, Jay und Morton Goldman, University of Missouri, Kansas City, »Traits Attributed to Over- and Under-Chosen-Women«, *Psychological Reports*, 1982, Bd. 51, S. 431–439.

Hill, Charles T., University of Washington; Zick Rubin, Harvard University, und Letitia Anne Peplau, University of California, Los Angeles, »Breakup Before Marriage: The End of 103 Affairs«, *Journal of Social Issues*, 1976, Bd. 32, Nr. 1, S. 147.

Hofferth, Sandra und Virginia Cain, National Institute of Child Health and Development, ein vor der Population Association of America präsentiertes Papier, wie berichtet in *Psychology Today*, Dezember 1987, S. 12.

Holmes, Thomas und Kollegen, University of Washington, Seattle, wie berichtet in »Marriage Is Good for Health and Longevity, Studies Say«, *The New York Times*, 8. Mai 1979.

Ickes, William, University of Texas, Arlington, und Marilyn Turner, University of Missouri, St. Louis, »On the Social Advantages of Having an Older, Opposite-Sex Sibling: Birth Order Influences in Mixed-Sex Dyad«, *Journal of Personality and Social Psychology*, 1983, Bd. 45, Nr. 1, S 210.

Jacoby, Arthur P., Soziologe, und John D. Williams, Statistiker, University of North Dakota, *Journal of Marriage and the Family*, 1986, Bd. 47, Nr. 4.

Jacques, Jeffrey und Karen Chason, Florida A & M University, *Family Coordinator*, Bd. 28, Nr. 1.

Jason, Leonard A., Arnold Reichler und Walter Rucker, De Paul University, »Territorial Behavior on Beaches«, *Journal of Social Psychology*, 1981, Bd. 114, Nr. 1, S. 43.

Jedlicka, Davor, University of Texas, »Indirect Parental Influence on Mate Choice: A Test of the Psychoanalytic Theory«, in *Journal of Marriage and the Family*, Februar 1984, S. 65.

Joesting, Joan, Salisburg State College, und Robert Joesting, Challenge Foundation, »Birth Order and Desired Family Size«, *Journal of Individual Psychology*, 1973, Bd. 29, S. 34.

Johnson, William R. und Jonathan Skinner, University of Virginia, *American Economic Review*, 1986, Bd. 76, Nr. 3.

Johnston, Michael W. und Susan J. Eklund, Indiana University, »Life-Adjustment of the Never-Married: A Review with Implications for Counseling«, *Journal of Counseling and Development*, Dezember 1984, Bd. 63, S. 230–236.

Joubert, Charles E., University of North Alabama, »Birth Order and Creative Writing«, *Psychological Reports*, April 1983, Bd. 52, Nr. 2, S. 617–618.

Kidd, Aline H., Mills College; Helen T. Kelley, St. Mary's College; Robert M. Kidd, B. A. Medical Center, Martinez, Kalifornien, »Personality Characteristics of Horse, Turtle, Snake, and Bird Owners«, *Psychological Reports*, 1983, Bd. 52, S. 719–729.

Kingston, Paul William und Steven Nock, University of Virginia, *American Sociological Review*, Bd. 52, S. 391–400.

Kitson, Gay C., School of Medicine, Case Western Reserve University, und Helen J. Raschke, Austin College, »Divorce Research: What We Know; What We Need to Know«, *Journal of Divorce*, Frühjahr 1981, Bd. 4, Nr. 3, S. 1–37.

Kleinke, Chris, Rogers Memorial Veterans Hospital, Bedford, Mass., in *Psychology Today*, August 1981.

Kohen, J. A., C. A. Brown und R. Feldberg, »Divorced Mothers: The Costs and Benefits of Female Family Control«, in *Divorce and Separation*, George Levinger und O. C. Moles, Hg., New York, 1979.

Lester, David, Mancy Brazill, Constance Eillis und Thomas Guerin, Stockton State College, Pomona, N. J., »Correlates of Romantic Attitudes Toward Love: Androgyny and Self-Disclosure«, *Psychological Reports*, 1984, Bd. 54, S. 554.

Long, Barbara H., Goucher College, »A Steady Boy Friend: A Step Toward Resolution of the Intimacy Crisis for American College Women«, *The Journal of Psychology*, 1983, Bd. 115, S. 275–280.

Long, Thomas, Catholic University, und Lynette Long, American University, wie berichtet in *Washington Post Health*, 27. November 1985, S. 9.

Manosevitz, Martin, Norman Prentice und Frances Wilson, University of Texas, »Imaginary Companions«, in *Behavior Today*, 5. März 1973.

Mathes, Eugene W., Western Illinois University, »Mystical Experiences, Romantic Love, and Hypnotic Susceptibility«, in *Psychological Reports*, 1982, Bd. 50, S. 701.

Mathes, Eugene W. und Paul S. Wise, Western Illinois University, »Romantic Love and the Ravages of Time«, in *Psychological Reports*, 1983, Bd. 53, S. 839.

McAdams, Dan, Loyola University in Chicago, wie berichtet von Valli Herman, Gary *Post-Tribune*, erschienen in »Intimate Measures«, *Centre Daily Times* (State College, Pa.), 20. April 1987.

Medical / Mrs., »A Doctor's Wife; The Myth vs. the Reality«, wie berichtet in *Newsweek*, 11. Juni 1979, S. 99–99 C.

Miller, Norman und Geoffrey Maruyama, University of Southern California, »Ordinal Position and Peer Popularity«, *Journal of Personality and Social Psychology*, 1976, Bd. 33, Nr. 2, S. 123–131.

Moore, Monica, University of Missouri, St. Louis, *Ethology and Sociobiology*, 1986, Bd. 6, Nr. 4.

Morgan, S. Philip, University of Pennsylvania, *American Journal of Sociology*, Juli 1987.

Murstein, Bernard, Connecticut College, und Robert Brust, *Journal of Personality Assessment*, 1986, Bd. 49, Nr. 6.

National Institute of Mental Health Science Report, »What Research Shows about Birth Order, Personality, and IQ«, 1978, DHEW Publikation Nr. (ADM) 78–638.

National Institutes of Health, Studie zitiert in »Study Finds First-Born Have Higher I. Q.'s«, *The New York Times*, 6. Februar 1979.

Neugarten, B., H. Berkowitz, u. a., *Personality in Middle and Late Life*, New York, 1964.

Newcomb, Michael und Peter Bentler, University of California, Los Angeles, *Journal of Personality Assessment*, 1981, Bd. 44, Nr. 1. Siehe auch Jacques, Chason.

Nida, Steve, Franklin University, und Jack Koon, Georgia College, »The Get Better Looking at Closing Time Around Here, Too«, *Psychological Reports*, 1983, Bd. 52, S. 657.

Nuttall, Ronald und Ena Nuttall, Institute of Human Sciences, Boston College, wie berichtet in *Behavior Today*, 27. September 1971, S. 3.

Paulhus, Delroy und David R. Shaffer, University of Georgia, »Sex Differences in the Impact of Number of Older and Nummer of Younger Siblings on Scholastic Aptitude«, *Social Psychology Quarterly*, 1981, Bd. 44, Nr. 4, S. 363–368.

Pendleton, Linda, Colorado State University, »Attraction Responses to Female Assertiveness in Heterosexual Social Interactions«, *The Journal of Psychology*, 1982, Bd. 111, S. 57.

Pennebaker, J. W., M. A. Dyer, R. S. Caulkins, D. L. Litowitz, P. L. Ackerman, D. B. Anderson und K. M. McGraw, »Don't the Girls Get Prettier at Closing Time: A Country and Western Application to Psychology«, *Personality and Social Psychology Bulletin*, 1979, Bd. 5, S. 122.

Peplau, Letitia Anne, University of California, Los Angeles, »Research on Homosexual Couples: An Overview«, *Journal of Homosexuality*, Winter 1982, Bd. 8, Nr. 2, S. 3–8.

Pinsky, Harvey, »The Effect of Sibling Constellation on Mate Selection«, in *Dissertation Abstracts*, 1974, Reihe 74–26 , 464.

Power, Thomas G. und M. Lynn Chapieski, University of Houston, *Developmental Psychology*, 1986, Bd. 22, Nr. 2.

Prentice, Daniel S., California State University, Hayward; Nancy E. Briggs und David W. Bradley, California State University, Long Beach, »Romantic Attidues of American University Students«, *Psychological Reports*, 1983, Bd. 53, S. 815.

Raschke, H. J., »The Role of Social Participation in Post-Separation and Post-Divorce Adjustment«, *Journal of Divorce*, 1977, Bd. 1, S. 129–140.

Robin, Mitchell W., City University of New York, »Life Without Father: A Review of the Literature«, *International Journal of Group Tensions*, 1979, Bd. 1–4, Bd. 169–194.

Rosow, I. und K. D. Rose, »Divorce Among Doctors«, *Journal of Marriage and the Family*, 1972, Bd. 34, S. 587–598.

Rubin, Zick, Harvard University (später, Brandeis University), »Measurement of Romantic Love«, *Journal of Personality and Social Psychology*, 1970, Bd. 16, Nr. 2, S. 265–273.

Saunders, Benjamin E., School of Social Work, Florida State University, »The Social Consequences of Divorce: Implications for Family Policy«, *Journal of Divorce*, Frühjahr 1983, Bd. 6, Nr. 3, S. 1–17.

Schachter, S., *The Psychology of Affiliation*, Stanford, 1959.

Schaninger, Charles und W. Christian Buss, State University of New York, Albany, *Journal of Marriage and the Familiy*, 1986, Bd. 48, Nr. 1.

Schwab, Mary R. und David C. Lundgren, University of Cincinnati, »Birth Order, Perceived Appraisals by Significant Others, and Self-Esteem«, *Psychological Reports*, 1978, Bd. 43, S. 443–454.

Schwartz, Pepper, University of Washington, und Janet Lever, Northwestern University, »Fear and Loathing at a College Mixer«, *Urban Life*, Januar 1976, Bd. 4, Nr. 4, S. 413–431.

Shaver, Philip und Jonathan Freedman, »Your Pursuit of Happiness«, *Psychology Today*, August 1976, S. 26–32, 75.

Soares, Cecelia J., »The Companion Animal in the Context of the Family System«, *Marriage and Family Review*, 1985, Bd. 8, Nr. 3/4, S. 49–62.

Spanier, G. B. und R. Castro, »Adjustment to Separation and Divorce: A Qualitative Analysis«, *Divorce and Separation*, George Levinger and O. C. Moles, Hg., New York, 1979.

Stenger, John, University of Iowa, »A Study of the Relationship of Family Constellation to Work Values, Occupational Choice and Psychological Factors Among College Students«, *Dissertation Abstracts*, 1975, Reihe 75: 1269.

Sternberg, Robert, wie berichtet in »The Three Faces of Love«, von Robert J. Trotter, *Psychology Today*, September 1986, S. 46–54.

Stewart, Abigail J., Boston University, und Zick Rubin, Harvard University, »The Power Motive in the Dating Couple«, *Journal of Personality and Social Psychology*, 1974, Bd. 34, Nr. 2, S. 305–309.

Strube, Michael J. und Steve Ota, University of Utah, »Type A Coronary-Prone Behavior Pattern: Relationship to Birth Order and Family Size«, *Personality and Social Psychology Bulletin*, Juni 1982, Bd. 8, Nr. 2, S. 317–323.

Sutton-Smith, B. und B. G. Rosenberg, *The Sibling*, New York, 1970.

Troiden, Richard R., Miami University, und Erich Goode, State University of New York in Stony Brook, *Journal of Homosexuality*, Bd. 5, Nr. 4.

U. S. Bureau of the Census, Census of the Population: 1970, Subject Reports, Final Report, PC (2)–3 A, *Women by Number of Children Ever Born*.

Voith, V. L., »Behaviors, Attitudes and Interactions of Families with Their Dogs«, anläßlich der Conferences on the Human-Animal Bond in Irvine, Kalifornien, und Minneapolis im Juni 1983 präsentiertes Papier.

Weiss, R. S., »The Emotional Impact of Marital Separation«, *Journal of Social Issues*, 1976, Bd. 32, S. 135–145.

White, Gregory L., University of Maryland, »Jealousy and Partner's Perceived Motives for Attraction to a Rival«, in *Social Psychology Quarterly*, 1981, Bd. 44, Nr. 1, S. 24.

Wille, R. L., »Study of the Relationship Between Pet Companionship and Health Status«, anläßlich der Conferences on the Human–Animal Bond in Irvine, Kalifornien, und Minneapolis, Minnesota, im Juni 1983 präsentiertes Papier.

Wright, Patricia, Duke University, wie berichtet in *National Wildlife* und von der *Chicago Tribune*-Gruppe, und veröffentlicht in der *Centre Daily Times* (State College, Pa.), 10. Mai 1987.

Zajonc, Robert B., University of Michigan, *Motivation and Emotion*, Bd. 11, Nr. 4.

Zaphiris, Alexander G., Graduate School of Social Work, University of Houston, zitiert in »The Child Victim of Incest«, Michael deCourcy Hinds, *The New York Times*, 15. Juni 1981.

Zillman, Dolf, Institute for Communication Research, Indiana University, *Journal of Personality and Social Psychology*, wie berichtet in »Science Watch«, *The New York Times*, 16. September 1986.

Kapitel 6 – Ihr Persönlichkeitstypus

Antil, J. K. und J. D. Cunningham, »Self-Esteem as a Function of Masculinity in Both Sexes«, *Journal of Consulting and Clinical Psychology*, Bd. 47, 1979, S. 783–785.

Arffa, Naomi B. und Michael J. Strube, Washington University, *Journal of Applied Psychology*, Bd. 16, S. 277–286.

Bar-On, Dan, Ben Gurion Universität, Israel, *Human Relations*, 1987, Bd. 39, S. 917–931.

Bem, Sandra L., »The Measurement of Psychological Androgyna«, *Journal of Consulting and Clinical Psychology*, Bd. 42, 1974, S. 155–162.

Brody, Jane E., »Modifying ›Type A‹ Behavior Reduces Heart Attacks«, *The New York Times*, 7. August 1984.

Broverman, Inge K., Worcester State Hospital; Susan Raymon Vogel, Brandeis University Mental Health Center; Donald M. Broverman und Frank E. Clarkson, Worcester State Hospital, und Paul S. Rosenkrantz, College of the Holy Cross, »Sex-Role Stereotypes: A Current Appraisal«, *Journal of Social Issues*, 1972, Bd. 28, Nr. 2, S. 59–78.

Carlsson, Marianne und Eva Magnusson, »Construct Validation of the Bem Sex Role Inventory«, *Scandinavian Journal of Psychology*, 1980, Bd. 21, S. 27–31.

Carver, Charles, University of Miami, und Michael Scheier, Carnegie-Mellon University, wie berichtet von Tara Bradley Steck, Associated Press, in »›Global Perspective‹ Influences Health«, *Centre Daily Times* (State College, Pa.), 26. Juli 1987.

Chesney, M. A. und R. H. Rosenman in: *Streßbewältigung* von C. L. Cooper und R. Payne, Hg., München.

Collins, Barry E., University of California, Los Angeles, »Four Components of the Rotter Internal-External Scale«, *Journal of Personality and Social Psychology*, 1974, Bd. 29, Nr. 3, S. 381–391.

Darden, Donna K., University of Arkansas, Fayetteville, »Values and Policy, the Case of Legal Services«, *Basic and Applied Social Psychology*, März 1983, Bd. 4, S. 29–37.

De Fronzo, James und Frances Boudreau, University of Connecticut, »Further Research into Antecedents and Correlates of Androgyny«, *Psychological Reports*, 1979, Bd. 44, S. 23–29.

Doherty, William J., Oklahoma University Health Science Center, und Cynthia Baldwin, University of Iowa, »Shifts and Stability in Locus of Control During the 1970s: Divergence of the Sexes«, *Journal of Personality and Social Psychology*, 1985, Bd. 48, Nr. 4, S. 1048–1053.

Fischman, Joshua, »Type A on Trial«, *Psychology Today*, Februar 1987, S. 42–50.

Francis, Leslie, Paul R. Pearson, Marian Carter und William K. Kay, »Are Introverts More Religious?«, *British Journal of Social Psychology*, 1981, Bd. 20, S. 101–104.

Furnham, Adrian, University College, London, »Personality and Values«, *Personality and Individual Differences*, 1984, Bd. 5, Nr. 4, S. 483–485.

Gastorf, John W., University of Alabama College of Community Health Sciences, »Time Urgency of the Type A Behavior Pattern«, *Journal of Consulting and Clinical Psychology*, April 1980, Bd. 48, S. 299.

Gibb, Gerald D. und Thomas T. Lambirth, Eastern Illinois University, »Who Are the Equal Rights Amendment Defenders and Opposers?«, *Psychological Reports*, 1982, Bd. 51, S. 1239–1242.

Goleman, Daniel, »Feeling of Control Viewed as Central in Mental Health«, *The New York Times*, 7. Oktober 1986.

Goleman, Daniel, »Psychology Analyzes Humbug-Sayers«, *The New York Times*, 25. Dezember 1984.

Graziano, William G. und Alice Bernstein Feldesman, University of Georgia; und Donald F. Rahe, University of Minnesota, »Extroversion, Social Cognition, and the Salience of Aversiveness in Social Encounters«, *Journal of Personality and Social Psychology*, 1985, Bd. 49, Nr. 4, S. 971–980.

Holmes, David S. und Michael J. Will, University of Kansas, »Expression of Interpersonal Aggression by Angered and Nonangered Persons with the Type A und Type B Behavior Patterns«, *Journal of Personality and Social Psychology*, 1985, Bd. 48, Nr. 3, S. 723–727.

Howard, J. H., D. A. Cunningham und P. A. Rechnitzer, »Work Patterns Associated with Type A Behavior: a Managerial Population«, *Human Relations*, 1977, Bd. 30, S. 825–836.

Hunt, Darlene M., David Lester und Nancy Ashton, Richard Stockton State College, »Fear of Death, Locus of Control and Occupation«, *Psychological Reports*, 1983, Bd. 53, S. 1022.

Kobasa, Suzanne C., University of Chicago (jetzt an der City University of New York), »Stressful Life Events, Personality, and Health: An Inquiry into Hardiness«, *Journal of Personality and Social Psychology*, Januar 1979, Bd. 37, Nr. 1, S. 1–11.

Major, Brenda, State Univ. of New York in Buffalo, wie berichtet von Associated Press in der *Centre Daily Times* (State College, Pa.), 10. Feb. 1988.

McGee, Mark G. und Mark Snyder, University of Minnesota, »Attribution and Behavior: Two Field Studies«, *Journal of Personality and Social Psychology*, 1975, Bd. 32, Nr. 1, S. 185–190.

McKelvie, Stuart J. und Leonard Daoussis, Bishop's University, Lennoxville, Kanada, »Extroversion and Attitude towards Capital Punishment«, *Personality and Individual Differences*, 1982, Bd. 2, S. 341–342.

McLaughlin, Steven und Michael Micklin, Battelle Human Affairs Research Center, in *Journal of Marriage and the Family*, Bd. 45, Nr. 1, zitiert in *Psychology Today*, September 1983.

Orlofsky, Jacob L. und Michael T. Windle, University of Missouri, St. Louis, »Sex-Role Orientation, Behavioral Adaptability and Personal Adjustment«, *Sex Roles*, 1978, Bd. 4, Nr. 6, S. 801–811.

Rotter, J. B., »Generalized Expectancies for Internal versus External Control of Reinforcement«, *Psychological Monographs*, 1966, Bd. 80, Gesamt-Nr. 609.

Rotter, J. B., M. Seeman und S. Liverant, »Internal vs external locus of control of reinforcement: a major variable in behavior theory«, in N. F. Washburn (Hg.), *Decisions, Values, and Groups*, London, 1962.

Rubin, Zick, Brandeis University, »Does Personality Really Change After 20?«, *Psychology Today*, Mai 1981, S. 18–27.

Seligman, Martin E. P., *Erlernte Hilflosigkeit*, München, 1986.

Smith, D. I., Alcohol and Drug Authority, West Perth, Australien, »Relationship Between Some Personality Characteristics and Driving Record«, *Brithis Journal of Social Psychology*, 1981, Bd. 20, S. 229–231.

Strube, Michael J., Washington University, und Carol Werner, University of Utah, »Relinquishment of Control and the Type A Behavior Pattern«, *Journal of Personality and Social Psychology*, 1985, Bd. 48, Nr. 3, S. 688–701.

Trotter, Robert J., »Stop Blaming Yourself«, *Psychology Today,* Februar 1987, S. 31–39.

Yarnold, Paul R., Kom T. Mueser und Laurence G. Grimm, University of Illinois in Chicago, »Interpersonal Dominance of Type A's in Group Discussion«, *Journal of Abnormal Psychology,* 1985, Bd. 94, Nr. 2, S. 233–236.

Zenker, Sanford I. und Ann K. Wolfgang, State University of New York in Oneonta, »Relationship of Machiavellianism and Locus of Control to Preferences for Leisure Activity by College Men and Women«, *Psychological Reports,* 1982, Bd. 50, S. 583–586.

Stichwortverzeichnis